本书为国家社科基金项目"企业基金会设立法律问题研究"（批准号13BFX099）的最终成果

中南民族大学法学文库

孙光焰公司治理系列之六

企业基金会设立法律制度研究

孙光焰 等 ◎ 著

中国社会科学出版社

图书在版编目(CIP)数据

企业基金会设立法律制度研究 / 孙光焰等著. —北京：中国社会科学出版社，2019.5

（中南民族大学法学文库）

ISBN 978-7-5203-4773-0

Ⅰ.①企⋯　Ⅱ.①孙⋯　Ⅲ.①企业组织-基金会-法律-研究-中国　Ⅳ.①D922.182.34

中国版本图书馆 CIP 数据核字（2019）第 149774 号

出 版 人	赵剑英
责任编辑	刁佳慧　任　明
责任校对	李　莉
责任印制	郝美娜
出　　版	中国社会科学出版社
社　　址	北京鼓楼西大街甲 158 号
邮　　编	100720
网　　址	http://www.csspw.cn
发 行 部	010-84083685
门 市 部	010-84029450
经　　销	新华书店及其他书店
印刷装订	北京君升印刷有限公司
版　　次	2019 年 5 月第 1 版
印　　次	2019 年 5 月第 1 次印刷
开　　本	710×1000　1/16
印　　张	21.5
插　　页	2
字　　数	359 千字
定　　价	110.00 元

凡购买中国社会科学出版社图书，如有质量问题请与本社营销中心联系调换
电话：010-84083683
版权所有　侵权必究

目 录

导论 …………………………………………………………………… (1)
  第一节　选题缘由及研究意义 ………………………………………… (1)
  第二节　文献综述 ……………………………………………………… (7)
    一　关于基金会基本范畴的综合性研究 …………………………… (7)
    二　关于基金会法人制度框架的研究 ……………………………… (10)
    三　关于基金会法人治理制度的研究 ……………………………… (14)
    四　关于企业设立企业基金会的战略考量及原因的研究 ………… (16)
    五　关于基金会宗旨与目的方面的研究 …………………………… (18)
    六　关于基金会设立财产的研究 …………………………………… (19)
    七　关于基金会设立责任的研究 …………………………………… (20)
    八　关于基金会设立监管的研究 …………………………………… (22)
  第三节　主要观点和建树 ……………………………………………… (26)
  第四节　尚需深入研究的问题 ………………………………………… (29)

第一章　企业基金会的法律主体地位 ……………………………………… (31)
  第一节　企业基金会的起源、特征及其类型 ………………………… (32)
    一　基金会的起源与特征 …………………………………………… (32)
    二　企业基金会的界定及特征 ……………………………………… (36)
    三　企业基金会的分类 ……………………………………………… (44)
  第二节　两大法系国家企业基金会法律主体的制度安排 …………… (45)
    一　不同法系企业基金会法律主体制度总体上的认知差异 ……… (45)
    二　不同国家、地区企业基金会法律主体制度的具体安排 ……… (47)
    三　境外企业基金会主体安排的启示 ……………………………… (53)
  第三节　企业基金会法律主体定位的理论认识 ……………………… (55)
    一　企业基金会法人的定位：财团法人 …………………………… (55)
    二　企业基金会法人的核心：目的与财产 ………………………… (58)

第四节　我国现行法上企业基金会法律主体制度检视 ………… (61)
　　一　企业基金会已发展成为我国不容忽视的社会慈善力量 …… (61)
　　二　《民法总则》颁行前企业基金会法律主体制度的缺陷 …… (67)
　　三　《民法总则》施行后企业基金会法人主体制度不完善可能
　　　　带来的负面效果 ………………………………………… (73)
第五节　我国企业基金会法律主体制度的再构造 ……………… (87)
　　一　我国企业基金会法律主体制度完善的目标要求 ………… (87)
　　二　各国企业基金会法律主体的不同认识对我国立法的借鉴
　　　　价值 ……………………………………………………… (88)
　　三　我国企业基金会法律主体立法指导思想的转换与调适 … (89)
　　四　我国企业基金会法人制度核心要素的完善建议 ………… (93)

第二章　企业基金会的设立宗旨与目的 ………………………… (99)
第一节　企业基金会设立宗旨与目的的理论厘清 ……………… (99)
　　一　企业基金会设立宗旨与目的的文义解释和规范意义 …… (100)
　　二　企业基金会设立宗旨的基本内涵与特性 ………………… (106)
　　三　企业基金会设立目的的廓清 ……………………………… (112)
　　四　我国企业基金会设立宗旨与目的的法律规范 …………… (115)
第二节　我国企业基金会设立宗旨与目的的实然考察 ………… (117)
　　一　我国企业基金会的行业数据分析 ………………………… (117)
　　二　我国企业基金会设立宗旨与目的的总体状况 …………… (121)
　　三　当前企业基金会设立宗旨与目的反映出的问题 ………… (125)
第三节　企业基金会设立宗旨与目的的规制建议 ……………… (135)
　　一　确立明晰的宗旨 …………………………………………… (136)
　　二　规范特定的目的 …………………………………………… (138)
　　三　开发独特的项目 …………………………………………… (140)
　　四　整合现有的资源 …………………………………………… (142)
　　五　加强外部的监督 …………………………………………… (143)

第三章　企业基金会的股权设立 …………………………………… (145)
第一节　企业基金会现行设立财产制度及其缺陷 ……………… (145)
　　一　企业基金会设立财产立法的演进 ………………………… (145)
　　二　企业基金会设立财产制度的立法缘由 …………………… (147)

三　企业基金会现行设立财产制度的缺陷 …………………… (148)
第二节　股权设立企业基金会的理论论证 ……………………………… (150)
　　一　股权捐助对公益事业的意义 ……………………………… (150)
　　二　股权设立企业基金会带来的挑战 ………………………… (160)
　　三　股权设立企业基金会挑战的化解 ………………………… (165)
第三节　当前股权设立企业基金会存在的障碍 ………………………… (172)
　　一　股权捐助对基金会注册资金和慈善支出的冲击 ………… (172)
　　二　捐助股权转让与交付上的难题 …………………………… (173)
　　三　股权行使方面的问题 ……………………………………… (177)
　　四　股权捐助导致控制权转移方面的问题 …………………… (178)
　　五　股权收益的实现问题 ……………………………………… (180)
　　六　股权捐赠导致双重征税方面的问题 ……………………… (183)
第四节　构建中国股权设立企业基金会的制度建议 …………………… (184)
　　一　股权捐助对注册资金和慈善支出冲击方面的制度
　　　　完善建议 ……………………………………………………… (184)
　　二　股权捐助转让方面的制度完善建议 ……………………… (187)
　　三　股权行使方面的制度完善建议 …………………………… (192)
　　四　解决控制权问题方面的设想 ……………………………… (193)
　　五　股权收益权实现路径方面的完善建议 …………………… (196)
　　六　股权捐助税收制度方面的完善建议 ……………………… (197)

第四章　企业基金会的设立人 …………………………………………… (199)
　第一节　企业基金会设立人的法律属性 ………………………………… (199)
　　一　企业基金会设立人的界定 ………………………………… (199)
　　二　企业基金会的设立方式及设立行为的法律性质 ………… (201)
　　三　企业基金会设立人的法律地位 …………………………… (203)
　　四　企业基金会设立人与其他基金会设立人之间的区别 …… (204)
　第二节　企业基金会设立人的实证考察 ………………………………… (205)
　　一　企业基金会设立总体情况 ………………………………… (205)
　　二　企业作为设立人的实证考察——以上市公司设立人为例 … (207)
　　三　企业家作为设立人的实证考察——以胡润富豪榜
　　　　TOP 200 的企业家为例 ……………………………………… (215)
　　四　当前企业基金会设立人样本的特征描述 ………………… (222)

第三节　企业基金会设立人基础制度考察 …………………（228）
　　　一　当前企业基金会设立人基础制度的现行规范及缺陷 ………（228）
　　　二　完善企业基金会设立人基本制度的相关建议 ……………（234）
　　第四节　企业基金会设立人责任制度考察 …………………（240）
　　　一　设立人承担法律责任的基础依据 …………………………（240）
　　　二　企业基金会设立人法律责任的类型 ………………………（241）
　　　三　当前企业基金会设立人责任制度的缺陷 …………………（246）
　　　四　完善企业基金会设立人责任制度的相关建议 ……………（252）

第五章　企业基金会的设立监管 ……………………………（261）
　　第一节　企业基金会设立监管的理论解释 …………………（261）
　　　一　志愿失灵理论——基于监管对象 …………………………（261）
　　　二　社会治理理论——基于监管机构 …………………………（262）
　　　三　制度可能性边界理论——基于监管限度 …………………（263）
　　第二节　企业基金会设立监管的范围 ………………………（264）
　　　一　企业基金会设立监管的主要内容 …………………………（265）
　　　二　企业基金会设立监管的机构及管理体制 …………………（273）
　　第三节　企业基金会设立监管的实证分析 …………………（276）
　　　一　我国企业基金会历年新设立的情况 ………………………（276）
　　　二　对上市公司设立的103家企业基金会的实证分析 ………（283）
　　　三　企业基金会设立监管中存在的突出问题 …………………（303）
　　第四节　完善企业基金会设立监管法律规制的建议 ………（312）
　　　一　完善设立监管内容方面的建议 ……………………………（312）
　　　二　完善设立监管理念方面的建议 ……………………………（315）
　　　三　完善准入监管制度方面的建议 ……………………………（315）
　　　四　完善监管体制方面的建议 …………………………………（316）

参考文献 …………………………………………………………（319）
后记 ………………………………………………………………（335）

导　论

　　企业基金会是指由企业或企业家捐助设立、以从事慈善公益事业为目的的基金会。世界上产生最早，当前规模最大、影响最广也最有名的基金会都是美国的私人基金会，如卡内基（1911）、洛克菲勒（1913）、福特（1936）、盖茨（2000）基金会等。在国外，基金会出现后一直没有引起学界的关注，直到20世纪70年代，随着政治学、社会学、公共管理学等关于非营利组织（NPO）研究的兴起，学者们才开始附带研究作为非营利组织之一的基金会，法学领域关于此的研究则更是滞后。

第一节　选题缘由及研究意义

　　企业经济的活跃促进了企业基金会的发展，中国经济的持续稳定增长为企业基金会的发展创造了坚实的物质基础。脱胎于营利部门的企业基金会在我国迅猛发展并受到社会各界越来越多的关注。这是一个将市场组织与公益组织、营利动机与公益行为、企业管理与非营利性组织管理、市场资源与公益需求关联到一起的领域，这样一个关键的地带孕育着社会公益事业与社会经济发展的重要生长点。

　　随着我国企业和企业家社会责任意识的觉醒和提升，越来越多的企业和企业家投身到慈善事业中，使得企业基金会成为非公募基金会的中坚。2004年《基金会管理条例》（以下简称《条例》）的出台，极大促进了基金会的发展，企业基金会也随之快速兴起。根据基金会中心网的统计数据，截至2018年3月，全国共有6483家基金会，其中企业基金会为868家，约占全国基金会数量总比的13.39%。我国企业基金会的数量从2011年的285家发展到2018年3月的868家，增长迅猛，成为我国慈善市场上一支强劲有力的队伍。而这个队伍在不断强大的同时也出现了不少新情况、新问题，企业基金会因脱胎于营利部门而显得格外引人注目。特别是我国现今正处于经济体制改革和政治体制改革相互促进、社会管理转型和社会形态转型联动推进的关键阶段，在这样的宏观背景下，企业基金会作为非营利组织中的重要力量活跃在各类社会公益活动中，它的积极表现使得社会对其的关注也越来越多，如何更好地培育和释放这种力量成为全社会亟待思考解决的问题。

长期以来，我国对民间组织一直实行行政化管制，这与民间组织的私法主体的自治属性格格不入，导致《条例》在制定之初就隐藏着大量的问题，在经过14年的施行之后其缺陷暴露无遗，越来越成为基金会进一步快速健康发展道路上最主要的阻碍之一，对《条例》的全面修订已迫在眉睫。

为了更好地发展慈善事业，《中华人民共和国慈善法》（以下简称《慈善法》）于2016年3月通过，这是对慈善市场的重大利好。《慈善法》对慈善市场发挥着宏观调控的作用，它明确指出慈善组织可以采取以下三种组织形式：基金会、社会团体、社会服务机构。但关于由企业及企业家发起设立的基金会的具体规制还有待配套立法予以完善。为了更进一步规范基金会市场，按照国务院和民政部2016年的立法计划，民政部进行了广泛的调查研究，总结实践经验，最终在反复研究论证的前提下对《条例》进行修订，形成了征求意见稿。这一举措是为了适应基金会的实际发展，并且与《慈善法》保持良好衔接，为社会公众提供法治保障，更好地参与公益慈善事业。

根据《慈善法》的规定，企业基金会已从传统意义上的非公募基金会转变为拥有公募资格的慈善组织。但是与大型的全国型公募基金会相比，两者在规模和资金来源上还是存在较大区别的。虽然各基金会依法登记满两年、运作规范可以申请获取公募资格、转为公募基金会，但公募基金会所要承担的社会责任更大，其年度支出是同等净资产的非公募基金会的十倍左右。所以基金会要不要通过申请获得公募资格对基金会的资产管理能力、劝募技巧和基层网络资源都有极大的影响。我国企业基金会的基数大，但能够大范围开展公募募捐的大型企业基金会却极少，绝大多数的企业基金会都登记在县级或市级民政部。从以往对民间企业基金会进行的社会调查来看，谈及企业基金会的筹款问题时，70%的受访基金会认为基金会创办人或发起人的感召力以及基金会本身的社会公信力是影响基金会筹款的最主要因素。不同于官办公募基金会有政府公信力支撑，民企基金会即使有公募资格，其曝光率也远不及官办公募基金会，更遑论社会影响力了。企业基金会设立阶段及成立后的捐赠仍主要依靠设立企业的支持，即使是取得了公募资格，与大型公募基金会形成强有力的资源支持平台相比，企业基金会在公募资源和专业劝募人员上也显出劣势，仍是摆脱不开对企业的资源依赖。同时，国务院《关于改革社会组织管理制度促进社会组织健康有序发展的意见》指出，社会组织管理制度需要改革，促进社会组织健康有序发展，有利于厘清政府、市场、社会的关系，完善社会主义市场经济体制；有利于改进公共服务供给方式，加强和创新社会治理。这意味着未来企业基金会资金来源将从企业捐资主导转变为面向社会募集和接受捐资双轨并行，企业基金会的监管制度将会重新安排；企业基金会如何转变以适应新的发展需求，是其当下面临的挑战。

《基金会管理条例（修订草案征求意见稿）》（以下简称《条例草案意见稿》）体现了《条例》修订的大方向，在与《慈善法》的衔接、登记管理体制、监管制度、内部治理、活动准则、信息公开等方面都有一定修改和完善。很多对于作为我国慈善组织子成员的企业基金会的理论研究并不充分，尚处于起步阶段，有些方面甚至无人问津，因此有必要对企业基金会相关法理展开全面系统的研究。企业基金会的设立问题是对其进行法律规制的第一道关口，为了深入研究这一问题，我们首先从基金会法人和企业基金会法人制度的研究入手，其后依次对企业基金会设立的宗旨与目的、股权设立、设立人责任及设立监管制度等方面进行了研究。

第一，关于基金会法人和企业基金会法人制度的研究。

随着经济的发展，企业不仅仅扮演着提供产品的经营者角色，而且承担着隐藏的社会责任——这也成为评判企业价值的重要标准之一，企业与企业家也更倾向于将部分资产用于实现社会公益。其在现代慈善事业领域扮演着不可或缺的角色，如承担补充公共资源、提高公共服务效率、提供解决社会公共问题的资金人员等任务，是实现社会公正的重要助力。经济的发展、社会财富的集中以及企业社会责任理念的传播为企业基金会的快速发展创造了条件，其数量远超其他类型基金会。企业基金会已经成为我国公益慈善事业一道亮丽的风景线，这对于加速实现企业与公益组织之间的沟通与对接，引领更多企业开拓企业社会责任及社会参与的新天地，都具有很重要的意义。

改革开放以来，民间财富大量增加，伴随着经济的快速发展，出现了贫富两极分化加剧、环境污染等各类社会问题，加上不时发生的自然灾害，单靠政府的财政支持难以解决全部问题。在我国，基金会是继政府之后从事公益事业、吸纳慈善捐助的第二大主体，名副其实地成为我国公益事业发展的中坚力量。我国企业基金会在2008年汶川大地震后开始大量涌现，在有些慈善领域，企业基金会已然成为公益的主力，在不同的方向发挥着引领的功能。并且企业基金会涉及多个领域，除了在民生领域，还在科学研究、教育发展、医疗卫生等方面发挥相当大的作用。企业基金会的出现为慈善事业发展注入了新的活力，具有许多明显的优势，比如资金来源稳定、慈善项目更专业，同时可以促进先进的知识、技术在企业与慈善组织之间进行转移等等。企业基金会所作的贡献极大地推动了我国公益事业的发展。除此之外，企业通过设立企业基金会开展公益慈善活动还有利于增强员工的认同感与归属感，提升公司自身的形象用以增加社会认可度，进一步来提升企业收益，最终在服务了社会的情况下同时获得了自身利益。这样的特质决定了企业基金会在我国当前经济稳步发展的大环境下可谓是最具成长潜力的慈善法人形式。但应该看到，基金会制度是舶来品，如何让基金会适应我国法律制度安排应是学界研究的重点之一。当前企业基金会所面临的问题，是否与其法律主体制度安排出现冲突有关？企业基金会如何才能获得正确恰当的法律主体制度安排？这方面研究无疑能对企业基金会的健康有序发展作出强有力的法律制度支持。

第二，关于股权设立企业基金会的研究。

中国对基金会的立法准入一直实行严格的控制，主要表现在对设立基金的限制上。2016年《慈善法》的出台为慈善和公益事业的发展奠定了法律保障，调整了基金会、社会团体等其他慈善组织的各种法律关系。其中对于慈善捐赠财产形式的规定有了重大突破，即大幅度放宽了企业基金会财产形式的范围，接受捐赠时的捐赠财产除了货币以外，也可以是实物、不动产、有价证券、股权、知识产权等财产。这样的立法极大地放宽了过去只允许企业基金会接受货币资金的限制，将有助于公益事业的发展壮大。但是在企业基金会的设立上却仍是适用原有的规定，即只允许货币资金作为企业基金会的原始基金，并没有将其他的财产形式纳入设立资金范畴，这一规定仍给企业基金会的市场准入设立了极高的门槛，与慈善事业的壮大发展理念相悖。

随着股权这一财产表现形式在资本领域内的广泛运用，各企业家纷纷意图以股权设立企业基金会,但该举动却遭遇了法律制度上的障碍。从实践层面去观察,股权作为一种出资形式在公司设立领域已获得认可,其能否用于公益领域作为一种新的制度引发了学术讨论。允许更多的企业基金会进入慈善市场,利用市场竞争机制来达到优胜劣汰,可以促进基金会的良性发展,达到社会资源更有效的利用。再者,我国人口基数庞大,对社会救济、医疗、卫生、教育等方面的需求还很大,法律上应该为企业基金会的发展提供更好的设立环境。以股权设立企业基金会是公益领域内的一个新的探索,现今立法上还未给予明确依据,但实践中却有诸多意欲以股权设立企业基金会的例子。股权设立企业基金会究竟有没有理论上的可行性,其能带来多大的社会效益,设立中又会遇到什么样的障碍,以及如何通过制度设计克服这些障碍都是值得深究的问题。

第三,关于企业基金会设立宗旨与目的的研究。

企业基金会设立宗旨与目的是基金会章程的必备款项,指引着基金会的发展方向。企业基金会设立规范的宗旨与目的不仅能确保基金会设立人意志得以永续,实现企业基金会的独立和理想;同时也是基金会制定相关管理制度的依据,基金会日后的工作都要围绕此内容展开,受到相应的约束。同时于企业基金会外部而言,这更是外界对基金会实现监督的重要方式,相关部门根据其设立宗旨与目的对其慈善组织性质作出认定,日常运作是否在其宗旨与目的范围之内也是外界对其活动慈善性的评判标准之一。对企业基金会设立宗旨与目的的实证分析,对于发现我国企业基金会设立宗旨与目的现存的问题,并对其产生原因作出分析,最后结合财团法人制度研究、公司目的限制等理论,对企业基金会设立宗旨与目的的规制提出相关的建议具有特别重要的意义。

第四,关于企业基金会设立人责任的研究。

作为我国慈善事业的基本法律,《慈善法》主要是从行政性法律法规的角度来规制慈善组织的设立、捐赠等问题的。《条例》及《条例草案意见稿》都没有对企业基金会的概念进行明确的定义,对各类基金会设立人的资格和类型也未明确界定。这些已有的调整与基金会有关的法律关系的法律、法规,其规范的着重点都在于从行政性法律法规方面对基金会进行规定。至于企业基金会的设立人应该如何承担因其设立行为而产生的民事法律责任,现行法律法规的相关规定还很不完善,立法的滞后导致企业基金会的发展受制。

在设立阶段，设立人以何种方式设立企业基金会，设立人的法律地位究竟如何，他们之间的法律关系又是怎样的，设立人应该怎样承担法律责任等等，目前都缺乏具体的行为规范。不仅如此，在企业基金会的发展过程中，还出现了运行不独立等问题，一些企业甚至把设立的基金会当成子公司，使企业基金会的独立法人地位受到了挑战，因运行不透明等原因导致的慈善基金会信任危机挫伤了公众的信心。为了解决这些问题，应该从源头开始规范，特别是要规范相关设立行为，重点关注企业基金会的设立人制度，对设立的法律责任进行严格的规定，规范企业基金会的运行，从而更好地发挥其对我国社会发展的重要促进作用。因此，对企业基金设立过程中存在的法律问题进行分析，并对他们的行为进行相应的法律规制才能从根本上抑制这种设立过程中的不规范行为。

第五，关于设立监管的研究。

社会公益事业是市场经济自由竞争的减震器，而我国慈善事业相对发达国家而言起步比较晚。时至今日，企业基金会业已成为慈善组织中极具特色的重要组成部分。企业基金会增速平稳且资产规模呈不断扩大的态势。作为公益组织，企业基金会理应接受监管，其相关活动应当符合一定规范。监管企业基金会不仅仅要做到全面覆盖，同时更要明确重点。在企业基金会设立阶段的监管直接影响着企业基金会的质量筛选与数量控制，对于日后企业基金会运作过程中的问题起到防患于未然的作用。而我国现阶段在此方面的理论研究和立法相对比较滞后，因此从法律视角探讨企业基金会设立监督问题有一定的现实紧迫性。

基于企业基金会于慈善事业的重要意义及其本身的特殊性，如何实现对企业基金会的有效监督则显得十分重要。总体而言，我国学术界针对企业基金会的研究并不充分，法学视角的相关研究更是贫乏。从立法角度来看，《慈善法》第92条至第97条对于整个慈善行业与所有慈善组织的监管从宏观层面上进行了规定。其中主要是对慈善组织出现问题后的监督与管理及政府和第三方机构的调查与评估。"求木之长者，必固其根本；欲流之远者，必浚其泉源。"对企业基金会在设立阶段的管控就是对源头的疏浚。只有在企业基金会设立过程中对其监管到位，才能最大限度地减少企业基金会运行过程中的故障。由于设立过程的监管无法完全预见基金会运行的全部问题，那么其运行过程的监督管理也是十分必要的。基于企业基金会由企业出资却与企业利润的增长没有直接关联的这一独特性质，设立监管对于企业基金会的长远、健康发展更是尤为重要的。

第二节 文献综述

20世纪50年代美国基金会中心主席弗兰克·埃默森·安德鲁斯所著的《公司基金会研究》首次对企业基金会的状况、设立、申请捐助以及活动领域等作了比较详尽的介绍，开启了企业基金会综合研究的先河。在此之后，关于企业基金会的专门研究不断出现，这些理论涵盖了企业基金会的法律制度研究、外部影响力研究、企业基金会的政治哲学研究等。如《变迁中的台湾企业赞助型基金会的发展——以洪建全教育文化基金会为例》一书，在个案研究中对台湾企业基金会进行了发展性探讨。[①] 除了理论研究所作的努力之外，西方国家还成立了一些针对基金会的研究机构和研究中心等，大大推进了基金会市场准入理论和实践的发展。下面围绕本书研究的主题对相关文献进行梳理。

一 关于基金会基本范畴的综合性研究

我国学界并没有单独将企业基金会拿出来分类研究，其被包括在非公募基金会之中，因此可以借鉴关于非公募基金会的研究成果。

王名、徐宇珊的《基金会论纲》（2008）在对基金会概念、分类、属性加以界定的基础上，考察了基金会在西方和中国的发展历史，从国内基金会发展的特点方面指出了当前基金会发展的机遇。文正邦等（2008）探讨了社会中介组织的法律问题。王向南就国内非营利组织发展的宏观背景与社会背景进行分析论述，对非营利组织在不同历史阶段产生发展的社会环境、制度环境以及在社会结构中的功能作出了全方位的研究分析。在对非公募基金会的基本矛盾专题研究上，李政辉的《非公募基金会的基本矛盾与规制研究》立足于法学对特定慈善组织的基本矛盾展开了研究。徐宇珊所著的《论基金会：中国基金会转型研究》系从转型角度论述基金会制度，包括制度环境、资金形成、资金使用等，该书为社会学著作，在研究范式概念与内容上对于主题都有较为深入明确的展开，但该项研究因为限于转

[①] 朱艳秋：《企业基金会市场准入制度的立法研究》，硕士学位论文，西南政法大学，2014年。

型，从而使其更多具有一种阶段性意义。张晓冬所著的《基金会法律问题研究》系基于法学视角的研究，在比较法上取材特别广阔。但该书基本从英美法的概念与制度展开，这使得其所论述的基金会更类似于信托，如书中大量论述受益人，脱离了国内基金会的研究语境。李莉所著的《中国公益基金会治理研究——基于国家与社会关系视角》从政治学角度展开，较为偏重于宏大叙事，如国家与社会关系、社会治理范式、中国政治发展，这使得其对于法律制度的相关讨论减损了其直接的参考价值。

在基金会的书籍中，陶传进与刘忠祥编著的《基金会导论》虽然是教科书，但却系统完整地介绍了我国基金会制度，对制度的发生与发展也有亲历者的权威与清晰性。更早出版的许光所著的《构建和谐社会的公益力量——基金会法律制度研究》对于基金会领域的诸多问题无论在资料的来源与利用还是在对国内问题的把握上都很到位。整体上，杨团对我国基金会研究的评判仍未过时，她认为我国基金会研究数量有限，大部分停留在情境性的个别描述，难有深度；同时，整体描述视角太过宏观，忽略实际问题，其中大都分析套用国外概念，并只是对本土基金会进行简单类比分析，缺乏综合研究；并且，对于基金会与其他类型非营利组织的相异相通之处少有触及。

从已有的学术成果来看，我国学者对于基金会在宏观层面的研究较多，然而具体到企业基金会这一特殊慈善法人并没有系统研究，只是穿插在其中偶尔提及。但学者们对于企业基金会的研究也并未完全忽视，以上学者亦从不同角度对企业基金会进行了探讨，只是研究的数量有限且大都停留在个别描述，缺乏系统深度的研究。具体的分类研究主要有以下三方面。

（一）关于基金会概念与分类的初步探讨

基金会（Foundation）与非营利组织（NPO）、非政府组织（NGO）、第三部门（Third Sector）、慈善组织（Philanthropic Organization）等界线模糊，研究中经常被交替使用。国外学者在1920年讨论国际劳工组织（ILO）中的工人代表时第一次使用了"非政府组织"这一术语。1973年"第三部门"的概念提出后，基金会被归入"第三部门"的下位概念。不同学科领域的学者在各自学科的话语体系下使用上述概念；即使在同一学科领域，不同学者对上述概念的内涵与外延的理解也并不完全一致，更不用说不同国家学者在理解上的差异了。目前，西方国家并没有"企业基金会"这一概念，在美国可以与之相当的是"私人基金会""独立基金会"。美国基金会的类型主要由税法规范,相关的研究主要围绕不同类型基金会的税收优惠问题展开。

国内立法层面上使用的是"非公募基金会",理论界也较少对基金会的概念和分类作更深入的探讨。税兵在《非营利法人概念疏议》一文中剖析了基金会的非营利法人属性,相比起大陆法系国家财团法人与社团法人的分类,企业基金会更适用营利组织与非营利组织的分类方法。对基金会分类的研究主要是围绕《条例》等法规展开。在《慈善法》出台以前,《条例》以基金会能否进行公开募捐作为标准将基金会划分为公募与非公募基金会两大基本类型;而在《慈善法》颁布后这种分类逐步失去意义,但是由于先前很多文献以公募和非公募基金会的分类来进行研究,所以非公募基金会的相关研究对本课题的研究内容仍具有一定程度的借鉴作用。

(二) 关于基金会社会价值的理论解释

这方面的研究主要是以非营利组织、非政府组织、第三部门的理论解释呈现于世。西方学者主要从政府失灵、合约失灵、第三方管理和志愿失灵等理论角度,论证基金会在社会经济生活中的地位和作用。国内相关研究则兴起于20世纪90年代的政治学、社会学、公共管理学等学科领域,主要集中于对国外相关理论的介绍、对民间组织发展历史的总结以及与国家、社会关系的探讨,代表学者如陈宝良、王世刚、邓正来、王绍光等。

(三) 关于企业和企业家设立基金会的正当性及其社会价值的研究探讨

1. 关于企业基金会对企业和社会的作用的研究

国外学者着重研究企业基金会与企业、社会的联系,以企业社会责任(Corporation Social Responsibility,"CSR")的研究为出发点,指出了企业基金会在企业、社会中的作用。施耐德和马丁研究了CSR的来源和定义,指出CSR起源于20世纪末21世纪初,在不同的环境下对企业有着不同的作用,例如代表企业公民身份、维持企业持续经营、履行环保责任等。总体来说,CSR主要涉及企业自身和社会环境,是企业作为利益最大化和保障其成员、客户、服务地区需求的一种表达。海蒂和詹尼通过"跨部门合作关系"(Cross-Sector Partnerships,"CSPs")主体研究发现,企业基金会能作为金融中介将企业利润导向慈善事业,在宏观公共治理目标和基层社会治理之间如同桥梁,起着关键的连接作用,并有能力扮演促使跨部门交流和企业革新的催化角色。丽莎和辛西娅通过研究康尼格拉基金会(Conagra Foods Foundation)公益项目实施发现,企业基金会公益项目应当具体明确,由其直接运作,这样能带来最好的福利效益。同时,善于慈善运作的企业不仅能资助企业基金会进行公益活动,它们往往还能在资助慈善项目运作的过程中与其他公司交流,从而提升企业自身经营效率。巴鲁克、克里斯汀和苏雪什通过格兰杰因果测试分析美国1989—2000年公司慈善运作样本数据时发现,企业公益运作能对其预期收益有促进作用,尤其是像零售和金融业等消费类企业能得到极大的利润增长。

2. 关于企业是否需要通过设立独立部门进行慈善活动的研究

玛尔塔和哈维尔认为,适当的财会制度和优质的透明度环境能让企业基金会有效落实股东和大众的合法监管,提供企业的好名声等潜在利益。同时也有相关研究指出了企业基金会遭受的一些社会质疑,如企业直接进行慈善活动往往社会效益不高、可信度较低,因此需要交于独立的主体实施,确保慈善活动得到足够信任。科特斯和菲什本对人们对于 CSR 的兴趣调查发现,受访者认为如果 CSR 集中于企业营利活动中可信度很低,为此,企业需要更详尽解释 CSR 是否有益于它们的商业活动,从而保证 CSR 能够真正实现题中应有之义。

二 关于基金会法人制度框架的研究

随着我国慈善事业的蓬勃发展,国内有关慈善组织的研究文献日益丰富。与此同时,《中华人民共和国民法总则》(以下简称《民法总则》)立法过程中对于法人基本分类的持续争论,导致法人的具体制度建设特别是非营利法人的制度建设被忽视。《民法总则》的颁布,将企业基金会纳入了非营利法人下属的捐助法人范围。捐助法人从概念和体系上被认为是一种财团法人。因此,有一个问题就值得我们去思考:现行的基金会管理法规如何在修订中与《民法总则》《慈善法》等上位法进行衔接?目前企业基金会法人制度有哪些是与捐助法人或者说财团法人的基本原理有出入甚至冲突的地方?这个问题的研究对于慈善事业的发展、民事主体制度的完善等具有十分重要的现实意义。

然而《民法总则》关于非营利法人的规定仅有八条,捐助法人更是只有三条。过于简略的规定很难顾及基金会法人、企业基金会法人等捐助法人的制度建设。但捐助法人相当于民法理论上的财团法人这一观点是学界普遍共识,无论是理论研究还是立法实践也承认基金会制度是典型的财团法人。

在《民法总则》颁布前后的研究中,财团法人视角下的企业基金会制度的相关文献的主要观点集中于以下几个方面。

(一) 关于企业基金会法人定位的研究

企业基金会的法人定位研究中,学者们多肯定我国现行法人分类制度能恰当安排企业法律主体归属,鲜有将企业基金会法律主体与其面对问题的关联性单独研究的。在《民法总则》颁布之前,多是研究构建未来民法典法人制度总体框架;《民法总则》颁布之后,有的在捐助法人的框架内探究企业基金会的法人定位。

1. 企业基金会最适合定位为财团法人

不少学者从《条例》对基金会的定义出发,认为中国的基金会制度是一种典型的财团法人制度。叶林(2010)认为团体法仍然是私法而不是社会法,明确了团体法与社会法的区别,才能划清公权力的界限并发挥团体的作用。胡岩(2011)通过财团法人比较法研究发现,我国有财团法人制度的实质,而没有财团法人制度规范,企业基金会是最典型的财团法人。我国应当建立财团法人制度,完善教育、卫生、慈善等公益事业的发展。罗昆(2016)认为由于英美法系缺乏系统的法人制度,因此对于基金会法人的研究必须根据大陆法系财团法人的理论进行;在探讨我国民法典法人分类模式选择中提到,《条例》第21条理事会修改章程的规定,实质上背离了财团法人的基本原理,足以使潜在的捐助人对财团法人或基金会制度丧失信心;同时捐助法人的概念容易产生误解,非营利法人企业基金会法人安排应当以财团法人为最优选择。

2. 企业基金会最适合定位为捐助法人

葛云松(2002)认为捐助法人的含义相当于财团法人,只不过换了个称谓。尹田(2003)、梁慧星(2015)在中国民法典研究课题组起草的民法总则建议稿中,认为财团概念难为一般人所理解,故以捐助法人替换财团法人这一概念。值得留意的是,有学者追寻我国现行法人制度的原因,试图从源头上回答企业基金会法律主体定位之殇。例如蔡立东(2011)对职能主义法人分类模式的批判中提到,《中华人民共和国民法通则》(以下简称《民法通则》)设立法人制度之初主要目的在于实现国营企业相对于国家的独立性,赋予国营企业以法人地位。在企业为法人划分视角下,企业基金会的法律主体归类当然得不到合适安排。崔拴林(2011)在《论我国私法人分类理念的缺陷与修正》中提到,民法典草案提出的"捐助法人"

概念比传统的"财团法人"概念更加全面地包含了现行法上的基金会法人和法人型民办非企业单位特点,颇值赞同。谭启平、黄家镇(2016)直接将他律的捐助法人作为自治的财团法人的相对概念。梁慧星(2016)在民法典草案的解读中,指出现今民法立法和理论的发展趋势,只以是否营利作为标准,将法人分为营利性法人与非营利性法人,机关和事业单位没有成员(股东、会员),故无法纳入社团概念。因此将企业基金会定位为非营利法人中的捐助法人是最优选择。

3. 捐助法人相当于财团法人

尽管《民法总则》未采纳社团法人与财团法人的基本分类模式,但不少学者认为《民法总则》第92条对捐助法人的定义完全符合财团法人的基本特征,甚至将捐助法人等同于财团法人。夏利民(2017)认为捐助法人的三个基本特征完全契合大陆法系财团法人的全部要素,捐助法人就是《民法总则》的财团法人。即使是反对营利法人与非营利法人分类的学者也认为捐助法人相当于财团法人。他认为,捐助法人实际是大陆法系财团法人中的公益性财团法人和宗教财团法人。罗昆(2017)还认为,《民法总则》颁布后,对民事主体的私法规制迫在眉睫。

(二)关于企业基金会法人的核心要素的研究

对不同基金会的组织形式进行比较研究的还很少。陈金罗、葛云松等(2006)和蔡磊(2008)探讨了非营利组织的基本法律制度问题,陈晓军(2007)探讨了互益型法人制度,韦祎(2010)探讨了中国慈善基金会法人制度。

一种观点是,作为一种财团法人,企业基金会以财产和目的为中心。胡岩(2011)认为,财团的中心因素是财产,只有以财产为基础,才能够成立财团法人,而财团是为了一定目的的事业而存在的,正是为了特定的目的才奉献财产成立财团。张学军(2014)认为,基金会成立的要素包括财产,必须得到专用服务的特殊目的。马俊驹(1988)认为,法人组织必须拥有一定的财产作为各类法人活动和发展的物质基础及承担财产责任的前提。捐助法人的财产来源于捐助,而企业基金会财产的捐助主体是企业和(或)企业家。《德国民法典》规定,捐助行为可以在生前或者以死因行为(即遗嘱)为之。胡岩(2013)在讨论财团法人的设立形式时也区分了生前的捐赠行为和死后的遗嘱行为。但《慈善法》和《条例》及其修订意见稿均未规定遗赠行为,也并未禁止,实务中应当允许遗嘱设立基金会。

捐助人在捐助财产设立企业基金会之后，与财团法人再无瓜葛。税兵（2007）将这种关系称为"股权缺失"，因为捐助人不能通过转让财产所有权来换取股权，非营利法人是一种单向性的财产权构造。正是由于这样的独特构造基金会得以聚集大量财产，并在目的的约束下让财产发挥作用。

另一种观点是，从财产的角度出发，基金会原始基金的形式应当放开，基金会可以从事经营活动但应被约束。对于捐赠财产的来源，《条例》要求只能以到账货币资金出资。孙光焰（2017）等认为，允许以股权等其他形式设立企业基金会对缓解慈善公益事业的巨大资金缺口有着巨大的意义，并且可以通过制度创设消解股权设立企业基金会的障碍。基金会属于非营利法人，具有非营利性。非营利性并非不能从事任何的经营性活动并产生收益，根据梁慧星（2016）的论述，将所赚的钱分配给法人的成员（股东），属于法律所谓营利性；将所赚的钱用于发展法人目的的事业，并不分配给法人的成员（股东），不属于法律所谓营利性。禁止分配利润是学界比较认可的非营利性标准。《民法总则》第87条规定不向出资人、设立人或者会员分配所取得的利润；第95条又规定，为公益目的成立的非营利法人终止时，不得向出资人、设立人或者会员分配剩余资产。企业基金会作为以公益慈善目的成立的非营利法人，不仅在存续期间不得向出资人、设立人或者会员分配利润，终止时也不得分配剩余资产，其非分配性是贯穿始终的。韦祎（2009）认为，财产转移时可以借鉴适用英美法系的"近似原则"。在企业基金会终止时，行政部门应当予以严格审核监督，防止终止被滥用而损害捐助人设立基金会的目的。

（三）关于企业基金会的"营利性"与"非分配性"问题的研究

蔡立东（2011）在职能主义法人分类模式的弊端中提到，法人"营利性"的问题意识，仅存在于民事主体之间，即法人与其成员之间的关系，而不是国家与民事主体之间；关涉的是法人所得盈利是否可向社员分配，而不牵涉自国家的角度看法人是否可以从事经营性行为，即使是非营利法人也可以从事经营性行为。韦祎（2009）提到，"非分配性"是保证慈善基金会不失其慈善本色的关键，财产的"近似原则"让慈善法人财产具有与公司法人财产完全不同的鲜明特征，这一原则使致力于慈善目的的财产能够在现实情况发生变化时仍然留在广义的慈善领域。"近似原则"让慈善基金会的运作符合捐助人的本愿，因此为企业基金会符合慈善目的的投资提供可能。

三 关于基金会法人治理制度的研究

对企业基金会的相关研究主要基于内部治理、商业运作合理性、外部监管、信息披露、责任追究等关于基金会运作规范的制度设计研究，试图论证企业基金会发展上存在的问题及其解决途径。

在国外，这方面的研究也只是近二十多年才兴起的，主要以非政府组织问责的形式展开。世界银行（2000）组编了《非政府组织法的立法原则》，为各国立法提供参考。由一流国际团队历时三年（2003—2006）完成的《非政府组织问责：政治、原则与创新》一书（[美]丽莎·乔丹、[荷]彼得·范·图埃尔主编，康晓光等译，中国人民大学出版社2008年版）全面探讨了NGO的问责问题。在国内，20世纪90年代末以来，非法学领域的研究成果主要集中于非政府组织的运作机制、政策环境、治理结构等方面，如康晓光（1999）、徐永光（1999）、王名（1999、2001）、何增科（2000）、俞可平（1998、2001）等的研究。在法学领域，以北大法学院非营利组织法研究中心等为代表取得了一些成果。陈林（2004）和金锦萍（2005）都讨论了非营利法人的治理结构，王建芹（2007）从行政法角度探讨了非政府组织的法律规制，我国台湾学者陈惠馨（1995、2000）探讨了财团法人的监督问题。上述研究主要以非营利组织为研究对象，且多集中于宏大叙事，专门针对基金会、分类探讨其具体制度的不多。相关研究成果主要集中于以下几个方面。

（一）关于内部治理的研究

从目的的角度出发，基金会的内部组织架构应遵循财团法人基本原则。通常认为社团法人是人的集合体，财团法人是财产的集合体，导致了两者在内部架构上的差异。玛尔塔和哈维尔以企业基金会的财会和透明度为例，企业慈善需要在有别于独立的法人中进行，该法人不能沿用企业的治理标准。马俊驹（2004）认为，财团法人并无成员存在，无须设置权力机构，其法人意思主要以其设立人的意思为基础，所以只需设置监察机关和执行机关。《民法总则》要求捐助法人设立决策机构和执行机构，未规定监督机构；《条例》及其修订意见稿规定基金会设立决策机构和监督机构；《慈善法》未明确要求设立何种机构。上述规定避免了使用"权力机关"一词，但罗昆（2017）认为，条文中赋予决策机关修改章程权限使决策机关成为事实上的权力机关，应当予以纠正。葛云松（2002）也认为，允许董事会修改章程将使得捐助人的目的无法实现，背离财团法人制度的宗旨。捐助法人借鉴公司的治理模式具有一定的合理性，但也应当仅限于借鉴而不是照搬，否则会造成财团法人与社团法人的混同。至于监督机构，葛云松（2002）和胡岩（2010）都认为，即便法律没有强制性规定，财团法人也应当设置监督机关，应针对当前慈善组织公信力欠缺的问题，提振社会对慈善事业的信心。

杨团（2010）认为，现代基金会的治理基础是对公司治理结构的引进和改造，从而创建一种新的慈善治理模式。资中筠的《财富的归宿：美国现代公益基金会述评》一书也介绍了美国一些比较成熟的基金会运作模式，也对如何防止以公益基金会之名谋私利、基金会必须与企业的利益分离等内容作出了论述。李新天、易海辉（2015）认为，独立性不够、信息不对称、监督不充分、激励不明显、责任不健全等原因导致企业基金会与捐赠人、政府、受益人和社会公众之间存在委托代理关系。企业基金会的主要财产来自于企业捐赠而不是公众捐赠，独立性不及公募基金会、对企业依赖性较强，一旦出现代理问题，一般是损害政府、社会公众和非企业捐赠人的利益，难以损害企业的利益，呈现出不同于公募基金会的特点。并指出由于企业基金会的法人独立性差，对其设立企业很强的依赖性，故而不可避免地存在自利，应着重强化外部监管。陈钢、李维安（2016）认为，企业基金会的出资企业可以从企业基金会的运作中获得潜在的收益，导致企业基金会的治理具有不同于其他非营利组织的特殊性。

（二）企业基金会的治理和商业运作的关联性问题

"企业化"是企业基金会最显著的特征，同时也是企业基金会发展的最大难题。李维安教授在《破解企业基金会发展难题：重在治理转型》中提出企业基金会要发展，要健康发展，首当其冲就是需要"去企业化"，增强企业基金会的独立性、提升工作人员的专业性。与企业间的紧密联系既是企业基金会的发展优势，也是其难以突破的发展瓶颈，稍不留意，企业基金会容易沦为企业的附庸。企业基金会的发展必然面对诸如关联交易等问题，如果企业基金会沿用企业相关的公司治理模式，将严重影响非营利组织的社会性。企业基金会需要向上市公司学理念，树立"去企业化"的治理理念。同时，企业基金会还要不断完善治理结构和治理机制。例如理事会要保证"独立理事"占多数，理事会成员要更多从社会招聘而非从企业直接调配，激励约束机制设计要能够调动管理层的工作积极性。

企业基金会缺乏独立性的同时会造成基金会与企业经济利益存在关联。徐莉萍、赵冠男、戴薇的《企业慈善捐赠下利益输送行为的实证研究——来自中国 2009—2013 年上市公司的经验数据》一文指出，企业慈善捐赠下关联企业较非关联企业更易通过盈余管理方式进行利益输送。同理，企业可能利用与企业基金会之间的纽带关系来进行一些不当利益的输送，从而损害社会公共利益，产生不良影响。

（三）企业基金会的信息披露问题

李新天、易海辉在研究企业基金会公益慈善中代理问题时发现企业基金会具有高度的外部资源依赖性，应该强制信息披露，促使企业基金会公益慈善更加公开、透明。黄志萍通过对影响慈善组织公信力法律因素的分析，认为信息披露是提升慈善组织公信力的重要措施。李晓倩、蔡立东则将建立强制性信息披露制度纳入基金会治理的外部支撑条件中，从而实现有效的社会监督。杨珊认为我国现有法律制度并未详细规定慈善组织的信息披露制度，这将导致慈善组织不能得到有效的社会监督，会引发一些信任危机，故要完善我国慈善组织的信息披露制度，促进慈善事业的健康发展。

四　关于企业设立企业基金会的战略考量及原因的研究

企业基金会在我国尚属一种不太大众化的组织体，公众对其了解甚少，不明白企业为什么要设立基金会，为什么不直接捐赠给现已能够成熟运作的基金会。主要的研究有以下几方面。

（一）以设立基金会促进企业战略的实现

企业设立基金会除了有回馈社会的意愿外，还有的是直接与企业战略发展挂钩。如葛道顺等人的《中国基金会发展解析》一书介绍了企业设立企业基金会所能够带来的优势以及企业设立基金会的原因。企业设立企业基金会能够帮助企业扩大声誉，帮助企业树立参与社会的良好公众形象，增加企业的社会效益等等。

石国亮在《慈善文化进企业：理论基础与战略思考》一文中指出：企业做慈善首先要能够通过员工影响其家庭成员，进而营造出人人慈善的社会氛围，也会提升员工对企业文化的认同感和忠诚度；其次企业做慈善也会提升消费者对企业品牌的支持度，进而刺激他们的消费；最后企业做慈善有促于企业家间的合作，成为互利共同体。同时他也指出我国企业虽然参与慈善活动，但是不排除其中掺杂了一定的利益考量，而不是现代慈善意识催生的纯粹利他行为。

（二）以设立基金会促进慈善事业的专业化运作

除了考虑到其可带来的现实利益外，企业设立基金会更是专业趋势下的必然。企业设立基金会可以更长久、更专注地致力于解决某一个或者某些社会问题，开发一些更系统、更专业的项目，进而取得更好的效果（刘琼，2012；李新天、易海辉，2015；等等）。企业的逐利性和基金会的公益性使得两者相互区分，两者的管理风格和手段一定会存在差异。当企业利益与基金会的公益有冲突时，需要将二者分离开来。

褚湛（2017）认为，企业基金会区别于其他基金会的最重要特征是其"企业化"，管理行事中都带有强烈的企业风格。同时也介绍了企业基金会的运作优势，诸如资金来源相对稳定、企业能够带给基金会更充足的资源和专业人力等。企业基金会之所以不同于其他基金会的原因在于其是由企业或者企业家发起设立的，日常运作需要依靠企业的不断注资来维持，且旨在于承担企业的社会责任。

此外，至于为何不直接向成熟的基金会捐赠，企业或是出于自身利益的考量，自己运作可以获得更好的社会反响；或是出于对公募基金会的信任危机，认为自己拿钱做事更放心；或是考虑到参与项目开发的自主性，能够按照企业需要或者社会公众需要来开发更好的项目。当然，目前我国企业基金会还存在数量较少，项目运作还比较稚嫩，项目运作和资助的社会导向性、专业性、创新性上都稍显不足的问题（如沈慎、阳慧颖的《企业基金会：期待将企业特长与公益专业性结合起来》等研究）。刘太刚就民企基金会的筹款、治理等问题进行了调研，民间企业基金会在募集款项以及公信力上远远不及官办的公募基金会。葛道顺等人在《中国基金会发展解析》一书中介绍了企业基金会带来的优势以及企业设立基金会的原因。提到非公募基金会自身的资金优势使得其关注重点在如何使用、保管资金上，更多地是去扮演公益资金提供者的角色。

（三）以企业基金会为平台促进慈善文化进入企业

马金芳与黄春蕾从企业与公益捐赠的关系上来看待公益与私益之间的微妙关系，公益与私益是辩证统一的，绝不可以完全割裂开，对公益的保护离不开私益的推动。以私益来驱动公益的发展是符合人本性的，为了进一步发挥私益促进公益的功能，在立法上要注重公益与私益之间的平衡，否则会影响公益事业的提升和推动。

倪建文认为，现代企业慈善与现代基金会相伴而生，企业慈善具有重大的社会意义，应借鉴美国企业慈善基金会的制度，加强企业慈善运营管理和制度化建设，从而促进慈善事业的发展。而石国亮则探讨研究了企业作为最主要的市场主体，其凭借不断增强的经济实力积极承担社会责任的路径选择，以及如何解决好慈善文化进企业面临的挑战和机遇。李秀峰、李莉认为企业社会责任的兴起促进了公益事业的发展，应进一步加强企业社会责任，实现中国企业与公益基金会的双赢对接。

五 关于基金会宗旨与目的方面的研究

基金会的设立宗旨与目的是判断基金会慈善组织性质的重要标准。基金会开展活动首先要取得慈善组织资格认定，其资格认定需要相关部门围绕其宗旨与目的进行，这种认定是一种公法上的义务，毕竟基金会深切关系到社会公众利益，只有在政府部门准许的业务范围内开展活动，企业基金会才能实现其慈善公益目的。对基金会设立宗旨与目的的研究，大多学者是从基金会财团法人的层面上进行，虽有提及但篇幅有限且大都仅是浅层的介绍。

罗昆在《财团法人制度研究》一书中对财团法人的定义、特征和要素等内容作了多维度解析，其中对财团法人的必备条款——目的作了详细的阐释。基金会正是财团法人的一种，财团法人的目的规制内容对于基金会的宗旨与目的的规范也有重要的参考价值。

金锦萍在《中国非营利组织法前沿问题》一书中写道，非营利法人应当有明确的宗旨和业务范围，如此预防非营利法人过多注意和追逐营利，阻碍实现其设立时的特定宗旨。这一结论同样适用于带有逐利性质的企业设立的基金会。

卢玮静等人在《基金会评估：理论体系与实践》中提出，设计明晰宗旨的几个重要因素，如聚焦明确、表达精炼、高瞻远瞩等，其中最为关键的是区别于设立目的。关于企业基金会设立目的的限制，徐莉萍提议要设立严格的相关信息披露制度。

孙发锋在《美国基金会的创新功能及其对中国的启示》中介绍了基金会的宗旨意识对一个基金会发展的重要意义，即基金会的宗旨和使命使它的捐赠领域能够保持历史连贯性。同时也对基金会的发展提出联合支持机制的建议，通过基金会之间的合理分工合作、横向联合等方式共同促进基金会行业的发展。

樊子君、谭少思在《英国家族基金会内部治理及启示》中对宗旨的内容作出了规范，宗旨需要回答基金会为什么做自己所做的事，准备怎么去做和最终想要达成的目标是什么等问题。一般可以从企业基金会设立宗旨看出基金会的资助对象、具体要求和标准，且资助对象通常固定不变。

从已有的学术成果来看，我国学者对于基金会的宏观层面研究较多，然而具体到企业基金会这一特殊慈善法人并没有系统研究，只是穿插在其中偶尔提及。对企业基金会设立宗旨与目的的研究更是鲜有涉猎，虽有部分学者提及，但篇幅有限且大都仅是浅层介绍。

六 关于基金会设立财产的研究

企业基金会是基金会分类研究中的一类，作为一种非营利法人，企业基金会的非营利性是其最重要的属性，也是企业基金会设立财产要考虑的重要因素。

对基金会设立行为的法律概念探讨主要集中在民法领域，梁慧星（2016）将基金会设立时的财产转移捐赠与设立后的财产捐赠两个概念区分开，捐赠在民法上是双方法律行为，需要双方主体意思表示，基金会设立行为应理解为捐助，即不需要受赠人的意思表示即可完成的一个法律行为。罗昆也在其论文中就捐助行为与捐赠行为之法律意义进行了辨析。

关于股权捐赠制度的研究，已有学者对其进行探讨，主要从两个方面切入：一种是讨论股权捐赠对企业的影响，以及捐赠过程中企业的内部决策问题，尤其是上市公司股权捐赠中的公司信息披露问题与税务问题；另一种是从基金会成立后如何接受股权捐赠方面进行的论述，这方面的文献资料主要有文青的《以机制建设推动中国公益慈善事业的发展——股权捐赠相关政策法律问题研讨会综述》（2010），李维安的《破解企业基金会发展难题：重在治理转型》（2015），费国平的《股权捐赠操作指南：从法律角度解读股权捐赠路径和手段》（2009），葛伟军的《论股权捐赠的法律规制》（2014），田蓉、秦正的《我国股权捐赠模式之法律探索》（2012），主要从公司法及税法的角度对股权评估、股权转让以及慈善抵扣等问题予以分析。这些文献中都有提及股权捐赠以及股权设立基金会，但就相关设立部分的着墨不多。2009年曹德旺和陈发树捐股设立基金会受阻后，民政部举办了一次股权设立的专题研讨会，但最终未得到有效成果，事后也未引起学术界的积极回应。

七 关于基金会设立责任的研究

法律责任是由于违反第一性法定义务而招致的第二性义务。因此，首先要构建企业基金会责任的一般体系和具体责任体系。在追究设立人的具体责任时，必须明确设立人设立企业基金会的动机、设立行为的性质、设立人之间或者与他人之间的权利义务关系以及违反了这些义务应当承担什么样的法律责任。

（一）关于基金会责任规制的一般性研究

有学者认为基金会是非营利组织，因此需要对其责任进行规制，从而维护其社会公信力。李政辉通过分析非公募基金会的四大私人属性，说明公益待遇存在滥用的可能，并由此论述非公募基金会的基本矛盾以及成因，明确对非公募基金会行为进行相关法律规制的必要性。鲁篱、罗颖妹则以基金会为例，提出公益性非营利组织的利益相关人责任，具体从捐助人以及受益人这两大核心主体的法律责任入手，进而对公益性非营利组织的法律责任予以完善。杨思斌则结合最新出台的《慈善法》提出法律责任是慈善事业运行的保障机制，是慈善领域纠纷解决和法律适用的直接依据，明确了慈善法律责任设定的基本原则，并针对慈善组织的违法行为设置相应的法律责任。冯辉提出基金会的法律监管应以"嵌入式监管"为理念，构建多中心的监管主体结构，着力于信息披露机制、税收调整机制、信用评价机制和问责机制等基本制度的建设并完善相应的法律责任设置。李新天、易海辉提出要充分发挥企业基金会作为基层社会组织的作用，对企业基金会内部控制人民事责任的请求主体、情形、方式等方面规则不断健全，确保其民事责任的落实。

（二）设立人设立企业基金会的动机与设立责任的关联性问题

王宇光认为，企业试图利用慈善捐赠向外界传递公司现金流充裕、财务状况良好的信号；海莉认为，企业管理层有倾向将慈善捐赠作为一种以损害股东和其他利益相关者权益为代价、提升其自身声誉的手段；李晓玲则以企业在发生某特定不良事件或处于某种不利状况下，其慈善捐赠是否会发生显著变化的视角来研究，她认为慈善捐赠已不完全是纯粹的给予行为，除作为企业重要的经营发展战略之外，企业还可能将其作为转移公众注意力、掩盖违规行为、树立企业慈善形象的工具。从这些学者的研究中可以发现，设立人捐赠的动机多种多样，有的事前就存在不端正的动机也有的事后存在不端正的动机。如果设立人的捐赠行为只是为了向外界传递公司现金流充裕，其行为没有违反法律法规，那肯定不应承担法律责任。如果设立人的捐赠目的就是掩盖其违规行为，那么这样的捐赠行为是否有效，应该承担什么样的责任，则值得我们深入研究。因此，我们要将设立人的不同动机类别化来进行研究，从而确定其是否应该承担法律责任，以及承担什么样的法律责任。

（三）企业基金会设立人设立行为的法律性质与法律责任的关系的研究

从企业基金会设立人的设立行为来看，史尚宽先生认为：财团法人之设立行为亦称捐助行为，系为一定目的而依移转一定之财产或负担财产权移转之债务，以设立法人为目的之单独行为。当设立人有数人时，则为任意的共同行为。郑玉波先生认为财团法人之设立行为，系指捐助财产及订立章程两步骤而言。朱庆育先生认为数人共同实施设立财团法人的捐助行为既有共同行为（内部关系）又有单方行为（外部关系）的特点，难以简单归类。

（四）设立人在设立阶段的法律地位与法律责任的关系的研究

《中华人民共和国公司法》（以下简称《公司法》）中发起人的制度对构建企业基金会设立人制度具有借鉴意义。茅院生提供了《公司法》中研究发起人责任的思路，公司设立阶段发起人责任具有多样性：既有发起人之间的违约责任，又有替代责任；还包括发起人与设立中公司的责任、发起人与债权人之间的责任、发起人与认股人之间的责任。曹顺明探讨了发起人作为设立中公司的机关的资格以及法律地位，并就此明确对发起人实施设立行为的责任归属。

从企业基金会设立人的法律地位来看，目前鲜有学者对此进行研究。许光在《构建和谐社会的公益力量——基金会法律制度研究》一书中谈道，由于创立基金会与设立公司的内容和程序基本相同，因此可以比照适用《公司法》的相关规定和公司法理。关于公司的发起人法律地位有无因管理说、为第三人契约说、设立中公司机关说、当然继承说以及代理说等。崔勤之则从二元说理论出发，认为应当从两方面来确定，才能够全面认识设立人的地位。发起人作为个人来说，发起人之间的关系是合伙关系；从发起人作为一个整体来说，又是设立中公司的机关。

（五）企业基金会设立人的权利与义务与法律责任的关系的研究

税兵从基金会治理的角度进行研究，比较了大陆法系和英美法系之间基金会治理方式的不同，认为：大陆法系是以财团法人制度来治理基金会的，财团法人制度特别强调民法属性，其核心理念在于强调通过捐助行为所产生的财产之集合体，来区别于作为人之集合体的社团法人，财团法人制度的治理对象在于财产的"进"（成立人的捐助行为）；英美法系则是以基金会制度来治理基金会的，基金会制度特别强调税法规范，其核心理念在于强调特定财产应该按照特定目的使用，使用者为具有独立法人资格的机构，基金会制度的治理对象在于财产的"出"（使用人的公益行为）。他进一步认为：我国关于基金会制度的民事立法几乎为空白，本应属于私法领域的制度规范，无法寻到可以构建规制的制度平台。笔者认为，税兵的研究不无道理，《条例》是国务院制定的行政法规，其重心偏向于政府对基金会的管理，至于企业基金会发起人之间以及与利益相关者之间的权利义务这些带有私法性质的法律关系是如何规定的，则没有答案。最近实施的《民法总则》将基金会确立为捐助法人，确定为非营利法人，这连接了《条例》与《民法总则》，衔接了公法与私法，这是我国社会主义法治建设的一个伟大进步。但是，仍没有解释清设立人的法律地位、法律关系以及法律责任究竟是怎样的，这无疑是当前我国法治建设的一点遗憾。最后，税兵认为：应该建立多中心主义的法律治理模式，做好公法规范与私法规范的对接。但是税兵仍旧是从法律制度的宏观层面来解决该问题的，如加强强制性、禁止性规范和诱致性规范的配置等。

鲁篱等在《公益性非营利组织法律责任研究——以基金会为中心》一文中研究了基金会与利益相关者（鲁篱在该文中将利益相关者限定为捐助人和受益人）之间的权利义务关系。其认为在财团法人成立之后，法律并未给予捐助人特殊的身份以直接介入财团法人的内部事务；然而，大量财团法人的财产来自于捐助人，因此有必要赋予捐助人一定的权利，在财团法人监督中发挥作用。权利与义务是对等的，既然作为捐助人的设立人享有权利，那么设立人应该承担什么样的法律责任呢？鲁篱却并没有对此深入研究。

八　关于基金会设立监管的研究

在国外，基金会可采用多种不同的组织形式。英美法系国家主要采用公益信托和特定公司的方式设立，大陆法系国家则主要运用财团法人和特定社团法人的模式设立。但国外普遍对基金会设立方面的限制性规定很少，准入门槛较低，基本上放任不管。其相关研究主要集中于对设立后运作的监管和事后的责任追究上，代表学者如美国的霍普金斯、英国的博蒂、加拿大的戴维森、德国的史特拉什维茨、日本的森泉章等。

在国内，有关设立监管的研究成果主要有以下几方面。

(一) 关于监管的理论基础

李政辉关于政府对非营利组织进行监管的学说观点总结于其著作《非公募基金会的基本矛盾与规制研究》中。其主要内容如下。第一，公共利益理论。公共利益首先是指非营利组织的运行直接关涉的公共利益，诸如济贫、教育、科学、科研，与政府职能构成了互补关系。正因为非营利组织的公益追求，免税资格与捐赠人的税收抵扣才具有合理性。而税收优惠进一步强化了非营利组织的公共利益色彩，其用于公益的资金至少有部分来自于政府直接或间接的补贴，对与公共利益关联密切的部门和组织而言，监管都具有必要性。第二，慈善失灵理论。慈善供给不足，作为公共产品的慈善出现了"搭便车"的现象；慈善活动具有狭隘性，主要表现为服务的对象具有针对性、指向性，可能致使其他群体被忽视；慈善组织的家长式作风；慈善组织的业余性。非营利组织的这些固有缺陷使得非营利组织提供公共物品时存在资金短缺、慈善事业整体效率差、拥有者偏好和专业服务不足等问题。第三，成本收益理论。对非营利组织的监管当然也有制度成本，包括监管机构的设置和运行成本，也包括相应组织满足监管要求而付出的成本，但有效监管的收益是社会对非营利部门的信任以及随之而来的非营利事业的发展，两相比较，成本与收益立现。

(二) 关于监管模式类型

第一，适度的行政监督。吉林大学的蔡立东教授和他的博士生李晓倩在《基金会法律制度转型论纲——从行政管控到法人治理》一文中提出基金会法律制度处于公法和私法部分重合的领域，公权力对基金会监管的合理性毋庸置疑。不过我国严苛的行政管控型立法逾越了公法的界限并超出了一定限度，影响了基金会发展的活力与热情。应将法律制度监管部分的重心放到对企业基金会的法人治理的引导上，引导其完善自身的治理结构；这不意味着完全放弃对基金会的外部监管，而是进行适度的行政监管、加强舆论监督等有效的社会监督，同时完善现有的司法救济。

第二，嵌入式监管。《东方法学》特约编辑、对外经济贸易大学的冯辉副教授则认为保证集道德色彩与组织色彩于一身的非营利法人协调好不同角色，同时保证两者出现交集时不会出现违背道德和法律情况是法律监管制度的重点。故他认为"嵌入式监管"是可以解决这一问题的切实可行的监管方式，其主要包含多元化监管主体，致力于信息披露机制、税收调整机制、信用评价机制和问责机制等基本制度的建设，并完善相应的法律责任设置。

第三，服务导向型基金会管理体制。重庆大学的罗章教授与其从事非政府组织研究的学生刘啸在《中美基金会管理体制比较研究——基于制度可能性边界的理论》一文中论证：中美两国对企业基金会的管理态度存在明显的差异，美国的态度倾向于服务，中国的态度则更倾向于监管。我国政府可以借鉴美国对基金会的监管态度，改变严苛的监管理念与态度，在我国建立起以服务为导向的基金会管理体制。

第四，政府有限监管。民政部的杨岳和许昀在《自律、竞争与监管——美、加非营利组织管理制度考察》中提到，美国与加拿大的非营利组织管理制度的最鲜明特征就是明确政府监管的范围与限度，主要表现为行政监管部门的数量少、监管内容的有限、行政权力范围的有限。

可见目前关于企业基金会的监管主要围绕着理论基础与监管模式两大方面。政府的有限监管、适度的行政监管均表明对于企业基金会的监管应在一定的限度以内，服务导向型的基金会管理体制为上述的两种监管模式提供了价值引导，嵌入式监管则为上述两种模式提供了具体可操作的监管方式。然而上述监管模式全部都是围绕整个监管体系而言，并没有单独对企业基金会设立监管的模式进行研究，只进行了宏观指导，却没有执行细则的规定。

（三）关于基金会行政管控的理念

马俊驹（2004）认为，正是由于财团法人不具有意思机关，只能以设立人的设立意思作为法人的意思，因而需要通过较强的行政机关干预确保其良好运行。但我国现行基金会管理采取了双重管理体制，这在很多人来看仍然过于严苛，即需要挂靠一个业务主管单位进行注册，然后到民政部门进行登记。税兵（2010）认为这样的管理体制导致了基金会身份认证困难，很多慈善团体因为无法找到业务主管单位而不能获得合法身份。罗昆（2008）通过对各国财团法人立法例的考察，归纳财团法人的设立原则为自由设立主义、准则主义、认可主义和许可主义，不同设立原则的采用取决于国家对财团法人是鼓励发展还是限制发展的态度。

对财团法人进行一定程度的行政管控不单存在于中国，《德国民法典》也规定设立独立的财团法人需要设立行为和政府的许可。不过21世纪以来，德国立法对非营利组织的管控也逐渐放开（Reuter，2001），日本NPO法经历了数次变动之后也倾向于简化注册程序（俞祖成，2013），这对中国基金会立法具有一定的借鉴价值。李晓倩、蔡立东（2013）就主张基金会的管理应当从行政管控向法人治理转变，李德健（2016）等认为中国慈善法人制度未来变革应当注重以公共利益与法人自治的平衡为主线。无论是《慈善法》还是《条例》及其修订意见稿都宣示鼓励、保护和支持慈善事业发展，基于这样的出发点，应当适当放宽企业基金会的注册登记程序，以达到促进慈善事业的立法目的。罗昆（2017）认为，如果一国的法人设立原则过于严苛，可能导致许多社团和财团放弃法人形式，那么这些组织始终都无法在法定登记机关办理登记手续，政府反而更加难控制这些组织。

（四）关于监管与法律责任追究关系的研究

现有研究还从监管层面对基金会的法律责任追究进行了研究。比如冯果从成立后的基金会的投资风险层面来进行法律责任研究，他认为，法律应该严格限定公益慈善组织可以投资的领域和界限，确立独立、公正的投资决策制度，确保投资活动与公益慈善项目适当分离，建立风险准备和责任制度，以有效约束公益慈善组织的投资行为，控制投资风险。冯辉从我国基金会法律监管机制的角度进行研究，认为完善我国基金会的法律监管机制，应当摒弃行政管理的理念，转而确立科学、专业的"嵌入式管理"理念。侯安琪从慈善组织准入的法律规制角度进行研究，认为应当在完善审批许可制度、扩大政府管理范畴和降低准入难度等方面来完善慈善组织准入的法律规制。苏力（1999）和张守文（2000）分别探讨了第三部门的法律环境和税法规制，杨道波（2011）探讨了公益性社会组织的约束机制问题和公益募捐法律规制问题。这些学者都是以成立后的基金会的法律责任为切入点，来研究如何对基金会进行监管的，如建立风险准备和责任制度、以税收为核心的激励制度、信息披露制度和完善审批许可制度等。至于当违反这些义务时应当承担什么样的法律责任则没有深入的研究。

第三节　主要观点和建树

随着我国企业经济的持续活跃、企业社会责任感的大力提升和民间公益慈善意识的强劲觉醒，企业基金会数量逐年大幅度地递增，已经成为公益慈善事业的一支重要力量。但基金会监管的主要法规《条例》颁布于2004年，已经施行了14年之久，相关规定已经跟不上企业基金会发展的步伐，限制了企业基金会的进一步发展。在《慈善法》《民法总则》相继于2016年和2017年颁布、《条例》正在修订之际，恰逢《民法总则》重构了我国的法人制度体系。在此背景下，对基金会法人进行全面系统的探讨，特别是对企业基金会的设立制度进行深入细致的探讨，提出构建其完整设立制度的具体建议，具有特别重大的理论意义和现实意义。基于此，本课题重点研究了以下内容并得出了相应研究结论和改革建议，这些结论和建议具有一定程度的原创性，构成了本结题成果的突出特色和主要建树。

一是通过对基金会特征，特别是企业基金会特征的分析，归纳出基金会与其他慈善组织、企业基金会与其他形态基金会的区别，并结合大陆法系民法财团法人的理论进行分析，认为企业基金会属于财团法人。通过与营利法人的对比，认为目的和财产构成基金会法人的两大核心要素，并论证了目的和财产对企业基金会的独特价值。《民法总则》采用的"营利/非营利法人"分类模式给企业基金会法律主体的正确定位创建了制度基础。当然，制度构建不代表企业基金会面临的问题迎刃而解。我们应该从普通法系规范企业基金会"行为模式"的立法原理中重拾企业基金会诞生的初愿，社会慈善力量不应被限制，不宜过多受制于国家对其法律主体特性的考量中，而是应当被诸如"税收机制"的调整规范正确引导。

二是从目的和财产两个角度出发，对现行基金会法人制度进行了检视，发现双重管理体制限制了企业基金会的入口、企业基金会决策机关权限配置不当、企业基金会内部人控制问题缺乏监督、企业基金会设立财产范围过窄、慈善财产管理和投资制度缺失、信息公开制度不健全等问题。针对前述问题，我们提出了一系列针对性的建议，主要包括：寻求双重管理体制的退出路径、对基金会实行分类管理、厘清企业基金会决策机关权限、限制企业基金会理事监事的内部人比例、完善企业基金会的财产管理制度和信息公开制度等，以求对企业基金会法人制度的完善有所启发。

三是通过研究企业基金会主体制度独特的构造特点，相比其他基金会法律主体的制度构建，企业基金会具有依托设立企业的投资等进行营利性活动的特点，规制其非分配性是保持其独立法人人格的重要关注点。通过比较相关代表性国家的财团法人制度和其他相关法律制度，我们回答了不同法系国家企业基金会制度安排不同的原因。大陆法系国家主张"主体决定行为"，英美法系国家注重"行为定义主体"。针对我国当前实践中存在企业基金会"独立意思受限"的突出问题，在设立原则上建议采取"结构认识"模式的"认可设立"规则，在立法层面上以加强"行为定义"型法律立法为解决途径，为完善我国企业基金会法律主体制度提出了相应的建设性思路。

四是认为企业基金会设立宗旨与目的体现着设立者的意愿，自创立之初就影响着企业基金会的发展，覆盖到其活动的全部领域，对企业基金会的健康发展有着重要意义。在规制企业基金会设立宗旨与目的时，我们首先需要梳理企业基金会设立宗旨和设立目的的不同内涵。企业基金会设立宗旨一般反映了企业设立基金会的初衷及其具体方向、方法；而企业基金会设立目的则是指基金会从事的业务范围。目前我国的企业基金会设立宗旨与目的还未得到很好的规范，存在一些现实的问题，诸如：设立宗旨过于宽泛，甚至部分企业基金会没有宗旨；企业基金会设立宗旨与目的混同；设立目的与企业基金会业务无甚关联等突出问题。在结合财团法人制度理论并借鉴公司目的限制等理论研究的基础上，我们提出了规制企业基金会设立宗旨与目的的相关建议，特别是要有明晰的宗旨和特定的目的，并且应当通过引导其整合现有的慈善资源及加强外部监督等规范其开发独特的项目，以体现其特定的个性化宗旨与目的。

五是针对当前企业基金会在设立财产上仍固守着货币资金这一苛求，认为这是与国家鼓励慈善公益事业的发展要求不相适应的，不利于企业基金会整体规模的壮大。建议突破原有企业基金会设立仅以现金为出资形式的限制，应当允许用包括股权在内的形式来设立企业基金会。进而在理论上论证了股权设立企业基金会的可行性，着重对股权设立企业基金会所涉及的有关法律问题，进行了比较系统的阐述。重点针对股权设立企业基金会所遭遇的现实法上的障碍，提出了捐助上市公司股权时，适用强制要约豁免制度，依照公司控制权变动判断因素，将股权捐助作为强制要约豁免的一种特殊类型，以便更多的社会财富流入慈善公益领域。借鉴公司设立的分期缴纳制度与名义股东制度来完成股权的交付，并强化捐助人的违约责任。提出企业回购自身股份不应只限于公司法规定的四种情形，并从回购目的与回购影响方面进行分析得出企业也可以回购本公司的股份再用于设立企业基金会的结论。认为股权设立企业基金会是一个创设行为，不能视其为买卖股权的转让行为，无论是对捐赠人或是企业基金会来说都不应征收股权转让所得税。

六是通过采取理论与实证相结合的研究方法对目前企业基金会设立人制度进行了分析研究。通过抽样选取 103 家上市企业设立的基金会和 47 家胡润富豪榜 TOP 200 企业家设立的基金会作为研究样本，分析了目前企业基金会设立制度存在的问题并探讨其解决方案。通过对企业基金会设立人的样本数据分析，发现当前企业基金会设立人范围界定不明确，共同设立和募集设立企业基金会缺乏规范，企业基金会设立人的权利义务设置不完善，企业基金会设立人民事责任规定不明确，企业基金会设立人信息披露不完整。通过结合相关公司法规的发起人制度进行研究，提出了构建募集设立企业基金会制度的具体措施，完善企业基金会设立人的权利义务规定，建立健全企业基金会设立人严格的设立责任，完善企业基金会设立人的信息披露制度，以求对企业基金会设立人的制度进行完善。

七是针对当前我国《条例》和《慈善法》多是以调整行政监管法律关系为主，并没有从私法规范的角度来以企业基金会设立中平等主体之间的民事关系等作为规范的对象，认为在企业基金会设立的过程之中，更多的则是体现着一种民商事法律关系，因此，应从民事法律的角度来研究企业基金会设立人的法律责任，完善企业基金会的治理结构。在理论上应当认为企业基金会的设立行为是无相对人的单方法律行为，一经作出便生效，共同发起设立企业基金会的行为为任意的共同行为，一人或者数位设立人捐助行为的瑕疵并不会影响整个共同行为的效力。并据此企业基金会设立人设立行为的法律性质来构建设立人法律责任的理论基础，即设立人具有捐助财产义务、勤勉注意义务以及信息公开义务等。当设立人违反相应义务的时候应当承担相关的法律责任，即捐助财产责任、损害赔偿责任、合同责任以及信息披露责任等。

八是认为企业基金会的设立是企业和企业家投身慈善事业的第一步，设立准入监管是对慈善组织的保护和慈善活动监管的首要环节，为企业基金会设立的监管承担着企业基金会的质量筛选与数量控制的功能，故设立监管的法律制度的合理性影响着这一功能的发挥,更是深刻地影响着企业基金会的生命力,关乎慈善事业的长足发展。通过对上市公司设立的103家企业基金会为样本的分析,发现我国目前采取的审批登记许可制这一最为严苛的设立规则与明显具有行政管控色彩的双重管理体制对企业基金会的设立产生了一些不利的影响。综合《条例》和《条例草案意见稿》以及《慈善法》等相关法律法规对企业基金会设立所监管的对象及其具体内容进行分析,发现法律规制之于企业基金会设立监管呈现出一种逐步放松管制的趋势。但现行法律制度仍存在一些突出的问题,如注册资金数量和原始资金形式上的要求这一准入条件为企业基金会的设立设置了较高的门槛,企业基金会与业务主管部门匹配困难等问题。为此我们建议采取灵活的原始基金标准,放松原始基金单一货币形式上的要求,由登记许可制向登记备案制转变,实行混合管理体制等。

在《民法总则》增加规定捐助法人、《条例》正在进行全面修订之际,本研究成果立足于企业基金会法人制度展开探讨其设立特性,旨在阐述作为一种典型捐助法人的企业基金会的私法主体属性,呼吁以私法规范而不是公法规范规制企业基金会法人,在私法自治与公共利益中寻求平衡,以鼓励发展而不是限制发展的慈善理念和指导思想引导各种基金会的健康有序成长。当前立法层面对企业基金会法人的本质认识不足,是导致对其限制发展和行政管控思路最根本最直接的原因。只有全面深入地厘清了企业基金会法人的本质属性,企业基金会等捐助法人所遭遇的设立困境方可迎刃而解,进而才能迸发出更大的活力,从而推动社会治理的现代化。

综上,本研究成果在借鉴国内外相关文献的基础上,借助民事主体制度理论最新研究成果并结合我国基金会的发展状况,运用理论与实证相结合的研究方法,得出的相关结论和政策建议,特别是坚持从民事主体的角度研究企业基金会,所指出的当前立法中的一些错位规定和理论上的一些错误认识,会为《条例》的全面修订提供有益的理论铺陈和指导参照,并对其条文的订正有所助益。

第四节 尚需深入研究的问题

目前我国学界对企业基金会的理论研究还不是很充分,我们能够参考的资料有限,加上课题组成员的理论水平有限,理论知识积累尚浅,研究技巧也稍显稚嫩，导致我们的研究成果所挖掘的理论深度还不够，还需要以后对以企业基金会为代表的非营利组织展开更加全面的学习和更加深入的研究。另外，鉴于我国企业基金会整体透明度还不高，我们能够获取的数据等材料信息还有所欠缺，统计分析法虽然能够从客观方面揭示整体特征，但是容易遗漏个性问题，这可能会在一定程度上模糊我们的视野，影响我们的判断，认识难免有失偏颇。尽管有所瑕疵但不会在总体上影响我们得出的基本结论。

中国企业基金会的发展态势长期向好，其在高效承担社会责任、提高企业品牌声誉、掌握参与公益的主动权方面的价值被越来越多的企业和企业家发现和重视。企业基金会的生存之道不仅在于处理好与企业、企业家的关系，更在于其所创造的独立社会价值。这些发端于以利润为导向的强势企业和企业家的基金会，在设立制度与程序方面的探索，单一来看或许还不成体系，但将所有实践梳理、总结时，改善方向已经产生。主要集中在设立动机、宗旨和业务范围、原始基金、理事会和专职人员、双重管理机制等相关问题上。完善我国企业基金会设立制度和程序将是一个不断探索、不断调适、不断修正的漫长过程。课题组成员将继续关注企业基金会在我国的发展情况，希冀日后可以有更多的研究和发现。

第一章

企业基金会的法律主体地位

基金会制度的内涵源自古希腊柏拉图的"生活之善",经过中世纪教会法的伦理疏导,现代慈善事业的价值附加,基金会制度对慈善、公益事业发挥着日益重要的作用。企业基金会作为基金会中具有鲜明特征的一类,不仅承载着基金会促进社会福利的共同宗旨,而且将这个宗旨延伸到各类非营利目的领域,促成现代社会的完善。

美国的基金会制度非常发达,基金会活跃于各项公益和慈善事业中,企业基金会也发源于美国。在美国,企业基金会在科学、教育、环保等领域发挥着重要的社会作用。企业基金会制度被引入中国后,成为近年来公益慈善领域发展势头最迅猛的一支力量。我国企业基金会的发展始于2004年国务院颁布《条例》之后,《条例》的出台极大促进了企业基金会的发展。经过十几年的快速发展,企业基金会已成为我国慈善事业倡导者和推动者中一支不可忽视的重要力量。

企业经济的活跃促进了企业基金会的发展(Su & Peterson,2017),[1] 中国经济的持续稳定增长为企业基金会的发展创造了坚实的物质基础;同时企业和企业家社会责任意识的觉醒和提升,令越来越多的企业和企业家投身到慈善事业中,使得企业基金会成为非公募基金会的中坚。但我国对民间组织长期的行政化管制,与民间组织私法主体的自治属性格格不入,导致《条例》中存在的大量问题经过其十多年的施行之后暴露无遗,成为企业基金会进一步快速健康发展路上最大的阻碍,对《条例》的全面修订迫在眉睫。

---

[1] Su, Ying cai and Peterson, Dane K., "Relationship between Corporate Foundation Giving and the Economic Cycle for Consumer - and Industrial - Oriented Firms," *Business & Society*, Vol. 56, No. 8, October 2015.

随着 2016 年 3 月《慈善法》颁布并于同年 9 月起实施，企业基金会已从传统上的非公募基金会转变为拥有公募资格的慈善组织。同时，国务院《关于改革社会组织管理制度促进社会组织健康有序发展的意见》指出，社会组织管理制度需要改革，促进社会组织健康有序发展，有利于厘清政府、市场、社会关系，完善社会主义市场经济体制；有利于改进公共服务供给方式，加强和创新社会治理。这意味着企业基金会资金来源未来将面临从企业捐资主导转变为可以向社会募集和接受捐资双轨并行的局面。企业基金会的监管制度将重新安排，企业基金会如何转变适应新的发展需求，是企业基金会面临的挑战。

企业基金会在蓬勃发展的同时，也存在着一些不可回避的问题：慈善投资不积极、慈善投资范围狭窄、税收优惠激励机制不足，等等。国内学界研究多集中在企业基金会法人治理方面尝试突破其发展局限；由于国外企业基金会面对的问题和我国情况不甚相同，国外学者有关企业基金会的研究重心在企业基金会与企业之间的关系，涉及企业基金会法律制度上的研究较少。基金会制度是舶来品，如何让基金会适应我国法律制度安排应是学界研究的重点之一。企业基金会面临的问题，是否与其法律主体和制度出现冲突有关？企业基金会获得正确恰当的制度安排，无疑能成为其发展的强有力的支持。

2017 年 3 月《民法总则》颁布，其将企业基金会纳入捐助法人这样一个全新的概念下，捐助法人从概念和体系上被认为是一种财团法人。因此，随着《民法总则》于同年 10 月 1 日起的实施，有一个问题就值得我们去思考：现行的基金会管理法规如何在修订中与《民法总则》《慈善法》等上位法进行衔接？目前企业基金会法人制度中有哪些是与捐助法人或者说财团法人的基本原理有出入甚至冲突的地方？对这个问题的研究对于慈善事业的发展、慈善组织民事主体制度的完善等具有十分重要的现实意义。

第一节　企业基金会的起源、特征及其类型

一　基金会的起源与特征

（一）基金会的兴起和发展沿革

人类自古以来就有救危助困的慈善传统，以基金会为形式的慈善组织源远流长。设立于公元前 387 年的柏拉图学院被认为是基金会制度的萌芽。

罗马帝政初年，罗马皇帝通过国家出资设立救济孤儿的财团，并享有人格，成为世俗最初的财团法人，后世的教会法学家将这种制度称为"基金会"（Fondazione）。公元 5 世纪起，民间捐助财产用于慈善目的的，也可获得人格。中世纪时，教会逐渐垄断了慈善事业，并可自行决定财产的使用；直到文艺复兴和宗教改革时，教会才被剥夺了随意处分慈善捐赠财产的权利。世界上最早的慈善法是 1601 年通过的《慈善用益法》（*Charitable Uses Act 1601*），其正式确立了慈善基金会独立于教会的地位。[①]

现代意义上的基金会产生于 19 世纪的美国，主要体现在表意性捐赠（Expressive Giving）向工具性捐赠（Instrumental Giving）的转变。表意性捐赠主要是为了表达对某一个组织或某一项事业的支持，至于支持到什么程度、达成什么样的效果，则不在考虑范围之内。工具性捐赠试图通过捐赠对一定的社会问题产生影响，体现出基金会对于捐赠的战略性考虑。个人的捐赠和早期基金会的捐赠大多属于表意性捐赠。20 世纪以后现代基金会的捐赠更加倾向于工具性捐赠。工具性捐赠的概念源于卡内基基金会的创始人钢铁大亨安德鲁·卡耐基。[②] 他还创立了所谓的"科学慈善观"，科学慈善运动认为传统的慈善效率低下，产生了很多的重复和浪费，呼吁慈善向更专业化和更科学化转型，要求将专业的科学知识、管理技能和策略规划运用到慈善之中。[③] 直接受他这一理念影响的石油大亨约翰·洛克菲勒随后设立了洛克菲勒基金会，以这两个基金会为代表，专业化的基金会模式得以确立，将慈善基金会的视野从单纯的救危助困拓展到解决社会问题。作为我们研究对象的企业基金会最早也出现在美国，1913 年由奥特曼百货公司设立的奥特曼基金会被认为是企业基金会的起点。[④]

我国最早的基金会是 1981 年成立的中国儿童少年基金会，除了 1985 年由基督教徒设立的爱德基金会，同时期的基金会几乎都是由政府设立的。现代基金会的发展离不开社会财富的积累，20 世纪 80 年代的中国，改革开

[①] 韦祎：《中国慈善基金会法人制度研究》，中国政法大学出版社 2010 年版，第 33—37 页。

[②] ［美］乔尔·L. 弗雷施曼：《基金会：美国的秘密》，北京师范大学社会发展与公共政策学院社会公益研究中心译，上海财经大学出版社 2013 年版，第 23 页。

[③] 金锦萍：《科学慈善运动与慈善的转型》，《科学对社会的影响》2009 年第 2 期。

[④] 陈钢、李维安：《企业基金会及其治理：研究进展和未来展望》，《外国经济与管理》2016 年第 6 期。

放和经济建设刚刚起步,这两个条件都不具备,民间力量还没有举办大型基金会的能力,政府举办基金会在当时恐怕是为数不多的选择。政府举办基金会在一定程度上推动了中国慈善事业从单纯的资助到项目运作的转变,提升了慈善事业的专业化水平。这些基金会也凭借政府信誉、国有资源获得了社会的认可,在很长时间内成为社会公众进行慈善捐赠的首选。1988年《基金会管理办法》(以下简称《办法》)颁布,才为我国基金会特别是民间基金会的发展创造契机,当年全国基金会数量就突破了100家。2004年《条例》颁布之后,主要来自私营部门的非公募基金会成为基金会的主要增长点,当年,全国首家企业基金会爱佑慈善基金会成立。2008年被认为是"中国公益元年",当年的汶川大地震激发了越来越多的民间慈善组织的成立。2011年非公募基金会数量首次超过公募基金会,从根本上扭转了政府对慈善市场的长期垄断局面。根据基金会中心网的统计,我国基金会数量目前已经超过6000家,截至2015年年末,净资产突破1200亿元,公益支出超过313亿元,成为我国慈善事业不可忽视的中坚力量。

(二)基金会的特征

莱斯特·萨拉蒙和赫尔穆特·安海尔(1992)将政府与企业以外的第三部门的特征归纳为组织性、非政府性、非营利性、自治性和志愿性。[①] 基金会虽然也属于第三部门,但这些特征并不完全适用于基金会。安海尔在研究欧洲的基金会时发现,基金会是为了一个特定的目的(通常是公益的)而捐赠的一笔独立的财产。但不同的国家对基金会的定义却都不尽相同,设立、运行和监管的制度大相径庭,甚至有的名为基金会的组织事实上并不是基金会。通过对欧洲各国基金会的梳理和总结,他认为,基金会首先是一笔财产,同时具有以下特征。

一是无成员组织体。基金会依托于原始的契约,通常通过章程来表示,章程赋予了基金会目的及其相对的永久性、内部组织结构、目标和活动的持续性以及组织的边界。这排除了不具有实际组织结构和相对永久的身份与目的的临时性基金和其他财产,以及以成员为基础的社团和以所有者为基础的组织形式。基金会不仅是一笔财产,更是具有辨识度的组织体。

---

① Salamon, Lester M. and Anheier, Helmut K., "In Search of the Non-Profit Sector. I: The Question of Definitions," *Voluntas: International Journal of Voluntary and Nonprofit Organizations*, Vol. 3, No. 2, November 1992.

二是私人实体。基金会从制度上独立于政府，组织上独立于公共机构，是非政府性质的。基金会可以由政府设立，可以接受政府支持，甚至可以由政府官员担任董事。但是基金会不能是政府的部门，也不能行使政府的职权。

三是自我治理实体。基金会具有控制自己活动的能力，自我治理意味着基金会必须有自己的内部治理流程，享有相当程度的自治，具有独立的账目，财产、开支不能是政府或企业资金账目的一部分。一些私人基金会尽管结构上独立，但仍然受到了政府机关或企业的紧密控制，甚至作为它们的一部分运作。这样的基金会不能归为真正的基金会。

四是非利润分配实体。基金会不向所有者、成员、受托人或高管分配通过财产使用或商业活动的运作所产生的利润。基金会可能会有结余，但是结余只能用于既定的目的，不能向所有者或其他类似的主体进行分配。从这个意义上说，基金会是一种主要目的不在于直接或间接为设立人创造利润、不考虑商业目标的私人组织。

五是服务于公共目的。基金会是一笔服务于公共目的的私人财产，不应当仅服务于相对狭窄的社会群体的需求，以区别于为一个闭环的、相对狭窄受益人群体服务的财产和基金。①

由于历史、市场失灵、政府失灵、价值多元化和结社等原因，② 非政府的、没有逐利动机的、提供公共产品的非营利组织受到了社会公众的信任，吸收了大量公众捐赠。非营利组织受到的监管力度较轻，除非从事了非法活动才会引起主管单位的调查。而与其他形式的非营利组织相比，基金会具有一定的比较优势：基金会只需依照设立目的为公益服务，无须受到组织成员的束缚，运作公益项目时更注重策略性和专业性，所需履行的公开责任较轻。更重要的是，非营利组织往往缺乏资金，需要与其他社会组织进行资源交换以获取资金，因此对其他组织的依赖性较高；而现代基金会拥有自己的资金，几乎摆脱了对其他社会组织的依赖，可以使用庞大的资金去建立或支持其他非营利组织。③ 基金会以私有财产服务于公共或准公共

---

① Anheier, Helmut K., "Foundations in Europe: A Comparative Perspective," Centre for Civil Society, London School of Economics and Political Science, 2001.
② 金锦萍：《非营利法人治理结构研究》，北京大学出版社2005年版，第27页。
③ 杨团：《关于基金会研究的初步解析》，《湖南社会科学》2010年第1期。

利益，同时以法人治理结构保证财产私有性基础上实现慈善目的，使得慈善行为涉及的各方都受益，因此基金会成为世界各国捐赠财富从事慈善活动的首选方式。①

对比我国立法规定的其他类型慈善组织如社会团体法人和社会服务机构等形式，基金会的特点较为明显。社会团体法人是基于会员共同意愿，为实现公益目的或会员共同利益等非营利目的设立的非营利法人。社会团体法人可以分为公益社会团体法人和非公益社会团体法人：前者是为了不特定的社会公共利益，典型如红十字会；后者仅为其成员的利益服务，典型如各种商会和行业协会。作为慈善组织的社会团体是公益的社会团体法人。社会团体法人具有成员，因此财产的属性并不明显，社会团体法人还需要以成员大会或会员代表大会作为其权力机构，以保障成员共同意愿的实现。

社会服务机构和基金会在《民法总则》中都是捐助法人，意味着社会服务机构只能是以公益目的设立。社会服务机构此前被称为民办非企业法人，服务范围包括但不限于学术研究和交流活动、公益慈善、城乡社区服务等领域，非营利性民办学校、民办医院、民办养老院、民办博物馆、民办社会工作机构等组织是典型的社会服务机构。社会服务机构虽然也可由捐助设立并接受捐赠，但其主要利用自身的业务专长提供公共服务使社会公众受益，通过服务获取的收益是社会服务机构在设立之后的主要资金来源。

二 企业基金会的界定及特征

企业基金会（Corporate Foundation），也被称作公司资助型基金会，是设立和运作资金主要来自公司通过商业活动得到的利润捐赠而建立的慈善组织。企业基金会是一个独立的合法的组织，与捐赠公司有着密切联系。现代基金会制度源自美国，美国也是目前世界上基金会发展最为繁荣与发达的国家。截至 2014 年年底，美国企业基金会的数量约占全美基金会总数的 3%，其每年所提供的资金占美国各类基金会总资金的 9%。② 企业基金会

---

① 解锟：《以基金会为主导模式的慈善组织法律架构》，《华东政法大学学报》2017 年第 6 期。

② See Foundation Stats, Foundation Center, http://data.foundationcenter.org/#/foundations/corporate/nationwide/total/list/2014.

在美国基金会的数量和支出虽然占比不大,但是对提高社会福利具有重要作用。我国法律没有界定企业基金会的概念,依据《条例》的相关规定,我国企业基金会分为公募基金会和非公募基金会。但《条例草案意见稿》的相关规定取消了公募与非公募的分类标准,同时法律上没有规定我国基金会的下级分类。依据基金会中心网等编订的《中国企业基金会发展研究报告(2016)》内容,我国基金会分为"公募基金会""学校基金会""企业基金会""其他非公募基金会"。学界多肯定现阶段我国企业基金会属于"资金主要来源于企业的非公募基金会"的观点。为了便于发掘企业基金会的丰富内涵,我们将由企业家发起设立的基金会也纳入企业基金会的范畴之内。所以,在我们的研究视野中,企业基金会是指由企业和企业家设立的基金会。在此概念之下,我们来探讨企业基金会的特征。

(一)相较于非营利组织概念的特征

为认识企业基金会的特征,我们可以比较不同类别的企业基金会,通过不同概念的联系可以较为全面地得出企业基金会的相关特征。企业基金会作为一类非营利组织,同样具备由萨拉蒙和安海尔归纳出的非营利组织的特征:组织性,指非营利组织具有正式的结构和形态,有稳定的组织机构和管理体制;民间性,指非营利组织在制度上独立于政府,既不是政府的一部分,也不受制于政府,当然不能因此认为非营利组织不能接受政府资助;非分配性,具体表现为非营利组织不能以营利为目的,所得利润不得分配给成员,严格限制关系人交易,不得给管理人员过高工资这些方面;自愿性,非营利组织的活动以自愿为基础,其活动不受激励机制调整;自治性,指非营利组织有关的行为以意思自治为前提,不受他人的强制行动。[1] 企业基金会具有非营利组织一般的共性,也存在如下特性。

第一,资金来源渠道有别。企业基金会的运作资金来源渠道窄,我国企业基金会资金主要依靠捐助;非营利组织的资金来源广,不仅来源于捐资还来源于募集。

第二,涉及的专业化程度不同。非营利组织承担以下社会功能:一是调动资源,为其自身考虑,非营利组织须承担调动各种社会资源的功能,

---

[1] Salamon, Lester M. and Anheier, Helmut K., "In Search of the Non-Profit Sector. I: The Question of Definitions," *Voluntas: International Journal of Voluntary and Nonprofit Organizations*, Vol. 3, No. 2, November 1992.

比如慈善捐赠和志愿服务；二是公益服务，非营利组织提供的公益服务涉及社会的各个方面，与政府部门提供的公共服务相辅相成，是政府公共服务的有益补充；三是社会协调，非营利组织能在一定程度上参与社会治理，成为化解社会矛盾、解决社会纠纷的可靠力量；四是政策倡导，非营利组织能够对相关立法和公共政策的制定产生影响，往往作为特定群体代言人，为其表达利益诉求，通过积极地倡导活动影响政策过程。相比而言，企业基金会着重承担着非营利组织中调动社会资源和社会公益服务的作用，其并非将重心放在上述的宏观功能上，而更多地在具体特定、专业性强的事务上体现价值，例如酒类企业劲牌公司设立的劲牌慈善基金会在中学教育进行慈善资助，为家庭贫困的学生提供助学金。这样看来，企业基金会关注的层面比非营利组织更为细致具体。

(二) 相较于其他慈善组织和慈善行为方式的特征

《慈善法》将慈善组织定义为"以慈善活动为宗旨的非营利组织"，同时说明了企业基金会是慈善组织的一种组织形式。《慈善法》同时规定了慈善活动范围①和慈善组织应具备的条件②等相关规定，进一步完善了慈善组织的内涵与外延。

那么企业基金会与慈善组织中的"社会团体""社会服务机构"有什么不同？通过比较我国《慈善法》和《条例》相关规定可以得出，企业基金会和其他慈善组织有以下不同。

第一，设立资金不同，企业基金会要求原始资金最低不得少于200万元人民币，其他慈善组织对此只有原则性规定；第二，责任能力不同，企业基金会要求能独立承担民事责任，其他慈善组织对此没有规定；第三，组织结构不同，企业基金会要求有理事会，其他慈善组织没有规定；第四，被取消资格情形部分不同，企业基金会取得资格起12个月未按章程活动应

---

① 《慈善法》第3条规定：本法所称慈善活动，是指自然人、法人和其他组织以捐赠财产或者提供服务等方式，自愿开展的下列公益活动：（一）扶贫、济困；（二）扶老、救孤、恤病、助残、优抚；（三）救助自然灾害、事故灾难和公共卫生事件等突发事件造成的损害；（四）促进教育、科学、文化、卫生、体育等事业的发展；（五）防治污染和其他公害，保护和改善生态环境；（六）符合本法规定的其他公益活动。

② 《慈善法》第9条规定：慈善组织应符合下列条件：（一）以开展慈善活动为宗旨；（二）不以营利为目的；（三）有自己的名称和住所；（四）有组织章程；（五）有必要的财产；（六）有符合条件的组织机构和负责人；（七）法律、行政法规规定的其他条件。

予撤销登记，其他慈善组织连续两年未进行慈善活动应当终止。因此，企业基金会在慈善组织具备独特性。

这种独特性可以具体以企业基金会与慈善信托的不同为例。慈善信托是《慈善法》规定的一种新的慈善活动方式，企业基金会和慈善信托的区别主要有如下几点。第一，企业基金会是具有民事权利能力的独立主体，慈善信托是以运作信托财产为核心的一种行为，是权利客体。第二，大陆法系信托制度中，基于"一物一权"原则，受托人并不当然享有信托财物所有权，只是占有信托财物进行相关运作；而捐赠行为则是转移财物所有权的行为，企业基金会获得了捐赠财物完整物权。第三，企业基金会须符合法人的成立要件，有常设管理机构及固定的办公地点，营运费用较高，捐助金额有最低要求；慈善信托依信托契约和遗嘱信托成立，对捐赠数额没有要求。第四，企业基金会条件未成就时不能处分其财产；慈善信托分为慈善管理信托和慈善处理信托两种类型。前者以信托财产的收益从事慈善活动，信托财产不得改变性状，信托终止后委托人可收回原本；后者可以改变信托财产性质，成本和收益可全部使用。通过对比，我们可以看出企业基金会在慈善组织中特征很明显。

《民法总则》规定了捐助法人的概念，并未规定慈善法人的概念。但在学理上，慈善法人是比捐助法人更为狭义的概念。一般认为，具备慈善目的的捐助法人即慈善法人。并且，在慈善法人的类目中，学理上依据设立基础的不同，还将我国慈善法人分为慈善社团法人和慈善财团法人。我国典型的慈善社团法人有：中华慈善总会、中国残疾人联合会、中国红十字会总会等，典型的慈善财团法人则是包含企业基金会在内的基金会。

慈善社团法人和慈善财团法人之间的区别主要有如下几点。第一，在设立方式上，慈善社团法人须有一定数量的会员，成立该法人的共同意思并加以行动；慈善财团法人允许自然人或法人单独捐资设立，也可共同设立，没有数量上的限制。第二，在内部成员关系上，慈善社团法人成员围绕"其共同意志付诸于慈善实践中"活动，以社团大会为意思机关；而慈善财团法人成员围绕"法人财产如何运作于慈善活动"活动。同时关于捐助人的介入，慈善财团法人的运作不得受成员无关意志影响，除非章程有相关规定，捐助人不得有任何权利介入运作。第三，在组织构成上，慈善社团法人与慈善财团法人的不同在于前者须有社员总会作为意思机关，理事会作为决定机关和执行机关；后者的意思则固化于其章程。第四，在组织变更上，慈善社团法人可以依总会决议进行合并、分立或终止；慈善财团法人原则上应当表现为脱离于社员的意志性，将变更事由嘱于章程，在目的不能达到时由主管机关宣布终止。不过对于基金会而言，《条例草案意见稿》另辟蹊径地规定理事会可以经合法手段进行章程变更，从而可以决定基金会的组织变更。对此学界颇有异议。

（三）有别于其他基金会的特征

企业基金会是基金会的一类形式，有着基金会的共性，也存在着和一般基金会不同的特点。

首先，企业基金会的发起资金主要来源于企业，往后的资产来源并不能完全独立，使得出资企业在基金会内部类似于公司股东，有很大可能影响企业基金会的决策。例如明德林认为，企业基金会并不一定具备完全自主性的特征，因为大多数情况下，企业基金会的管理和资金均依赖于出资企业。[①] 他认为，将企业基金会定义为第二部门[②]和第三部门组织之间的中间组织更为合适。

其次，根据企业基金会与企业之间的紧密联系，企业基金会与其他类型基金会之间有以下几项具体差异：企业基金会和企业频繁互动、相互影响、两者之间高度信赖，因此企业基金会相比其他基金会有附加优势。（1）企业基金会依靠企业出资；（2）出资企业不仅提供金额资助，而且给予非金额支持（如员工、后勤、知识、专有技术等）；（3）出资企业的高管通常是企业基金会理事会的主要成员；（4）名称通常是出资企业名称的一部分，具有相似性；（5）可能与出资企业合作共同完成慈善项目，等等。因为企业基金会与企业之间的联系，两者之间有效信息的传递可以让企业和其基金会获得更多显著的商业机会。[③]

值得留意的是，由于企业基金会的资金来源于企业，企业对其基金会

[①] Mindlin, Sérgio Ephim, "A Study of Governance Practices in Corporate Foundations," *Revista de Administração*, Vol. 47, Iss. 3, July-September 2012.

[②] 第三部门（The Third Sector）又称为志愿部门（Voluntary Sector），是社会学、经济学名词，意指在第一部门或公共部门（Public Sector）与第二部门或私人部门（Private Sector）之外，既非政府单位又非一般民营企业的事业单位之总称。虽然各国对于第三部门的定义不同，但一般来说第三部门单位大都是由政府编列预算或私人企业出资，交由非政府单位维持经营的事业体。

[③] Minciullo, Marco and Pedrini, Matteo, "Knowledge Transfer between For-Profit Corporations and Their Corporate Foundations," *Nonprofit Management & Leadership*, Vol. 25, No. 3, Spring 2015.

的资金支持远没有其他类型基金会资金来源渠道广泛、数额众多,鉴于企业基金会与企业是不同的组织,企业的营利性与企业基金会的公益性背道而驰,企业基金会应确保营利所得不得分配给出资企业,所以企业基金会对其和普通基金会都含有"非分配性"的监督要求就更为严格。

再次,企业基金会与企业的密切关系也造就了其外部和内部区别于其他类型基金会的一些显著特征。

从外部而言,不仅基金会的原始资金和主要捐赠收入的全部或大多数来自设立企业,企业还为其提供了人员、知识、技术、管理上的支持。企业基金会的收入依赖于设立企业(至少在设立时,全部或大部分资金来源于设立企业),包括通过企业捐赠的财产获得的投资收入、企业定期的捐赠、与企业利润挂钩的捐赠、股权捐赠、企业客户或员工的募捐。[1] 除了资金,企业会给予企业基金会人员、知识技能、办公场所等非资金的支持,甚至由企业的管理人员担任基金会的管理人员。企业基金会通常会使用(或被要求使用)设立企业的名称,企业可以将其作为承担社会责任进行宣传,但受益方并非仅有冠名企业,企业基金会使用企业的名称和标识同样可以依托于企业的声誉和形象,特别是当设立企业的声誉和形象较为正面时,基金会的知名度会迅速提升,可信度也会迅速得到社会公众的认可。企业基金会在项目运作上可以充分借鉴企业的经验,利用企业的业务专长和专门技能。比如体育用品企业设立的基金会可能优先考虑建设运动设施、捐赠体育用品的项目,互联网企业设立的基金会在通过网络调动社会公众参与方面具有独到的经验。

企业带给基金会的除了资源,还有企业经营的理念。企业一般具有较为完备的人事、财务、信息披露制度,类似的制度被移植到企业基金会之中,对于完善健全企业基金会的内部治理结构具有积极意义。现代科学慈善讲求慈善事业的战略性,而企业更是一个注重战略的实体,其倾向于将企业运作过程中的战略思维移植到对企业基金会及其项目的运作上来,使得企业基金会的愿景和目标具有可持续性和可操作性。企业对于投入产出的考察促使企业股东会关注企业财务收支状况、企业管理层考察企业社会责任的执行效果,对于企业基金会资金使用和项目执行情况起到较好的监

---

[1] The Charity Commission: A Guide to Corporate Foundations, https://www.gov.uk/government/uploads/system/uploads/attachment_data/file/351134/corporate-foundations-guide.pdf.

督作用，企业基金会在项目运作上具有比其他基金会更具效率和效能的优势。

从内部而言，企业基金会虽然具有一般基金会的所有者缺位、股东缺失和非分配性约束的共性，不能将创造的利润回报给设立人；但是企业却可以通过企业基金会提升形象、声誉和改善与利益相关者的关系，企业因此获得了无形的回报，这种回报带来的潜在收益权使得企业基金会的受益人除了社会公众（直接）也包括了作为设立人的企业（间接）。① 这种潜在的收益可以解释企业作为以追逐利润为目的的营利法人，为什么要从事慈善事业。从利益相关者理论出发，企业从事与营利主业无关的慈善活动是履行企业社会责任（CSR）的举动。慈善活动是践行社会责任的重要方式，企业可以借此增强公众的认同度、提升企业的社会声誉，在此基础上获得一些关键资源。企业投身慈善事业主要通过直接向慈善项目进行捐赠或者设立企业基金会两种方式。② 显然相对于捐赠，设立基金会给企业带来的上述收益会更明显，因此成为越来越多企业的选择，因而也被称为"策略性捐赠"。策略性捐赠是指企业的捐赠既服务了受益的组织或个人，也有利于企业的商业利益，通过捐赠可以同时兼容企业和利益相关者的利益。③ 企业从单纯做慈善到希望通过做善事宣传自己的品牌并以此增加收益，如今它们如果想要在这个高度竞争的经济环境中生存下来，就必须被承认为当地社区甚至整个世界的好公民。

值得留意的是，不同于其他基金会，在企业基金会的人员构成上，出资企业作为企业基金会的设立人以及后续资源的主要捐赠者，通常情况下会派代表参与基金会的理事会与监事会，以确保捐赠资金能够按照其捐赠意图得以合理的使用。但这些代表人员往往同时具有出资企业高管的身份。在这样的双重定位下，他们的目的除了确保捐赠资金的合理使用外，更有可能在于将企业基金会公益慈善对象方向与出资企业投资环境相联系起来，

---

① 陈钢、李维安：《企业基金会及其治理：研究进展和未来展望》，《外国经济与管理》2016年第6期。

② Su Yingcai and Peterson, Dane K., "Relationship between Corporate Foundation Giving and the Economic Cycle for Consumer and Industrial-Oriented Firms," *Business & Society*, Vol. 56, No. 8, October 2015.

③ 田利华、陈晓东：《企业策略性捐赠行为研究：慈善投入的视角》，《中央财经大学学报》2007年第2期。

这就使得企业基金会的运作能够间接服务于出资企业的商业目标。因此可以说企业基金会相对于其他基金会在运行过程中更易受到捐助人的影响，或者说会受到出资企业的控制。

最后，从设立动机来看，其也造就了企业基金会的一些个性特征。尽管企业设立基金会还有很多现实的原因，比如面临捐赠对象和捐赠方法不确定，无法找到与捐赠目标相匹配的慈善组织和捐赠对象；一些企业家，特别是企业的创始人，不希望给自己的子孙留下太多的财富，这一点在美国尤为显著；企业与现有的慈善组织可能存在理念、目标差异；很多慈善组织的透明度和公信力有待提高等等，但企业对潜在回报的追求是无法被忽视的重要原因。然而这种对潜在利益的追求仍然被政府和社会公众所容忍。因为企业设立企业基金会的动机既不是完全利他的更不是完全利己的。企业设立企业基金会时确实具有一定的宣传企业品牌、提升企业形象、获取社会公众认同感和美誉度，从而增加收益的动机；不过企业基金会对企业形象的提升与单纯的形象宣传仍然是截然不同的行为。以商业广告为例，企业会关注广告投放效果，一期广告对产品销售的刺激作用是可以统计的，当广告效果不佳时，企业可能会撤下广告；而企业基金会从事公益项目可能并不能为企业带来直接的收益，而且其投入往往会远远大于产出，但企业除非出现资金困难，并不会因此而停止基金会的运作或者注销基金会。企业设立基金会的主要受益者仍然是社会公众，因此各国法律也并不禁止企业对基金会或项目的冠名等其他附带形象宣传作用的行为。

这些因素也体现出了企业基金会与我国其他主要类型基金会如政府背景的基金会、个人基金会、大学教育基金会、社区基金会的差异。企业虽然也可以充当这些基金会的捐赠人，但企业向它们输送企业资源和经营管理理念的动机并不强，相应地这些基金会也不会给企业带来足够的潜在收益。在其他一些表征上，这些基金会也与企业呈现出了较大区别。政府背景的基金会设立初期都是为了弥补特定领域政府公共服务的不足而存在，行政化运作的痕迹较为明显；大学教育基金会服务于本校的教育科研事业和对外学术交流合作等事业；类似地，社区基金会一般也只服务于本社区的事业，两者一般不会直接服务于社会公众。个人基金会接受社会捐款的比例较高，相应地接受社会监督的程度也较高，为设立人谋求个人形象等潜在利益或者动机不足或者不具备相应的条件。

三 企业基金会的分类

学界对于企业基金会的上级概念——基金会的分类见解百家争鸣。主流观点肯定美国基金会中心对基金会的分类方式，即独立基金会（Independent Foundation）、企业（公司）基金会（Corporation Foundation）、社区基金会（Community Foundation）和运作基金会（Operation Foundation）四类。独立基金会，是指其资金大多数来自个人或家庭捐赠，存在目的是给公益项目捐款。独立基金会最大特色是独立性完整，不受政府和企业的干涉，也是美国基金会中最重要的一类。企业基金会，是指其资金来源主要是公司利润捐赠，与公司联系比较紧密。社区基金会，是指其资金来源是个人、企业、相关组织的遗赠或捐赠以及政府拨款，存在目的是资助社区公益事业。运作基金会，是指其资金来源于单一私人或家庭，没有其他机构捐助，而是按照宗旨运作资金从事公益事业。

我国《慈善法》的施行实际上改变了《条例》中有关基金会的公募和非公募之分，但不能认为企业基金会的分类没有意义。事实上，国外相关法律根据基金会运作方式不同设立了不同的调整规范，因为基金会的运作方式能够体现出非分配性对其约束程度，进而造成其对法律调整需求的不同。同时，基金会的分类可以更加明确基金会成立目的。企业基金会既能从事公益事业，也能提供慈善支持。从传统狭义来看，公益和慈善有着不同的内涵：公益的内涵，是基于社会成员责任感、使命感，在政府力量之外自主维护公共利益，动员社会资源，优化或重建社会结构与关系，解决或改善社会问题；慈善的内涵，是基于怜悯、同情或不忍之情，致力于帮助因社会问题陷于困境的个例获得正常的生存与发展权利。这决定了企业基金会的主要目的是单纯给予还是优化公共利益，进一步说明公益投资的不同需求。企业基金会基于依据清楚的分类标准可以自行归类。

（一）按目的进行分类

根据不同目的，企业基金会可以分为公益目的企业基金会和慈善目的的企业基金会。公益目的企业基金会通过"授之以渔"的方式推动区域内资源配置，致力于解决公共问题，着眼于地区未来良性发展，例如"阿里巴巴公益基金会"以环保作为公益方向，通过将企业平台模式及资源融入公益领域，让公益项目得以持续发展。慈善目的企业基金会通过"授之以鱼"的方式满足受困个人、组织等的现实需求，直面受助成员的现实利益，例如"华润慈善基金会"每年通过捐资的方式承担赈灾、助学、扶贫的慈善作用。

(二) 按运作方式进行分类

根据运作方式，企业基金会可以分为"运作型"企业基金会和"资助型"企业基金会。这种分类方式来自美国基金会中心依据税法对不同私人基金会税收优惠政策所进行的分类。运作型企业基金会对持有的资产进行投资，将投资所获的利润用作公益慈善事业。美国税法规定该类基金会每年至少将其资产的5%用于公益慈善事业，否则强行征税。捐助型企业基金会不进行商业运作，将所获得的捐助资产完全从事公益慈善事业，起到捐助人和受助人联系纽带的作用。在我国，运作型企业基金会通常由企业出资，捐助型企业基金会通常由企业家本人出资。运作型企业基金会和资助型企业基金会所受到的非分配性约束的限制也有所不同，企业基金会大多涉及商业领域，所获得利润达到非分配性要求也就更高。

此外，在我国，还可以根据出资企业的性质，将企业基金会分为国企基金会、民企基金会和外企基金会。按照资金的来源，也可划分为由企业发起成立的企业基金会和企业家个人发起成立的企业基金会。

第二节 两大法系国家企业基金会法律主体的制度安排

一 不同法系企业基金会法律主体制度总体上的认知差异

(一) 大陆法系职能主义的认知模式

受欧陆民法典影响的国家，大多继承其民法典总则、分则的布篇逻辑和强调民法主体分类的规范。欧陆民法典的典范之一德国民法典的编纂严格遵循潘德克顿体系，[①] 不仅采用总则和分则的布局，也延续了罗马法"权利能力（Capacitagiuridica）和人格（Personalita）均须以人（Persona）这一主体的存在为先决前提"[②]。大陆法系国家延续罗马法"主体成立是实施行

[①] 潘德克顿体系（Pandekton）源自罗马皇帝查士丁尼编纂的《学说汇纂》，后多指采用该学说集布篇体系继受罗马法的国家。潘德克顿体系强调《民法典》中具有规定民法一般制度和规则的"总则编"，规定了民法的原则、行为能力等基础制度。

[②] ［意］彼德罗·彭梵得：《罗马法教科书》，黄风译，中国政法大学出版社2005年版，第23页。

为的前提条件",因此强调主体制度的内涵外延,确保该主体能够恰当地在法律主体的大框架内层层递进定义。我国学界主流观点承认民法是调整平等民事主体之间人身和财产关系的法律规范,继承了主体决定行为的观点。我国立法者不仅借鉴了以上的观点,而且结合我国国情拓展该体系"提取公因式"分类的内涵,将各种民事主体抽象分为自然人、法人和非法人组织,从而对不同主体进行不同的规定。

这样看来,企业基金会法人的制度安排就取决于国家的视角,大部分大陆法系国家对企业基金会进行了法律主体的相关认定,其定位为财团法人、非营利法人、公益法人,等等。以上企业基金会不同归类的实质差异不仅在于认识视角上的差别,也在于运用法人这一制度工具在社会治理中存在的价值不同,更为重要的是考虑国家对法人制度的认知态度。法人分类标准的选取和特定结构安排直接限定法人制度宗旨以及为实现此宗旨而预设的功能配置。对于以国家的视角出发,立足于满足国家目的的实现,明确法人的职能、框定法人的行为类型,以"法人满足国家发展需要,被动履行其向国家承担职能"[①]的视角进行法人认知,称为"职能主义法人认知"。

(二) 普通法系结构主义的认知模式

与大陆法系职能主义认知相对应的是结构主义法人认知。这种认知着眼于社会构建的自然角度,立足私人互动的需要,将法人作为私人互动的制度支持,从法人制度本身而不是国家对法人职能的定位来解决因法人制度造成的利益冲突。在英美等普通法系国家,这些国家淡化法律主体的概念,而是强调主体设立的目的。就企业基金会而言,英美国家在意的是其运作的行为是否真符合慈善目的初衷。从基金会一词"Foundation"来源于"Fund"(为……提供资金)可以看出,基金会的设立一定带有相关目的性。因为设立带有公益的目的,所以基金会与普通的团体就有所不同。与大陆法系强调"主体决定行为"的认定不同,普通法系更在意的是"行为定义主体"。这一点能在美国对基金会的税收优惠态度上充分表现。

依据美国国内税收法典(IRC),第 501(C)(3)条列示了可免税的公益目的有:公益、宗教、科学、教育,同时对企业基金会税收优惠进行了

[①] 蔡立东:《法人分类模式的立法选择》,《法律科学》2012 年第 1 期;肖海军:《民法典编纂中非法人组织主体定位的技术路径》,《法学》2016 年第 5 期。

更详细严格的限定。基金会只有满足以下条件时才能有税收优惠：净投资收入的特许经营税（Excise Tax），即基金会应当承担少量的税务；自我交易（Self Dealing），即基金会没有与内部人自我交易的行为；最低年度支出要求（Required Distributions），即基金会满足最低的年公益支出要求；过量商业持有权（Excess Business Holdings），即基金会没有在任何从事营利活动的商业性公司、合伙或者信托中持有超过20%的有投票权；权益禁止破坏性投资（Jeopardy Investments），即基金会没有以危害其本金安全的高风险投资；应纳税支出（Taxable Expenditures），即基金会的支出没有用于非公益活动。只有满足上述条件，基金会才有税收优惠的资格；如果没有满足上述条件，即使事实存在的基金会主体，也不会得到相应的税收优惠。

以上对企业基金会法律主体制度安排的不同，主要体现在国家对企业基金会设立原则的态度上，是放任、管制还是处于两者之间，从而在事实上导致了企业基金会等团体在各国的发展现状不同。

二 不同国家、地区企业基金会法律主体制度的具体安排

（一）美国企业基金会制度安排

1. 美国基金会制度的立法理念

现代基金会制度在美国诞生，在美国得到充分发展，这与美国发展的历史渊源、文化背景和社会制度息息相关。美国最初是英国的殖民地，从欧洲大陆来的移民在北美地区奉行的慈善价值观受到英国和欧洲大陆传统慈善伦理的影响。美国慈善思想奠基人当初怀抱建立比英国更优秀的社区这一愿景，设立了当地最初的慈善基金会。[①] 独立战争后到现代，美国的慈善理念发生了很大的变化，从当初单一的救济扶助逐渐转变为设法根除这些现象的源头，即从"授之以鱼"转为"授之以渔"。作为基督教国家，基督教（新教）的理念深深影响着美国公民的行为处事，美国现代慈善基金会创始人和高层都是虔诚的教徒。新教教徒认为，只要注意言行举止正确得体，道德行为无可挑剔，对财富使用不会引起异议，那么就可以竭力追求经济利益。[②] 捐赠被认为是被上帝认可的道德，因此企业家们热衷于慈善

[①] 李韬：《慈善基金会缘何兴盛于美国》，《美国研究》2005年第3期。

[②] ［德］马克斯·韦伯：《新教伦理与资本主义精神》，马奇炎、陈婧译，北京大学出版社2012年版，第178页。

事业。同时，美国社会崇尚"个人主义"，推崇个人自由和独立，美国的富人不愿通过纳税将财富交与政府分配资源，他们认为这样会导致低效率和腐败，宁愿亲自或委托能够信任的人管理分配自己财富，为社会创造价值。现代基金会制度由此在美国首创和快速发展。

20世纪初，随着美国商业社会的空前发达，企业本身参与社会价值创造的意愿愈发强烈，其背后也代表着持有人公益慈善的意愿。企业基金会作为一种新的类型从基金会中脱颖而出，更多是致力于对公益事业、社会力量的支持。

2. 美国企业基金会法律主体定位

在现代慈善立法中，美国《非营利法人示范法》将非营利法人分为公益法人（Public Benefit Corporation）、互益法人（Mutual Benefit Corporation）和宗教法人（Religious Corporation）。公益法人以社会公共利益为目标，享受的税收优惠最多；互益法人通常是为了自己成员的利益而设立的；宗教法人则须在联邦宪法范围内按照自己的教规开展活动。其中公益法人是美国基金会最为主要的组织形式。最早在20世纪初的美国基金会发展浪潮中，非营利法人形式就成为基金会的组织形式，例如卡内基、洛克菲勒等工业巨头在设立基金会时选择了他们更为熟悉的"公司模式"，而这些大基金会的成功使这种"类公司"的慈善模式被更多基金会接受。到了1954年，由美国律师协会制定的《非营利组织示范法》明确对其进行规定，将公益法人的概念纳入制度规范之中。采取这种法律形式的基金会在法律上都是独立的法人实体，具备自己独立的人格，能够独立地享受权利、承担义务和责任。就采取公益法人形式的企业基金会而言，董事和管理者享受有限责任的保护，对基金会负有信义义务（Fiduciary Duty），违反信义义务可能会遭受到检察长的起诉或者其他相关人提起的派生之诉。因此，企业基金会在美国法律制度安排上属于非营利法人中的公益法人。

美国基金会对组织形式的选择相比大陆法系国家更多，而对不同的组织形式美国法律采取了不同的态度。设立企业基金会公益法人方面，美国在立法上采取了准则主义。这是因为美国在设立法人时并不会进行是否营利性的审查，即法人的成立与法人是否营利的性质是两个完全不同的步骤，因此非营利法人与营利法人的设立主义并无二致。《非营利法人示范法》中对设立公益法人的条件进行了具体规定，比如要求进行登记，要求必须有公司章程和章程细则，还要求有相应的会议制度。只有设立人满足法律预先规定的条件之后，才可以去登记机关申请登记存档，使企业基金会得以成立。除此之外，为了防止核准主义渗入准则主义，美国大多数州还通过宪法禁止立法机关为了组建特定的组织而通过特殊法案，规定不允许管理者介入法人的设立。总而言之，在美国无论设立基金会时选择何种组织形式，都不需要花费过多的金钱与时间，这充分体现了美国法律对"结社自由"这一基本价值的尊重。值得一提的是，尽管美国法律对于"结社自由"予以充分的保护与尊重，但并不意味着"完全自由"与"放任不管"；相反，美国通过以税收制约为核心的规制体系对基金会以及各种组织进行全面且严格的监督。

(二) 德国企业基金会主体制度安排

1. 德国基金会制度的立法理念

基金会是德国社会组织中的重要组成部分，其概念本意是"捐献自己的财产"。基金会在德国有着上千年的发展历史，中世纪时，人们普遍认为，品德之人升入天堂，罪恶之人遁入地狱，芸芸众生则要经过炼狱的磨炼，其过程可以通过本人生前的赎罪行为或死后他人为本人的悼念来缩短，这些行为可以等同于对教会的捐助，由此产生了中世纪教会慈善基金的最初形式——哥祷堂（Chantry）。[①] 13世纪时基金会事务被归为教会法的组成部分，后来发展出了有别于教会基金会的世俗基金会。随后，由于教会通过垄断慈善事业聚财进而干政，慈善事业的管理权转而为王权和教会所争，最终慈善事业脱离教会全权控制，成为社会力量的重要补充。进入现代社会后，尤其是第二次世界大战后，德国恢复经济建设的同时，当局政府为改善形象大力发展公益慈善事业，加上经济快速恢复中财富大幅积累的企业、个人有急切提升自我社会价值的意向，极大促进了德国公益慈善事业的快速发展。基金会成为德国公益慈善事业中一支重要的力量。

2. 德国企业基金会法律主体定位

根据基金会的运作范围、领域，德国基金会分为政治基金会、教会基金会、一般基金会、基金会公司等。[②] 政治基金会是德国极具特色的社会团体，与各大政党有着很强的联系，也和政府职能部门有一定的关

---

① 戚小村：《公益伦理略论》，博士学位论文，湖南师范大学，2006年。
② 廖鸿等：《德国基金会发展管理考察报告》，《中国社会组织》2017年第2期。

联，经费来自政府预算；教会基金会立足于德国法律保护教会财产权利的规定，由教会组织依法创办，由于管理教堂财产，支付神职人员薪酬，还承担一定的社会责任，收入来自信教成员缴纳的宗教税和社会捐赠；德国法律允许基金会可以通过有限公司或股份公司的形式设立，因此德国存在基金会公司的独特形式。当然，企业基金会不同于以上的存在形式，其归类于德国基金会的一般基金会，承担社会慈善、教育、文体、科技等公益功能。

德国依据基金会资金的来源和设立宗旨，在法律上将基金会分为公法基金会和民法基金会。公法基金会通常由联邦政府或州政府根据专门法律，为具体公益出资设立。民法基金会是由个人或企业出资，有具体公益目标，按照《德国民法典》和各州自行制定的基金会相关法规设立。因此，企业基金会属于德国的民法基金会。考虑到其法律主体的制度安排，企业基金会属于私法财团法人，和其他财团法人一道采取认可主义。

20 世纪 80 年代，德国每年新成立的民法基金会只有 150 家，但在 2004 年一年中成立将近 1000 家，基金会总数从 2000 年的 10000 家迅速升至 13000 家，2010 年年底更达到了 18162 家。[①]

企业基金会法律主体也隶属于财团法人，很难看出企业基金会与其他基金会相比的特别之处。依照《德国民法典》的设计，以"社团"形式设立的法人是"人"的集聚；而以"财团"形式设立的法人则是"财产"的集合。德语指称财团的词汇也同基金会一样是"Stiftung"，德国将企业基金会安排进财团法人，为的是"确保财产脱离捐助人的意志"，"维持超越自然人生命存在实现一定的公益目的"[②]。除此之外，企业基金会与其他财团法人在法律上并没有其他本质上的区别。

（三）日本企业基金会主体制度安排

1. 日本基金会的兴起和发展

日本学界对基金会的定义是：为个人或集体从事研究及各项事业给予资金支持，为本国学生或留学生提供奖学金，为个人或集体的优异业绩以

[①] 张网成、黄浩明：《德国非营利组织：现状、特点和发展趋势》，《德国研究》2012 年第 2 期。

[②] 陈惠馨：《德国财团法人制度的发展——以德国〈民法典〉及柏林邦财团法为中心》，《中国非营利评论》2011 年第 1 期。

资鼓励等的财团法人。① 日本最早的基金会是1914年成立的森村丰明会，随后各大财阀先后设立基金会。战后，日本政府影响式微，社会发展需要社会力量帮助，民间组织日趋繁盛。1951年日本政府为此制定相应特别法，肯定这些民间组织为公益法人，如医疗法人、社会福利法人、宗教法人等。在很长一段时间内，社会公益事业都是由公益法人主办，民间基金会很难介入其中。

20世纪70年代以后，涉及社会福利的资助型民间基金会开始出现。尤其在1995年阪神地震发生后，民间组织在震后恢复、灾后重建中作出了突出的贡献，使得日本政府重新审视了非营利民间组织的社会地位，随后在1998年制定了《特定非营利活动促进法》（以下简称NPO法），促进了基金会等非营利组织的发展。

2. 日本企业基金会法律主体定位

对于日本的企业基金会法律主体的定位在不同时期有着不同的考量，我们有必要了解其上位分类"公益法人"的概念。日本旧《民法》第34条就明确了公益法人的概念。② 公益法人必须以公共利益为基本原则，又分为社团法人和财团法人。日本的公益社团法人和公益财团法人相当于中国的社会团体和基金会。第二次世界大战结束后，日本根据新时代的发展要求重新修订了宪法。对一些政治因素不强的法律例如《民法》却没有大范围修订，继续使用。随后出现的公益法人制度，是对旧《民法》上不予认可的社会福利组织进行认可。1998年之前，日本政府对公益法人的管制异常严格，社会福利法人、私立学校法人等公益法人成立须由主管部门实质审批，这导致了它们的成立十分困难。许多民间公益组织由于缺乏合法身份，只能开展非正式的活动，不能签署合同、雇佣员工或开设银行账户。③ 同时，公益法人转换活动事项，如果新的活动领域是由另一个部门管辖，就必须得到新的部门批准才允许实施，这相当于每一次运作都要受到审批。在公益法人成立后，政府有权继续对它们的活动和服务进行监控。再加上

---

① ［日］堀内生太郎：《日本基金会的历史与发展》，何培忠摘，《国外社会科学》2007年第4期。

② 日本旧《民法》第34条规定：有关祭祀、宗教、慈善、学术、工艺美术及其他公益的社团和财团，不以营利为目的，经主管机关许可，可以成为法人。

③ 王世强：《日本非营利组织的法律框架及公益认定》，《学会》2012年第10期。

一些公益机构没有独立地位，公益性定性不明，导致一些互益性组织也混迹其中，这给当时的日本慈善公益事业带来了很大的负面影响。

1998年日本出台NPO法，限制了政府对非营利组织的干涉，简化NPO设立程序。随后于2001年出台配套税收管理办法，对从事公益活动的NPO进行税收优惠。同年日本又出台《中间法人法》，将非营利法人进一步细化为"不具有公益属性"的中间法人和公益法人，公益法人分为特别法公益法人、特定非营利活动法人。

日本内阁认识到法人分类混乱导致民间慈善力量发展受制的局限性，出于"公共领域减少官方介入"、"支援、鼓励非营利法人"等目的，在20世纪末以来的立法中逐步打破旧《民法》法人分类的框架。为了进一步降低对民间公益法人的限制，推动公益法人内部治理，于2006年制定通过了《一般社团法人和一般财团法人法》《公益社团法人和公益财团法人认定法》《相关上述法律实施的整备法》等三部法律。① 以上法律配合新修订的《民法》对法人分类进行了重新构建，日本国内法人按照公益/营利法人总分类（第34—35条），公益法人一类之下又分为：一般社团法人和一般财团法人、公益社团法人和公益财团法人、特定非营利活动法人、依据特别法律设立的其他各种公益法人（简称"特定公益法人"）这四个分类。一般法人想定性为公益性法人，需经过日本公益资本推进委员会（PICC）认定，认定明确后可以享受税收优惠等支持。该委员会同时也对非营利法人进行监管。因此企业基金会的设立采取的是认可主义。需要指出的是，依据法律规定，特定非营利活动法人只能是社团，特定公益法人只能是法律列举的种类（如宗教法人、医疗法人等）。这样，依据企业基金会相关属性的层层定义，日本将企业基金会的法人法律主体地位准确明晰地定位为公益财团法人。

（四）我国台湾地区企业基金会制度安排

1. 我国台湾地区基金会的兴起和发展

20世纪四五十年代，台湾地区发展公益慈善机构主要是为社会弱势人群提供救助。得益于经济的快速发展，20世纪六七十年代后，财力雄厚的企业开始建立基金会，力图解决台湾当局无力解决的社会矛盾和问题。台湾民众大多信仰宗教，积善从德等宗教所提倡的教义贯穿于生活之中。在

---

① 周江洪：《日本非营利法人制度改革及其对我国的启示》，《浙江学刊》2008年第6期。

台湾，所有的民间公益慈善服务机构都有公开募捐的资格，配套实施的法律法规、涉及的税收优惠条款规定都比较完备，且税收优惠力度和公益力度强弱相关联。台湾地区对公益慈善事业的社会激励也很显著，如台湾的大学有设置专门的社会福利或义工课程，各类公益慈善事业从业人员业绩突出会得到奖励，业务人员敬业负责，福利机构社会声誉良好。

在我国台湾地区，一般认为基金会是指通过基金的组合，引导社会财富运用于公益慈善事业与社会的非营利机构，其组织定位为一种财团法人。台湾地区的基金会受到20世纪70年代经济持续增长和威权体制管制松动的影响，数量上迅速增加，各种基金会纷繁并立。有关台湾基金会的分类，尚未有一致的划分原则意见。不过能够肯定的是，按照资金来源划分，台湾基金会可分为四大类：企业支持的基金会、官方支持的基金会、由企业和官方一同支持的基金会、不含企业和官方涉及的基金会。因此我国台湾地区的企业基金会，是指企业支持的基金会，设立宗旨为服务于台湾地区的社会公益。

2. 我国台湾地区企业基金会法律主体定位

台湾地区依据设立法人的不同，将法人总分为公法人和私法人。随后依据"人的组织体"和"财产的组织体"将私法人分为社团法人和财团法人。台湾地区"民法解释"将财团法人定义为"因为特定与继续之目的，所使用财产之集合而成立之法人是也"。① 与德国、日本财团法人定义不同的是，我国台湾地区仅将财团法人性质定为"公益"。同时台湾地区将社团法人细化为非营利社团法人、营利社团法人。所以，公益法人在台湾的内涵包括非营利公益社团法人和财团法人，设立条件为许可主义设立。

企业基金会在台湾"民法"中属于财团法人。值得一提的是，我国台湾地区对于公益慈善团体的认定不仅仅是财团，公益社团也是其构成部分。台湾地区规定财团限于公益慈善功能，但并不意味着大陆法系财团法人设立的目的仅仅为公益，大陆一些学者认为设立财团法人的目的只能为公益的片面观点，可能也是从台湾地区法人分类模式中观察得出的。

三 境外企业基金会主体安排的启示

《民法总则》的通过表明，大陆法系的社团或财团法人的分类模式并未

---

① 转引自王泽鉴《民法总则》，新学林出版股份有限公司2014年版，第188页。

被我国立法所取。关于社团或财团法人的理论分析集中于各种民法学术著作以及《民法总则》颁布前的热切讨论中。对于境外的立法称谓，如"基金会法人""捐献法人"或者"财团法人"的取舍探讨，在《民法总则》颁布后短期内已无实际立法意义，但是我们仍能从我国立法安排中探明符合国情的本质。

首先，"基金会法人"的称谓，只是留意了各种基金会组织在捐助法人中居于重要或者大多数地位，将捐助法人与基金会组织混淆。基金会的特点在于财产一般表现为可自由流通的代用货币和用途较为灵活的实物财产，服务对象是不特定的社会公众，运作方式是按章程确定的条件和程序资助或扶持的某种特定的社会事业。而在由个人捐助设立的社会组织中，除采取基金会形式外，还有信托、养老院、医院、学校等各种从事某种具体公益事业的社会组织。党的十八大明确指出要支持发展慈善事业，从体制和政策上大力推进公益慈善事业发展，地方各级政府纷纷出台与公益慈善、社会创新相关的指导意见、地方法规和政策，政府购买服务、税收优惠等支持性政策逐渐成体系。个人层面上，公益慈善越来越成为人人可为、全民追求的社会活动，企业及个人设立公益慈善机构也屡见不鲜。因此以"基金会法人"概念替代"捐助法人"概念的主张显然比较片面。

其次，使用"财团法人"概念与我国立法步调完全不协调。从《民法通则》至《民法总则》的立法革新中，财团法人从来都不被立法目的所考虑，究其原因可能是此类法人制度的设计没有"企业或非企业法人""营利或非营利法人"政策导向明确。从表面上就能看出，我国的立法目的紧紧围绕"以经济建设为中心"这一工作重点，充分契合了当前我国在社会主义建设中的发展要求。在境外一些法人分类中，"私法人"与"公法人"对称，"财团法人"相对"社团法人"而言。我国《民法总则》不以"社团法人"定类，"财团法人"概念的使用也就无以对应了。而就直接作为揭示这种社会组织内涵的单独概念来说，"财团法人"称谓倒有些令一般公众误解了，还不如"捐助法人"来得更为确切明了。

最后，在内涵上，财团法人是由人们以捐助财产方式设立的；在外延上，各种财团法人当然都无一例外地属于捐助法人。因此在我国，我们没有必要坚持"财团法人"的形式称谓，只要做到企业基金会法人主体制度安排能有效支持、鼓励、引导其健康有序的发展，做到放管并进、步调一致即可。如此看来，"捐助法人"之称当为最可取的选择。

第三节 企业基金会法律主体定位的理论认识

一 企业基金会法人的定位：财团法人

从法人角度研究基金会首先需要解决基金会法人的归属问题。大陆法系民法通常将基金会视为财团法人的典型类型，因此"Stiftung"一词在德文中既有基金会的含义，又用来指代财团法人；这与在缺乏大陆法系法人制度的美国，"Corporation"一词既可指代法人又可指代公司，可谓异曲同工。我国民事立法虽一直未采纳社团法人与财团法人的基本分类，但实际上承认基金会属于财团法人的观点。1988 年《办法》制定之初，将基金会定义为社会团体法人，这一错误在《条例》2004 年颁布时得到更正。从《条例》对基金会的规定出发，学界认为基金会就是中国的财团法人制度。《民法总则》虽确立了营利法人和非营利法人的基本分类，但并不妨碍研究社团法人与财团法人。[①] 支持或反对营利法人与非营利法人分类的学者对于捐助法人的具体表述虽有所差异，但无论认为捐助法人是社团法人的相对概念，[②] 还是认为捐助法人是财团法人的替换概念，[③] 还是认为捐助法人是公益财团法人和宗教财团法人，[④] 对于捐助法人属于财团法人的主张都是没有异议的。

社团法人与财团法人的分类是由萨维尼早期研究的法人雏形中体现出的截然不同的法人形态——罗马法基础上归纳而来的，罗马时期国家、地方政府和私人的宗教团体、商业团体和行业团体作为"人的集合体"（Universitas Personarum）取得主体地位，而寺院、慈善团体和尚未继承的遗产作为"物的集合体"（Universitas Trerum）可以被视为独立参与民事活动的民事权利主体。这一分类得到了《德国民法典》的认可，《德国民法典》将法人分为公法人和私法人，私法人进一步分为社团法人（有权利能力的社团）

[①] 梁慧兰：《〈中华人民共和国民法总则（草案）〉解读、评论和修改建议》，《华东政法大学学报》2016 年第 5 期。

[②] 谭启平、黄家镇：《民法总则中的法人分类》，《法学家》2016 年第 5 期。

[③] 参见江平主编《法人制度论》，中国政法大学出版社 1994 年版，第 7—10 页。

[④] 罗昆：《捐助法人组织架构的制度缺陷及完善进路》，《法学》2017 年第 10 期。

和财团法人（有权利能力的财团），这一分类得到大陆法系的普遍接受。

对于社团法人和财团法人的区别，传统观点认为前者成立基础是人，后者成立基础是财产。法人的两大要素是人和财产，法人的设立、捐助、管理等行为离不开人的意志，法人的运行、交易、责任承担离不开法人独立的财产。这两大要素在法人成立中扮演的重要性区别使得法人呈现出成员显现型、成员隐现型、成员不现型三种形态。成员显现型法人之中，成员扮演了决定性的角色，这类法人由一定数量的成员构成，这就是社团法人。成员隐现型法人之中，财产扮演了关键的角色，成员的作用不明显；但是法人财产来自于捐助人的捐助行为，财产发挥作用离不开财产管理人的意思和行为，这就是财团法人。成员不现型法人由国家设立，国家无法以一种成员的方式存在，这就是公法人。① 但是以成立基础对法人的分类在商业公司兴起之后受到了一定的挑战，公司兼具了人合性和资合性的特点，虽然以社员大会（股东会）作为权力机构，但参与表决的基础是财产（所持有的股份），而非成员（人数）。在现代大型股份公司中，人的因素更为模糊。反观首先确立法人制度的德国，有限责任公司、股份公司和合作社等商事组织起初被包含在《德国商法典》之中，之后国家分别制定了《有限公司法》《股份法》和《合作社法》。《德国民法典》所言的社团法人并未规定公司制度，民法上的社团法人和特别法上的有限公司、股份公司和合作社是有权利能力联合体的两大类型。②

因此有必要从私法自治（Privatautonomie）原则的贯彻程度，对社团法人和财团法人进行区分。私法自治是指个体给予自己的意思为自己形成法律关系的原则，法律对私法自治的承认是对人类享有自决权这一法律秩序基本原则的认可，私法自治原则的适用意味着对个体在法律关系形成过程中自己意愿的认可。③ 社团法人的设立人可以自由决定法人的存在、法律形式和章程，在法律规定的范围内，社团的成员大会通过社团机关决定法人的运行和消灭。财团法人在捐助设立之时体现设立人的自由意志，捐助人可以在不违反法律和公序良俗的范围内自主决定财团法人的设立目的，但

---

① 参见江平主编《法人制度论》，中国政法大学出版社1994年版，第7—10页。
② ［德］卡尔·拉伦茨：《德国民法通论》（上册），王晓晔等译，法律出版社2003年版，第190页。
③ 参见［德］维尔纳·弗卢梅《法律行为论》，迟颖译，法律出版社2013年版，第1—7页。

法人机关的运行也要受制于设立人的意志,不可自主决定,法人的成立和消灭也需要经过国家的允许,财团法人的自治空间仅存在于设立阶段,存续期间的运行完全是他律。公法人的设立贯彻的是法律公共意志或者职权法定原则,公法人即便有成员大会,其成员通常也是无权通过大会决议决定法人的存续的,公法人完全排除了私法自治。①

以私法自治为出发点,造就了社团法人和财团法人截然不同的运行模式。社团法人以设立人共同意志设立,社团设立之后,设立人以及后来加入的成员成为社员。取得社员资格是参加社团活动和使用社团财产的前提,更重要的是在成员大会上行使表决权,参与社团的意思形成,社团资格的转让依照法律和章程规定。社员大会作为社团法人的最高权力机关,产生执行机关和监督机关,向社员大会负责;对于法律未作强制性规定的领域,社团法人皆可通过约定或章程规定。社员大会享有的自治权利通常包括社团机关及其人员的组成、章程的修改、成员的接纳和除名、社团的运行、社团的合并分立终止等事项。通过这样的设置,社团的成员以成员的共同意思管理社团。

财团法人的设立人捐助财产设立财团法人之后,不仅丧失了对财产的所有权,也不能通过类似社团法人以所有权换社员权的方式而享受参与财团法人运行、决策和获得利润分配及剩余价值索取的权利。依据章程建立起来的管理机构的工作人员不是财团法人的成员,财团法人的内部机构进行的运行和监管都需要遵从设立人的意志。财团的设立目的不能随意更改,即使设立人加入理事会中参与财团法人的管理,履行的也是作为管理人而非社员的职责,不可以以捐助人的身份要求理事会变更设立目的。因为财团的目的在设立之时已经通过章程固定下来了,除非出现目的已经实现、不能实现、违反法律和社会风俗等事由才能请求行政机关通过法律程序进行纠正。

基金会作为捐助法人的主要类型之一,毫无疑问地属于财团法人;企业基金会法人作为基金会法人的下位概念,当然也是财团法人。确立企业基金会的财团法人属性,可以将企业基金会纳入财团法人的基本理论下进行探讨。

---

① 谭启平、黄家镇:《民法总则中的法人分类》,《法学家》2016年第5期。

二 企业基金会法人的核心：目的与财产

财团是为了实现一定目的，并为此提供一定财产而设立的永久性组织体。财团的目的源于设立人的规定，财团的组织并非其成员，而是为了保证财团目的得以完成的常设机关，设立人还需要移转一笔财产给财团。财产是为了财团法人的目的得以实现的物质基础，机关是为了财产得以真实、有效用于设立目的的制度保障。财团的设立人在设立之时就通过订立章程来保证设立人的意志通过财团组织机关的活动而实现。财团法人提供了使一个人（设立人）的意思"永垂不朽"的可能性。在财团中，确定捐赠行为的宗旨，可不受时间方面的限制，只有在实现捐赠已成为不可能或者实现捐赠有损于公共利益的情况下，才能对财团宗旨作出变更，作出变更也需要尽可能考虑捐赠人本来的意思。① 财团的机关只能严格按照章程行使职权，以维持捐助人意志得以长期稳定执行，无法根据社会的变化发展调整财团的目的事业范围，使得财团更适合作为一种保守的财产管理制度而存在。财团资金的投资通常投向低风险领域，以保值增值为目标，从而为财团事业提供稳定的资金支持，保障财团事业的长期稳定。②

财团对于目的和财产的强调适用于基金会，甚至可以说基金会最核心的价值就是目的和财产。设立基金会的主体都是基于很清晰的目的，一般主要是公益目的。目的与财产的关系是相辅相成的。财产的捐赠和使用都要以目的为依据，一个特定的目的可以吸引具有同样目的的财产，财产的使用也要严格按照目的所要求的方式进行。财产的存在和延续是目的得以实现的基础，没有财产目的无从实现。目的的长久稳定性是吸引更多社会财富的关键，而做好财产的管理和增值落脚点也在于保证目的的长久实现。

并非其他法人组织不具有目的和财产两大要素，关键在于目的和财产对于基金会而言的意义不同于其他主体。对于以公司为代表的营利法人，作为目的的业务范围虽是公司必要的登记事项，但其价值已经不同于以往。《中华人民共和国合同法》（以下简称《合同法》）和《公司法》对于公司超越业

---

① ［德］迪特尔·梅迪库斯：《德国民法总论》，邵建东译，法律出版社 2000 年版，第 865 页。

② 罗昆：《我国基金会立法的理论辩证与制度完善——兼评〈基金会管理条例〉及其〈修订征求意见稿〉》，《法学评论》2016 年第 5 期。

务范围订立合同的有效性的主张，历经了从认为绝对无效到效力待定到合法有效的演变，是鼓励交易和私法自治精神的体现。《公司法》对于公司业务范围的管控逐渐放宽，允许公司任意登记业务范围，业务范围对于公司不再是一种严格限制，而是对于公司业务专长的彰显。超出业务范围订立合同的行为如果经过有效的内部决议，即便造成了损失，也理应由公司股东承担风险。如果是法定代表人或高管超出职权范围进行的，自然有内部的追责机制对其进行追究，即便内部追责失效，股东也可通过司法途径进行。

对于基金会而言，虽然世界范围内对公益慈善的定义越发泛化，从济贫救困扩大到广义的公益范畴，包括我国《慈善法》也对公益慈善的范围采取了"列举+兜底"的形式，其价值在于鼓励慈善组织投身公益慈善事业。但是基金会的目的来自于设立人的意愿，如果基金会的管理人员将基金会财产用于目的以外的其他用途，即使仍然是公益用途，对于设立人的意愿仍然是一种践踏。无论是从财团法人理论还是从我国《民法总则》关于捐助法人的规定来看，设立基金会的捐助行为是设立人单方的法律行为，通过单方的捐助行为基金会才得以设立，通过章程规定捐助财产的用途即基金会的目的。设立之后的捐赠行为则是双方的法律行为，捐赠行为需要基金会的接受方可生效，双方需要签订捐赠合同，合同中可以约定捐赠的用途，对于违反捐赠财产用途的行为可以通过违约责任予以追究。相较而言，作为单方法律行为的捐助显得缺乏保护。如果基金会是以疾病救助为目的，基金会的管理人员将财产用于赈灾仍然是对设立目的的违背，其错误看起来并不比利用基金会从事非慈善活动严重，甚至可能容易被社会公众认为并无不妥之处，但后果的恶劣程度是一致的。而捐助人无法通过有效的内部追责机制予以纠正，只能借助于外部司法途径。因此通过适当的机制对基金会目的进行保护是必要的且必须的。

独立的财产是法人得以独立享有权利、履行义务和承担责任的基础。对于营利法人的公司，其成员以财产出资，享有分配收益的权利，承担亏损的风险。不看好公司前景的股东大可根据法律章程规定或股东之间的约定退出公司，但在退出公司时不能拿回设立时或加入时的出资。在公司解散时，股东可以通过清算后享有公司剩余财产的分配权。即便公司走到破产清算的地步，公司的债权人和员工仍可以通过清算程序实现债权，公司股东对剩余财产仍享有分配请求权。对于基金会来说，财产不仅是成立的基础，更是基金会得以发挥作用实现其目的的基础。捐助人将财产转移给基金会之后，完全与财产脱离关系，不具有任何财产请求权，按照私法领域权利与义务相协调的基本理念，本就处于一种非常不利的地位。对于基金会受托人或管理人可能侵吞财产、不当使用财产和改变财产目的的行为，由于缺乏公司式绩效考核指标，设立人知悉这些行为的渠道有限，遑论有效地对其进行控制。另外，基金会服务于社会公共利益，如果基金会运营不善导致解散，不仅损害到设立人对公益慈善事业的热情，而且会对基金会原有受益人的利益、社会公众的公益心造成损害。因此无论是从对基金会设立人不利地位的补位还是对社会公共利益的保护角度出发，基金会的财产运营状况都非常关键。

对于企业基金会而言，更是如此。在企业基金会的设立人也是法人而不是自然人的情形下，是由企业的法人机关作出捐助设立基金会的意思表示，以设立时的意愿作为企业基金会的目的。与其他基金会相比，企业基金会的设立人——企业创造和聚集了大量的社会财富，通过制度建设引导更多的企业设立基金会对慈善事业的促进作用是显著的，如何充分发挥企业经营财富的专长，对于掌握大量财富的企业基金会也是关键的。与此同时，企业天然的营利属性使得企业利用基金会直接或间接为企业利益服务的动机最大，特别是当企业作为企业基金会的主要甚至唯一出资人时，内部人控制的程度较高，企业可以派出理事以合乎法律和章程规定的流程，作出更符合企业方期待的决议，影响财产的公益用途。

企业基金会作为一种财团法人或者捐助法人，其价值在于如何确保捐助人的意志得到贯彻、捐助的事业得以长久稳定存续，为更多的潜在捐助人提供制度信心。因此基金会法人制度的建设需要围绕着目的与财产展开。对于目的而言，除了确保基金会的公益慈善目的之外，关注目的的重点在于目的不可随意变更，保障设立人的意愿。对于财产而言，关注财产的重点一是如何吸引更多的财产投身慈善事业，二是如何实现财产的保值增值，实现财产公益用途的最大化。

这就要求基金会的组织架构具有保证设立宗旨下的目的事业永续存在的功能；基金会的财务管理具有保证捐助财产稳定、长久经营从而支持目的事业延续的功能；基金会的监管制度具有解决信息不对称，使得设立人、主管机关及社会公众确保基金会合理运行的功能。要确保这些功能的实现，从内部而言，主要通过合理的法人机关的合理设置及有效运行来解决。作为财团法人，基金会设立执行机关而非权力机关，执行机关按照法人的章程运作，享有除修改章程和决定法人关停并转等核心职权以外事务的决策权力，监管机关按照章程规定的权限对执行机关的行为进行监督和约束，防止和限制可能出现的变更基金会宗旨、变更财产用途和谋取个人私益等违法违章的行为。从外部而言，需要合理的法律制度供给对基金会的机关进行正确的规定，同时以宽准入、严监管的追惩管理模式形成有效的外部约束机制。

第四节 我国现行法上企业基金会法律主体制度检视

一 企业基金会已发展成为我国不容忽视的社会慈善力量

受政策开放的影响，从1981年第一家基金会出现至今，中国的基金会经历了从无到有、从少到多的快速发展历程，尤其是2004年后基金会数量及资产均出现了飞速增长的态势。全国基金会数量从1981年的4家，到1988年的535家，到2004年的712家，再到2016年的5709家，一直发展到今天的6483家。每一次新政策的出台都伴随着基金会的"井喷"，仅2017年一年基金会增长数额就超1000家。截至2017年12月31日，全国基金会总数达6371家，较2016年增加662家，年增长率达到11.6%。2010年基金会年增长率最高，达到21.2%。[①]

（一）非公募基金会发展最快

2004年我国第一家企业基金会——华夏慈善基金会[②]于北京市民政局注册成立之后，企业基金会由当年的16家（占全国基金会总数的2.2%）飞速发展到如今的868家（占全国基金会总数的13.4%），是增速最快的一类非公募基金会。[③] 其中截至2015年12月31日，全国基金会总数达4871家，

[①] 资料来源：基金会中心网，数据中心，http://www.foundationcenter.org.cn，截止日期：2018年5月1日；基金会中心网等主编：《中国企业基金会发展研究报告（2016）》，北京联合出版公司2016年版。

[②] 华夏慈善基金会已于2008年5月6日更名为爱佑华夏慈善基金会，由北京市隶属基金会变更为全国性非公募基金会。

[③] 非公募基金会和公募基金会是根据《条例》第三条规定所作的基金会分类，以能否面向公众募捐为划分标准。《慈善法》放开公募资格的限制而采取申请式，只要慈善组织符合一定的条件即可向公众募捐；但需要注意，这是权利设定而非强制的义务，慈善组织可以自行选择是否申请。

较 2014 年增加 633 家，年增长率达到 14.9%。其中，公募基金会 1547 家，占总数的 31.8%；非公募基金会 3267 家，占总数的 67.1%；企业基金会数量已经占到全国基金会总数的 13%（见图 1-2）。

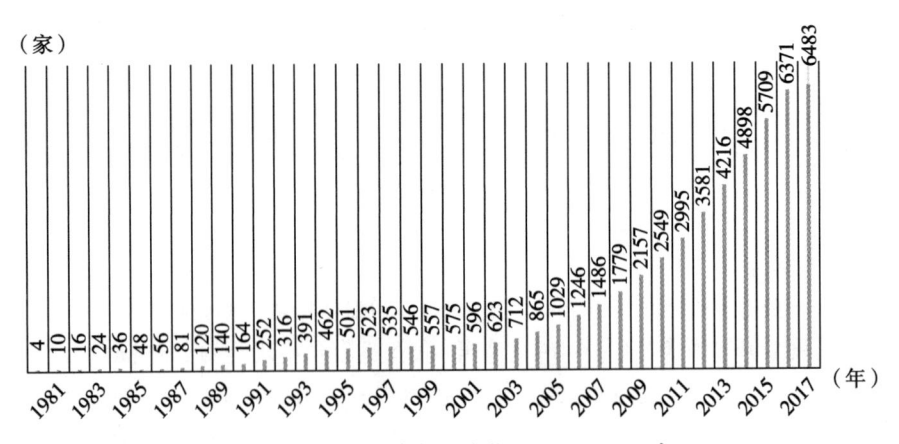

图 1-1　历年基金会数量变化（1981—2018 年）

资料来源：基金会中心网，数据中心，http：//www.foundationcenter.org.cn，截止日期：2018 年 5 月 1 日；基金会中心网等主编：《中国企业基金会发展研究报告（2016）》，北京联合出版公司 2016 年版。

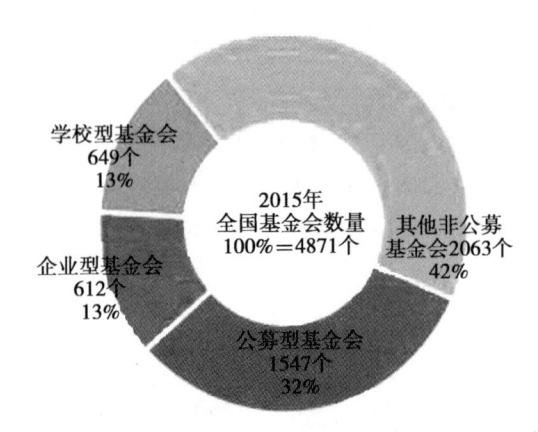

图 1-2　企业型基金会占全国基金会数量之比（2015 年）

资料来源：基金会中心网，数据中心，http：//www.foundationcenter.org.cn，截止日期：2015 年 12 月 31 日。

纵观十几年来我国基金会的发展，2004 年全国非公募基金会数量较少，只有 176 家；当时国内基金会大多是公募基金会，有 557 家，是非公募基金会数量的三倍多。之后，非公募基金会进入高速发展阶段，从 2010 年开始，非公募基金会逐渐开始占据全国基金会的半壁江山，其增速远超公募基金会。而作为非公募基金会的企业基金会 2004—2015 年也表现良好，其年均增长率达到 39.3%，高于全国非公募基金会的 30.6%，远高于全国基金会的 18.7%（见图 1-3）。

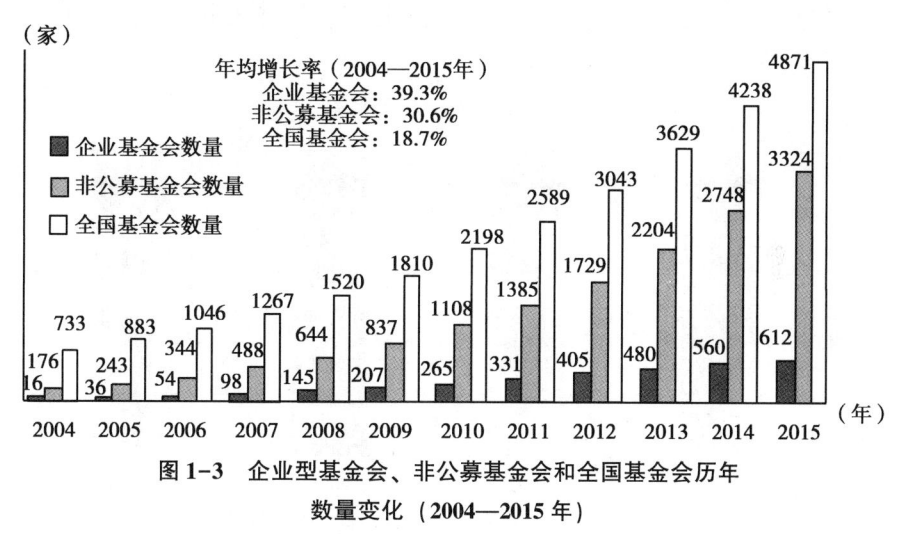

图 1-3 企业型基金会、非公募基金会和全国基金会历年数量变化（2004—2015 年）

资料来源：基金会中心网，数据中心，http://www.foundationcenter.org.cn，截止日期：2015 年 12 月 31 日。

企业基金会能够在短短十数年间飞速发展是因为多数企业已经完成了初始的资本积累，纷纷开始向社会创新的目标迈进，有资金也有精力来从事慈善活动。企业携带大量资金和其他资源创设基金会，其天然优势使得企业基金会迅速落地生根，且逐步覆盖全国。

从登记的级别来看，2011—2014 年，市级基金会的比重逐年递增，且其逐年增长速度最快；省级基金会比重相应降低，增速相较平缓；部级基金会数量增速缓慢，所占比重无明显变化（见图 1-4）。2014 年首次新增 6 家县级基金会，其中浙江省 3 家、江苏省 2 家、宁夏回族自治区 1 家。四年间，市级企业基金会增速最高，离不开政策的影响。《条例》规定基金会登记管理机关为国务院民政部门和省、自治区、直辖市人民政府民政部门，市级以下民政部门无权进行登记管理，该规定限制了市县两级的基金会登记门槛，基金会增势缓慢。而市级基金会的发展是从深圳到广东再到全国的扩散过程（2012年及之前注册的24家市级企业基金会有20家在深圳市注册），2009年民政部门和深圳市协议试水基金会直接登记制度，最先成立市本级基金会。2012年民政部开始允许市级民政部门和县级民政部门登记管理非公募基金会，这一举动极大地激发了市县级基金会的成立热情，[①] 2012年一年非公募基金会年增长率高达25%。随着登记门槛的放开，相信市县级企业基金会将越来越多，且将逐步成为企业基金会中的重要力量。

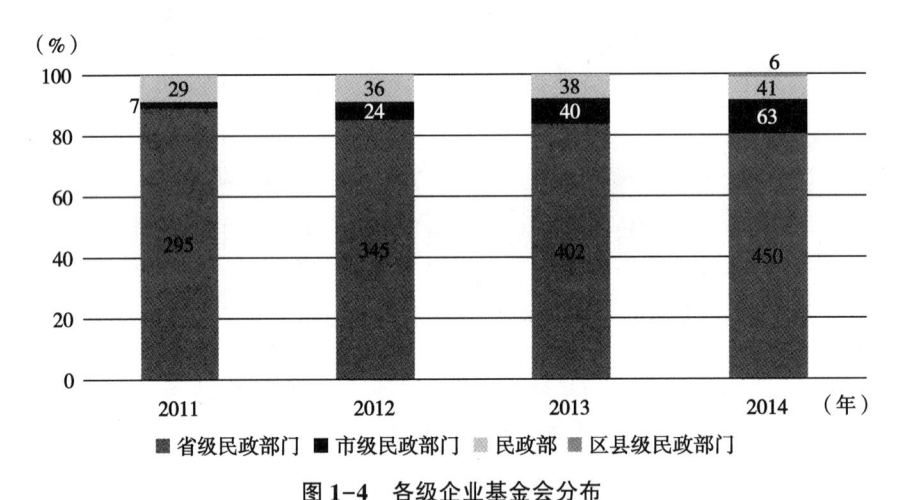

图1-4 各级企业基金会分布

资料来源：基金会中心网，数据中心，http://www.foundationcenter.org.cn，截止日期：2015年12月31日。

根据基金会中心网数据显示，截至2018年5月1日，在868家企业基金会中，有49家在民政部注册的基金会；在省级民政部门注册的基金会有648家，占比75%，是占比最高的一类；在市级民政部门注册的基金会153家；而区县级民政部门注册的基金会有18家（浙江省、江苏省各6家，湖北、福建、广东、安徽、江西、甘肃六省各1家）；区县级基金会是近4年增速最快的一级基金会。18家企业基金会主要集中在浙江省和江苏省两个地方，这一现象离不开两地的繁荣经济影响。浙江省和江苏省均属于东部

---

① 基金会中心网等主编：《中国企业基金会发展研究报告（2016）》，北京联合出版公司2016年版，第12页。

沿海、经济发达地区，两地企业众多，民营企业的快速发展给基金会的生长提供了充足的养分。

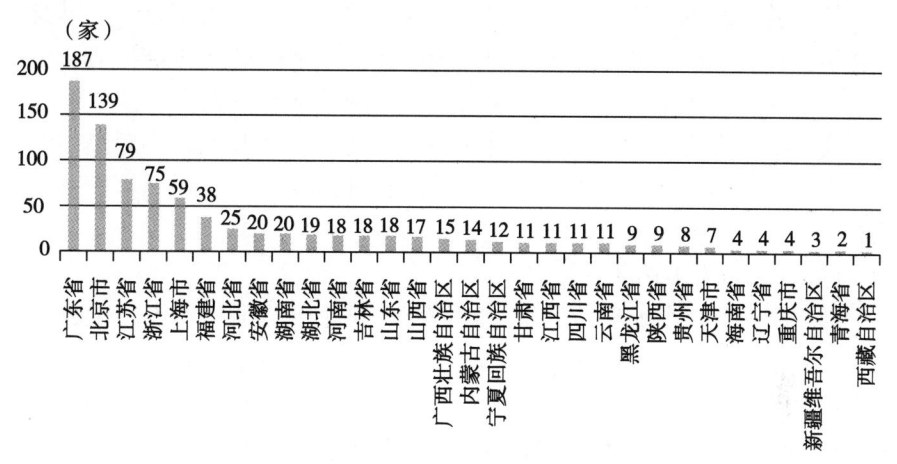

图 1-5　各省区企业基金会数量分布

资料来源：基金会中心网，数据中心，http://www.foundationcenter.org.cn，截止日期：2018年5月1日。

如图1-5所示，从地域分布来看（本书所指的地域是按在基金会中心网上公布的企业基金会所在地划分的），我国企业基金会主要集中在广东省、北京市、江苏省、浙江省、上海市、福建省6地，这6个地区的企业基金会共计577家，占全国企业基金会总数的66%。这6个省、市恰是我国经济最发达的地域，撇开北京市是我国的首都不谈，其余的5个地区均地处我国东南沿海，改革开放带给这些地方的丰富资源使它们成为中国最先富起来的一带。这些地区汇聚了大量的企业资源，企业家们有着更为先进的思想观念，更希望通过弘扬兴业报国的担当精神推动社会公益事业发展、回馈社会，切实履行企业社会责任。他们考虑通过设立企业基金会来完成他们的使命，将企业发展与企业社会责任很好地结合起来，进而达到双赢的效果。

在6个地区企业基金会飞速发展的同时，我们也看到有10个省区的企业基金会数量皆不足10家，其中西藏自治区仅一家企业基金会。我国企业基金会发展的地域差异性很大，企业基金会的发展在很大程度上受到当地经济环境的制约，富裕地区相对有着更大的财富总量，人们的思想也更为先进和开放，其对新生事物的接受力更强，也更能接受将财富回馈给社会的观念。相对地，经济落后地区的企业基金会呈现出起步晚、发展慢、数量少、资金规模小的特征。

但是需要强调的是，虽然企业基金会所在地呈现出地域上的不均衡，但并不会必然导致慈善资源分配的失衡。在某一地区设立的企业基金会其项目覆盖领域并不受限，如在北京设立的中国移动慈善基金会其项目也会覆盖到西藏自治区。尽管以上10个省区的企业基金会单数均不超过10家，总数仅51家，但是全国项目覆盖这10个省区的企业基金会共有275家，在数量上已经达到平均水平。

（二）公益支出逐渐增长

随着企业基金会的快速发展，其数量在基金会行业中所占比重也越来越高。企业基金会的公益支出总额从2009年的4亿元、仅占全国基金会公益支出总额的3%，到2014年的28亿元、占全国基金会公益支出总额的9%。截至2018年，企业基金会的净资产总额已经占到全国基金会的10%，掌握着我国一成的社会公共资源，成为中国基金会行业中不可忽视的重要部分，反映了我国企业家们慈善意识的觉醒和进步（见图1-6）。

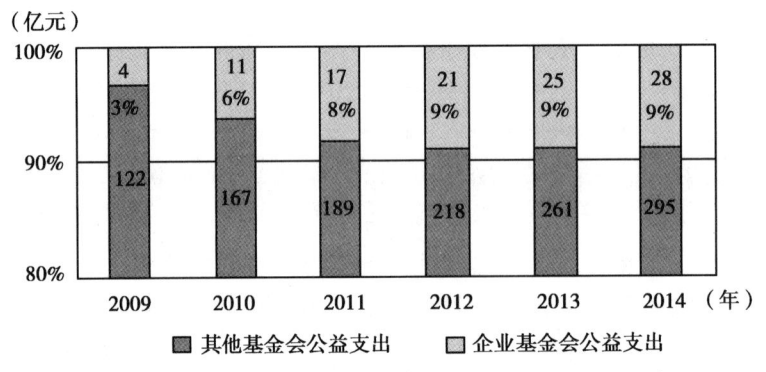

图1-6 企业型基金会公益支出在全国占比（2009—2014年）

资料来源：基金会中心网，数据中心，http://www.foundationcenter.org.cn，截止日期：2015年12月31日。

通过上述企业基金会的数据统计可以看出，第一，企业基金会发展迅猛，是全国基金会中的重要组成部分。无论是从企业基金会数量的比重、企业基金会的增长速度还是企业基金会的公益支出占比来看，企业基金会的重要性都不言而喻。其发展值得关注，加之基金会的壮大离不开政策的支持，所以相关法律制度建设的重要性得以凸显。如何通过制度的构建引到基金会的发展是本书的一个立足点。第二，企业基金会的划分标准多样化，且呈现出动态分布的特点。按照登记层级划分，企业基金会可以划分为四级，分别为民政部级、省民政部门级、市民政部门级、区县民政部门级，其中在省民政部门登记的企业基金会占主导地位。按照发起企业主体性质划分，我国企业基金会可以分为国企基金会、民企基金会、外资基金会、合资基金会和其他企业基金会。其中民营企业在数量和规模上占据优势，而国企基金会则凭借其平均公益支出数额占据企业基金会的小半边天。按照发起企业所属行业划分，可以分为制造业、房地产业、建筑业、信息技术业等，其中设立基金会的企业多集中于高新技术、资金充沛的行业。按照企业基金会的资产规模划分，可将企业基金会划分为三个量级：千万元以下量级、千万元到亿元量级、亿元以上量级。我国企业基金会资产规模主要集中在千万元以下量级，亿元以上量级的企业基金会仅有27家。第三，我国企业基金会在发展中主动呈现出不同于其他基金会的特征。一是不同于依靠政府投入、吸收公众存款的公募基金会，企业基金会收入主要赖于发起企业的捐赠收入；二是企业基金会在发展过程中呈现出"嫌贫爱富"的地域特征，企业基金会多存在于经济发达地区，而在经济相对贫困落后的地区企业基金会可以说是寥寥无几。

综上所述，随着共享理念的提倡，我国基金会发展形势大好，越来越多的基金会涌现，企业基金会也开始崭露头角，形成了其独特的发展特征：首先企业基金会快速发展，在全国基金会中占比较大，增长势头超过其他类型的基金会，形成一支重要的力量；其次，受政策的影响，市县一级登记的企业基金会逐渐成为主力军；再次，囿于经济发展能力，企业基金会在地域分布上呈现出不均衡的特征；最后，企业基金会凭借其先天的资源优势，掌握众多资源，其公益支出在全国基金会中的占比增加，成为行业中不可或缺的组成部分。展望未来，我们可以预期到随着我国相关法律制度的建立和完善，企业家们反哺社会意愿的不断增强，公众对慈善事业的持续关注，企业基金会的数量还将继续增长。

二 《民法总则》颁行前企业基金会法律主体制度的缺陷

（一）企业基金会法律主体定位认识不准确

《民法总则》通过之前，我国《民法通则》按照功能不同将社会组织分为企业法人和非企业法人，非企业法人包括机关法人、事业单位法人和社会团体法人。然而《民法通则》中没有对各类法人进行进一步分类规定，非企业法人下属的各类法人区分特征不鲜明，法人身份有交杂的情况。企业基金会在《民法通则》的框架内被认为是"社会团体法人"。同时，《条例》使用"基金会法人"来界定企业基金会。这样，在《民法总则》施行前，企业基金会存在"民办非企业法人"和"社会团体法人"的双重身份。非企业法人和社会团体法人在内涵上存在冲突，导致企业基金会发展出现问题。

（二）对企业基金会制度价值的认识不到位

改革开放后，我国确立了"以经济建设为中心"的根本国策，一系列相应的法律法规围绕经济的建设发展陆续出台。随着对市场经济的进一步认识，出于"鼓励交易"的目的，我国对民商事主体的设立原则从许可主义改为准则主义，极大促进了我国的经济发展。然而我国对社会组织尤其是公益组织的设立原则采用许可主义，显示出我国"职能主义法人认识"的偏好。国家看重法人对经济发展的贡献，强调企业对市场经济的作用而忽视了社会组织对市场的贡献。

经历了经济转型，我国确立了市场经济体制，然而在思维上却惯性坚持计划经济中的"万能政府"模式，尤其在公共产品的认识上坚持政府主导，导致社会组织承担公共产品的职能无足轻重。然而生产公共产品具有成本高、周期长、回报率低的特点，政府单一主导公共产品供给，往往因为财政供给滞后、融资渠道单一等原因，导致公共产品供给不足。由于公共产品的特性有违企业逐利的本质，企业当然不愿意参与供给公共产品的过程。政府效率低下存在"政府失灵"，企业不愿参与回报率低的投资从而存在"市场失灵"，那么社会组织必然是生产和提供公共产品不可或缺的重要力量。我国提供公共产品的职能主要为事业单位所承担，但由于事业单位的经费由国家财政供给，同样存在政府提供公共产品的弊端，致使事业单位承担社会公益职能未达到理想的程度。

企业基金会作为社会组织的一类，理应在应对公共产品供给中承担更重要的角色。实际上我国企业基金会的公益支出常年仅仅集中在教育、"三农"和扶贫助困这些领域（见图1-7），公益支出受赠范围较小。这表明了我国对企业基金会的社会作用认识不够。

不仅如此，我国学者对企业基金会中企业自身的作用认识不够。国外学者通过研究发现，企业基金会有助于加强企业的社会责任（Corporate

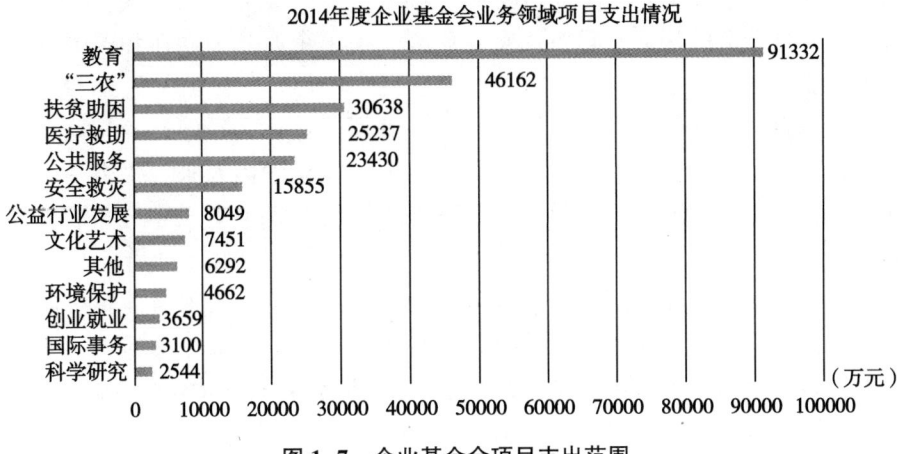

2014年度企业基金会业务领域项目支出情况

领域	支出（万元）
教育	91332
"三农"	46162
扶贫助困	30638
医疗救助	25237
公共服务	23430
安全救灾	15855
公益行业发展	8049
文化艺术	7451
其他	6292
环境保护	4662
创业就业	3659
国际事务	3100
科学研究	2544

图 1-7 企业基金会项目支出范围

资料来源：基金会中心网，数据中心，http://www.foundationcenter.org.cn，截止日期：2015 年 12 月 31 日。

Social Responsibility，简称 CSR)，为企业股东提供企业发展的可能性需求，为企业构筑良好的社会关系，加强企业在社会的知名度。企业基金会对企业的贡献间接持久，被认为是企业见识发动机以及企业和社会联系的接口，能为 CSR 提供专业和长久的支持。从长远意义来说，企业基金会可以作为企业开拓新市场的试水，为企业振名。[1] 例如体育巨头"耐克"、IT 界领头羊"微软"和"英特尔"等企业通过自身相关部门长期对青少年的技术教育或社会教育等方面进行公益投资和慈善捐助，这也在年轻人群中树立了品牌价值。

事实上，企业基金会不仅有助于支持社会公益发展、提升企业名声，还能在企业的营业中有所帮助。国外学者研究还发现，企业基金会运作对企业的预期利润有促进作用。列弗（Baruch Lev）和拉达克星希南（Suresh Radhakrishnan）通过格兰杰因果测试[2]分析美国 1989—2000 年公司慈善运作样本数据发现，企业公益运作能对其预期收益有促进作用，尤其是像零

---

[1] Westhues, Martina and Sabine Einwiller, Sabine, "Corporate Foundations: Their Role for Corporate Social Responsibility," *Corporate Reputation Review*, Vol. 9, Iss. 2, June 2006.

[2] 指由 2003 年诺贝尔经济学奖得主克莱夫·格兰杰（Clive W. J. Granger）创立的统计学工具，用于分析经济变量之间的因果关系。检验结论具有统计学意义上的因果性。

售和金融业等消费类企业能得到极大的利润增长。① 对比发现，我国学者往往就企业基金会的法人治理方面重点研究，关于企业基金会在我国的作用研究不多。

我国企业对慈善事业的认识往往存在着误区：要么是把自身与社会对立，把企业的经济目的与承担社会责任的要求完全隔离开来，要么一口认定"经商就是拼命赚钱、捐赠就是无偿奉献"，未能将企业慈善公益活动与自身的商业战略和需求有机结合。这种有机结合并不意味着违背非分配性的设计初衷，非分配性要求并不排斥企业通过慈善事业获得名声间接促进生产价值的设计。很多企业的慈善公益活动不仅未能释放企业活力，而且令其慈善活动陷入事倍功半或无所作为的尴尬境地。

我国没有充分认识社会组织在维持市场经济运转良好方面的重要性，学界对企业基金会作用的理论研究积极性不强，加上企业自身对慈善活动存在误区，使得企业基金会对企业和社会的作用缺失。

（三）基金会分类的缺失不利于基金会实现作用

我们应当明确，将企业基金会在内的基金会进行制度上的分类，研究其分类标准和分类依据，实质上是对不同参考系的认识。对内来说，分类标准反映了企业基金会自身的价值取向和控制方向；对外来说，分类结果解读了国家外部监督的理论基础和规制差异。这对于企业基金会公益慈善运作中的具体法律适用和制度运行，具有鼓励、引导、支持的积极作用。

然而我国企业基金会事实上不存在相关分类，学界理论上对于企业基金会甚至基金会的分类研究都稀少，企业基金会分类问题没有得到应有的重视。我国对英美基金会制度没有借鉴完整，加上"以主体决定行为"的定义内涵忽略了"行为调整型"法律法规的制度作用，让企业基金会发展存在不少问题。

《条例》以是否具有面向公众募捐的资格为标准，采取了公募基金会和非公募基金会的基本分类，又将公募基金会进一步划分为全国性公募基金会和地方性公募基金会。但这一分类标准并不能从本质上区分不同种类的基金会，除了大学教育基金会和企业基金会一般被明确地归为非公募基金

---

① Lev, Baruch, Petrovits, Christine, and Radhakrishnan, Suresh, "Is Doing Good Good For You? How Corporate Charitable Contributions Enhance Revenue Growth," *Strategic Management*, Vol. 31, No. 2, February 2010.

会、政府背景的基金会一般被归为公募基金会以外,其他类型的基金会没有被明确地归为公募基金会或者非公募基金会。这一分类的最大价值在于公募基金会向广大社会公众募捐,所需承担的公共利益责任更重,公众的监督动机较强,法律法规要求的信息公开要求更高。非公募基金会的资金来自于设立人的捐助和定向的捐赠,吸收社会公众的募捐比例不高,公众对其进行监督的意愿并不强烈,法律法规要求的信息公开程度相对较低。但无论是从出资人身份、登记部门、主要活动区域还是资产规模等基本指标进行分类,抑或是公募与非公募的基本分类都不足以对全国6000多家基金会进行科学合理的区分和针对性的规制。《慈善法》颁布后,注册满两年的基金会都可以申请公募资格,打破了公募与非公募基金会的界限,从事实上取消了这一分类。《条例草案意见稿》也没有再进行任何的分类。

美国基金会中心将美国的基金会划分为五种类型:独立基金会、家族基金会、社区基金会、企业基金会和运作型基金会。[1] 根据IRC的规定,美国的慈善组织被分为公共慈善组织(Public Charity)和私人基金会(Private Foundation)。社区基金会虽以基金会为名,事实上属于公共慈善组织,而其他几类基金会都是私人基金会。二者在免税资格的获得上具有一定差异。英国没有对慈善机构的形式采取严格的要求,慈善机构可以采取基金会、信托、社团形式,还可以采取有限公司形式。德国基金会的绝大多数是有权利能力的财团,基于民法设立的基金会适用财团法人制度,各个州有自己的基金会立法。法国的基金会分为公益基金会、公司基金会和不具有法人资格的非自治基金会,基金会必须为公益目的而设立,需要政府批准方可设立。比利时基金会分为公共基金会和私人基金会,前者的设立目的限定为七种特定公益目的,而私人基金会可以设立任何目的,相应地两者在法人资格获得和前置程序上有所区别。日本的公益法人可以是公益财团法人或公益社团法人,基金会属于公益财团法人。我国台湾地区的基金会法人适用于一般的财团法人制度。[2] 域外立法例对基金会"公"与"私"的区分,并非在于所有制或者募资范围的区分,而在于目的事业范围的不同,进而导致不同基金会在设立程序、监管力度和免税资格上的差异。此前公

---

[1] See Foundation Stats, Foundation Center, http://data.foundationcenter.org.

[2] 参见许光《构建和谐社会的公益力量——基金会法律制度研究》,法律出版社2007年版,第67—74页。

募与非公募基金会的区分不具有这样的制度价值。

打破公募基金会与非公募基金会的限制，为众多的非公募基金会提供向广大社会公众募捐的资格，对于非公募基金会更好地参与慈善事业具有较大的积极意义。同时，取消这一分类也是一定程度上的无奈之举。网络募捐平台的兴起，使得原本不具有公募资格的基金会或基金项目通过直接或间接在网络上发起募捐，而在事实上进行了向不特定公众募捐的行为。

但是，完全不对基金会进行任何标准的分类会导致基金会立法缺乏公平性和合理性。比如《条例》对于基金会工作人员薪资福利和办公支出不得高于年度总支出10%的限制并不能通用于不同种类的基金会。对于以直接参与项目运作的运作型基金会来说，直接捐赠占总支出的比例很小，同时需要大量的工作人员和志愿者参与项目，与人力相关的开支又很高，年度总支出的10%完全不能满足正常开展公益事业的需求。对于以直接捐赠为主的资助型基金会来说，其往往持有较大规模的资金，而需要领取薪酬的全职员工又较少，年度总支出10%的比例远远超过了其实际需要的薪资和行政支出需求，反倒可能诱发对慈善资金的浪费或违法分配。再如前述《条例》和《条例草案意见稿》对基金会具有亲属关系的理事、监事任职的限制，对不同类型的基金会约束作用大相径庭。

在企业基金会的内部，也存在分类的必要。目前对于企业家设立的基金会是否属于企业基金会存在争议，我们认为不能一概而论。不同的企业基金会，以企业名义出资的多少和基金会对企业形象等潜在利益服务的程度是不同的。对于企业家发起设立又由企业家以个人名义出资的基金会，即使出资是企业家所持的企业股权，即便社会公众能由这个设立人联想到企业本身，而对企业的美誉度有一定提升，但这个基金会主观上并不具备为企业声誉、形象或者商业战略服务的动机。企业家可能会基于专业程度、个人信赖等因素邀请企业的雇员参与基金会的管理，但企业对基金会的控制力并非没有差异。特别是由来自不同企业的多名企业家设立的基金会，如前文提到的爱佑基金会，再如因为"蚂蚁森林"项目而为人所熟知的阿拉善SEE基金会等，其设立人来自不同的企业，一般公众难以从外观上知晓这是一个企业基金会，即便知晓也很难与某一个特定的企业产生联想。作为企业家的设立人们为基金会带来了企业的精神、企业的理念甚至企业的资源，但是很难看到基金会为企业战略服务的迹象，因而与主要由企业出资设立的基金会还是有较大区别的。至于基金会的名称是使用企业名称还是企业家姓名,并不足以作为区分的标准。

理论和制度建设的细化需要实践的积累。美国有一类独立基金会,其前身就是企业基金会或者家族基金会,在长时间的运作过程中企业或者家族的人员逐渐退出了基金会的管理,基金会与企业或家族脱离了关系,就此形成了这样一个"独立"的基金会形态。因此在我国的企业基金会明显呈现出两种路径时,对企业基金会进行进一步的区分也可行。

(四)企业基金会独立意思未被重视

企业基金会的独立意思是企业基金会法人构造的灵魂。企业基金会依赖于企业捐资,不可避免地会受到企业相关影响。如前文所述,这种影响会表现为企业基金会公益慈善的服务范围可能与出资企业的投资方向保持一致。

数据表明,各行业企业基金会在公益项目支出对象上呈现一定的差异性。综合类企业设立的基金会对政府机构的支出占其公益项目支出比重的89.1%,批发和零售贸易类企业设立的基金会对学校的支出达到52.7%,制造业企业设立的基金会对社团支付的比例为所有项目中最高,为33.3%。[①]

以上数据说明,捐资企业对企业基金会的慈善公益运作方向的确存在一定的影响,不同类型的企业涉及的公益慈善领域与其本身商业目标存在一致性。我们无意探究综合类企业是否意与政府改善关系,批发零售类企业是否是在学校促进名声,但我们能肯定的是,特定类型企业设立的企业基金会公益慈善运作的方向并不广泛,这种不广泛能说明公益慈善领域的确需要很大的关注,但也意味着这可能会决定企业基金会运作方向并不完全自主,很有可能受到捐资企业的影响。

三 《民法总则》施行后企业基金会法人主体制度不完善可能带来的负面效果

《民法总则》作为民事基本法律只对法人的基本分类作出了规定,还亟须出台相关配套法律法规对具体的法人类型及其各类具体法人的核心要素予以细化。当前企业基金会法人亟待解决的问题主要有以下几个方面。

[①] 基金会中心网等主编:《中国企业基金会发展研究报告(2016)》,北京联合出版公司2016年版,第32页。

（一）决策机关权限的错位使企业基金会的目的面临被变更的风险

社团法人由社员大会作为权力机关，产生社团的执行和监督机关，行使修改章程，决定社团分立、合并、终止等权力，是典型的自治法人。财团法人的设立人在捐助行为中明确其意愿作为财团的目的，财团法人必须遵循捐助人的意愿，按照设立目的进行活动，不能任意地变更财团的目的，财团的目的体现在财团的章程之中。

无论是《民法总则》还是捐助法人的行政规章在规定捐助法人机构时都使用了"决策机关"一词，都刻意地回避了使用"权力机关"的表述，以示捐助法人的财团法人属性。但《条例》及《条例草案意见稿》赋予了理事会经过2/3的理事表决便可行使修改章程、决定重大投资和捐助事项、决定法人分立合并等事项的权力，这些条文普遍被写进了基金会的章程里。

赋予作为决策机构的理事会修改章程、决定基金会的分立与合并的权限，这与社团法人的社员大会无异。理事会名义上是决策机关但实际上拥有了权力机关的职权，这与财团法人的基本原理是冲突的，捐助人的设立目的有随时通过合法的程序被他人更改的风险，会严重挫伤潜在捐助人投身慈善事业的热情。①

财团法人的制度价值就在于使捐助人的意愿得到长久的贯彻，捐助人的意愿固定在捐助法人的章程之中，章程规定了捐助法人的执行和监督机关，机关的存在就是为了确保捐助目的得以实现。《德国民法典》和德国各州财团法都突出对财团目的强调：《北莱茵—威斯特法伦州财团法》规定，财团的机关以保证财团目的永久持续的实现或者捐助人意愿的实现为宗旨；②《巴伐利亚州财团法》规定，对捐助人意愿的尊重是本法的最高指导原则；③《柏林州财团法》要求主管机关在财团认可程序完成后予以公示，其中目的是必要的公示项。④《德国民法典》第86条允许财团的组织适用大量关于社团的规定，包括董事会和代表、董事会业务执行适用委托、董事会决议的作出、特别代理人、董事人员不足时区法院可临时委派、董事的损害赔偿责任和董事的报酬等规定，但没有包括第32条关于社员大会或

---

① 罗昆：《捐助法人组织架构的制度缺陷及完善进路》，《法学》2017年第10期。
② 参见《北莱茵—威斯特法伦州财团法》第4条第1款。
③ 参见《巴伐利亚州财团法》第2条第1款。
④ 参见《柏林州财团法》第2条第2款。

全体社员表决以及第 33 条修改章程的规定。不难看出，财团虽然可以借鉴甚至直接适用社团关于机关的规定，但两种法人的根本差异决定了两者机关的权限并不一致，不可以混同。

不过，财团的章程并非绝对不能修改，财团极有可能出现最初的设立目的经过时代的变迁已经实现、无法实现、违反现行法律或社会公序良俗的情形，但修改章程需经过业务主管单位（仅在有业务主管机关的情形下）的同意和登记主管机关的核准或申请由主管机关修改章程，且修改时需充分听取设立人的意见，而并非理事会以特别决议为名通过理事会表决就可以进行的。英美的慈善财产制度中有类似的规定，当慈善财产的慈善意愿无法实现（因不可能、不切实际、不合法）时，信托财产不会返还给委托人或其继承人，而是交给近似的慈善机构，这被称作"近似原则"。在美国，近似原则逐步扩展到适用于慈善基金会，基金会的管理人甚至可以在基金会设立目的无法实现（因不合法、不切实际、浪费）时，向总检察长申请变更基金会的设立目的或者基金会财产的使用限制，由法院进行裁判。[①]

分立、合并同样可能导致基金会设立目的的变更。公司常因业务拓展等需要进行分立，但基金会可以在目的事业范围内资助或运作彼此独立的不同领域的基金项目，并无分立之必要。《德国民法典》和各州的财团法规定了财团法人的合并和终止，但并未规定分立，由此可见一斑。《巴伐利亚州财团法》将合并视为财团终止的一种形式，但财团只能基于《德国民法典》第 87 条第 1 款的情形，即财团目的的实现成为不可能或会危害公共利益时；且合并可以是新设合并也可以是吸收合并，合并只限于同类型的财团合并，同样要考虑捐助人的意见；在吸收合并的情形下，需要经过吸收一方同意并且合并不能影响其目的的实现。[②]《北莱茵—威斯特法伦州财团法》规定，除非章程禁止，财团机关可以对章程进行不影响财团目的和财团组织的修改，可以在不影响财团目的的前提下对财团组织进行较大修改；除非章程禁止，只有在重大情势变更的前提下，可以决定对财团的目的进行修改、对章程进行会影响到财团目的实现的实质性修改，决定财团的合

[①] 李喜燕：《慈善信托近似原则在美国立法中的发展及其启示》，《比较法研究》2016 年第 3 期；韦祎：《论基金会法人财产运用中的"近似原则"及其适用》，《法商研究》2009 年第 3 期。

[②] 参见《巴伐利亚州财团法》第 8 条。

并和终止,上述决定需要考虑捐助人的意见,需要主管机关的批准。① 可见,合并和终止都只能在财团目的无法实现时进行,而不能一般地将这种权力保留在基金会的内部机关,即使是基于上述法定原因需要对财团进行合并和终止,尊重捐助人的意思和获得主管机关的批准也是必要的。

《民法总则》虽然也赋予捐助人请求法院撤销捐助法人的决策机构做出的违背捐助人意愿的决议的权力,但与其事后补救,不如从源头上限制理事会修改章程和决定基金会合并分立的权限,回到捐助法人的理论轨道上来,明确捐助法人机关保证法人财产合理使用、保障法人目的得以实现的角色,为潜在捐助人提供制度上的信心。

公司治理结构分权的精神值得借鉴,但公司治理结构绝不能照搬,这是基金会法人和企业法人的本质区别所决定的。对于企业基金会而言,作为设立人的企业出于惯性,将"股东会—董事会—监事会"的管理模式移植到基金会的倾向性更大,使得这一问题在企业基金会尤其突出。基金会在我国发展时间较短,不少基金会的设立人仍然在参与基金会的日常管理,使得这一问题的弊端并不明显。一旦设立人退出基金会的管理或者去世,在这样的制度安排下基金会能否继续执行最初的设立目的而运行就存在疑问,这样潜在的风险会导致潜在的捐助人担心自己的意愿无法得到长期贯彻而放弃设立基金会。

(二) 内部人控制导致基金会有违背其目的而运行的风险

鉴于当前基金会法人公信力有待改善的现状,不管是《条例》《条例草案意见稿》还是《民法总则》都要求监管机关为必设机构,这值得肯定。但对于监事的人选却缺乏更加具体的规定,使得监事所起到的监督作用打了折扣,在对理事人选的限制上也缺乏针对性。再加上前述理事会职权的错误规定,使得"理事会—监事会"的分权制衡架构形同虚设。在此基础上,《条例草案意见稿》为了维护捐助人的权益而允许主要发起人进入理事会和允许主要捐赠人选派监事这样原本合理的规定可能造成相反的效果。

《条例》对基金会的任职限制主要包括:正副理事长及秘书长不得由现职国家机关工作人员兼任,不得由被判处管制、拘役或者有期徒刑刑期执行完毕未超过5年的、被剥夺政治权利的、曾担任因违法被撤销登记的基金会并对违法负有个人责任的正副理事长及秘书长,法定代表人不得由其他

---

① 参见《北莱茵—威斯特法伦州财团法》第5条。

组织的法定代表人同时担任；以私人财产设立的基金会，具有亲属关系的理事不得超过理事会总人数的1/3，其他基金会中完全排除具有亲属关系的理事，理事、理事亲属及基金会财务人员不得担任监事。《条例草案意见稿》在此基础上进一步要求监事之间也不得有亲属关系。

综上，《条例》及《条例草案意见稿》对基金会的主要领导和理事、监事任职资格的限制主要停留在亲属关系。这对个人设立或家族设立的基金会来说，具有一定的约束力，但是对于企业基金会而言毫无约束作用可言。一方面，企业基金会原本就是非公募基金会，原始基金会和主要的捐赠收入都来自设立企业，社会公众对其监督动机并不强烈，使得企业基金会的内部人控制行为不容易被外界关注。另一方面，很多企业在设立基金会之前就已经设置有企业社会责任部门，在设立基金会时，基金会的很多工作人员就来自于这一部门，甚至有的完全是"一套人员、两块牌子"。企业基金会虽有名义上的独立法人地位，但事实上仍然作为企业的一个部门。因此除了家族企业设立的基金会以外，对于亲属关系的限制对促进企业基金会选任多元化的管理团队没有足够的作用，毕竟在设立企业之中存在职务上的隶属关系远比亲属关系更可能影响到企业基金会理事或监事的正常履职。

《条例草案意见稿》关于监事由主要捐赠人、业务主管单位选派的规定，可能会将企业大量选派内部人加入监事会的行为合法化，进一步加剧企业基金会的内部人控制问题。如前文所述，企业设立企业基金会或多或少会有宣传企业形象的动机，由企业设立的基金会不大可能会与非关联企业共同设立，因此企业基金会的出资人就是唯一的企业或具有关联关系的数家企业。依照出资人选派监事的规定，作为唯一（或事实上唯一）出资人的企业选派企业员工进入监事会是完全合法的行为，监事会对理事会履职的监督制衡作用将大打折扣甚至形同虚设。即便业务主管单位也可以选派监事，但是在基金会数量不断增长的今天，一个业务部门需要对接的基金会远远不止一家，业务主管单位难以有足够人员和精力参与所辖基金会的监事工作中，对企业监事的制衡作用极其有限。《条例草案意见稿》允许发起人加入第一届理事会，很多企业基金会的发起人就是企业的实际控制人或者最高领导层之一。在理事会有一定比例的企业员工时，理事会的表决几乎完全成为企业内部表决，理事会议事的民主程度取决于企业内部议事的民主程度，企业基金会的独立地位就无从谈起。

当企业基金会的管理缺乏独立性时，企业通过基金会为企业谋求利益的风险就会大大增加。虽然时常有企业基金会注重理事会和监事会决策民主程度的案例，① 但与其依赖于企业和企业家的自觉，不如从制度上进行根治，解决企业基金会内部人控制的问题。

（三）捐助人监督权缺乏针对性的制度设计有面临监督失位的风险

首先，《民法总则》第 92—95 条规定了捐助法人的相关事宜，其中就捐助人的"查询权""撤销权"等相关权利作出了创新性的规定，这一点无疑让企业基金会的运作更加透明，便于相关人员的监督。我们不难发现，捐助人的相关权利与《公司法》中股东的"知情权""撤销权"等内涵高度一致。可以说，《民法总则》对捐助人的相关权利的创制就是借鉴《公司法》的相关立法宗旨。

然而，《民法总则》及其相关法律对企业基金会法律主体的规定仍然不完善，相比《公司法》赋予捐助人的种种权利，并未考虑到股东和捐助人在本质上就有相当大的不同。股东通过履行出资义务从而享有对企业的共益权和对自己的自益权，分配企业经过法定程序后获得的利润。股东对企业的监督主要源自对自身利益的关注，分红对股东的监督往往具有正向激励作用和因果联系，股东对企业监督越充分，自身从企业获得的良好效益可能性就越大。捐助人和企业基金会不具备这样的关联性，因为捐助人将自己的财产捐助给企业基金会，捐助人履行了"类似股东出资"的义务，享有法律规定的"查询权"和"撤销权"等权利；却并不会因此得到企业基金会的利益关联，捐助人很大可能怠于行使其"查询权"和"撤销权"，使得权利监管存在真空，对理事会的决议不予过问。

其次，捐助人作为企业基金会的外部人员，不能及时收到理事会作出拟将财产用作他用途、改变设立宗旨决议的通知。理事会决议更改章程，经过理事会内部通过和相关部门的备案即有效，缺乏向外部人员自发透露的有效动机。实践中很多企业基金会的理事长由发起企业的董事长或高管担任，秘书长、理事会和监事会成员一般由企业高管担任，而那些在公益慈善领域具有丰富经验的专业人士反而很难进入管理层。基金会管理者和企业管理层的重合致使企业基金会很强的封闭性，使得理事会和监事会很

---

① 参见朱照南等编《基金会分析：以案例为载体》，中国经济出版社 2015 年版，第 188—202 页。

多时候完全听从和服从企业的安排,不仅不能独立自主地进行公益决策,捐助人也无法很好地行使其监管权利。

最后,正是因为企业基金会和企业本身具有密切的关联性,企业基金会的理事成员往往是该企业的高管或关联人员,这就有可能将基金会的管理人员误认为企业法人成员,从而导致其设立宗旨和财产用途被非法改变。① 例如,企业高管利用其在企业的身份,将基金会的财产处分给企业的相关人员,非分配性要求就此缺失。

(四)财产管理制度的不健全使慈善财产的安全保障面临落空的风险

基金会大量筹集资金的功能是其区别于其他类型的法人的制度优势所在,基金会的资金主要包括捐赠收入、提供服务收入、商品销售收入、政府补助收入、投资收益和其他收入,其中捐赠收入是主要收入来源。② 拥有如此巨大的财富,一方面使基金会具有为公共利益服务的充足条件,另一方面也使基金会有义务妥善使用财产发挥其价值。乔尔·弗雷施曼就认为,基金会制度存在的目的是使基金会财产利用最大化。因为慈善基金会积累了大量的社会财富,获得了巨额的税务减免,理应受到政府和社会的监督。政府减免的巨额税收收入,同样可以投入公共服务之中,基金会的存在必须保证其通过税收减免获得的财产所产生的社会价值值得。如果基金会没有如实运作慈善事业(如设立基金会只是为了避税),或者没有有效达成慈善目的(如慈善投入过少),政府大可减少甚至取消对其税收的减免,将收取的税金通过政府的公共服务体系用于公共事业,从而实现更好的社会效应。③

英美对基金会管理人或信托受托人的义务表述为"注意义务"(Duty of Care),并对注意义务的标准进行了界定。美国《统一谨慎投资人法》④ 要求作为谨慎投资人的受托人考虑投资目的、期限、分配要求,为了满足这一标准,受托人必须尽到合理的注意、专业和谨慎义务。具体而言,受托

---

① 梁慧星:《中国民法典草案建议稿附理由》,法律出版社2013年版,第157页。

② 基金会中心网等主编:《中国企业基金会发展研究报告(2016)》,北京联合出版公司2016年版,第35页。

③ 参见[美]乔尔·L.弗雷施曼《基金会:美国的秘密》,北京师范大学社会发展与公共政策学院社会公益研究中心译,上海财经大学出版社2013年版,第42—46页。

④ 在已经采用《统一信托法典》(UTC)的各州,《统一谨慎投资人法》仍然作为UTC的一章得以保留。

人在投资及管理受托资产时，需要考虑与信托及其受益人有关的以下状况：总体经济条件，通货膨胀或紧缩的可能影响，投资决定、策略和分配的预期税收影响，每一项投资或行为在整个信托投资组合中扮演的角色，收入和资产增值的预期回报，受益人的其他资源，流动性、收入稳定性和资本保值增值的需求，以及资产运用对于信托目的或受益人具有的特殊关系或特殊价值。具有特殊技能的受托人，有义务在投资和管理资产时使用这些特殊技能。① 英国 2000 年的《受托人法》同样规定了受托人的注意义务，注意义务的标准是行使合理的注意和技能，特别是受托人具备特定的知识和经验，以及受托人从事业务被合理期待具有特定知识或经验时。② 受托人具备一般投资权力，可以进行任何种类的投资。投资必须遵循"标准投资准则"，考虑投资决定对信托的合适性，并考虑投资的多元化需求，投资人还需要随时审查投资。受托人在行使投资权力时，必须考虑有资格提出建议的人提出的正当建议。③

美国还先后颁布专门针对慈善财产保护的法律，明确主管机关的职权和慈善财产管理人的义务。被加利福尼亚等州采用的《统一慈善受托人监管法》④要求慈善法人、非法人组织和受托人在首次获得财产 30 日内必须向总检察长提交原始注册表格、宣誓和设立信息，以及其他总检察长根据法律法规要求的文件。总检察长负责建立和维护慈善法人、非法人组织和受托人，以及他们持有慈善财产的信托关系或其他法律关系的注册。出于建立和维护注册信息的必要，总检察长可以从公共记录、法院、税务部门、受托人和其他渠道获取任何信息、文书、报告和记录。除了前述注册阶段的文件以外，还要定期书面报告慈善资产的性质和管理情况，总检察长规定报告的时间、内容和程序，以保证慈善资产处于良好的治理状态，延迟提交报告会受到不同程度的罚款。如果单一财政年度或者累积收入超过 200 万美元，还必须提交独立审计师遵照公认审计标准制作的财务报告；如果该慈善机构是法人，还必须设立审计委员会，法人的工作人员不得加入审

---

① 参见《加利佛尼亚州遗嘱认证法典》第 16407 条。
② 参见《受托人法》第一章第一节。
③ 参见《受托人法》第二章第 3—5 节。
④ 慈善受托人除了慈善信托的受托人以外还包括接受慈善财产的慈善法人或非法人团体，为管理慈善信托而设立的法人或非法人团体。

计委员会。

保护慈善财产的职责在于总检察长,总检察长为了行使职权,可以发起调查和诉讼。① 2011 年《示范慈善资产保护法》细化了总检察长的保护职责和慈善实体②及其责任人③的报告义务。总检察长作为公共利益的代表保护慈善资产,根据法律法规规定的使用、管理、分配、支出方式和持有资产的慈善目的来监督慈善资产的使用,防止、干预或补救慈善资产的不当使用、偏离目的和浪费及受托人和管理人的违规行为。如果总检察长认为有必要进行调查,可以进行调查,包括动用行政权力传唤当事人。在最近一个财年持有价值超过 50000 美元的或者接受的慈善资产累计超过 50000 美元的慈善实体必须提交年度报告,除了基本信息以外,报告里还需要载明报告期内最重要的慈善活动,是否有与管理人员、受托人或其他责任人及其家属有直接或间接的交易或重要财务权益,慈善资产侵占、盗窃和转移,使用慈善资产用于支付罚金、用于慈善目的以外活动的行为,免税地位被变更、撤销或拒绝的情形,报告期内慈善资产相关收入、资产总价值等信息。④

对于非营利法人通过投资支持非营利事业的活动,进行鼓励是有必要的。日本对通过公益认证的 NPO 法人适用"视作捐赠制度",认证 NPO 法人最高 50% 的经营所得,可以视为捐赠收入,获得免税优惠,即鼓励通过投资手段发展非营利的目的事业。⑤

相比之下,《条例》及《条例草案意见稿》对基金会财产的管理制度过于简陋,对于违反财产管理行为的处罚也仅限于对慈善财产私分、挪用、截留和侵占等行为。面对巨额的财产,基金会的管理人需要确保资金没有被挪用、侵占、私分,严格按照基金会的宗旨捐助人的捐助目的进行使用,允许基金会人通过投资等营利活动获取利润,使得基金会的财产得以保值增值。这对于维持法人运营和实现法人目的是有益的,为了让资金保值、

---

① 参见《加利佛尼亚州政府法典》第 12581、12581.2、12584、12585、12586、12598 条。
② 包括自然人、法人、遗产、信托、商业信托、法定信托、合伙、有限责任公司、合资公司、上市公司、政府及其分支、机构,或者其他任何法律或商业实体。
③ 对于持有慈善资产的实体具有参与、直接或间接控制或管理权限的自然人。
④ 参见《示范慈善资产保护法》第 2、3、5、6 条。
⑤ 俞祖成:《日本 NPO 法人制度的最新改革及启示》,《国家行政学院学报》2013 年第 6 期。

增值以求更加长久地运作,管理人需要进行稳健的投资。这都需要基金会法人的财产制度提供相应的保障。

(五) 投资渠道有限使企业基金会运作资金面临后续不足的风险

当前,企业主要通过一次性的股权捐赠或每年按税后利润的固定百分比捐赠为企业基金会提供资金。这使得背靠企业的基金会拥有其他基金会不可比拟的稳定资金来源,是企业基金会发展得天独厚的条件。企业追逐利润的天然属性,一方面可以为企业基金会的财产管理和投资提供可行的经验,另一方面也可能会滋生利用基金会财产为企业牟利的风险。如何通过财产管理制度扬长避短地让企业的营利性发挥作用,对于企业基金会具有更加现实的意义。

对企业基金会的分类是法律主体认定的重要一环,然而我国并未对企业基金会进行更进一步的分类。企业基金会未予分类可能导致其投资运作受到限制,基金会发展成熟的发达国家,基金会的运作不仅依靠企业募集资金,而且依靠投资收入。美国税法实际上将私人基金会分为运作型基金会和投资型基金会,在不同类型的基金会施以不同的税收优惠政策,有效平衡了运作型基金会的公益投资和支出成本,从而使其企业基金会投资运作得到制度支持。然而我国对企业基金会在内的基金会实行投资运作、支出成本"一刀切"的规定。《条例》规定,非公募基金会每年用于从事章程规定的公益性支出,不得低于上一年基金余额的8%,《条例草案意见稿》将此改为按照国家相关规定执行,《慈善法》更进一步对公募基金会慈善支出和年度管理成本作了细致规定,然而这些规定并不能提供解决企业基金会投资受限的制度途径。

另外,《条例》规定了基金会从事基金保值增值活动时遵守合法、安全、有效的原则,《条例草案意见稿》在此基础上增加了投资风险控制机制的表述,《慈善法》也仅作了合法、安全、有效的表述。合法,意为遵守法律法规的规定;安全,强调控制风险;有效,体现了对投资回报的要求。应当说这三点要求是合理的,但是由于缺乏具体的规则流程,从而导致规定没有得到很好的执行。

表1-1　　　　　　　公募/非公募基金会受捐情况　　　　　　　(万元)

类型	现金	实物折合	境内	境外	自然人	法人
公募	993.93	1150.64	1200.59	943.98	248.69	1895.88

续表

类型	现金	实物折合	境内	境外	自然人	法人
非公募	788.79	30.66	744.21	75.24	196.86	622.60

我国企业基金会有意识到仅仅依赖企业的出资维持基金会的运作较为困难，必须增加投资收入，越来越多的基金会开展投资活动。但是相关数据表明，企业基金会受捐的来源依赖于企业捐助情况依然严重，非公募基金会中境内捐赠的远比公募基金会中境内捐赠的要多得多（见表1-1），企业基金会捐赠收入占总收入相当大一部分（见图1-8）。相对于基金会总体格局来说，企业基金会收入的投资收益逐年递增，由2011年的1.5%上升到8.8%，但是企业基金会接受的捐赠收入比其他基金会接受的捐赠收入高接近2%，这就说明，相比其他类型的基金会，企业基金会更为依赖企业捐赠，大量接受第三方捐助，基金投资行为并不是主流的运作方式。在这样一种状态下，企业基金会与出资企业之间存在紧密的联系，这种联系不仅会导致企业基金会的运作受到资助企业经营状况的严重影响，还有可能沦为其附庸，通过法律赋予企业基金会的有利条件为企业牟利。[1]

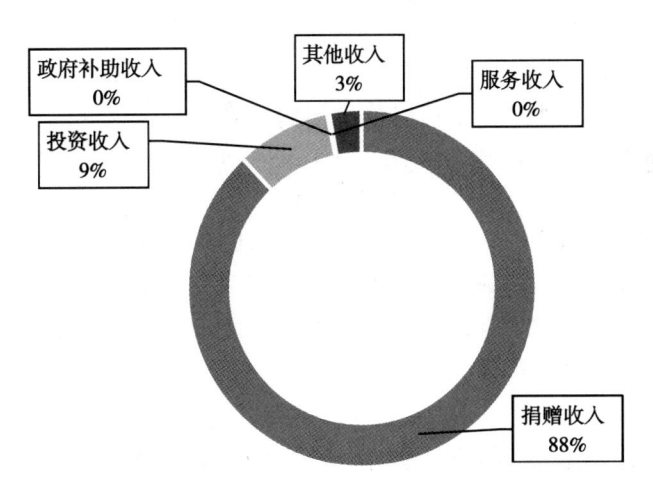

图1-8 2014年企业基金会不同类型收入分布情况

---

[1] 陈钢、李维安：《企业基金会及其治理：研究进展和未来展望》，《外国经济与管理》2016年第6期。

基金会拥有大规模的资产，法律法规仅仅严格规制资产管理人将其据为己有的行为，而不对投资经营进行一定的引导和鼓励，恐怕很难维持多年的慈善活动。以投资著称的诺贝尔基金会，成立之初其投资方向就被限定为"安全的证券"（Safe Securities），在当时指的是债券和贷款。直到1953年，瑞典政府才允许基金会更自由地进行投资活动，可以投资于股票和房地产。基金会的初始资金为3100万瑞典克朗，相当于2017年的17亿瑞典克朗，而基金会如今的资产总额为40亿瑞典克朗（1瑞典克朗约合0.78人民币元）。① 根据基金会2016年年报，基金会在长达一个多世纪的时间里成功使原始基金得到保值增值并持续发放奖金，离不开合理审慎的投资行为。但是投资行为如果像河南省宋庆龄基金会那样发放贷款收取利息获得高额"捐赠"收入，经营获利几乎未用于发展目的事业，而是用于开发房地产项目，则为社会公众所不能容忍，被认为超出了一个非营利法人特别是一个慈善基金会所应该从事的活动。② 可见，投资行为也应当有个边界，如果相关的法律法规不对基金会法人的投资等经营性行为进行有效的约束，经营性行为也容易有悖于非营利目的。

（六）不健全的信息公开制度导致对财产运行面临监管不足的风险

社团法人的成员设立或加入社团法人之后，以财产权换来了社员权，从而享有对社团法人运行的监督权，但是财团法人的财产由设立人、捐助人转移至法人之后，财产的所有权人完全地丧失了所有权，并且无法以所有权换来作为成员的权利。相应地财团法人对其设立人、捐助人不具有绩效上的义务，不管是对于设立人和捐助人，还是对于一般社会公众来说，都很难通过清晰的途径审查财团法人管理人的信义义务的履行。需要建立起有效的公开渠道，保证财团法人的运行受到应有的监督和审查。特别是在我国将基金会限定为仅为公益目的的组织之后，通过制度建设提高基金会的透明程度同样是对公共利益的保护。

基金会中心网以基本信息、财务信息和项目信息三大类共41项指标的披露程度作为计算标准的透明度指数，全国6400多家基金会平均透明度指

---

① The Nobel Foundation, https：//www.nobelprize.org/nobel_organizations/nobelfoundation/history/lemmel/index.html.

② 陈中小路等：《中国最能筹款慈善组织的钱去哪了——谁在控制河南宋庆龄基金会》，《南方周末》2011年9月2日。

数仅为 34.53 分（满分 100 分）。登记在民政部的基金会透明度指数高达 72.96，登记在省级、市级和县级民政部门的透明度指数分别为 35.76、19.86 和 7.99。① 按照《条例》的规定，民政部对应的基金会为原始基金不低于 800 万元的全国性公募基金会和原始基金不低于 2000 万元的非公募基金会，地方民政部门对应的基金会为原始基金不低于 400 万元的公募基金会和原始基金不低于 200 万元的非公募基金会。以原始基金规模为标准，大型基金会的透明度指数远远高于小型基金会的。在公募与非公募的界限被打破之后，设立满两年的非公募基金会可以申请公募资格，具备向不特定社会公众公开募捐的可能性，这些基金会对于项目的公开从完全的自觉自愿转变为具有一定程度上的社会义务。

《条例》并非没有信息公开的规定，但法定公布的内容仅限于年度工作报告，包含了财务报告、审计保护和募捐、捐赠和资助情况及人员与机构的变动，年度工作报告除了提交给登记管理机关以外还需要刊登在登记管理机关制定的媒体上以便接受大众监督，此外还有义务回复捐赠人关于捐赠使用情况的查询。

《条例草案意见稿》对基金会公开信息范围的扩大和对登记管理机关公开义务的要求值得肯定。专章规定了信息公开，扩大了信息公开的范围和义务人。年度工作报告的内容包括基金会的基本信息：与慈善活动相关的财务收入和支出情况，财产管理和保值增值情况，关联交易，承接政府购买服务，工资福利，机构人员信息和薪酬，理事会决策，机构建设，审计报告，接受检查和评估情况，奖惩情况，税收优惠情况，监事意见和履行信息公开义务的情况。登记信息、章程、组织机构成员、分支机构、内部管理制度、承接政府转移职能和政府购买服务等信息出现变动起 30 日内就要向社会公开。对于公开募捐活动和慈善项目，公开募捐期限超过 6 个月和慈善项目超过 6 个月的，至少每 3 个月要求公开一次。同时《条例草案意见稿》强化了登记管理机关的公开义务，登记管理机关需要建立统一的公开信息平台作为专门的信息发布渠道，除了公开基金会提交的年度工作报告、财务会计报告和信息变动情况以外，登记管理机关有义务主动公开基金会设立、变更、注销和章程核准等事项，具有公开募捐资格和税务优惠资格

---

① 基金会中心网：中基透明指数 FTI，http://fti.foundationcenter.org.cn/，最后访问时间：2018 年 5 月 24 日。

的基金会名单，对基金会检查、评估和奖惩的结果。其他政府部门有义务公开对基金会的行政许可和处罚信息。社会公众和新闻媒体可以就基金会募捐活动和使用捐赠的情况进行监督，且任何个人和单位都可就基金会的违法违规行为进行举报。

《条例》仅规定了基金会对登记主管机关的报告义务，而对社会公众的公开义务有限，对信息公开义务的履行程度有赖于登记主管部门的履职程度，外界无从得知。《条例草案意见稿》强化了等级主管机关对社会公众的公开义务，一定程度上扩大了社会公众的监督权力和渠道，具有明显的进步。但也并非无可改进之处。首先，基金会对于公众的公开义务仍有提升的空间。如加利福尼亚州《统一慈善受托人监管法》规定，慈善实体的注册文件、文书以及定期报告属于公开信息可供查询，与慈善目的无关的除外。① 日本《特定非营利活动促进法》规定，特定非营利法人每个事业年度的前3个月在办公场所制备过去3年的年度事业报告、财务报表、资产清单、雇员名册，以供公众查阅；对于收益明细表，要通过官方公报、报纸和电子公告等方式予以公布；按时向主管机关提交年度报告，公众要求主管机关提供年度报告时，主管机关有义务提供。2016年修法进一步将年度报告的时间从此前的3年延长到5年。②

另外，《条例》尚且规定了捐助人可以对捐款使用、管理情况进行查询，提出意见和建议，但《条例草案意见稿》将其限定为捐助人对捐款使用有疑问时，基金会才有及时反馈的义务。《条例》尚且明文规定了不履行信息公布义务的处罚，到了《条例草案意见稿》反倒只能从"其他违反本条例的情形"中推定会有因为不履行信息公布义务而受罚的可能。正是由于规定了信息公开义务而对违反义务的处罚有限，才导致信息公开执行不到位。如海仓慈善基金会未接受2014年和2015年的年度检查，到2018年2月才被民政部注销了慈善基金会登记。③ 国家层面的登记管理机构执法程度尚且如此，很难想象地方登记管理机构是如何状况。在这样的背景下，《条

---

① 参见《加利佛尼亚州政府法典》第12590条。
② 参见《特定非营利活动促进法》（日本法务省英文译本）第20—30条，http://www.japaneselawtranslation.go.jp/law/detail/?vm=04&re=01&id=3028&lvm=01。
③ 《民政部对海仓慈善基金会作出撤销登记的行政处罚》，2018年1月30日，中国新闻网，http://www.mca.gov.cn/article/zwgk/tzl/201801/20180100007672.shtml。

例草案意见稿》的这一退步更是让人难以理解。

捐款人对基金会进行捐款，是基于对基金会社会公信力和项目执行能力的信赖，以及基金会目的事业范围或特定基金项目与捐款人捐款动机的重合性而选择向特定基金会或基金项目进行捐款。捐款人对捐款使用情况进行查询，是为了保证其捐款目的得到实现，基金会的设立人以及设立之后的捐款人同样应享有知情权。目前在网络捐款平台上，平台及捐款项目的受益人都会定期报告善款募集的进度和善款使用情况，只要是参与到捐款的人都可以收到推送消息而并非仅限于大额度捐款或定向募捐的人。《民法总则》都已经赋予了捐助人对捐助法人不当行为提起诉讼的权利，《条例草案意见稿》对于捐款人权益的保护更是亟待提高的。

具有公募资格的基金会因为吸收了大量社会公众捐款，社会公众对其进行监督的动机较强，可以起到一定的外部监管作用。以企业基金会为代表的非公募基金会极少向社会公众吸收捐款，社会公众一般不会主动去关注企业基金会的款项使用情况，在法律规定缺乏威慑力的情况下，信息公开完全依赖于企业基金会的自觉自愿，显然是不足以产生足够的约束效果的。

第五节 我国企业基金会法律主体制度的再构造

一 我国企业基金会法律主体制度完善的目标要求

要完善企业基金会法律主体制度，我们应当关注到，民事主体定位绝不仅仅意味着民法应该恰当安排进某类法人的体系，更为重要的是该定位能否担当其应有的价值承载和制度表达功能。根据内容决定形式、形式可以反作用于内容表达的辩证关系，企业基金会法律的认识应当综合考虑其存在目的、自我发展要求等以更好地表达制度为其构建的目标和社会效用。于此，企业基金会法律主体制度完善的理论要求至少应该遵循以下要求。

第一，确定性要求。确定性要求是指企业基金会法律主体制度本身必须明确和稳定。所谓明确，是指依据优化认识的标准，在观念上和实践中均能明确；所谓稳定，是指企业基金会法律主体应当在不同的法律法规中得到同等认定。这并非仅指企业基金会在不同视角下的认识固化，而是指选定的类型标准的固有含义不能轻易随社会发展而变化，这就要求认定过程中立法者具有客观性和前瞻性。否则，在理论上可以明确区分企业基金会法律主体概念，然而在实践中可能难以清晰适用。

第二，区分性要求。区分性要求是指企业基金会法律主体认定应当与相关概念有实质区别，即在民事主体制度上有实践意义（可操作性）的区别。比如同样是慈善组织，企业基金会与基金会、社会服务机构除了在结构、职能、目的上的不同外，还有没有基本民事主体制度上的差异？如果某种类型模式下的不同法人之间虽然存在制度差异，但不属于民事主体制度上的区别，那么也不符合可区分性要求标准。

第三，合理性要求。合理性要求指的是符合社会普遍认可的客观规律。社会普遍的价值追求是人民在社会发展过程中经过长期交往形成的共同基本价值取向，代表人民文明和社会进步的终极目标。[①] 企业基金会主体制度的选择，应当有利于全体公民，符合大多数成员的价值追求。如果其选择的取向得不到社会的普遍认可，其制定实施效果将无从谈起；该选择也要求立法者研究与立法相关的各种客观规律，加深对规律的认识，正确理解和运用规律。具体而言，符合企业基金会法律主体的制度安排可能有多种。这就要求立法者尊重客观规律，在各种可能适用的模式中找出最切合我国发展形势的定位标准，满足主体定位选择的合理性要求。

二 各国企业基金会法律主体的不同认识对我国立法的借鉴价值

由上文的论述我们可以得到以下的认识。企业基金会是独立法人，我国有必要对企业基金会法律主体进行优化认识。大陆法系对企业基金会的制度安排，是以民法典法人主体为基础，为基金会法人提供了基本框架，又对基金会法人具体事项另行制定特别法。我国民法制度继受大陆法系民法制度，因此对于法律主体的认识，无疑可归属于"主体决定行为"的认识范畴。但并不是说普通法系"行为定义主体"的观点于我们无意义。具体而言，各国对我国企业基金会法律主体的重新认定有以下借鉴意义。

在《民法总则》现有制度框架内制定能释放企业基金会慈善活力的单行法律法规，需要从英美国家这些企业基金会立法较为成熟的国家引入"行为立法模式"的立法经验。如美国是以各州颁布的非营利法人法为私法

[①] 张伟：《科学立法初探》，《人大研究》2016年第10期。

基础构建基金会法人基础，通过税法调整基金会法人的行为。同时，企业基金会制度在同一法系的框架内面临不同的法人分类安排。企业基金会是非营利法人，亦是财团法人，不同国家关于此制度定位的考量主要在于是延续历史沿革的保存还是对现代经济发展的认识。非营利法人和财团法人的分类，其现实意义在于法人在税法上的不同地位和义务，采取营利或非营利法人的国家更看重法人税收优惠资格的认定。这也是在制定企业基金会税收法制时要予以考量的重要因素。

三　我国企业基金会法律主体立法指导思想的转换与调适

（一）在"结构主义"立法原则上完善"认可设立"准入管制模式

我国立法者需要对企业基金会法律主体的认定采取"结构主义"的重新认识。正因为前文提及对企业基金会的社会价值和企业价值认识不够，我国对企业基金会法律主体的现有认定采取"职能主义"立场，所以对企业基金会的法律主体界定，我们应该重新采取"结构主义"立场审视。世界范围内，国家改变法律主体的定位往往影响着该主体的发展，典型案例是德国将财团法人的设立从"许可主义"转为"认可主义"，有效促进了本国财团法人的发展。

2002年德国修改了《德国民法典》第80—88条的规定，使其规定的财团设立从国家"许可"改为国家"认可"。修改的原因是限制德国各邦政府不得以其城邦法律规定的财团法人设立要件而限制公民申请权利，给予德国公民设立财团法人更大的自由。《德国民法典》修订后，德国财团法人设立数量逐年增加。根据"德国财团联合会"的报告，20世纪80年代，德国每年成立的财团法人平均在150个左右。但根据2005年的统计，当年德国全国有880个民法上的财团法人成立。在2005年年底，全德国总共有13490个民法上的财团法人。[①]自《德国民法典》修订后，财团法人大幅增长。

"结构主义定义模式"限定了国家干预模式的视角，背后的价值取向是"结社自由"的表述。"结社自由"的价值理念被大多数国家遵从，允许公民在本国宪法和法律的框架下自由设立民间组织。在我国，结社自由已被宪法明文规定。当然，在有限的权利行使范围内，结社自由在扩张个人权

[①] 陈惠馨：《德国财团法人制度的发展——以德国〈民法典〉及柏林邦财团法为中心》，《中国非营利评论》2011年第1期。

利的同时可能会对其他个人权利行使造成挤压。对结社自由进行限制是结社自由的应有之义,但是这种限制不宜过载,只有当结社自由与国家安全、公共秩序发生价值冲突时,才能对结社自由进行必要的限制。这种限制才是符合正义价值的,而且必须由法律作出保留规定,且只能由法律予以保留规定,不能由其他效力低下的法规作出保留规定。所以,关于企业基金会在内的民间组织的自由设立以及对此种自由的限制,应以相关制度的形式予以保障,其中最为直接和重要的体现为设立自由的准入制度。在慈善组织大范围中,基于"结构主义"调整认识,不同的慈善组织所要求的设立原则也不能一概而论。慈善组织分为慈善法人和慈善非法人组织。如前文所述,慈善法人拥有独立的意思形成,能够独立承担法律责任,应当在法律允许的范围内得到充分发展,为此国家理应施以较小的限制;慈善非法人组织不具有法人特征,无法独立履行义务承担责任,因此需要国家进行监督,设立原则的采用应比慈善法人严格。

事实上我国对企业基金会设立有由"许可主义"调整为"认可主义"的趋势,我国在政策层面上的确注意到了企业基金会设立上过于严格的问题,并从相应的法规中对企业基金会的设立进行初步放开。国务院在《关于改革社会组织管理制度促进社会组织健康有序发展的意见》中明确公益慈善类社会组织直接向民政部门依法直接申请登记,取消业务主管机关审批,同时要求登记部门尽快制定直接登记的社会组织分类标准和具体办法。党的十八届三中全会明确指出,让市场在资源配置中起决定性作用,更好发挥政府作用;随后李克强总理提出"简政放权、放管结合、优化服务"的具体要求,强烈释放出了政府压缩权力、鼓励社会治理的信号。这不仅有利于企业基金会在内的社会组织健康有序的发展,更是在企业基金会设立原则上大力放宽的预备举措。

(二)在"行为调整"型法律规范上完善"分类标准"和"分类调整"的规制模式

哈耶克曾说:我们应当牢记的是,早在政府介入那些领域以前,在今天被公认为是集体需求的那些需求当中,有许多需求在过去都是凭靠那些具有公益精神的个人或群体所做的努力(亦即为他们认为重要的公共事业提供资助)而得到满足的。公共教育、公共医院、图书馆、博物馆、剧院和公园,最初都不是由政府创建的。① 历史经验告诉我们,慈善事业从来都是依据人们的意愿开展,这不仅切合了慈善事业"自愿性"的特点,而且更重要的是体现了人作为独立自由的个体,积极参与社会治理,加入配置资源的渴求。

公益事业是否需要国家的参与,现代公益伦理思想者们有着不同的回答。在自由主义公益伦理思想者看来,政府对社会福利和公益事业的干预会导致个人自由的沦丧,国家福利是走向奴役的一步,尽管不是唯一的一步。② 在社群主义公益伦理思想者看来,个人是社群的一员,社区有义务让困难者摆脱困境,让社区成员享受社区提供的福利,真正的善是个人之善与社群之善的有机集合,国家当然有义务为其公民提供福利。在"第三条道路"公益伦理思想者看来,施以救助的主体不仅仅有被救者自己,还有国家、企业、团体、家庭等等。国家应建立社会保障制度支持公益,个人应在制度内实现参与公益事业的本愿。现代公益事业的发展向着"第三条道路"的公益伦理思想靠拢,国家提供制度支持,个人在制度框架内和国家一同提供公益服务,国家不应干涉社会慈善初衷。在企业基金会法律主体即将迎来准确定位的前提下,我们不仅要继续对其主体制度进行立法探讨,还要进一步思考如何调整企业基金会行为的立法补充,从而完善企业基金会法律主体的认识。

法律的生命在于调整行为而非逻辑架构,框架设计精美的法律,没有调整社会行为规范的效用,不过是一纸空文。涉及企业基金会"行为调整型"法律法规,立法层面应当特别注重以下方面。

首先,规范企业基金会公募行为。企业基金会可以根据《慈善法》的规定取得公募条件,由于企业基金会有不同于原公募基金会的显著特征,如何监督非分配性的效用,如何确保企业基金会的公募资金用作公益用途,有待于相关立法工作的完善。具体而言,应当专门条文规定企业基金会公募规制模式、公募信息披露制度、公募法律责任制度等。以上构想不意味着我国需要制定《企业基金会公益募捐条例》或类似相关法律文件,而是

---

① [英]弗里德利希·冯·哈耶克:《法律、立法与自由》,邓正来等译,中国大百科全书出版社 2000 年版,第 342 页。

② [英]弗里德利希·奥古斯特·哈耶克:《通往奴役之路》,王明毅等译,中国社会科学出版社 2013 年版,第 187 页。

基于企业基金会作为可公募慈善组织的认识，在涉及慈善组织劝募的立法活动中单列条文强调企业基金会特殊性即可。

其次，建立企业基金会税收优惠法律制度。通过给企业税收优惠来调整企业基金会已在上文说明不利于企业基金会法律主体独立的认定，因此应当立法直接对企业基金会进行税收优惠。具体而言，可以比照 IRC 对私人基金会规定的免税条件设计，相关条款（第 4940—4945 条）将成为我国企业基金会税收优惠立法的有益借鉴。理由一是 IRC 相关条款源自美国《税收改革法》对慈善税收改革理念，1969 年《税收改革法》规定了一系列私人基金会的具体规则，其目的在于最终促进私人基金会的问责机制，并抑制其滥用资金为个人或与之紧密相关的组织谋取利益的可能性，因此借鉴其理念可以为企业基金会主体独立化提供制度保证。二是作为"全有或全无"的确认性规则表达，企业基金会满足具体条件才得到税收优惠，意味着企业基金会的商业运作利润能够保证用于慈善事业，能有效促进企业基金会大力开展投资活动，进一步降低对企业捐资的依赖，步入发展的良性循环。当然，如上文所述，我们也没有必要制定专门的《企业基金会税收优惠条例》，而是在相关慈善组织税收优惠立法中单列条文进行规范即可。同时，立法工作应考虑企业基金会公益运作项目范围狭义的现状，针对关注量小的公益项目进行相应的税收照顾，这样有利于企业基金会均衡关注公益慈善项目，逐渐改变"热点、成熟项目大家争相参与，新型、缺口项目大家默不作声"的现状。同时考虑到"税收法定"原则，加上相关措施的临时性，这些相关税收举措宜通过国务院制定的法规、地方制定的办法来表现出来。

再次，企业基金会法律主体立法应完善外部监管制度。如上文所述，企业基金会理事会、监事会的主要职务往往由其设立企业的高管担任，相关法律虽未禁止高管兼任理事会、监事会职务，但是这种内部"一家人"的关系明显不利于企业基金会的法人治理，企业基金会沦为企业附庸不可避免，捐助人的监管权利切不能只停留于纸面文章之上。因此，企业基金会的主体立法应着重关注如何切实保障捐助人之类的外部人行使其监管权利。如此建议有：在出台《慈善法》第十章"监督管理"相应的法律法规的同时，考虑外部人监督财产运作的要求；在捐助人"知情权"和"撤销权"的制度设计上借鉴《公司法》相关司法解释的造诣，扩大理事会和监事会的披露义务等。

最后,"行为调整型"法律法规应该借鉴美国基金会分类运作型基金会和资助型基金会的分类模式,区分我国资助型企业基金会和运作型企业基金会,并应规定两者运作支出费用的比例有所不同。与资助型基金会相比,运作型基金会通常需要支出更多的员工薪资、更多的运作成本,这是两者不同的运作模式所决定的。《慈善法》和《条例》相关规定[①]仅对公募和非公募基金会的公益支出作出了慈善支出规定,这一规定对运作型基金会从业人员来说苦不堪言。[②]《条例草案意见稿》没有就基金会公益支出作强行规定,但仅仅是委任性规则表达。目前来说我国没有相应的法律法规区分运作型基金会和资助型基金会,但是这一区分标准能够肯定企业基金会符合慈善目的的商业运作,无疑会为企业基金会摆脱企业的依赖奠定制度基础。企业基金会的管理费用比例亦会随时代发展而有所不同,因此有关此项规定适宜在较为灵活的法规中呈现,而不是在稳定不变的法律中表达。

四 我国企业基金会法人制度核心要素的完善建议

(一) 基金会决策机关权限的重构

《民法总则》对捐助法人采取了决策机关的表述,以区别于营利法人的权力机关,尽管这样的表述仍然值得商榷,但是也没有规定其具体职权,客观上为特别法的修订创造了空间。

基金会的合并、终止和对章程的实质性变更虽是不同的行为,但最终结果都是导致基金会设立目的的变更,所以其行为性质是一致的。一般而言,基金会的执行机构或决策机构不能享有这些权力。但是在法定的情形下,即基金会的目的已经实现、无法实现或违背现行法律法规及公序良俗

[①] 《慈善法》第60条规定:慈善组织应当积极开展慈善活动,充分、高效运用慈善财产,并遵循管理费用最必要原则,厉行节约,减少不必要的开支。慈善组织中具有公开募捐资格的基金会开展慈善活动的年度支出,不得低于上一年总收入的百分之七十或者前三年收入平均数额的百分之七十;年度管理费用不得超过当年总支出的百分之十,特殊情况下,年度管理费用难以符合前述规定的,应当报告其登记的民政部门并向社会公开说明情况。

《条例》第29条规定:公募基金会每年用于从事章程规定的公益事业支出,不得低于上一年总收入的70%;非公募基金会每年用于从事章程规定的公益事业支出,不得低于上一年基金余额的8%。基金会工作人员工资福利和行政办公支出不得超过当年总支出的10%。

[②] 罗昆:《我国基金会立法的理论辩正与制度完善——兼评〈基金会管理条例〉及其〈修订征求意见稿〉》,《法学评论》2016年第5期。

时，基金会目的甚至基金会存续的合法性和合理性都受到质疑时，对基金会的目的或存续进行修改才成为必要。这时，无论是允许理事会修改章程、决定基金会的合并或终止，或是理事会仅保有向主管机关（在有主管机关的情形下）或法院申请修改章程、决定合并或终止的请求权，都是可行的。若将修改章程的权力赋予理事会，则章程修改后需要主管机关或法院的同意，合并或注销同样只能由登记管理机关或法院主持进行。

　　同样，当前述法定事由并未出现时，对修改章程的权力，可以采取两种路径予以规制。一种是规定理事会不再享有修改章程的权力，将这一权力交由主管机关或法院；另一种则是将修改章程缩小解释为对不影响基金会达成其设立目的的修改。按照《条例》的规定，章程应当载明的事项包括名称及住所、设立宗旨及业务范围、原始基金数额、理事会监事会的产生、职权和议事规则、法定代表人的职责、财务管理使用制度和基金会终止的条件及终止后剩余财产的处理，《条例草案意见稿》增加了财产的来源及构成一项。上述事项中，设立宗旨及业务范围的变更、终止的条件及剩余财产处理会直接影响到基金会设立目的，显然不得由理事会作出修改的决定。对基金会进行减资会削弱到基金会从事目的事业的能力，而增资则有利于基金会目的事业的进行，因此理事会对原始基金数额的修改仅限于增资。名称虽不影响设立目的的达成，但是名称往往代表了设立人的某种意愿，甚至就是设立人的姓名或名称，也不应当由理事会进行任意修改。

　　上述修改都应当征求基金会设立人的意见或考虑设立人推定可知的意思。同时结合《民法总则》关于捐助人权利的保护规定，基金会的设立人对基金会修改章程有异议的，有权提出质询或提起诉讼。

　　（二）企业基金会法律主体地位的独立性塑造

　　新通过的《民法总则》框定了我国新的法人分类标准。《民法总则》依法人运作目的是否营利，将法人分为营利性法人（第三章第二节）与非营利性法人（第三章第三节）两种基本类型；非营利性法人再分为事业单位法人、社会团体法人、基金会法人和社会服务机构法人。如此，企业基金会的法律主体将定位于非营利法人中的捐助法人。

　　虽然企业基金会在制度上得到法律的独立认可，但是实践中，企业基金会不免成为企业输出价值的附庸，对企业的依赖度较高。一些企业名为公益，实为"作秀"，利用基金会开展公益活动的机会趁机推销企业产品，把公益活动变得"充满铜臭味"，作为企业做广告的发布会，制作噱头和轰动效应提升企业知名度。我们应该认识到，企业基金会存在的价值是为了慈善事业的发展，附带作为提高企业知名度的手段和间接扩大企业市场的催化剂，切不可让企业基金会沦为"非营利手段掩盖营利目的"这样本末倒置的存在。然而，相比其他基金会的发起、运营资本大多数来自于设立企业利润的特性，企业基金会无法避免受到企业"隐形持有"的困境。

我们既不主张企业基金会与出资企业完全不关联，现实中也不可能存在如此理想的类型，也不主张企业基金会成为企业提升隐形资本甚至实质利益的工具。应至少确保企业基金会主体资格的实质独立，确保企业基金会的公益运作能够满足慈善需求。这就要求，在企业基金会法律主体安排既定的同时，让企业基金会与企业之间"公私分明"：企业作为委托人，向企业基金会进行捐资实现企业实现社会价值的目的，企业基金会作为受托人，负责将捐资铁面无私地用于除企业之外的受益人。这就需要企业基金会主体立法的完善不仅在宏观上满足其合适安排，更应出台相应的法律法规和政策办法在捐资运作方面作细化考量。

（三）限制内部理事监事的比例

公益信托领域常选择会计师事务所或者律师事务所担任监察人，第三方专业机构的加入对于企业基金会来说也是不错的选择。如果对于外部理事、监事的设置完全依赖于设立企业的自觉，理事会与监事会分权治理结构将形同虚设。上市企业中常设置独立董事，作为中小投资者的代表。类似地，基金会作为具有社会公益属性的机构，也应当设置一定席位的外部独立理事、监事，代表社会公众参与和监督基金会的运行。建议对于企业理事、企业监事进行最高比例限制，对外部理事、外部监事的比例进行最低比例限制。既然《条例草案意见稿》可以规定基金会理事中具有亲属关系的理事比例不得超过1/3，监事之间不得有亲属关系，那么同样可以类似地规定，在企业设立的基金会中，设立企业任职的理事不得超过1/3，监事之中不得在设立企业中具有直接隶属关系，以便在一定程度上缓解基金会内部人控制的现状。

（四）针对不同形态的基金会进行分类监管

如前文所述，在公募基金会与非公募基金会的界限被打破之后，以地方性和全国性、登记管理机关的行政级别、资金规模进行区分，无助于基金会法人的理论建设和制度完善。各种形态的基金会法人在设立目的、服务范围、社会影响度等方面千差万别，政府对每一种基金会的监管出发点和目标是不同的。对此，有必要在《条例》的修订中，进行分门别类的规定。

可以考虑采用对于根据主要出资人类型不同和根据活动方式不同两种分类方式来架构基金会法人的基本分类。按照出资人类型进行划分，美国基金会中心网采用的独立基金会、企业基金会、社区基金会、运作基金会和家族基金会的分类，在我国有不同程度的存在。我国主要的基金会类型有政府背景的基金会、企业基金会、大学教育基金会、个人基金会和社区基金会等形态。上述不同设立人设立的基金会由于各自存在问题的不同，因而治理的目标有所区别。如政府基金会需要逐步消除行政编制，将政府拨款纳入审计范围。大学基金会需要提高其独立性，同时防止教育资源失衡蔓延到基金会领域。企业基金会需要提升基金会的独立程度，提升公众监管力度。社区基金会首要的则是解决信息公开程度。同时企业基金会需要将企业家个人设立的基金会和企业设立的基金会进行区分。按照活动方式可以分为运作型基金会和资助型基金会，以及两者特点兼而有之的所谓运作资助混合型基金会。未来《条例》在作出规定时需要考虑不同类型基金会的独特属性，确定各自的登记门槛、公益支出标准和管理成本，避免传统的管控性思维和简单化模式，充分发挥不同形态基金会的活力。①

（五）完善基金会财产管理和投资制度

目前《条例》和《条例草案意见稿》对财产责任的规定主要集中在规范基金会的财产管理、防止基金会的财产流失方面。诚然，基金会作为一种"所有者缺失"的非营利组织，其管理人员掌握大量的财产，本身具有较高的道德风险，但仅防范这一道德风险是远远不够的。基金会掌握巨额财富，通过适当的运作实现其财富的增值，更好地发挥其功能，可以实现更大的社会效应。因此各国并未禁止基金会进行适当的投资，并且可供投资的范围在不断扩大。如何通过外部和内部的约束规范基金会的投资行为，以风险可控和稳健收益为目标，同时防止内部人不当行为造成投资损失和财产流失是基金会财产运行中的重点。

这样的规范应当从以下几个层面进行。第一，基金会始终是为公益目的设立和存在的，如果基金会将主要的精力用于投资获益，就可能构成对

---

① 朱恒顺：《慈善组织分类规制的基本思路——兼论慈善法相关配套法规的修改完善》，《中国行政管理》2016年第10期。

基金会公益慈善目的的妨碍，依据现有的法律法规，是属于"未按照章程规定的宗旨和公益活动的业务范围进行活动"的情形，可以警告、暂停活动甚至撤销登记。第二，不同于营利法人，基金会投资需要更多考虑分散风险和保值增值的需求，对于基金会的投资行为，目前是缺乏具体的指引和规范的，此前有关部门对全国社保基金和保险资金的投资出台了相应的办法，而全国性的基金会投资管理办法却一直是空白，仅有部分地方政府进行了规定。[1] 对于基金会投资的准入与禁入、期限与比例进行指引是有必要而且紧迫的。第三，在基金会内部，如果需要进行持续性的投资，是否需要建立专门的投资团队是值得思考的。按照《条例》及《条例草案意见稿》的规定，基金会的理事会是享有对重大投资的决策权的，但是由于理事的任职资格并没有关于专业技能的要求，理事未必普遍地具有投资方面的能力。那么在基金会的资产达到一定的规模、具有投资的意图时，可以要求基金会设置财务、投资等专门委员会。[2] 专门委员会对投资计划进行风险评估，作为理事会进行投资决策的重要依据，在理事会通过投资计划后具体负责投资的执行。监事会、第三方外部审计机构和登记主管部门作为内部和外部的监督机关在整个过程中进行监督。第四，对于管理人员的不当投资行为造成损失的，《条例》已经规定了承担赔偿责任。虽说投资都具有一定风险，投资者需要对可能的损失具有一定的预判和容忍，但是基金会是为社会公共利益服务的，基金会财产损失是对社会公共利益的损害。如果投资损失更多地是由于基金会管理人员不当的决策和投资行为造成的，则超出了一般投资者对投资损失的容忍，有必要引入惩罚性赔偿加大惩罚力度，对不当投资行为进行惩罚。基金会管理人员利用基金会财产获益归个人所有的，基金会也应当享有归入权，将违法所得归入基金会财产。[3]

（六）强化违反信息公开义务的责任

《条例草案意见稿》对基金会公开信息范围的扩大和对登记管理机关公开义务的要求值得肯定，但仍有进一步提高的空间。一方面，要允许任意

---

[1] 如广东省民政厅 2011 年发布的《广东省民政厅关于基金会运营的行为指引》，将"投资行为指引"设置为一章，对基金会投资的范围和期限等进行了规定（共 8 条）。

[2] 姚海放：《公益基金会投资行为治理研究》，《政治与法律》2013 年第 10 期。

[3] 李新天、易海辉：《企业基金会内部控制人民事责任的法理溯源及其承担》，《理论月刊》2015 年第 9 期。

社会公众都有权查阅信息权，引入社会公众的监督，与行政机关的监督形成合力，确保基金会的管理人员遵守信义义务。在将来具有公募资格的基金会越来越多的情况下，充分发挥社会公众监督的作用更加有必要，对基金会的行为也将起到较好的监督效果。另一方面，对于未及时履行公开义务或者虚假陈述的基金会视情形的严重程度给予限期纠正、警告、征信曝光、罚款、暂停活动甚至取消注册的处罚，对于有责任的法定代表人或直接责任人同样要进行追究，确保基金会及时、有效地履行信息公开义务，使得《条例草案意见稿》对信息公开的修改产生应有的效果。

第二章

企业基金会的设立宗旨与目的

第一节 企业基金会设立宗旨与目的的理论厘清

在我国，按照《条例》的规定，基金会是指利用自然人、法人或其他组织捐赠的财产，以从事公益事业为目的，依法成立的非营利性法人。[①] 将基金会同其他非营利法人区分开来的是其公益目的和财产来源，其中财产来源主要是社会公众的捐助，而不是政府资金支持或者某些团体的财产集合。我国《民法总则》中将基金会归属为非营利性法人之中的捐助法人，[②] 这一划分基本相当于大陆法系国家中的"财团法人"。《澳门民法典》中对财团法人作出的定义是："财团系指以财产为基础且以社会利益为宗旨之法人。"由此定义我们可以看出财团法人只能是"资合"形态下的公益法人。[③] 即财团法人的设立只能是为了公益目的。基金会则是财团法人最典型的形式，但财团法人并不都是基金会。

根据《民法总则》的相关规定，设立捐助法人应当依法制定法人章程。《条例》中也规定，设立基金会应具备的条件之一就是有规范的章程，而章程应当载明设立宗旨和公益活动的业务范围，即宗旨、公益活动的业务范围均属于基金会设立登记的必备事项。[④] 可见基金会的设立宗旨和目的是每

[①] 《条例》第2条规定：本条例所称基金会，是指利用自然人、法人或者其他组织捐赠的财产，以从事公益事业为目的，按照本条例的规定成立的非营利性法人。

[②] 《民法总则》第92条规定：具备法人条件，为公益目的以捐助财产设立的基金会、社会服务机构等，经依法登记成立，取得捐助法人资格。

[③] 马俊驹、余延满：《民法原论》，法律出版社2005年版，第55页。

[④] 《条例》第10条规定：基金会章程应当载明下列事项：（二）设立宗旨和公益活动的业务范围。

个基金会章程的必备款项,有着独特的地位。另外,《条例》第 27 条规定,基金会应当根据章程规定的宗旨和公益活动的业务范围使用财产。《慈善法》也强调慈善组织的活动领域、慈善募捐的实施、慈善财产的使用等都要符合慈善组织的宗旨。这些规定都突出了基金会设立宗旨与目的的重要指导价值。同时,相较于社团法人因为其有着自己的意思机关而可以意思自治,是一种自律法人;财团法人没有自己的意思机关,属于他律法人。故财团法人更具稳定性,一般不允许变更其作为发起人意志永续存在载体的章程内容。[①] 所以基金会的宗旨与目的一旦确定、写进章程,就不能轻易被变更。如此,在基金会设立之初明晰其宗旨与目的也就显得尤为重要了。

一 企业基金会设立宗旨与目的的文义解释和规范意义

（一）基金会设立宗旨与目的的文义解释

对"宗旨与目的"的理解一般有两种,一种是将二者视为同义词,其共同表述一个完整的概念,即表达规范的一般目的;另一种是将两个词严格区分开来,将宗旨理解为更主观的抽象性内容,是一种思想的精炼和概括,而将目的理解为客观的实质性内容,是其追求的可量化的目标。

宗旨和目的应当是相区别的,宗旨是宏观的、长远的、相对静态不变的,目标是翔实的、阶段性的、可以不断变化和调整的。但同时二者之间又应当是相互紧密联系的,一方面,目的是宗旨的明确展开,是宗旨得以实现的具体工具;另一方面,宗旨是目的的指导原则,是目的的抽象概括。相同的宗旨下可能有不同的目的,同样,相同的目的也可能实现不同的宗旨。

而对于基金会来说,基金会的设立宗旨和目的更是代表两种不同的内涵。不同的基金会有着不同的宗旨和目的。宗旨是一个基金会的立足之本,同时也是其最根本的行为准则,对基金会的发展有着指导意义。宗旨通常是在基金会创立之初由创始人确立的,是基金会活动的主要目的和意图,表明其思想和行为,是其拟发展的方向、目标、途径、目的以及自我设定的责任和义务的概括。其范围包括通过开展各项具体的公益活动,提升全民素质,建设社会精神文明,实现人类的可持续发展,主要旨在实现社会正义、社会福利和社会创新等价值。宗旨能反映一个基金会的性质,更决

---

① 罗昆:《财团法人制度研究》,武汉大学出版社 2009 年版,第 58 页。

定了该基金会的价值取向，推动着基金会的建设和发展；同时，当基金会遵循宗旨展开活动时，又极大地丰富了宗旨的内涵和意义。

目的（或称目的事业）指的是一个组织意欲从事的事业、主要活动的领域范围。目的一词最早来自于传统的企业法中，企业目的实际上指的是设立公司意欲从事的事业，是国家对企业进行宏观管理和指导的一项重要内容，在我国称之为企业的经营范围。[1] 而在英、美、日等国其被称为法人目的。基金会设立目的指的是基金会的业务范围或活动范围，体现为基金会的主要关注领域。基金会目的最重要的属性是其非营利性，即不能为了追求创办人或其他受益人的纯粹经济利润而设立，原因在于其自身是消极的社会存在，趋向于避免使财产进入正常的法律流转和企业投资。基金会制度被承认仅仅因为它是实现超越个人经济利益和实现社会利益的工具。[2] 故而基金会的设立目的应当是非营利性活动的展开，即以从事公益事业为目的。基金会凭借自己的方式，聚集了大量可用于社会公益的资产，追求明确的某项目标。不同的基金会有着不同的价值追求和目的，或是扶贫助困，或是安全救灾，或是助学兴教，或是医疗救助，或是文化艺术。这些价值的实现共同推动着社会安全有序、富强文明、和谐可持续地发展。

经过以上的分析，我们可以得知，基金会设立宗旨与目的有着不同的价值内涵。其中基金会设立宗旨是基金会愿景的展开，设计应当更倾向于比较宏观、长远的目标，如促进人与自然、人与社会的和谐发展等，内容上需包含基金会发展的方向、目标、途径等内容。基金会设立宗旨决定了基金会的价值取向，引领着基金会具体运作和发展。基金会的设立目的则是基金会的活动范围，构建上更多是立足于具体的、当下的一些具体目标，如扶贫助困、安全救灾、教育、科学研究等。另外，基金会从事的业务范围一般不止一项，多的甚至可以达到五项以上。

需要强调的是在基金会目的的设计上，基金会应当围绕其设立宗旨进行非营利性活动的展开，换言之，基金会的目的都是符合其设立宗旨的非营利性活动的集合。可以说基金会设立目的是其宗旨的具体展开，同时基金会的设立宗旨也需要通过其既定目的得以具体实现。根据基金会设立宗

---

[1] 施天涛：《公司法论》，法律出版社 2014 年版，第 135 页。

[2] 蒋军洲：《慈善捐赠的世界图景——以罗马法、英美法、伊斯兰法为中心》，法律出版社 2016 年版，第 84 页。

旨和目的而进行良好运作的基金会，既可以达成其设立目的，也可以丰富和扩充其设立宗旨的内涵。

基金会设立宗旨与目的均是从社会的实际需求出发，所期望达成的价值的集中反映。基金会在不断努力的过程中将这些价值实现，从而也使得自身的宗旨和目的有了实践意义。遵照这些核心价值去进行活动，使其行为同基金会设立宗旨与目的相一致，不但规制了基金会行为，使基金会在一定的范围内活动，同时也满足了基金会自身的需求，实现其想要获得的社会效果。因此，宗旨与目的体现了基金会的设立价值，是整个基金会的灵魂，是基金会存在的理由，是判断基金会活动合法的依据。

（二）基金会设立宗旨与目的的规范意义

1. 确保基金会设立人意志得以永续

德国学者梅迪库斯认为，财团提供了使一个人的意志永垂不朽的可能性。[1] 葛云松教授同样认为设立财团有其独特的制度价值：主要目的就是使得人民可以超越个人的生存界限，以组织体的形式来完成一些长期或者永续存在、有意义的社会目的，促进公益事业，带动社会发展，而不必因为捐助人财产的增减而受影响。[2] 基金会设立宗旨与目的往往就是基金会设立人意志的反映，设立人出于一定的目的设立基金会，欲达到某个目标，必然希望在实现目标之前能够持续为之奋斗，而不是朝令夕改。

"确保基金会设立人意志得以永续"有三层内在含义。首先，设立人意志一般在基金会成立时转换为基金会的目的，且以基金会设立宗旨与目的为内容、以章程的形式固定下来，进而影响基金会的运作方向和管理者的决策。该意志一旦固定，就是独立于设立人的，设立人无法变更其意志内容，也就是基金会宗旨与目的无法改变。其次，在之后的基金会运作过程中，其设立宗旨和目的不会轻易受到外界的影响和干预，包括不受政府、捐赠方以及社会公众意志的影响。此外，还需要注意的是，当基金会在运作中无法实现设立人意志的时候，应当向登记管理机关申请注销登记。[3] 最后，"设立人意志永续"只是一种理想的状态，虽然也存在存续时间相当久远的大型基金会，如洛克菲勒基金会、卡耐基基金会等，但是更多的基金

---

[1] ［德］迪特尔·梅迪库斯：《德国民法总论》，邵建东译，法律出版社2013年版，第78页。

[2] 葛云松：《中国的财团法人制度展望》，《北大法律评论》2002年第1期。

[3] 参见《条例》第16条。

会只在存续一段时间后,自动消灭了。这里会受到很多现实因素的制约,有的是因为基金会实现了设立人的意志,再存续下去就没有意义了;有的是因为基金会财产的不足导致的存续困难,这种是多数基金会终止的原因;还有的是因为章程里面规定的其他事由而终止的。① 正是因为基金会设立宗旨与目的是设立人的意志的延续,且稳定独立,因此其在某种程度上帮助基金会实现独立,从而使基金会设立人的意志得以永续。

2. 认定基金会慈善组织性质的标准

基金会首先需要取得慈善组织资格,之后才能在其活动范围内开展慈善活动、享受到税收优惠政策。根据《慈善法》第10条关于慈善组织的登记和认定的相关内容,慈善组织的认定制度被细分为增量型慈善组织登记制度和存量型慈善组织认定制度。② 其中,增量型慈善组织成立于《慈善法》实施之后,属于新设登记,其需要将法人登记和慈善认定两者合二为一在民政部门进行登记;而存量型慈善组织在《慈善法》实施之前就已经取得法人资格,其只需要进行"慈善认定"就可以成为慈善组织。然而无论是以上哪种登记认定模式,都需要认定组织的慈善性质,而这种性质的认定需要依据组织的活动宗旨和目的来进行。《慈善法》中明确将慈善活动分为六类,即慈善组织必须在这六类中选择一类或数类作为自己的活动范围。

因此,基金会在设立登记的时候必须进行慈善认定,申请人需向登记的民政部门申报其章程,章程中要求载明基金会宗旨和活动范围,这是一项公法上的义务。③ 对于接受登记的民政部门来说,其有义务审查申请人的宗旨和活动范围是否属于六类慈善活动的范围,是否有从事禁止性活动的倾向,进而判断出其是否具有慈善性质。宗旨一般是基金会的理想性目标,而目的则是基金会切实要从事的业务范围,两者联系紧密,共同促进企业基金会实现其慈善目的;反言之,只有被认定为慈善组织,基金会才有可能按照初衷实现其设立宗旨与目的。

---

① 罗昆:《财团法人制度研究》,武汉大学出版社2009年版,第65页。

② 俞祖成:《慈善组织认定:制度、运作与问题——基于深圳实践的观察》,《浙江工商大学学报》2017年第3期。

③ 彭熙海、舒符康:《论公司目的限制的性质及目的外行为之效力》,《湘潭大学学报》(哲学社会科学版)2004年第5期。

3. 制定基金会相关管理制度的依据

在基金会的设立和发展过程中无不贯穿着以当下社会最现实、最亟待满足的需求为出发点，以慈善意识形态为支撑，结合社会发展规律所作的兼具理想性和实践性的战略思考，往往这些思考归纳反映出来的就是基金会的设立宗旨与目的。正是出于这样的考虑，基金会章程、各类管理制度的制定都要围绕其设立宗旨和目的的精神要求开展。换言之，基金会制定、认可、践行基金会章程和其他管理制度都要以其设立宗旨与目的为指导，相关内容和精神均不得超出宗旨和目的的限制或者与其相矛盾，也可以说这些规定均要同宗旨与目的具有内在统一性，任何与宗旨目的相矛盾的内容都需要重新修改和调整。我们认为基金会的章程、管理制度等都是其宗旨与目的实践的展开与扩充。

我国基金会真正开始稳步发展是在 2008 年汶川大地震之后，这十年来可以说是我国基金会发展最迅速的十年。但是从 2004 年的行政法规《条例》到 2016 年的《慈善法》之间，我国一直没有其他关于基金会的统一法律规定，一些规定散见于特别法和规章之中，在 2016 年《慈善法》颁布之后公布《条例草案意见稿》至今也没有后续进展。可见我国基金会相关制度建设还比较滞后，不足以满足我国基金会快速发展下产生的法律需求。在这种情况下，唯有加快建设基金会内部管理制度，才能指引和规范基金会的发展进程。

而内部制度的建设离不开对基金会设立宗旨与目的精神的准确理解和把握，结合基金会自身独有的特点和发展理念制定出新的规章制度，同时将不适应于基金会建设的规定或修改或废止，才能制定出适合个体基金会发展的规章制度。在这一过程中，无不贯穿着基金会的精神指引——基金会设立宗旨与目的的约束和管控。另外，基金会章程、管理制度涉及基金会运作的方方面面，如人事管理、财务管理、项目管理等等，内容繁多、复杂、琐碎，稍不注意容易漏掉一些环节，造成制度空白，而制度的修订补正也是一个耗时耗力耗财的过程。所以我们在制度构建中，应当以基金会设立宗旨与目的为工具，保证制度的内在和谐统一连贯，而不是作零散、片段式的无效堆砌。如此，制定出来的规章制度才能形成结构完整、功能互补、协调统一的体系。因而，基金会设立宗旨与目的是基金会制定内部规章制度的基础与依据。

4. 约束基金会开展相关活动的准则

基金会运作中最核心的环节是财产的使用和管理，而这个环节的进行离不开基金会设立宗旨与目的的引导。《条例》中多处规定基金会的活动要符合基金会的宗旨和业务范围，如财产的使用应当按照章程规定的宗旨和公益活动的业务范围；基金会从事商事活动应当在宗旨和目的的范围之内，以免其过多注意和追逐营利，进而阻碍实现其设立时的特定宗旨；基金会的"剩余财产"应当用于公益目的，或者转给其他与该基金会性质、宗旨相同的社会公益组织，这是"近似原则"的相应内涵。《条例》还规定了未按照规定的宗旨和业务范围开展活动要承担的法律责任。如此可见基金会设立宗旨与目的对基金会开展活动的重要指导意义，其给基金会的运作指明了前进方向、恰当的范围以及行为后果。同时在断定行为是否属于慈善活动时，宗旨与目的也是判断标准之一。由此可见，宗旨与目的已经成为各方主体在施行慈善行为时应遵循的基本准则之一。

当然，任何一个组织的规章制度都没有办法涵盖到其运行的方方面面，制度的构建必然会囿于制定者认知的局限和能力的不足，对一些问题没能预见或者预见到了也无法解决，这时他们会给制度的执行留下一定的自治空间。制度执行者首先需要严格执行既有规定，然后在没有现成的、确定的、适用的制度可以援引和依据时，参照基金会设立宗旨与目的的精神内涵，行使一定的自由裁量权来解决问题。

宗旨与目的是基金会追求的价值目标，也是基金会存在的理由，其表现形式并不局限于明确呈现在纸面，有时候宗旨和目的隐藏在章程的各方面，需要通过解释来确定。宗旨与目的表现的是基金会设立的价值追求和核心价值理念，这些核心价值理念通过基金会的不断努力而成为现实，从而使宗旨与目的具有意义。遵照这些核心价值进行活动，使其行为和宗旨目的相一致，不但规制了基金会行为，调整了社会各个层面的利益分配，防止了冲突，也满足了基金会自身的发展需求，从而实现其想要获得的社会效果，推动了现实社会的进步与发展。当基金会活动缺乏具体制度指引的时候，遵循宗旨与目的的内在精神去行为就能基本实现其要求。在这种意义上来说，基金会宗旨与目的是在实践中指引规章制度正确实施的纲领和标准。

5. 实现基金会外部管理监督的手段

作为他律法人，基金会的管理监督主要依靠外部来实现。我国基金会现下主要采取的是双重管理体制，即登记部门和业务主管部门一起管理基金会。各级民政部门是其登记管理机关，相应地各级政府有关部门或政府授权的组织则是基金会的业务主管单位，基金会在活动中既要征得业务主管单位的同意，还要报登记管理机关核准。业务主管单位的划分往往是依据基金会目的来确定的：主要关注领域为教育的，一般为教育部门主管；关注文化领域的，一般是文化部门主管或者由文学艺术界联合会等主管。不同目的下的基金会有不同的业务主管部门，通常跟其主要目的有关，也有一个基金会有多个目的，这种情况下，选择一个业务主管部门即可，也有直接找民政部为主管单位的。这样，基金会根据自身目的的设定可以找到相应的业务主管部门并接受其管理和监督。其中，登记管理机关和业务主管部门分别履行不同的监督管理职责，但都会对基金会是否依照法律和其章程开展公益活动进行监督，当基金会未能按照章程规定的宗旨和公益活动的业务范围进行活动的时候需要承担法律责任。

此外，基金会运作的财产一般来源于公众，其行为也会受到公众的监督。而公众最主要的监督途径就是看基金会的宗旨与目的，判断其是否属于公益目的范畴，同时也判断其项目运作是否在既定的宗旨与目的之内展开。《慈善法》中提出慈善信息公开的要求，对慈善组织的登记事项、评估结果等等都会予以公布，而且还鼓励任何单位和个人对慈善组织的违法行为进行投诉、举报。公众参与进来会大大提升基金会的公开透明度，也会督促基金会的良好运行，而宗旨与目的正是实现这一监督的重要手段和工具。

以上可以看出宗旨与目的对一个基金会的重要意义，是基金会章程中的重要原则，在基金会规章制度中占据核心地位。由此，规范企业基金会的宗旨与目的也就显得尤为有意义。

二 企业基金会设立宗旨的基本内涵与特性

企业基金会由企业或企业家出资成立，主要依靠设立企业或企业家不断注资来维持日常运作且旨在实现慈善使命的专业化社会组织。"企业化"是企业基金会区别于其他基金会的最大特点，[①] 具体体现为以下两方面。

一是与其设立母体公司企业有着紧密关联，对其有着很强的依赖性。

---

① 褚湛：《论我国企业基金会管理体制的建构》，《现代管理科学》2017年第8期。

首先，同基金会名称要求包括字号、公益活动的业务范围，并以"基金会"字样结束一样，[①] 企业基金会的名称也由字号、目的和"基金会"字样组成，其中字号一般源于企业的名称、企业家的名字或者企业品牌名称、商标等。从积极方面来看，企业可以借助基金会树立企业参与社会的积极形象，营销企业的品牌，增强企业的影响力，提升公众对企业的认可度，强化企业品牌竞争力，进而实现企业的社会效益和经济效益。同时，企业基金会也可以借助企业或企业家的社会影响力获得更多慈善资源来发展自身。但从消极的方面来看，也有可能出现企业与企业基金会的声誉、品牌一损俱损的状况。[②] 其次，企业基金会的原始资本和存续期间的捐赠收入都来源于企业，即使现在很多企业基金会都有"自主造血"的能力，但其赖以"造血"的资源和人力都还是由企业提供的。一旦发起企业停止对基金会的供给，基金会不仅会丧失"造血"能力，而且由于带有原生企业的基因，难以找到新的供主，基金会容易"缺血而亡"。再次，基金会的理事和工作人员多是企业派驻的，有的还需要由企业发工资，或者干脆与企业的品牌部门、社会责任部门是"一套人马，两块牌子"。[③] 这样虽然在一定程度上节省了基金会人员的工资等行政成本，能够使企业基金会轻装上阵，降低运作成本，但同时也使基金会和企业之间关系暧昧不明，企业基金会也丧失了作为独立法人该有的独立性，进而沦为企业实现其社会责任的附属机构。最后，鉴于近年来基金会的井喷式发展，越来越多的基金会陷入了有限的资源竞争中，作为脱胎于企业的企业基金会，能从企业直接获取稳固的资源供给，基金会的项目开展能够主动与企业的战略目标紧密配合。现在我国的企业基金会还不能完全做到"纯粹公益"，其在开展慈善活动的时候总是或多或少地带有关切企业利益的考量。有的企业直接将企业基金会作为助其开展慈善活动、履行社会责任的自带平台，以期实现双赢；有的企业将企业基金会作为一个公益品牌来推广，鼓励消费者进行"公益"消费，从而增进其市场份额；还有的企业是直接打公益的幌子来行事，占尽"慈善"的便宜。

二是基金会的运作方式带有强烈的企业管理风格，主动将企业经营管

---

① 参见《基金会名称管理规定》第3条。
② 黄震：《企业基金会要增强自身的独立性》，《中国社会报》2012年8月17日。
③ 同上。

理的核心思想用于基金会管理中。一方面体现在具体的运作过程中，表现为以下几点。第一是为基金会量身打造一个清晰的战略定位，战略定位即基金会意欲从事的业务方向和达成的使命目标，类似于公司管理中使命、愿景和宗旨。明晰的战略定位能使基金会长期专注于某一方向，将资源集中于此并取得发展。第二是以战略定位为基点，探索设计出一些有特色的项目并投入运行。第三是在项目运作中，推行一套可复制、精细化、标准化的流程，对项目的设计、运作、监督、评估等一系列环节进行统一高效的管理，并且这套流程能够无限复制到其他项目，最终形成一套完整的品牌项目模式。[1]

另一方面体现在风格的偏好上。企业是积极逐利的营利性法人，在运营中有着更为先进的管理思想，在追求高效的同时也注重效益的最大化。体现到基金会的管理中就是企业基金会在项目运作过程中更注重兼顾效益与效率，即欲用最少的资金投入获得最大的社会效益产出。运行模式的可复制性被认为是企业基金会最珍贵的价值，通过推广程序化的运作模式，复制产出大批项目，然后尽快解决当下最紧迫的社会问题。[2] 此外，因为公募基金会的资金主要来源于公众捐款、政府购买服务扶助等，他们的领导人在运行管理中决策更为谨慎、注意，不敢轻易拿着公共财产去研发新的公共产品和涉足新的服务领域。而企业基金会的资金来源于企业，有企业作为后盾支持，可以积极勇敢地去尝试创新开发一些新产品，哪怕失败了也有一定的风险承受能力，不会损害到公众利益。企业基金会相较于其他的非公募基金会有着更稳定的资源支持，他们更有经济实力和发展空间去大胆尝试。因而，企业基金会更具有创新性和引领性的优势。[3]

（一）企业基金会设立宗旨的基本内涵

企业基金会设立宗旨是企业（企业家）设立基金会的初衷，是企业（企业家）欲通过基金会达成的慈善目标的表达。宗旨是企业基金会的命脉所在，它需要回答企业基金会为什么做自己所做的事，准备怎么去做和最

---

[1] 朱照南等编：《基金会分析：以案例为载体》，中国经济出版社2015年版，第91页。

[2] 基金会中心网等主编：《中国企业基金会发展研究报告（2016）》，北京联合出版公司2016年版，第82—83页。

[3] 沈慎、阳慧颖：《企业基金会：期待将企业特长与公益专业性结合起来》，《中国社会组织》2014年第13期。

终想要达成的目标是什么等问题。一般可以从企业基金会设立宗旨看出基金会的资助对象、具体要求和标准（如行业限制、地域限制、年龄限制等），且资助对象通常固定不变。① 正是因为企业宗旨自设立之日起长久保持不变，使得基金会的捐赠领域能够保持历史连贯性，通过对特定的领域和项目进行长期的关注和不断的资助，进而深入社会问题根源并予以解决。

企业基金会自身带有的企业基因使其在设立基金会的动机、资助对象、资助方式的选择上有着独特之处，而这些内容呈现在企业基金会宗旨之中就造成了此企业基金会同彼企业基金会之间的差异。正是因为企业基金会强烈的"企业化"特征，其在设立动机上更倾向于优先考虑企业的利益，在资助对象的选择上会优先关注企业员工和企业利益相关方，在资助地域上会重点关注企业所在地和企业利益相关方的所在地。除此以外，企业基金会在资助行业的选择上也会主动靠近发起企业，充分利用企业带来的优势。尤其是自《慈善法》放开公开募捐资格限制之后，企业基金会也可以申请获得公募资格，其有着企业作为后盾，运作更成熟、专业，更能得到公众的信赖和关注，从而抢占到更多的社会资源。由上可知，企业基金会设立宗旨同其他基金会设立宗旨相比，有着鲜明的特征。

（二）企业基金会设立宗旨的特性

企业基金会设立宗旨具有强烈的个性，决定着企业基金会的发展方向和手段。基金会的各项工作都需要围绕宗旨来展开，所以准确理解企业基金会的设立宗旨有着极其重要的实践意义。而对企业基金会设立宗旨的理解需要在准确把握企业基金会性质的基础上，结合社会环境、经济环境、基金会创立人的价值观念等诸多因素进行。

1. 法律性

章程是企业基金会设立人意思的载体和具体表现，确保其依照章程开展活动，也就意味着设立人的意思得到了实现。② 作为企业基金会章程中的必备条款，③ 企业基金会宗旨必然具有法律性。首先，企业基金会设立宗旨是设立人意思自治的内容，是企业基金会章程的立法目的和指导思想。通过登记管理机关确认的章程自然地成为法规，基金会相关者的行为活动都

---

① 樊子君、谭少思：《英国家族基金会内部治理及启示》，《中国注册会计师》2012 年第 6 期。
② 《条例》第 10 条和第 11 条分别规定宗旨是基金会章程和设立登记时应当载明的事项。
③ 罗昆：《财团法人制度研究》，武汉大学出版社 2009 年版，第 79 页。

需要受其规范。所以,企业基金会章程中的宗旨部分构成规范基金会行为的法规内容。其次,企业基金会宗旨作为体现企业基金会章程的原则性内容,指引着基金会的运作。① 基金会的运作都要围绕其宗旨进行。最后,基金会未能按照章程规定的宗旨进行活动还会受到登记管理机关的处罚,② 在这一规定中可以清晰看到行为模式以及行为后果,即背离宗旨的行为会受到规制。企业基金会章程中规定的企业基金会设立宗旨应当是法定的组成部分,而不仅仅是企业基金会的管理原则,企业基金会要围绕宗旨来展开活动;当违背宗旨的规范时,基金会和相关责任人员还要承担相应的法律后果。

2. 引领性

企业基金会设立宗旨在设计上对企业基金会的发展有着重要的引领作用,在立足现实需求的同时也要具有前瞻性和创新性。首先,宗旨是企业基金会活动方向的整体把握,是企业基金会设立的现实意义,是企业基金会欲要抵达的彼岸,是企业基金会发展理念的高度概括和抽象。企业基金会宗旨应当在满足社会现实需求的基础上体现创始人的慈善目标和追求。其次,在具体的实践中,宗旨当如指路明灯般指引企业基金会开展慈善活动,追求慈善目标的实现。如此,要求企业基金会有现实的指导价值,在关注的群体、关注的领域、期望达成的目标上作出明确的指示。再次,作为一种指引原则,企业基金会设立宗旨必然具有一定的理想主义特征,带有一种天然的彼岸性。但这种理想并非无法靠近与实现,企业基金会可以通过不断努力追求其价值的体现,在不断完善和发展的过程中无限靠近其宗旨,从而实现其回馈社会、造福人类的理想。最后,正如事物变化发展原理一样,一切事物都处在永不停息的运动、变化和发展之中,整个社会也是无限变化和永恒发展的,不同阶段的社会有着不同的价值追求。我们要坚持用发展的眼光去看待问题,坚持与时俱进,通过不断培养创新精神促进新事物的成长。企业基金会作为社会发展的重要推力,其设立宗旨在具有一定确定性基础上也应当更富创新精神,即在明确企业基金会的性质、发展目标、前进途径的基础上附加一些带有实践性的理想目标。之所以称之为理想目标,是因为其实现具有一定的困难性,需要长期的时间和精力

---

① 《条例》第25条规定:基金会组织募捐、接受捐赠都应当符合章程规定的宗旨。

② 参见《条例》第42条。

的投入。这一设计要求就需要企业基金会在设立宗旨时赋予其丰富的内涵,留有一定的可拓展空间供基金会在未来调整其目的和方向。

3. 实践性

企业基金会的设立宗旨除了可以引领基金会的发展方向外,更为重要的意义在于其能被具体实践。企业基金会的设立宗旨不仅是纯粹的观念或思想,更是企业基金会制定章程的价值基础、法律依据,是企业基金会具体运作过程中需要遵守的内在要求,是企业基金会在背离宗旨进行活动时受到处罚的原则性依据。企业基金会宗旨中凝练了深厚的实践价值和理论思想,是企业设立基金会的独特价值追求的集中反映。

正如所有规范表现的有限性一样,企业基金会章程和其他各种管理制度也做不到直接、具体地规范企业基金会的所有活动。故而现实中总有一些问题是制度无法解决的,这时,企业基金会宗旨就能发挥其效用。作为指引、制约、发展企业基金会具体活动的纲领性、指引性和覆盖性的原则和思想,企业基金会的宗旨贯穿、渗透到内部规则制度的制定、接受捐赠、项目设计、项目运作、项目监督等具体的活动之中,可以为相关制度的解释和适用提供最根本的精神指导,为规章制度的运用提供充足的度量空间,从而使得相关规章制度得以正确实施。

4. 显著性

首先,不同于营利性法人,作为非营利性法人的企业基金会最明显的特征是其不以营利为目的,不以经济利益为追求,而是期望实现社会公益,其宗旨更多体现公益性。其次,不同于其他非营利性法人,作为基金会,企业基金会能够摆脱各种社会势力制约,独立、自主地支持社会公益,其宗旨表现出更多的自治性。再次,不同于其他基金会,企业基金会的宗旨带有更强的企业基因,资助对象的选择、关注的领域与其他基金会有所不同,比如社区基金会是资助特定社区发展的,关注本社区的相关能力建设等;大学基金则是关注大学本身的发展,关注教育、科学研究和高新技术开发事业的发展等;企业基金会则是致力于履行企业社会责任,较之其他基金会关注的领域会更多。如此,其宗旨内涵更具丰富性。最后,不同于其他企业基金会,作为特定的企业基金会,其宗旨仅仅具有企业基金会的一般属性并不足够,它还必须具有区别于其他企业基金会的特色,或是设立人的价值理念,或是资助对象,或是资助领域,或是资助方式,从而使得此基金会与彼基金会得以区别开来。

企业基金会设立宗旨的形成受到社会环境、经济环境、基金会创始人的价值观念等因素的综合影响，凝结了不同时代背景下的实践智慧，旨在满足当下社会的迫切需求。因而一家企业基金会的宗旨是普遍价值和不同企业领导人的追求下的产物，是其他企业基金会无法复制学习的个性精神。

三 企业基金会设立目的的廓清

（一）企业基金会设立目的的有效范围

企业基金会设立目的（目的事业）指的是企业基金会公益活动的业务范围。目的是企业基金会存在的正当理由，在设立和取得法律认可时，该目的将会被特别加以考虑。

根据我国慈善立法的分类，慈善目的有两种：一种是通常意义上的慈善，即"小慈善"，也就是传统的扶贫济困救灾，这也是我国慈善事业的基础和重点；另一种是法律意义上的慈善，即"大慈善"，也就是现代慈善，除了扶贫济困救灾之外还包括促进全社会精神文明建设的各类事业的发展、实现人类的可持续发展等有利于社会公共利益的活动。[①] 随着经济社会的发展，特别是人民的慈善意识和社会保障水平的提高，对慈善的理解发生了很大的变化，我国的慈善活动也日益呈现出多样化的趋势，从"小慈善"逐步向"大慈善"领域发展。我国《慈善法》从我国的实际情况出发，对慈善活动的界定采用了"大慈善"的概念。在慈善活动的内容上既突出扶贫济困救灾这一重点，又涵盖其他公益事业领域。另外，《条例》中要求基金会是为特定公益目的而设立的，结合《慈善法》，企业基金会的设立目的应该是"大慈善"范围中的某项或者某几项。

《慈善法》中除了对慈善组织活动范围有积极规定，还规定了慈善组织的禁止性活动，要求既不得从事危害到国家安全和社会公益的活动，也不得进行违背社会公德的活动。[②] 这里的"危害社会公益的活动"没有在我国法律体系中具体指出是哪些，这一点主要还需要行政主管部门行使行政自由裁量权来判定。其中，可以参考我国《社会团体登记管理条例》中对其

---

① 参见《慈善法》第3条慈善活动定义。

② 《慈善法》第15条规定：慈善组织不得从事、资助危害国家安全和社会公共利益的活动，不得接受附加违反法律法规和违背社会公德条件的捐赠，不得对受益人附加违反法律法规和违背社会公德的条件。

作出的有限界定,包括禁止危害国家的统一、安全和民族的团结及禁止违背社会道德风尚。① 同时,还可以参照日本以民法之特别法形式出台的《特定非营利活动促进法》中的相关规定,即规范 NPO 法人的禁止性行为,主要限制涉及宗教、政治、暴力团体等敏感的领域。② 慈善活动范围的具体界定对慈善组织开展活动有着重要的实践意义,我国也应在相关立法中具体规定禁止性规范,尽可能缩小行政部门的自由裁量权。慈善组织不能从事的领域更是企业基金会不能涉足的,我国企业基金会应当尽量避免参与到宗教和政治活动中去。

企业基金会除了应当在慈善活动范围内开展其目的事业,在目的的具体选择上还应当结合企业自身的经营优势或者关注企业利益相关方来进行。如教育企业设立的基金会可以重点关注教育领域,饮料制造企业可以关注环境(水资源)、"三农"(原材料种植商)等领域,即试图通过与企业发展价值链结合进而实现企业基金会的持续发展。

(二) 企业基金会设立目的的合理限制

在我国,企业基金会还是个新兴事物,相关制度构建并不完善,诸多环节还有待设计。企业基金会作为非营利组织形式存在和活动,其在设立目的的选择上还是应当受到规制。立法对企业目的范围的政策规定经历了一个从放任主义到限制主义再到自由主义的循环过程,③ 反映了公众对企业的信任态度的变化。目前社会对企业基金会的态度还不是很乐观,信任感明显不足,对其还应当进行严格的控制和监督,毕竟企业基金会从事的事业目的关系到公共利益。

企业基金会作为一种特殊的基金会形式,其脱胎于企业,具有企业基因,行事作风更偏向于企业的运作管理,自身带有一定的经营优势。企业基金会在发展中也会主动从事一定的投资、增值的营利活动,但是这种营利活动不加以限制容易威胁到基金会的资金安全,还容易引诱基金会偏离

---

① 参见《社会团体登记管理条例》第4条。

② 俞祖成:《如何实现〈慈善法〉的立法宗旨?——基于日本相关立法的启示》,《浙江工商大学学报》2016 年第 3 期。禁止性行为包括:禁止宣传宗教教义、举办宗教仪式以及培养和教化信徒;禁止推进、支持或反对政治上的主义;禁止推荐、支持或反对特定公职的候选人、现任公职人员以及政党;禁止为特定政党所利用;还禁止属于非法的团体(包括暴力团体、被暴力团体或暴力团体成员所控制的团体)。

③ 施天涛:《公司法论》,法律出版社 2014 年版,第 135—136 页。

宗旨所设定的路径而沦为谋取经济利益的工具。不仅会导致国家税收损失，而且还会引发企业基金会与小型企业之间的不公平竞争，① 这将引发市场的无序管理，企业基金会的形象也将受到消极影响。

所以，为了保证企业基金会财产的安全，应当在企业基金会设立之时对其进行目的限制。目的限制原则的理论依据在于，每个法人的成立目的不同，其业务活动范围也不相同，因此，其权利能力也会有所不同。② 企业基金会目的限制指的是如果企业基金会在设立登记之时将某些事项或者业务范围写入章程，会导致其不能获得主管机关的设立许可或者被登记管理机关拒绝办理登记。③ 企业基金会除了受到目的共同限制外，还会受到个别限制。目的的共同限制是指企业基金会不能从事政治性活动、违反公序良俗和其他法律的禁止性规定。而企业基金会的个别目的限制将来自于两个方面："非营利性"和"设立宗旨"。其中，"非营利性"的限制来自于法律的强制性规定，④ 并以具体的规则和制度为保障；而"设立宗旨"限制则来自于企业基金会创始者，即创始者在设立企业基金会时想达到的慈善目标或者说公益追求。这一点在基金会设立之初就已经得以确定，且记录在章程之中，具有一定的法律性，不得轻易更改。⑤

非营利性要求企业基金会不以营利为目的，具体包含了三个层面的含义。第一个层面，不同于企业与生俱来的逐利性，企业基金会是企业设立用来实现其社会责任、社会公益的平台，其设立目的应当符合《慈善法》的基本要求，不能以营利为活动根基。第二个层面，这里需要强调"不以营利为目的"并不当然排斥企业基金会进行投资经营活动，企业基金会设立后，除了企业的"输血"外，一般还鼓励其自主"造血"。在基金会的具体运作中，为了实现财产的保值、增值，可以开展低风险的投资经营活动。第三个层面，对于投资活动取得的收益的处理也需要遵循非营利的要求，即应当全部用于设立目的，不得进行与慈善目的无关的分配。而设立宗旨

---

① 杨道波：《公益性社会组织营利活动的法律规制》，《政法论坛》2011年第4期。
② 蔡恒、孙晓洁：《公司权利能力受目的（经营）范围限制的立法变革——从新〈公司法〉第12条谈起》，《求实》2006年第Z2期。
③ 罗昆：《财团法人制度研究》，武汉大学出版社2009年版，第118页。
④ 《慈善法》第9条规定：慈善组织应当满足不以营利为目的的条件。
⑤ 金锦萍：《社会企业的兴起及其法律规制》，《经济社会体制比较》2009年第4期。

的限制则要求企业基金会从事的业务范围按照设立人既定的慈善目标来开展，不得从事既定范围之外的目的。

四　我国企业基金会设立宗旨与目的的法律规范

自 1981 年我国设立第一家正式的基金会——中国儿童少年基金会以来，随着社会的发展进步、经济水平的提高、政策环境的开放、公民社会责任意识的提升，作为一种典型的公益慈善组织，基金会受到的关注越来越多，行业整体发展态势也越来越好，同时，相关的法律制度也在不断建立和完善之中。从 1988 年出台的仅有 14 条内容的《办法》到 2004 年起施行的结构完整的《条例》，再到 2016 年颁布的我国第一部慈善事业立法——《慈善法》，再到之后还在征求意见阶段的《条例草案意见稿》，我国的基金会立法正在不断地进步。

表 2-1　　　　　　　　　　法条中的宗旨与目的

法律条文	制定时间	宗旨	目的（业务范围）	章程内容
《基金会管理办法》	1988 年（现已废止）	基金会的活动宗旨是通过资金资助推进科学研究、文化教育、社会福利和其他公益事业的发展	无	宗旨
《条例》	2004 年	无规定	以从事公益事业为目的	设立宗旨和公益活动的业务范围
《慈善法》	2016 年	以面向社会开展慈善活动为宗旨	不以营利为目的（介绍了慈善活动的分类）	宗旨和活动范围
《条例草案意见稿》	2016 年	以开展公益慈善活动为宗旨	以开展慈善活动为目的	宗旨和业务范围

但关于基金会设立宗旨与目的这部分内容的法律规定似乎一直是模糊混淆的。从表 2-1 中可以清晰地看到我国关于基金会设立宗旨与目的的立法态度。最初的《办法》规定了基金会的活动宗旨为推进各类公益事业的发展，同时还要求基金会基金只能用于资助符合其宗旨的活动和事业，且不得经营管理企业，当时不存在目的（业务范围）一说。基金会章程中也只需列明基金会性质、宗旨和基金来源等事项。

从《办法》出台到《条例》颁布中间的十多年时间为基金会规范发展

的阶段，同时也是其发展受注册资金限制的阶段。《条例》的施行给基金会的发展带来新的活力，可以说是中国基金会发展史上的转折点，其主要意义在于开放。① 不仅允许注册非公募的民间基金会，而且允许境外基金会进入中国，也取消了基金会不得经营管理企业的限制，准允基金会遵循一定原则实现基金的保值、增值。

《条例》较之《办法》其内容更为翔实，包括从基金会的设立、变更到内部管理和财产使用再到运作监督最后到注销等，贯穿基金会运作的全部环节。其中要求基金会章程载明"设立宗旨和公益活动的业务范围"，纵观条文，其对基金会的设立宗旨并没有作出规定，但将基金会的目的限定为"从事（特定的）公益事业"。此时，《条例》中并没有对"公益事业"作出范围界定；五年后也就是2009年出台了《中华人民共和国公益事业捐赠法》（以下简称《公益事业捐赠法》），其中作了"公益事业"②的定义，公益事业中最为突出的一个特点是其非营利性。

2016年《慈善法》出台，其以"共享发展成果"为立法宗旨，提倡共享发展，调动起了民众极高的慈善积极性。条文要求慈善组织的章程需载明"宗旨和活动范围"，同时还规定慈善组织"以面向社会开展慈善活动为宗旨"，"不以营利为目的"。同时在总则部分，对慈善活动的范围③作了限定，延续了《公益事业捐赠法》的公益事业范围的定义。《条例草案意见稿》沿袭了《慈善法》的相关内容，对基金会的宗旨和目的作了相同的规定。

从基金会相关立法中可以看出，虽然从《条例》开始，要求基金会在制定章程内容时包括"宗旨"和"活动（业务）范围"的内容，但我国立法中并未严格区分基金会设立宗旨与目的的内涵。根据上文的分析我们得

---

① 杨团：《关于基金会研究的初步解析》，《湖南社会科学》2010年第1期。
② 《公益事业捐赠法》第3条规定：本法所称公益事业是指非营利的下列事项：（一）救助灾害、救济贫困、扶助残疾人等困难的社会群体和个人的活动；（二）教育、科学、文化、卫生、体育事业；（三）环境保护、社会公共设施建设；（四）促进社会发展和进步的其他社会公共和福利事业。
③ 《慈善法》第3条规定：本法所称慈善活动，是指自然人、法人和其他组织以捐赠财产或者提供服务等方式，自愿开展的下列公益活动：（一）扶贫、济困；（二）扶老、救孤、恤病、助残、优抚；（三）救助自然灾害、事故灾难和公共卫生事件等突发事件造成的损害；（四）促进教育、科学、文化、卫生、体育等事业的发展；（五）防治污染和其他公害，保护和改善生态环境；（六）符合本法规定的其他公益活动。

知，基金会宗旨和目的有着不同的价值，在设计上也应该区分开来，而不是混为一谈。基金会设立目的应当是基金会拟从事的业务范围，其主要内容受慈善活动定义的限制，即属于六项活动中某一项或某些项。同时，也需要关注到基金会目的最重要的属性是其非营利性，指的是基金会不能为了追求创办人或其他受益人的纯粹经济利润而设立。原因在于基金会自身是消极的社会存在，其应当趋向于避免使财产进入正常的法律流转和企业投资。基金会制度被承认仅仅因为它是实现超越个人经济利益和实现社会利益的工具。① 至于基金会宗旨的内容应当是更为抽象概括的内容，表述上应该是基金会通过从事具体的目的事业而期待达成的成就，突出的应该是理想性的描述，内容可以参照《办法》中宗旨的表述。

第二节　我国企业基金会设立宗旨与目的的实然考察

一般说来，企业基金会多由企业捐资设立，其设立宗旨与目的与设立企业所在的行业及主营业务存在千丝万缕的联系。

一　我国企业基金会的行业数据分析

根据企业基金会发起的企业身份，我国企业基金会可以分为国企基金会、民企基金会、外资基金会、合资基金会和港澳台背景企业基金会。改革开放以来，我国民营企业从无到有，从小到大，从弱到强，在国民经济中的作用不断增强，现已经成为国民经济中的重要支撑力量。数量众多且充满活力的民营企业使得带有民企背景的基金会凭借着数量和规模上的优势逐步成为企业基金会发展中的主力。而国有企业作为受政府投资或控制的企业，其行为在很大程度上要受到政府的干预和影响，需要考虑政府的意志和利益，相较于民营企业更受约束，设立基金会的数量有限，但其所掌握的雄厚资金也是社会发展所需要的。如图 2-1 所示，国企基金会数量增幅缓慢，而民企基金会发展速度远超国企基金会，2014 年，民企基金会数量已经达到国企基金会数量的 5 倍多。

---

① 蒋军洲：《慈善捐赠的世界图景——以罗马法、英美法、伊斯兰法为中心》，法律出版社 2016 年版，第 105 页。

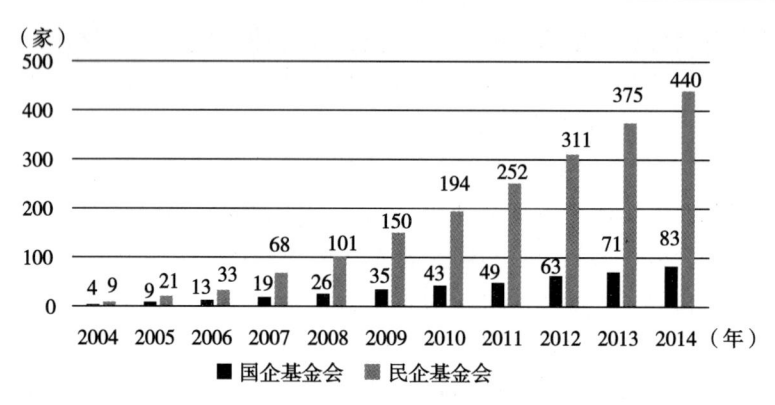

图 2-1　国企基金会、民企基金会数量变化（2004—2014 年）

资料来源：基金会中心网，数据中心，http://www.foundationcenter.org.cn，截止日期：2015 年 12 月 31 日。

截至 2014 年年底，民营企业发起设立的企业基金会最多，为 440 家，占 78%；另有国企设立基金会 83 家；外资基金会 13 家；合资基金会 12 家；还有港澳台背景企业基金会 12 家（见图 2-2）。而在 2014 年的公益支出中，企业基金会支出总额为 28.48 亿元，其中，国企基金会公益支出 10.86 亿元，占比达 38.13%，是其数量占比的 2 倍多；民企基金会公益支出为 15.52 亿元，占比达 54.49%。[1] 可见，国企基金会虽然在数量规模上不占优势，但是其平均支出是高于民企基金会的平均支出水平的。

从发起企业所涉行业来看，我国企业基金会发起企业多集中于制造业、房地产业、社会服务业、金融保险业等行业（见图 2-3）。其中制造业类别企业设立的企业基金会代表有中国海油海洋环境与生态保护公益基金会，其由中国海洋石油集团有限公司（国企）发起成立，该基金会除重点关注海洋生态环境保护外，还涉及相关的科学研究与技术开发以及其他慈善公益项目。房地产业类别下的代表企业基金会有泛海公益基金会，由中国泛海控股集团（民企）发起设立，基金会主要关注安全救灾、扶贫助困、环境、教育等传统公益领域。

观察我国企业基金会的资产规模可以发现，其所掌握的净资产总额在逐年稳步增长，截至 2018 年 5 月 1 日，其净资产规模达到 1239192.12 万

---

[1] 基金会中心网等主编：《中国企业基金会发展研究报告（2016）》，北京联合出版公司 2016 年版，第 38、62 页。

第二章 企业基金会的设立宗旨与目的

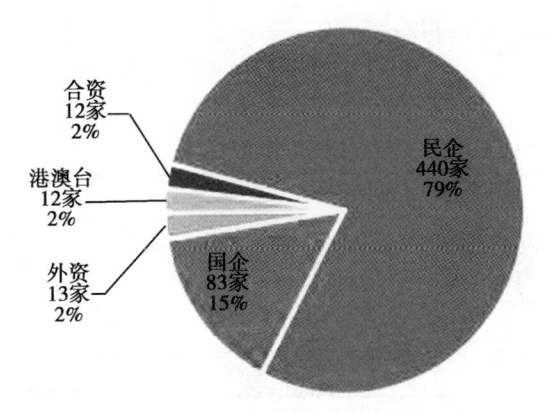

图 2-2 2014 年发起企业类型及分布
- 民企 440 家 79%
- 国企 83 家 15%
- 合资 12 家 2%
- 港澳台 12 家 2%
- 外资 13 家 2%

资料来源：基金会中心网，http://www.foundationcenter.org.cn，数据中心。截止日期：2015 年 12 月 31 日。

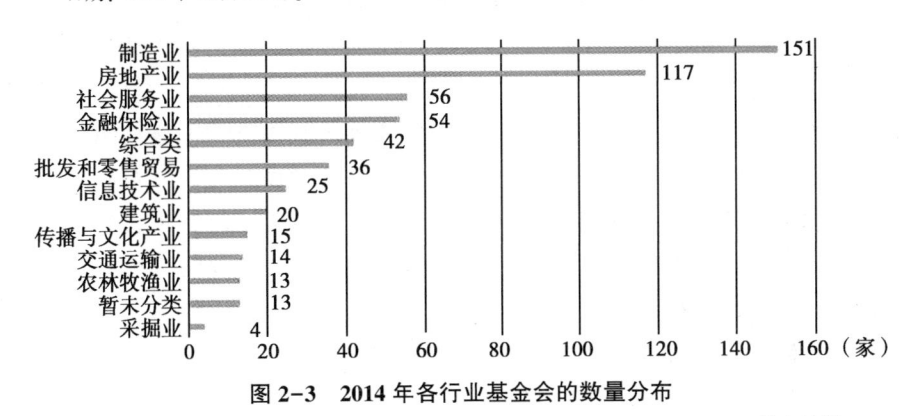

图 2-3 2014 年各行业基金会的数量分布
- 制造业 151
- 房地产业 117
- 社会服务业 56
- 金融保险业 54
- 综合类 42
- 批发和零售贸易 36
- 信息技术业 25
- 建筑业 20
- 传播与文化产业 15
- 交通运输业 14
- 农林牧渔业 13
- 暂未分类 13
- 采掘业 4

资料来源：基金会中心网，数据中心，http://www.foundationcenter.org.cn，截止日期：2015 年 12 月 31 日。

元，占全国基金会资产的 10%。近年来企业基金会在全国基金会范围内占比一直保持在 10% 左右，相应地，企业基金会年度收入和年度支出也一直呈现稳定增长的趋势。根据我国企业基金会资产规模分布可以将企业基金会分为三级，分别是千万元以下量级、千万元到亿元量级和亿元以上量级。无论是净资产规模、捐赠收入规模还是公益支出规模数量最多的集中在千万元以下量级，亿元以上量级的可以说是凤毛麟角了（见图 2-4）。虽然亿元以上量级的基金会数量少，但是其资产所占总量的比重大。目前，国内净资产最多的企业基金会是海南省慈航公益基金会（净资产为 88982 万元），其由大型跨国企业集团——海航集团发起设立，原始资金为人民币

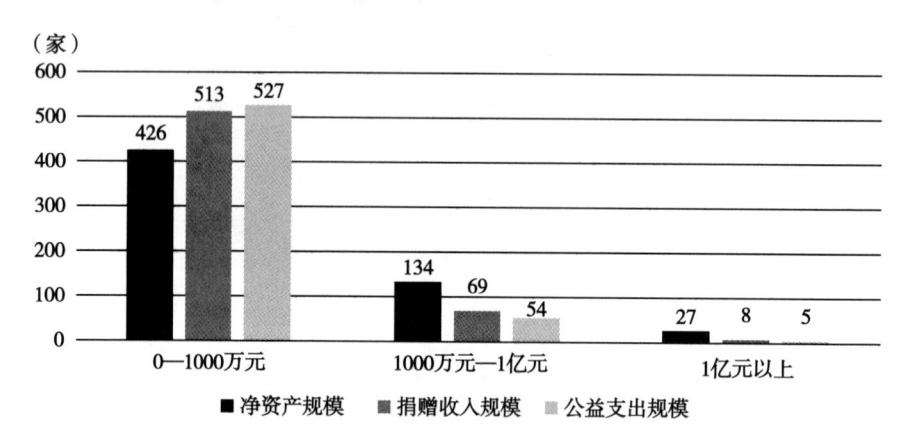

2000万元，全部由海航集团捐赠。

图 2-4　企业基金会资产规模分布图

资料来源：基金会中心网，数据中心，http：//www.foundationcenter.org.cn，截止日期：2018年5月1日。

从收入的具体类别来看，企业基金会的收入来源主要还是捐赠收入，且鲜有政府补助（见图2-5）。除了来自发起企业的捐赠收入，企业基金会也会收到来自其他企业的捐赠（这里的其他企业包括发起企业的关联公司和其他与发起企业有相同宗旨的企业），除此之外，还会收到一些个人（主要是企业家）捐款。

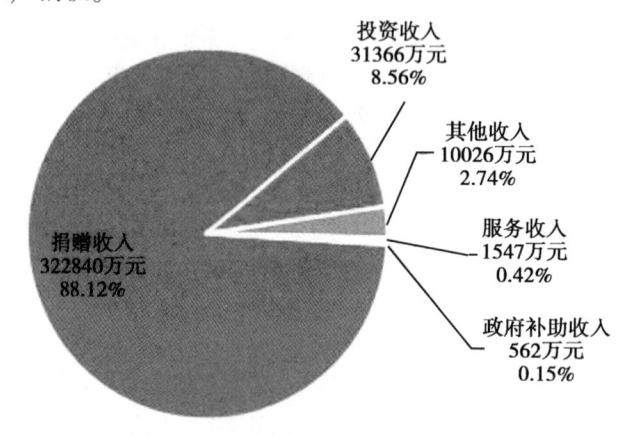

图 2-5　2014年度收入分类及比重

资料来源：基金会中心网，数据中心，http：//www.foundationcenter.org.cn，截止日期：2015年12月31日。

综上所述，我国企业基金会发展的行业特征主要有如下几点：第一，企业基金会的发起设立主体为民营企业；第二，发起企业所涉行业有集中性，多集中在产值高、发展快的几个行业；第三，企业基金会的资产规模均呈稳步上升的趋势，且其数量分布在整体增长的环境下呈现出"楔式"样态，在量级高的区间企业基金会数量少，而在量级低的区间企业基金会数量多；第四，企业基金会收入主要来源于捐赠收入，没有政府补助的投入，其发展主要靠企业基金会自身。

二 我国企业基金会设立宗旨与目的的总体状况

首先，从关注领域来说，我国企业基金会关注领域呈现出不均衡的特点。根据基金会中心网提供的标签分类，企业基金会的关注领域涉及27个方面，不同的企业基金会关注领域各有不同，也有领域重叠的。一般来说，大型企业基金会的关注领域较多，通常有三种以上。中小型企业基金会的关注领域就相对单一，具有地方性、一对一性。如表2-2所示，我国企业基金会关注领域扎堆，多集中在教育、扶贫助困、安全救灾等方面；而相应的，对体育、妇女、公共安全、法律实施、见义勇为、心理健康、少数民族、动物保护等领域关注甚少，可以说是寥寥无几；在食品、侨务、国际事务、公民权利等领域完全没有企业基金会的涉足。其中关注教育领域的企业基金会最多，高达512家，占企业基金会总数的59%。而对动物保护领域进行关注的仅浙江绿色共享教育基金会一家，其发起企业为华立集团，是中国电工仪表行业规模最大的企业。但如其基金会名称所示，其主要关注领域为教育，且在其公示的项目信息中并未找到关于动物保护的项目。

表2-2　　　　企业基金会关注领域（样本数量：868家）

关注领域	企业基金会数量（家）	占比（%）
教育	512	59
扶贫助困	409	47
安全救灾	224	26
医疗救助	130	15
老年人	103	12
环境	97	11
文化、公益事业发展、残疾	各56	6

续表

关注领域	企业基金会数量（家）	占比（%）
儿童	52	6
卫生保健	41	5
科学研究	37	4
公共服务	28	3
创业就业	26	3
青少年	19	2
三农	14	2
艺术、社区发展	各12	1
志愿服务	10	1
体育、妇女	各9	1
公共安全	5	0.6
法律实施	4	0.5
见义勇为	3	0.3
心理健康、少数民族	各2	0.2
动物保护	1	0.1
食品、侨务、国际事务、公民权利与人权	各0	0

资料来源：基金会中心网，数据中心，http://www.foundationcenter.org.cn，截止日期：2018年5月1日。

其次，从企业基金会切实运作的项目数量来说，我国企业基金会呈现出项目扎堆的特点。项目数量最多的是教育、扶贫助困和公共服务领域（见图2-6）。光教育项目多达775个，在数量上几乎是其他所有项目的数量总和，而在"三农"、创业就业、国际事务等政策倡导领域，项目涉猎很少，反映出我国企业基金会目前的资助重点还是在传统的慈善领域。企业基金会更倾向于资助那些只需短期投入且能更快见到社会效果的项目，而像文化艺术、科学研究这种需要长期、不断投入的项目似乎并不为讲求"效率"价值的企业所青睐。

最后，国企基金会和民企基金会的关注领域重点大致重合但稍有不同。如图2-7、2-8所示，国企基金会和民企基金会重点关注的前四个领域（教育、扶贫助困、医疗救助、公共服务）相同，且项目比例基本持平。而项目数量靠后的关注领域则不尽相同，国企基金会关注重点依次为科学研究、

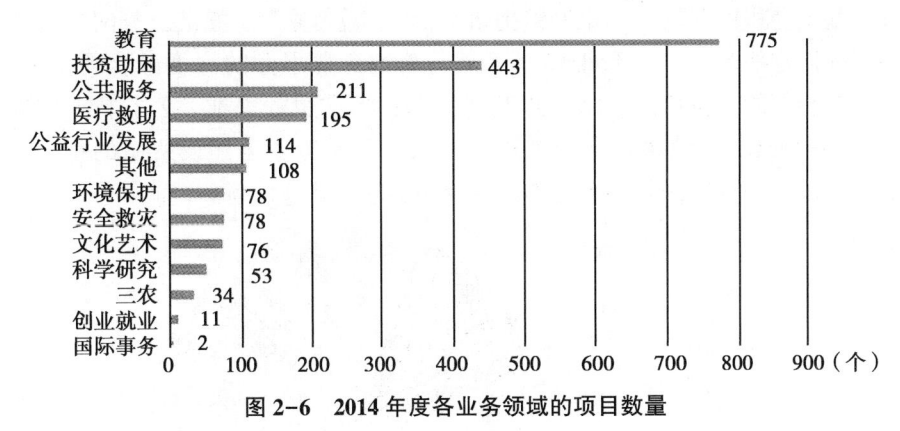

```
教育                                              775
扶贫助困          443
公共服务    211
医疗救助    195
公益行业发展 114
其他      108
环境保护    78
安全救灾    78
文化艺术    76
科学研究    53
三农       34
创业就业    11
国际事务    2
     0  100  200  300  400  500  600  700  800  900（个）
```

图 2-6　2014 年度各业务领域的项目数量

资料来源：基金会中心网，数据中心，http：//www.foundationcenter.org.cn，截止日期：2015 年 12 月 31 日。

安全救灾、"三农"、环境，而民企基金会项目涉及领域依次为公益行业发展、环境保护、文化、安全救灾。从项目设计上可以看出国企基金会更关注传统的慈善领域，这跟国企自带的"行政性"相关，其态度更为保守、谨慎，不会轻易涉足新领域。

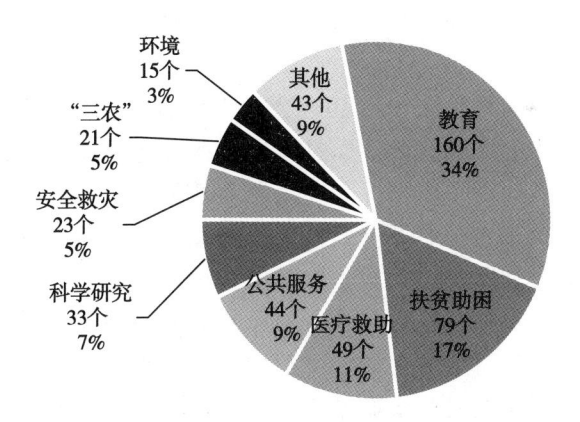

饼图数据：
- 教育 160个 34%
- 扶贫助困 79个 17%
- 医疗救助 49个 11%
- 公共服务 44个 9%
- 科学研究 33个 7%
- 安全救灾 23个 5%
- "三农" 21个 5%
- 环境 15个 3%
- 其他 43个 9%

图 2-7　国企基金会 2014 年不同领域项目数量

资料来源：基金会中心网，数据中心，http：//www.foundationcenter.org.cn，截止日期：2015 年 12 月 31 日。

相对地，民企基金会因为承载了民企的创新基因，其更有活力和风险承受力，开展的项目较之国企基金会更丰富多样，且极具创新性。腾讯基金会由腾讯公司发起设立，是中国第一家由互联网企业发起的公益基金会。

腾讯基金会积极开发"腾讯网络捐赠平台""益行家""腾讯公益网"等产品,并以这些产品为平台推动互联网与公益慈善事业的深度融合与发展,形成一种新的公益模式,即通过互联网的技术和服务来推动公益行业的发展。① 这种模式是腾讯基金会推进"人人可公益"生态建设所做的积极尝试,该模式的运作深具腾讯色彩,且成功实现了社会创新。

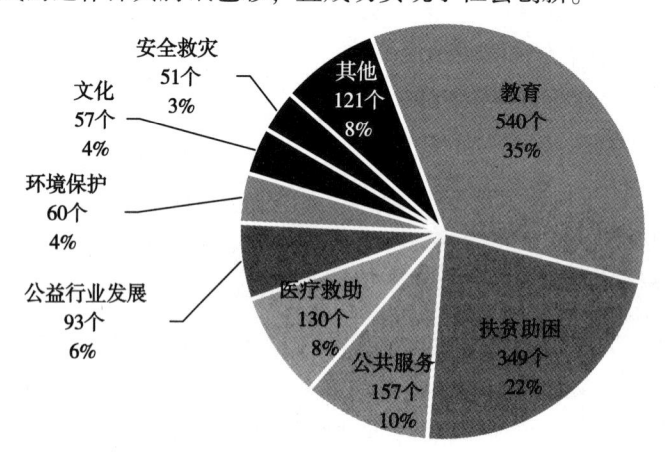

图 2-8　民企基金会 2014 年不同领域项目数量

资料来源:基金会中心网,数据中心,http://www.foundationcenter.org.cn,截止日期:2015 年 12 月 31 日。

综上所述,我国现有法律对基金会设立宗旨与目的的区分并不清楚,存在将宗旨与目的混同的状况,而且我国企业基金会设立宗旨和目的在实际运作中出现明显的不平衡情况。一是企业基金会对不同领域的关注不均衡,出现了"厚此薄彼"的现象;二是企业基金会的具体项目开展多扎堆于部分领域,而对创新类项目投入较少,甚至不去投入;三是不同类型的企业基金会关注重点略有差异,这些差异的造成都是源于设立企业本身的特点;四是企业基金会的关注领域多集中于部分领域,而对于其他领域则少有涉足;五是不同类型的企业基金会的关注重点略有不同,如国企更关注传统的慈善领域,而民企则更富有创造力和创新性,其更愿意进行社会创新。

---

① 参见腾讯基金会简介,http://gongyi.qq.com/jjhgy/index.htm,最后访问时间:2018 年 4 月 8 日。

三 当前企业基金会设立宗旨与目的反映出的问题

(一) 没有宗旨或者设立宗旨过于宽泛

企业基金会设立宗旨是企业基金会设立的核心，宗旨是设立人的初衷，指引着企业基金会的未来发展方向。唯有明确宗旨，企业基金会才能正确定位自身，作出恰当的行动目标规划，通过有侧重的资源配置，发挥出企业基金会的最大效用。企业基金会设立宗旨除了对基金会的发展有着重要的指导价值外，一个好的宗旨还能增进基金会员工、受益人、社会公众等对其慈善理念的认同感，促使社会各界热情关注、积极参与相关事务，从而引领企业基金会的正向发展。

1. 企业基金会没有设立宗旨

基于企业文化的差异，企业做慈善的动机各有不同，有的是为了好名声，如扩大声誉、强化品牌形象、提升企业影响力等；有的是考虑到做慈善能够刺激消费者消费从而增强品牌的竞争力，增加企业的社会效益；还有的则是出于一些现实因素的考量，如捐赠涉及的税收问题。

一般企业在设立基金会之前也会以其他方式履行社会责任，包括企业直接赞助社会公益活动和向一些公益组织捐赠财物，如此虽然可以为企业节约大量的成本，不需要花费时间和精力去开发项目，但是也有着一定的弊端。企业直接赞助公益活动具有临时性和随机性的特点，这种偶然为之的活动方式不利于企业对某一领域保持长期持续的关注和支持。另外受一些频发的"慈善信任危机"影响，很多企业逐渐对一些公益慈善组织失去信心，觉得不如自己拿钱设基金会自主、高效地干项目，进而实现企业基金会的独特追求。[①]

但是，企业的营利性注定了企业发展重"求生存、谋实利"，与追求社会公益的基金会在本质上就是不同的。当前在我国，企业基金会基本上还不能达到完全以奉献社会为目的，完全不考虑私利的境界。企业设立基金会的目的之一就是要配合企业的发展战略，其设立动机必然要和设立企业相关联，顾及设立企业的形象。当然如果企业真的做了慈善事业，对促进社会发展做出了一定的贡献，企业出于自身发展考量设立基金会也是无可厚非的。但是，仅看慈善的效果而不考虑慈善的动机可能会导致暴力慈善、

---

① 金锦萍：《科学慈善运动与慈善的转型》，《科学对社会的影响》2009 年第 2 期。

伪慈善的发生。① 企业基金会的设立动机在一定程度上会影响到企业的行为模式，或是逐利，或是公益，或是二者并重。

根据不同企业设立基金会动机的差异性，我国企业基金会大致可以分为三种类型，分别为短期功利型、战略慈善型和公共利益型。② 短期功利型企业基金会往往扯着基金会的幌子到处赞助各种项目，而且在项目的选择上会更看重其社会影响力，而不是其实际效果。这是一种基于企业社会责任催化出的"公益营销"模式，③ 即通过慈善活动的广告效应来进行企业产品宣传、推广。战略慈善型企业基金会主要通过开发与企业市场战略密切相关的项目，在做慈善的同时悄然起到推广企业自身的商业效果。企业主动在长期、持续的慈善行为中，通过探索独特方式不断地为社会提供公共服务，进而成为社会公器。最后一类企业基金会通常追求的是纯粹慈善目标，不会主动牵扯企业的商业利益，故而这种类型的基金会一般更关注慈善创新，试图用慈善精神来改造企业和市场。

我国企业基金会发展历史短，相关法律制度不够完善，行业透明度不高，对设立企业的资金、人员依赖性强，短期内不会也无法脱离企业。企业基金会与其设立企业的联系紧密，导致社会公众普遍对企业基金会设立的动机存有疑虑。在实践中，一旦企业的利益与基金会的利益有冲突，企业基金会难免会倾向于关注企业利益，不去帮助资助对象，那么基金会的行为就可能违背公众意愿，无法实现社会公益，影响到企业基金会和企业的公众形象，企业设立基金会的目的也无法实现。

作为外部人员，我们无法窥得企业设立基金会的深层次动机，但是企业基金会设立宗旨作为设立人慈善目标的体现，能够在某种程度上反映企业基金会的设立动机。我们可以通过规制企业基金会的设立宗旨来引导其动机。然而，根据基金会中心网提供的数据显示，在全国868家企业基金会之中，没有宗旨的企业基金会共计156家，约占总数的18%。这一现象说明我国企业基金会透明度不高，企业在设立动机上还有秘而不宣的部分，外界无法了解其真实意图，更无法对企业基金会进行外部监督。

---

① 石国亮：《倡导和培育内在驱动的利他导向的慈善动机——兼论"慈善不问动机"的片面性》，《理论与改革》2015年第2期。
② 阳光：《企业基金会：走出慈善"黑箱"》，《21世纪经济报道》2010年1月11日。
③ 赵俊男、李德志：《论企业慈善行为的意识形态支撑》，《兰州学刊》2013年第3期。

2. 企业基金会设立宗旨宽泛

部分企业基金会虽然有宗旨，但宗旨规定得五花八门，从极狭隘、特殊甚至是怪异的，到极其宽泛或者说空洞的"造福全人类"的都有。有的企业基金会宗旨的表述直接是"以开展慈善活动为宗旨，不以盈（营）利为目的"这种直接从法律条文中摘抄的原则性话语，如北京华夏英雄慈善基金会、北京加速公益基金会等。有的企业基金会宗旨采取 8 字"箴言"，最短的一个宗旨只有 2 个字——"支助"。这些各式宗旨着实让人摸不清该企业基金会将从事什么慈善业务，也无法得知该企业基金会企图达成的目标。

表 2-3　　　　　部分企业基金会宗旨、关注领域等情况

企业基金会	设立企业	设立宗旨	业务范围	关注领域
北京凌盛爱心公益基金会	北京凌盛投资控股集团有限公司	凝聚爱心，回馈社会	支持助残、助教、定向医疗救助有关的社会公益事业	残疾、教育、医疗救助
深圳市新浩爱心基金会	深圳市新浩投资发展有限公司	服务社会，造福人类	为赈灾救助、扶贫济困、助学兴教、资助社会公益慈善事业、教育事业等慈善公益活动管理和使用资金	扶贫助困、教育、医疗救助
广东省茂德公儿童艺术发展基金会	广东茂德公食品集团有限公司	积小善，成茂德	资助贫困地区儿童艺术事业发展；资助贫困地区教育事业发展；扶贫济困，恤孤助残	残疾、儿童、扶贫助困
宁夏固原市家道爱心慈善助学济困基金会	宁夏家道实业集团有限公司	大爱无疆	为固原经济困难的高中、大学生提供无息借款等	扶贫助困、教育
江苏长新爱心救助基金会	江苏长新电工机械集团有限公司	支助	资助社会孤寡老人生活和弱势群体、失学儿童完成学业	扶贫助困、教育
福鼎市家景助学基金会	福建家景置业有限公司	奉献爱心，提升自我	资助家庭经济困难的福鼎籍学生，完成学业	教育
吉林市白山发电厂爱心救助基金会	吉林省白山发电厂	人人为我，我为人人	对遭遇重大疾病人员，遭遇自然灾害及意外伤害等特困家庭提供经济救助	安全救灾、医疗救助
杭州市余杭区老板电器公益慈善基金会	杭州老板电器股份有限公司	做一个让社会尊敬的基金会	开展各种公益活动，辅助社会弱势群体；与其他社会组织合作，联合开展救助活动	扶贫助困

续表

企业基金会	设立企业	设立宗旨	业务范围	关注领域
南京科菲平公益基金会	江苏柯菲平医药股份有限公司	帮助更多的人享有健康、快乐、希望的生活	接受政府资助和社会捐赠;为老服务;自闭症教育;公益人才培养;助学助教	儿童、公益事业发展、教育、老年人

资料来源:基金会中心网,数据中心,http://www.foundationcenter.org.cn,截止日期:2018年5月1日

表2-3列举了部分企业基金会的设立宗旨,从大口号式的"大爱无疆""人人为我,我为人人"到言简意赅的"支助",可以看出我国部分企业基金会设立宗旨宽泛甚至空洞,不能体现出企业基金会应有的性质特征。从宁夏固原市家道爱心慈善助学济困基金会的业务范围和关注领域可以看出该基金会主要关注教育领域,主要为企业所在地的贫困高中生、大学生提供教育支助,其名称也表明其业务范围为"爱心慈善助学济困",但单从宗旨的表述上根本无法看出该基金会欲从事的业务范围和关注领域。"大爱无疆"可以将"大慈善"活动都囊括其中,宗旨的表述不具有引领性,既没有表明其资助对象,也没有点明其关注领域,难以明确指引企业基金会活动的开展,如此该宗旨可以被认为是形同虚设。再如福鼎市家景助学基金会的宗旨。作为公益组织,基金会成立的初衷都是为了奉献爱心,为了实现社会公益。"奉献爱心,提升自我"既没有说明其欲从事的业务范围,也没有提出实现其目的的方式,该宗旨可以说很是空洞,不具有实践性。特殊的还有杭州市余杭区老板电器公益慈善基金会,其宗旨为"做一个让社会尊敬的基金会",同其发起企业余杭区老板电器的使命"做一家让社会尊敬的企业",无法满足企业基金会设立宗旨的显著性要求。事实上多数社会组织都希望其自身能够发展良好得以认可,这种目标的设定只能体现组织的共性,而不能反映出企业基金会的个性。如此表述宗旨的还有吉林市白山发电厂爱心救助基金会、广东省茂德公儿童艺术发展基金会等多家企业基金会,在此不一一赘述。

当企业基金会宗旨过于宽泛、不明确的时候,企业基金会在实际运作中就不能够确定系统的长短期计划,运行机构可能会比较随意地安排一些目的性分散的公益活动。在具体项目的开展上,如果没有宗旨的把关,基金会对项目的设计以及评估就无法顺利进行,往往造成基金会用了很多钱,却不能使某类群体集中受益的情况。当企业基金会长期处于对社会的实际

贡献与基金会资金的投入不成比例、基金会本身树立不起一个鲜明的形象、社会形象提升难的尴尬局势时，不仅会打击到企业对企业基金会的信心而不再给予其支持，①还会影响公众对企业基金会的态度，认为企业基金会无所作为。

虽说不需要宗旨将基金会所有关注领域都列明，但是从宗旨中完全看不出来企业关注的领域，企业基金会又如何从宗旨中得到行动指引？或者说相关监管单位又如何判断其设立动机？如何知道该企业基金会实现其非营利性目的的路径？良好的资助效果依赖于对宗旨的理解，而对宗旨的阐释又应该建立在其本身具有的引领性和实践性上，唯有可以被人们接受、理解和实践的宗旨才可能真正实现其价值。

（二）宗旨与目的内容基本混同

通过对基金会中心网上展示的企业基金会基本信息进行归纳统计发现，有近半数的企业基金会宗旨内容仅是其目的的描述。

表 2-4　　　　　　　　宗旨与目的混同的部分企业基金会

企业基金会	宗旨	业务范围（设立目的）
深圳市花样盛年慈善基金会	关爱弱势、救危济困、助医助学、奉献爱心	资助和支持贫困地区的教育事业；资助和支持弱势妇女儿童群体；资助和支持慈善公益性推广活动；开展其他符合宗旨的公益活动②
北京紫檀文化基金会	资助檀雕技艺的研究保护、支持民办博物馆建设	资助有益于紫檀文化发展的项目及工艺研究；支持民办博物馆的建设与管理；资助其他社会文化公益活动
北京华彬文化基金会	基金会旨在弘扬、保护、传承中华民族优秀文化遗产，发展体育教育和青少年培养	物质文化遗产和非物质文化遗产的弘扬、保护、传承，青少年体育教育等其他公益事业③
浙江省网易慈善基金会	救灾济困、安老扶幼、奉献爱心、弘扬慈善	救助灾民、支援灾后重建，扶贫济困、资助困难群体，帮扶孤老，宣传鼓励慈善行动

---

① 葛道顺等：《中国基金会发展解析》，社会科学文献出版社 2009 年版，第 121 页。
② 深圳市花样盛年慈善基金会：《深圳市花样盛年慈善基金会章程》，http：//www. hyshengnian. org/index. php？ menu_ num＝1&app＝about&id＝6。
③ 北京市华彬文化基金会：《北京华彬文化基金会章程》，http：//npo. charity. gov. cn/orgwww/org/getorglist33026. html。

续表

企业基金会	宗旨	业务范围（设立目的）
苏州金螳螂公益慈善基金会	扶贫济困、关爱弱势群体、关注民生、注重教育事业	捐资助学支持教育事业、扶贫助困帮助弱势群体、养老等

资料来源：基金会中心网，数据中心，http://www.foundationcenter.org.cn，截止日期：2018年5月1日。

表2-4对部分企业基金会进行了列举。通过上文基础理论部分的讨论发现，企业基金会宗旨与目的应当是在互相联系的基础上相区别的，宗旨内容应当更为宏观、抽象，而目的则是详细、具体的。表中列举的五家企业基金会，各自设立宗旨与目的内容混同，宗旨就是目的，目的就是宗旨。其中，深圳市花样盛年慈善基金会的宗旨与目的涵盖范围基本一致，主要为关爱弱势群体、资助教育。浏览其官网发现，基金会使命为"为山区儿童创造美好生活"，开展的项目有"爱心鞋计划""一对一助学""关爱地贫儿童"和"花样盛年·天使家园"，前三个项目均是针对山区儿童设计的，包括济困和助学。相比现有的宗旨规定，基金会的使命似乎更像是一个企业基金会设立宗旨的应有样式。

企业基金会将宗旨与目的在设计上混同，除了因为我国现有制度对两者界定模糊外，还源于基金会自身不能很好地理解设立宗旨的重要引导意义，对企业基金会未来的发展规划还不甚明晰，局限于眼前；此外对社会问题的分析也还停于表面，从而只是将宗旨简单地等同于设立目的。

（三）目的广泛或项目开展不在目的内

我国企业基金会在业务范围的选择上一般呈现出丰富样态，目的的选择往往不止一项，多的可以达到五项以上。如表2-5中的顺丰公益基金会，其业务范围多达6项，涉及扶贫济困、赈灾救助、助学、环保、安全、妇女儿童、文化、教育等多个领域。

表2-5 部分FTI满分企业基金会的设立宗旨与目的（业务范围）

企业基金会	设立企业	宗旨	业务范围（设立目的）	关注领域	业务主管部门
中远海运慈善基金会	中国远洋海运集团有限公司	弘扬民族精神，奉献中远爱心，支持公益事业，促进社会和谐与发展	实施社会救助，扶助弱势群体，开展公益慈善活动	扶贫助困	民政部

续表

企业基金会	设立企业	宗旨	业务范围（设立目的）	关注领域	业务主管部门
爱慕公益基金会	爱慕股份有限公司（原名：北京爱慕内衣有限公司）	致力于公益慈善事业、履行企业社会责任、推动社会和谐发展	开展扶贫、济困、赈灾等社会救助工作；开展关爱弱势群体、关注女性健康等公益活动；其他符合本基金会宗旨的社会慈善活动	安全救灾，扶贫助困，妇女	民政部
顺丰公益基金会	深圳明德控股发展有限公司［原名称：顺丰速运（集团）有限公司］	弘扬中华民族扶贫济困的传统美德，彰显顺丰企业价值观，扶持社会上弱势群体，促进社会和谐，保护自然环境，造福生态人群	扶贫济困、赈灾救助；奖教助学；资助交通运输等行业；节能环保、安全保护等项目；关爱妇女儿童；扶持文化、教育事业；资助符合本基金宗旨的其他社会公益事业	安全救灾，扶贫助困，教育	交通运输部
上海至美公益基金会	安信信托股份有限公司	旨在促进人口素质与社会文明度的提升，通过倡导和支持大学生志愿服务，集结社会资源，实现人人可公益	资助弱势群体，资助开展扶贫济困、爱老助老、助残赈灾、助学助教等活动，资助开展其他社会慈善公益活动	安全救灾，残疾，扶贫助困，教育，老年人	上海市民政局
北京宏信公益基金会	远东国际租赁有限公司	促进社会的健康、稳定、持续和谐发展	救助灾害、扶贫济困、奖励、资助优秀学生和资助其他公益活动	安全救灾，扶贫助困，教育	北京市民政局
苏州明基友达公益基金会	苏州佳世达电通有限公司等十家公司	传达真实、亲善、美丽的感动	接受社会捐赠；社会关怀；人文科技活动；照料扶助弱势群体，提供医疗帮助；其他符合本基金会宗旨的公益性项目	文化、医疗救助	江苏省苏州市人民政府台湾事务办公室
浙江绿色共享教育基金会	华立集团	支持国家教育事业，致力于慈善助学、特别是贫困地区的儿童和青少年教育福利事业，致力于野生动物和环境保护事业，弘扬社会正气与良知，发展社会慈善和公益事业，为国民素质的进一步提高构建和谐社会贡献力量	接受来自亲人、朋友的自愿捐赠，在国家政策法律许可的范围内进行基本保值增值；开展符合本会宗旨的各项慈善和公益活动	动物保护，儿童，扶贫助困，公益事业发展，环境，教育	浙江省教育厅

续表

企业基金会	设立企业	宗旨	业务范围（设立目的）	关注领域	业务主管部门
上海银科公益基金会	上海银天下科技有限公司、上海银天下投资管理集团有限公司	汇人人关爱，助公益发展	扶贫帮困；赈灾救助；资助开展助学项目；资助开展与民政业务相关的其他公益项目和活动	安全救灾，扶贫助困，教育	上海市民政局

资料来源：基金会中心网，数据中心，http：//www.foundationcenter.org.cn，截止日期：2018年3月15日。

虽然以上这些企业基金会设立目的广泛，但是它们具体开展的项目还是主要集中在扶贫助困、安全救灾、教育这三个领域，很少有企业基金会能够专注于某一个领域。一个基金会从事多个目的，首先造成的问题就是难以确定其业务主管部门。如表中所列，目的相似的企业基金会的业务主管部门也存在差异，爱慕公益基金会的业务主管部门是民政部，目的基本一致的顺丰公益基金会的主管部门却是交通运输部。如此乱象可以说离不开单个企业基金会设立目的过于广泛的影响，目的广泛使得企业基金会可以同时在多个业务主管部门中进行挑选，可以选教育部门，可以选民政部门，还可以选其他的一些经过政府授权的组织。这种情形将进一步导致企业基金会的监管难问题。

此外，我们还观察到以上企业基金会的业务范围中均出现了类似"其他""符合本基金会宗旨"的字样，即除了具体列明的业务范围之外，其还可以从事其他的业务活动。这种规定无疑扩大了企业基金会可以从事的业务范围，在章程中对基金会公益活动的业务范围限定将形同虚设，企业基金会无论从事何种不在目的范围之内的活动都可以归结到"其他公益性活动"中去。

《慈善法》中对慈善活动范围的规定采取了兜底的表述方式，是为了避免列举不全，无法适用于其后可能出现的新型慈善活动。但慈善活动的范围也不是无限的，并不是任何公益活动都是慈善活动。法条对于"其他公益活动"也作了限定，即必须是符合《慈善法》规定的活动。一个企业基金会毕竟能力有限，其能够从事的业务范围应当是有限的，在此处采用一个兜底的规定，赋予了企业基金会极大地自主性，使其可以从事很多其他没有被明确在业务范围中的活动，这样不仅可能使得基金会内部治理"失控",而且也不利于外界对企业基金会的监管。

在企业基金会的具体实践中,有的基金会虽然对某个领域有所关注,但是在其项目信息中并没有该领域的项目或者说项目很少,而是更多地参与到扶贫助困、教育的项目中;有的基金会目的有限,但是其项目开展会涉及其他目的;还有的基金会哪怕目的设置已经无比广泛,但其在项目的开展上仍有超越目的范围限制的情况。如中信改革发展研究基金会的关注领域仅为科学研究,但其还赞助了"正说抗战"的文化项目和"博士生资助"的教育项目。再如神华公益基金会,其关注领域为安全救灾、扶贫助困、环境、教育、科学研究和社区发展,但项目还涉及卫生保健、医疗救助,且医疗救助项目的比例还很高。这些项目开展不在目的之内的情况绝非个例,这一现象跟企业基金会设立目的广泛脱不开关系。

(四)关注领域扎堆,项目设计同质化

企业基金会发展的动力究其根本是来源于社会需求,我国企业基金会的发展离不开对社会问题的深度剖析和高效解决。目前我国正处于转型时期,发展存在不平衡不充分的困境,创新能力不足,很多矛盾比较尖锐。党的十九大报告指出,我国的实体经济水平还有待提高。在民生方面,还有着艰巨的脱贫攻坚任务,贫富差异较大,群众在教育、就业、医疗、养老等诸多方面仍存在现实困难;在生态方面,环境保护还有很长的路要走;在国家安全方面,有一些新情况出现;在社会文明方面,整体文明水平还有待提升,文化、体育事业的发展还需要全民努力;在政策方面,我国的法治建设依旧任务繁重,重大政策还有待进一步落实。以上突出的问题涉及民生、扶贫助困、教育、创业就业、医疗、养老、环境、公共安全等诸多领域,都是亟待解决的,同时也是企业基金会发展的突破口。企业基金会应当积极关注这些问题并致力于从根源去解决这些问题,从而推动整个社会的发展。

本书的实证分析部分对我国企业基金会存在关注领域、项目扎堆的特征进行了数据论证。如表 2-2 所示,目前我国企业基金会的关注领域主要集中在教育、扶贫助困、安全救灾三个领域,整体存在关注领域扎堆、各领域发展不均衡、慈善资源分配不合理、旱涝不均的情况。其中关注教育领域的企业基金会多达 512 家,即近六成的基金会选择关注该领域,可能是因为考虑到发展教育可以为企业带来优秀的人力资源,很多受到资助的优秀人才会选择直接进入企业服务,能给企业注入新活力。这样的出发点虽好，但是同时也使得企业基金会无法关注到其他需要帮助的领域。再比如法律实施方面的4家基金会均是由律师事务所设立的，分布在北京和山西。随着法律意识的普及，法律服务的需求越来越多，仅4家基金会远远满足不了全国的慈善法律服务需求。这样的情况下可以鼓励企业有意识地去关注这些少有投入的领域。通过观察发现，虽然现在我国企业基金会在领域关注上更偏向于传统的基础慈善领域（如扶贫助困、安全救灾等），但正逐渐向社会公益[1]领域（教育、医疗救助、环境等）靠近。

如表2-2和图2-6所示，各基金会均对教育行业有所投入，且投入力度不小。源于卡耐基在《财富的福音》中提出的：反对单纯救济而强调治理产生贫困的根源，本着"治本"的想法，教育是其提出的公益捐助最佳领域之一。[2] 教育一直是各国各类基金会居首位的关注领域，这一出发点无可厚非，但是作为特色基金会，企业基金会人云亦云地一窝蜂般扎堆于教育项目，不去结合企业自身的优势积极开发其他富有企业行业特色、领域多元化的公益项目，无疑是一种资源的浪费。

我国企业基金会还存在项目设计同质化的问题。项目同质化指的是基金会在项目设计上都是大同小异的，针对的是弱势群体，采取的是捐资捐物的方式，最后实现的效果也是相差无几。仅停留在基础慈善和社会公益层面的慈善是远远不足以满足人民日益增长的物质文化需求的，企业基金会作为社会的"第三部门"，其应当通过社会创新来不断开发公共物品，以推动社会发展进步。

虽然目前企业基金会更多地是停留在"一对一"慈善捐赠的"散财"层面，很少有从事社会创新和公益组织支持的，[3] 还不能深刻地认识和把握社会问题根源，并据此提出相应的解决措施。但是值得肯定的是，企业基

---

[1] 公益行为可以分为基础慈善、社会公益和社会创新三个不同层面。第一个层面：基础慈善，是满足社会中一部分困难群体的需求，以使他们的生活水平尽量达到社会整体的平均水平。随着社会经济发展水平的提高，这个层面的需求会逐渐缩减。第二个层面：社会公益，它的特点是满足全体公众的需求，使所有的人都受益。随着社会发展进步，人们对公共物品的需求增加，这个层面的需求会逐渐扩大。第三个层面：社会创新，即公共物品以一种新方式或者在新空间里或新领域得到提供。因而社会创新能以更有效的方式来满足社会需求，是未来慈善发展的新目标。卢玮静等：《基金会评估：理论体系与实践》，社会科学文献出版社2014年版，第74—76页。

[2] [美]安德鲁·卡内基：《财富的福音》，杨会军译，京华出版社2006年版，第11页。

[3] 马广志：《企业基金会发展"卡"在何处》，《华夏时报》2012年8月23日。

金会主动在力所能及的情况下，对一些困难人群雪中送炭，进行物质资助，帮助他们走出困境，有利于社会公益的良好氛围的形成。

（五）基金会设立目的同企业无甚关联

作为脱胎于企业的基金会，企业基金会天然具有的企业基因使得其在基金会行业中有着独到的优势。但同时，囿于企业基金会信息披露机制的不健全，外界难以得知企业基金会的真实运作情况，公众只能通过关注企业基金会的项目运作来监督其发展。当下，公众对企业基金会做慈善持怀疑态度是因为有些企业的关注领域和项目与企业自身经营范围毫无关联，企业基金会不主动以企业的资源优势作倚仗，以增强自身在行业中的竞争力，而是涉足一个全新的领域。公众不由地会对其设立动机有所揣测。

一是企业是否会通过基金会来敛财，尤其是现在随着《慈善法》放开公募资格限制，企业基金会也有可能申请到公募资格，公众的忧虑更甚。虽然目前企业基金会的财产主要还是由企业捐赠的，但是该部分资金一旦进入基金会，就属于公共资源，任何试图占用该部分资金的行为都属于侵害公共利益。二是企业是否会通过基金会平台来拓展自己的业务领域？如果没有"开疆辟土"的打算，为何不从事与企业相关联的业务？在全新的领域不仅失去了原有的优势，而且在基金会行业中，弱小的企业基金会难以竞争得过有政府背景的大型基金会。在行业中失势的企业基金会很难让公众对其怀抱信心。

第三节　企业基金会设立宗旨与目的的规制建议

目前我国企业基金会制度还处于发展阶段，关于设立宗旨和目的还没有相应的法律来规范。当下我国企业基金会的宗旨五花八门，目的也是全面铺开、没有重点针对性，在一定程度上浪费了企业基金会这个优良的公益资源。规制是指运用规则来进行控制的行为或者过程。下文拟在借鉴一些优秀企业基金会经验的基础上，对企业基金会设立宗旨和目的提出法律规制建议，内容涉及规范设立宗旨和目的、整合企业基金会慈善资源、加强对企业基金会的监督等。

一 确立明晰的宗旨

每个企业基金会诞生于不同的企业文化，在成立之初都带有其自身拟发展的特色宗旨。宗旨的意义在于为企业基金会的发展提供价值指导，无论其是单一明确的还是综合发展的都各有优势。一方面宗旨多元化的综合基金会由于支持领域较广，可能吸引更多的资金，而另一方面宗旨单一的基金会也可能由于其目标单一而显得更为专业，也能募集到资金。张亚维教授通过研究证明宗旨单一更有助于基金会的规模的扩张。[①] 当一个基金会能长期、专注地致力于某一个慈善领域的发展时，能为该领域的发展募得大量资金，而当资金集中支持该领域时，企业基金会又将在该领域有所成就，从而推动该领域的发展，也可能成就自己的基金会品牌，从而最大效益地实现其价值。

企业基金会要想在某一领域做"专"做"精"，起点就是瞄准一个（些）具体而明确的社会问题。首先，需要透过社会现象看到更深层次的问题本质。一些纷繁复杂的社会问题的表象往往是由同一个（类）根源性问题引发的连锁反应，唯有找到根源性问题的所在并着力解决，企业基金会所做的事才能真正有意义。其次，看社会问题是否符合基金会设立宗旨。宗旨是基金会存在价值的集中反映，其指引着基金会的正确方向。应对各式各样的社会需求，通过企业基金会设立宗旨来排除一些与其不相符合的领域才是明智的。再次，看社会问题是否紧迫且重要。当企业基金会决定致力于某一个社会根源问题的解决时，符合基金会设立宗旨的表象问题依旧很多，此时就需要根据问题的紧迫性和重要性对其进行排序，优先选择解决那些紧迫且重要的问题。最后，看企业基金会的能力、优势是否适合解决该社会问题。企业基金会解决的复杂社会问题一般需要一系列资金、资源和人力的投入，尤其是解决政策倡导型问题、科学研究问题，更是耗时耗力。但是一些中小型企业基金会实力有限，其发展受到一定的限制，在最开始做不到大展拳脚，企业基金会在问题领域的选择上还是需要考虑到自身能力的。另外不同的企业基金会有着不同的经营特长，如互联网企业发起的基金会在网络资源上更具优势（如腾讯公益基金会、沃达丰基金

[①] 张亚维、陶冶：《我国基金会发展状况及影响因素分析——以中国TOP100基金会为例》，《扬州大学学报》（人文社会科学版）2012年第3期。

会），大型跨国集团设立的基金会在挑选合作伙伴时有着更多的优势（如西门子基金会）。

另外，企业基金会的宗旨既有大到"造福全人类""回馈社会"等，也有具体到"关注青少年成长""慈善助学"等。学者资中筠认为，将章程中的宗旨范围严格限制，不利于企业基金会在长期发展中展现出自主能动性，难以根据具体情境发挥灵活性。而比较笼统的宗旨则可以为随着形势的发展，或者负责人认识的重点转移变换提供空间，基金会可以几十年锲而不舍地追踪一个项目，也可以随时转换方向开展一个新项目，转移重点。[①] 一个具有高瞻远瞩性的企业基金会宗旨一定是能在时间的长河中沉淀下来并发扬光大的，这就需要企业基金会宗旨能够具有"先天下之忧而忧"的预见性和前沿性，需要企业基金会能够抓住社会问题的本源，而不是简单地"对症下药"。洛克菲勒曾说，与其施舍乞丐，不如致力于消除其存在的原因，如此就能在更宽广的天地里成就更有价值的事情。[②] 因此在设立基金会宗旨的时候应该作长期的战略性考量，不应局限于设立基金会当下的社会问题，而是需要从更长远的角度来规定其宗旨。

以上，可以总结出设计明晰宗旨的几个重要因素。

第一，聚焦明确。[③] 任何一个企业基金会都不会是神通广大、无所不能的，哪怕其设立企业再优秀、掌握资源再丰富，基金会终归要在对社会需求、设立人意愿、资源边界等诸多方面进行综合考察后，明确其重点关注的方向。这里需要强调的是，这个方向一定要瞄准某个明确的社会问题，而且还不能只是浮于问题表面，应当深度挖掘出问题根源。另外这个方向也是企业基金会在未来发展中需要一直坚持的，不能朝令夕改，更不能相背离。虽然在表述上可以带一些远大、宏观的词句，却需要是在未来一定期限内可以通过实际行动去实现的。最忌讳的是在制定宗旨的时候将各种美好意愿"一锅烩"。北京市搜候中国城市文化基金会就是一个成功的例子，其宗旨为"通过筹集资金，推动中国当代建

---

① 参见资中筠《财富的归宿：美国现代公益基金会述评》，生活·读书·新知三联书店2011年版，第272—274页。

② ［美］荣·切尔诺：《洛克菲勒传》，王恩冕译，华东师范大学出版社2013年版，第514页。

③ 卢玮静等：《基金会评估：理论体系与实践》，社会科学文献出版社2014年版，第68页。

筑发展和城市文化建设"①。其聚焦明确,即关注中国当代建筑发展和城市文化建设。

第二,表述精炼。明晰的宗旨需要用精炼的句子来表述,言简意赅地传递有效信息,而不是喋喋不休地告诉别人想做什么、怎么做、分几步走、如何走,等等。如果不能做到语言精练,要么是因为还没有清楚自身定位,要么是想做的太多,而无论是哪种都不利于企业基金会未来的发展。

第三,高瞻远瞩。明晰的宗旨在设计上除了精准定位自身外还需要具有一定的灵活性,否则随着时间的更迭,企业基金会在达成一定目标后就要自动消失,不利于基金会的持续发展。所以企业基金会可以在聚焦的方向上作一个长期性的战略考量,将宗旨目标设定得更为高远一些,但不至于无法达到。

第四,激发参与。作为公共服务组织,企业基金会当然希望能有更多的资源和人力参与其发展建设,这就需要其宗旨有一定的吸引力,能够激发公众参与进来的热情。

第五,区别于设立目的。虽然在宗旨内容中也会涉及目的部分内容,但是宗旨更多地应当是一个企业基金会对关注问题的全局把握和总结,主要提供的是精神和行动指引,不能完全等同于目的,应当注意区分企业基金会设立宗旨与目的。

二 规范特定的目的

我国企业基金会的设立目的主要存在同一企业基金会从事目的过于广泛或者目的与设立企业业务不相关,不同企业基金会又扎堆从事相同目的事业的问题。针对以上问题,本书从三个方面提出建议。

第一,限制企业基金会从事目的的数量。一个企业基金会规模再大也不可能同时从事所有的目的,至少在我国相关制度不完善、基金会管理者素质不够的当下,其事业的方向应当有一定的选择与侧重。如果设立人实在是想从事多项目的事业,可以建议其就各项目的事业分别设立基金会。另外,基于现在我国整体环境对企业基金会信任不足,其设立监管还是需要受到严格管控的。首先要解决的就是为企业基金会找一个适当的主管机

---

① 北京市搜候中国城市文化基金会注册信息披露,http://npo.charity.gov.cn/orgwww/site/org/getmessagelist34527.html。

关，当基金会从事的目的过多时，其监管层级必然会相应提升，可能会到部委一级，这样无形也增加了政府的监管成本。如此考虑，当前对企业基金会目的数量进行限制的利远大于弊。

第二，引导企业基金会目的选择主动关联企业。企业基金会与企业的紧密联系是现阶段无法回避的现实，为了规范企业基金会的运作，防止其与企业之间发生利益输送行为，现提出几点规制思路。首先，要求企业基金会宗旨与企业经营目标范围保持明显差别。企业基金会的宗旨必须与企业的经营目标保持明显的差别，企业基金会追逐的通常不是单一的而是一系列的目标，不仅是经济层面的，还有意识形态层面的目标。[①] 意识形态层面的目标通常是由基金会设立人的愿景决定的，基金会将永久地执行设立人的愿景，完成设立人的长期目标。基金会开展工作必须明确且严格地遵循基金会的章程，设立人的愿景也是通过基金会的宗旨显现出来的，并影响着基金会的日常运作和发展。企业基金会设立的宗旨往往会和设立人的企业文化、企业战略等相关，要兼顾设立企业的社会形象和影响，这一点无可厚非；但是宗旨必须与企业目标保持明显差别，否则，企业基金会会沦为企业的附属。其次，扩大与企业基金会之间的关联方的认定范围，加大对关联方的监督，以免产生通过企业基金会进行利益输送的行为，进而影响到公众对企业基金会的信任。最后，设立企业和企业基金会捐赠的相关信息披露制度。在企业捐赠时，不仅在企业方的财务报表中要重点披露企业对企业基金会每笔捐赠支出金额以及捐赠方式程序、经手人等信息，而且对企业基金会账目信息也要进行披露，尤其是与关联企业之间的经济往来的相关信息，[②] 重点关注企业基金会流向企业的资金信息。

第三，建议企业基金会结合自身优势选择特定目的。限制企业基金会设立目的的意义在于均衡有限的慈善资源，使得不同的企业基金会有不同的资助倾向，能够更好地发挥各自设立企业的特长，开拓新的慈善领域和市场。现在我国企业基金会处于蓬勃发展阶段，但多扎堆专注于同一目的，相互之间竞争激烈，容易使企业设立基金会的热情受挫。因此不如引导企业基金会划分市场，将慈善领域分门别类，然后分别从事不同的目的事业，

---

① 基金会中心网编：《德国大型基金会》，社会科学文献出版社2015年版，第5页。
② 徐莉萍等：《企业慈善捐赠下利益输送行为的实证研究——来自中国2009—2013年上市公司的经验数据》，《软科学》2015年第7期。

进而激活整个慈善领域。

综上所述,通过限制企业基金会目的数量、鼓励企业基金会目的主动靠近企业和分散企业基金会目的事业的方式来对企业基金会的设立目的进行规范,在促进企业基金会个性化发展的同时也将带动慈善事业整体的发展。

三 开发独特的项目

企业基金会在明晰宗旨和限定目的之后,就要通过具体项目的运作来实现其慈善初衷。对于企业基金会而言,项目往往是集中体现其组织特色和专业能力的载体。项目的设计决定着企业基金会能否实现其宗旨与目的,取得的效果是否良好。项目的设计除了是一门技术外,更是一门艺术。[①] 技术层面指的是企业基金会开发项目时要综合诸多因素,权衡取舍,最后得到一个既能实现基金会宗旨与目的又具有实践性的项目,这个设计能力需要设计者具有很强的专业能力。说是一门艺术主要因为项目的设计会遇到很多的干扰,或是与政府之间关系的平衡,或是同利益方之间的冲突,或是两个项目之间的抉择。这些干扰问题的解决需要设计者懂一点人情世故。

企业基金会运作的项目需要结合发起企业的行业特色,最大程度地发挥企业优势,将企业特长与公益性结合起来,发挥创新性和引领性的优势,做一些其他基金会不能做、做不到、做不好的项目。[②] 可以通过将项目与企业价值链结合起来实现持续发展,比如一个生产母婴产品的企业设立的基金会,将关注领域限定在妇女权益保障、增进儿童福利,那么一方面基金会可以强化企业的品牌形象,另一方面企业基金会的专业性也能有所提升。同样,一家创业型企业设立的基金会可以将关注领域放在创业就业方面,打造致力于提升创业能力的公益项目,让更多人学到成功的创业经验;同时,在这个项目中受益的人才也会是这个企业的优秀人力资源储备。

以上内容是针对企业基金会单个项目的设计,即通过结合企业的资源、技术、人力等优势,充分考虑社会现实需求,经过设计者的专业设计而产出的项目。然而在实践中,企业基金会要运作的项目肯定不止一个,当多

---

① 卢玮静等:《基金会评估:理论体系与实践》,社会科学文献出版社2014年版,第46页。
② 沈慎、阳慧颖:《企业基金会:期待将企业特长与公益专业性结合起来》,《中国社会组织》2014年第13期。

个项目需要开展时，就需要项目之间具有横向联系，形成一定的战略协同。虽然这些项目都是基于企业基金会自身的设立宗旨与目的而设计的，其瞄准的社会问题大致相同，只是从不同方面来解决问题；但是项目个体间必然存在一定的差异，不会完全重复。这些项目之间有机联系，相互配合、相互促进，形成战略协同是企业基金会专业性的重要评估维度。[①] 只有当多个项目在空间上实现战略协同，企业基金会才能得以持续发展。

在此不得不提到星巴克基金会的成功经验。作为重要的饮料制造商设立的基金会，星巴克基金会旨在支持社区发展。主要专业关切环境保护和社区发展两个领域。其中环保项目主要分为六个方面：水资源保护，清洁可再生能源供给（清洁饮用水），建造绿色门店，应对气候变化保护物种多样性，利用替代能源、减少碳排放，循环利用减少垃圾。在循环利用方面，星巴克的杯子循环利用问题一直深受关注，星巴克公司一直在不断研制新的一次性纸杯以减少对环境的破坏，在各门店也有为自带随行杯的顾客提供价格优惠，针对堂食的顾客也会提供陶瓷器皿。此外，自1995年以来，门店还会为顾客提供免费的咖啡渣以增加其花园土壤的肥力，既能帮助门店解决咖啡渣处理问题，又实现了咖啡渣的循环利用。除了与门店所在社区展开合作外，星巴克基金会还关注利益相关方的地区建设——致力于在为其提供咖啡、茶叶以及可可的产区开展公共发展项目。[②] 社区发展方面主要以促进青年领导力项目为核心，通过捐助助力青年人发现自己的需要，从而不断努力成为优秀人才，同时也给星巴克企业和基金会都带来了丰富的人力资源。

星巴克基金会通过设计独特的项目，与企业价值链深度结合，且项目之间紧密关联，从而体现出来的回馈社区、与利益相关方共进退的优秀素质，使得消费者对其设立企业心生好感，刺激了消费者的持续消费，无疑是用积极履行企业社会责任的方式为其品牌在同类消费市场中增强了竞争力。星巴克基金会表现出来的独特个性使之与其他企业基金会形成鲜明的对比，其通过对自身在社区中所承担的角色进行深度解析，不仅仅局限于顺利融入社区以提高经营业绩，甚至主动扮演更重要的社区发展推动者角

---

① 参见卢玮静等《基金会评估：理论体系与实践》，社会科学文献出版社2014年版，第42—45页。

② 基金会中心网编：《美国企业基金会》，社会科学文献出版社2013年版，第15页。

色，这种项目模式值得我国企业基金会学习借鉴。

四 整合现有的资源

我国企业基金会发展迅速，很多中小企业也纷纷设立基金会，但是囿于募资能力和管理能力，其发展并不是很好，甚至很多在一开始就夭折了。很多中小型企业基金会一边为得不到持续性捐赠发愁，一边苦于没有特色项目的竞争优势，难以在同类基金会中脱颖而出，甚至是难以为继。王名教授鼓励中小基金会整合资源，合作共赢。[1] 具体的做法可以采取构建企业基金会联合支持机制。[2] 企业基金会之间可以横向联合起来形成合力，为企业基金会间的沟通、协作搭建平台：大型企业基金会在发展的同时，也可以带动中小型企业基金会发展，集中中小企业基金会的资金来运营自己的优质项目；而中小型基金会也可以抱团发展，化零为整，合并同类项目，然后各自发挥自己的特长，形成一个联合品牌。星巴克基金会从一开始就有其明确的战略规划，在具体运作方面，偏向于资助类基金会，在其不熟悉的地区和领域，通过寻找专业的合作伙伴开展项目，无论在经济效益、社会效益或者管理方面的表现都是可圈可点的。

目前，我国基金会以运作型为主，资助型基金会数量较少。[3] 一般来说，基金会的主要功能是筹款和资助，企业基金会的专业性有限，但其较之公募基金会有更稳定的资金供给，其工作重心应当向自主性基金会偏移，从单纯的物质资助走向项目资助。企业基金会主动作为钱库向各种专业服务型非营利机构源源不断地注资，并与之形成明确的分工协作关系，相互支持、相互监督。具体的做法为：经济实力强的基金会将资金注入充满活力、创新能力强、发展潜力大的基金会或者研究机构，使之有坚实的经济后盾，从而持续、专注于社会创新，进而推动社会整体的发展；把慈善筹款机构和慈善执行机构按职能划分，做到各司其职、相互监督、相互制约，促进慈善运作的公开、透明、廉洁和效率，从而整体提高基金会的公信力

---

[1] 参见王名《社会组织论纲》，社会科学文献出版社2013年版，第361—364页。
[2] 孙发锋：《美国基金会的创新功能及其对中国的启示》，《理论月刊》2016年第12期。
[3] 宋胜菊等：《中国公益基金会信息披露问题研究》，社会科学文献出版社2016年版，第5页。

和非营利服务机构的专业化水平。① 例如，南都基金会主动将自己定位为资助型基金会，在整个公益行业的生态链中作为一个资金和资源提供者，扮演"种子基金"的角色。通过资金支持来推动优秀公益项目和公益组织，带动民间的社会创新，实现支持民间公益的使命。②

五 加强外部的监督

有着企业这个自带"银行"，企业基金会的资金供给可以说是源源不断，只要企业能营利，企业基金会就有资金支持。而且在企业基金会的运作中，企业除了能够提供资金的大力支持，还在丰富的人力资源输送、大范围的社会资源动员上具有明显的力量，如此使得企业基金会较之其他基金会有天然的优势。但是由于企业基金会目前的运作监管相当不透明，在信息披露和行为禁止方面比不上一些公募基金会。在监管方面，美国对私有基金会的监管要远远严格于公共慈善组织，比如，利益输送条款对私有基金会的规定是绝对不能有任何的关联交易，而对公共慈善组织的规定则是不得有超额利益输送行为。③

我们不能否认企业基金会与设立企业之间的紧密关联，而且在"第三部门"奇缺的现在，我们还需要鼓励企业积极设立企业基金会以承担社会责任，推动社会进步。在目前的市场形势下，企业基金会在不违反其设立宗旨与目的的前提下，为低成本、高效率地开展慈善活动，基于公允甚至更低的市场价格，可购买本企业的产品和服务。④ 这一优势是其他基金会难以比拟的，应当得到重视和发挥，但同时这种交易行为容易产生利益输送。

这就需要有完善的外部监督制度，外部监督的可靠途径是双向度监督。双向度监督是借鉴美国的经验——政府部门与公民组织通过上下互动，一起对慈善捐赠过程的监督。即行政监督与公众监督并行，其中大众传媒也是很重要的非正式监督主体；同时外部监督的有效工具是明确和完善的法

---

① 参见葛道顺等《中国基金会发展解析》，社会科学文献出版社2009年版，第150—152页。

② 南都公益基金会，http：//www. naradafoundation. org/home/category/17。

③ 超额利益交易行为指的是适格的免税组织直接或间接向不适格的人提供经济利益或供使用的交易行为，而且在该交易中，该组织向不适格的人提供的财物的价值高于对方给出的价。褚蓥：《美国私有慈善基金会法律制度》，知识产权出版社2012年版，第90页。

④ 张映宇：《企业基金会发展的内生之道》，《公益时报》2016年7月6日。

律条文。① 目前我国相关立法还需要进一步细化和完善，2016 年起施行的《慈善法》只是建构了慈善组织的大框架，具体的运作还需要出台实施细则来补充；《条例》出台已经 14 年了，年代久远，很多具体制度不能适应《慈善法》的相关精神；《条例草案意见稿》一直没有后续进展，应加快修改进度。

总之，在企业基金会的发展过程中，其一直受到来自社会各界的热切关注与期待。首当其冲的是公众的道德审视，虽然公众更希望企业基金会能持有纯粹的公益追求，但又对企业基金会不管是出于宣传还是其他什么目的所做的慈善努力喜闻乐见。其实一直真正让公众无法接受的只是企业喊着"做慈善"的口号但是不做慈善，还从中获得相当可观的利益。当然，企业基金会的发展中企业自身也在权衡取舍分析利弊，对于企业来说，当下我国企业自身安全感不足，面临着很多不确定性，如行业的更新换代、企业的持续发展、税收优惠政策的滞后等都影响着企业做慈善的积极性和投入度。对企业基金会设立宗旨和目的的规制，在路径上与企业基金会的治理有着内在统一性，具体应当通过完善相关立法、加强信息披露、突出外部监督来实现。

---

① 高鉴国：《美国慈善捐赠的外部监督机制对中国的启示》，《探索与争鸣》2010 年第 7 期。

第三章

企业基金会的股权设立

第一节 企业基金会现行设立财产 制度及其缺陷

一 企业基金会设立财产立法的演进

企业基金会的成立要以一定的财产存在为要件,其以公益为目的运用这些财产帮助他人和社会,成为一个管理捐赠财产的中介,连接着捐赠人与受助人两方主体。现代基金会在治理上采取了公司法人治理模式,创建了公益慈善治理的新开端。[1] 这种模式使决策管理更为科学,更有助于慈善事业效益的提高。

现代企业基金会真正的孕育发展得益于经济社会发展所创造的外在条件,在社会财富集中、贫富差距拉大的现实下,越来越多的企业家认识到企业应该承担其相对的社会责任。在税收政策的推动下,一大批基金会得以涌现并作出社会贡献。但相比西方国家的基金会事业,中国企业基金会的发展起步晚、发展时间短,并非以市场为依托成长起来的,而是在政府的主导下自上而下开展起来的。我国第一家基金会是由政府组织带头发起设立的,此后才逐渐带动了中国基金会的设立。

考察我国近三十年有关基金会的立法可以发现,法律对基金会准入的规定经历了一个从严格控制到逐渐放宽的过程。1988年国务院发布的《办法》是第一部专门针对基金会等民间组织所制定的行政法规,全文共14条,并未对基金会类型加以区分,不管是社团、个人或其他组织捐赠资金成立的基金会都受该行政法规调整。《办法》规定:基金会的设立条件要满足资助公益事业社会福利的发展、有人民币10万以上的注册基金。虽然该

---

[1] 杨团:《关于基金会研究的初步解析》,《湖南社会科学》2010年第1期。

办法内容简单，但对促进中国"官办"基金会的成立及发展发挥了重要的作用。考察其立法背景，之所以采取严格的列举排除式，规范基金会注册基金标的物范围，主要缘于那个时期国内特定的经济及社会环境。当时社会上存在各类民间组织滥觞的现象，在这些组织中有些以基金会的名义摊牌集资，于社会稳定不利。《办法》的出台更多是整顿清理一些不合格的基金会，由政府机构对基金会进行监督、引导、管理，由政府来控制基金会，这也是这一阶段官办基金会发展较快的原因。

在其后的十多年间，基金会的发展总体上还是受到限制，数量并没有显著增加，[①] 且新设基金会大多是官办性质的公募基金会。我国企业基金会数量得以增多始于 2004 年颁布的《条例》，之后又出台了一系列相关配套法律措施，这些制度构成了一个有利于基金会发展的法律环境，并按照基金会能否公开募捐将其区分为公募基金会与非公募基金会，极大地激发了社会各界投身于慈善公益的积极性。《条例》中对基金会的设立条件进行了更为详细的规定，对于企业基金会的出资形式采取的是排除式的立法模式，就是通过列举的方式将其他出资形式排除在外。《条例》第 8 条规定设立基金会应当具备下列条件：全国性公募基金会的注册基金不低于 800 万元人民币，地方性公募基金会的注册基金不低于 400 万元人民币，而非公募基金会的注册基金不低于 200 万元人民币；注册基金会形式必须为到账货币资金，并未给其他现物资产留下任何的适用空间。从法条字面意义上进行解释，设立企业基金会有且只能由货币资金设立，除此之外其他任何财产形式都不能作为企业基金会的原始基金，包括股权，否则便违反法律规定，无法在登记管理机构落户注册。此外，该《条例》取消了《办法》对基金会社团法人的认定，而将基金会定义为非营利法人。

2016 年 3 月通过了《慈善法》，该法的出台经过了长时间的讨论与筹备，将基金会、社会团体、社会服务机构等纳入慈善组织的规范范畴，按照《慈善法》组织开展活动。《慈善法》第 36 条列举了可以用于慈善捐赠的财产形式，[②] 这一规定明确了股权可以成为企业基金会的财产组成部分，

---

① 王名、徐宇珊：《基金会论纲》，《中国非营利评论》2008 年第 1 期。
② 《慈善法》第 36 条规定：捐赠人捐赠的财产应当是其有权处分的合法财产。捐赠财产包括货币、实物、房屋、有价证券、股权、知识产权等有形和无形财产。捐赠人捐赠的实物应当具有使用价值。

但慈善法并未就基金会的设立财产作规定,企业基金会在设立要求上还是要遵循2004年《条例》的有关规定。然而,《慈善法》所传播的公益理念与国家促成公益事业发展的决心,客观上带动了企业及企业家参与公益慈善的干劲,创造了一个有利于企业基金会成立的市场环境。

为适应《慈善法》新规规定,《条例》和《社团登记管理条例》也在修订中,《条例草案意见稿》拟不再区分公募与非公募基金会,但规定基金会的设立必须是以一定数量的到账货币资金为条件,有关《条例》的修改方案最终还未成形,相关问题还存在着争议。现行的《条例》中规定的企业基金会设立门槛过高,成为企业基金会进入公益慈善领域的障碍。

二 企业基金会设立财产制度的立法缘由

总体上来看,历史上各阶段有关基金会设立财产的规定全部没有跳出货币现金这一形式,可以说对企业基金会的准入一向采取着较为严格的限制条件。

法律上对基金会的准入限制与基金会的立法思想密切相关。回顾中国基金会的立法历程,能发现立法是一个从严格管控到逐渐放宽的过程,最初的立法原意很可能成为影响后续立法的指导思想。我国政府在基金会的法律制定上仍然延续了原有的"从严管控、限制发展"的立法指导思想,因而有关基金会的相关规定也体现了这一思路。

中国企业基金会在立法历程上共有两次大的变动,第一次是1988年《办法》的出台,其目的是将当时混乱的民间慈善市场带入法制的轨道,以便于整顿和管理。《办法》除了简单地规定了基金会设立的财产要求外,还将基金会定义为社会团体法人,这意味着早期基金会被认为是人的集合,它的组成基础是社员而非财产,因而对设立财产仅作原则性规定。况且,以当时经济发展的态势来看,股权等其他非货币资产的价值并未得到社会的广泛认可,货币现金几乎是出资的唯一手段。

第二次则是2004年《条例》的出台,条例为企业基金会的出现打开了渠道,虽有适当鼓励基金会发展之意,但仍未摆脱"限制发展"思路的桎梏。《条例》摒弃了原有社会团体法人的定义,认为基金会是非营利法人,两种截然不同的分类对财产与监管的要求也大相径庭。基金会设立财产的数额有适当提高,但财产形式仍拘泥于原规定以便于主管机关监管。

从社会稳定的整体大局出发,政府对民间团体力量一直持引导、规制的审慎立场，各种社会民间团体成立都要由专门业务主管部门进行审核同意后才能予以注册管理，以控制基金会等社会组织的发展规模。[①]

企业基金会属于一股民间团体力量，因为经常出现在公众的视野中，对民众乃至于整个社会有着一定的影响力与号召力。这股力量事实上是一把双刃剑，政府引导得好，则能引发公众的慈善热情和承担社会责任的积极性，发挥其好的一面；但如果得不到好的引导、监管，基金会的"民间效应"将会使其走向社会和谐的对立面，甚至顶着公益的面具成为与政府对抗的组织，威胁政治和谐和社会稳定。正是由于此种担忧，立法对基金会以规制为主，将不达标的组织排除在外，合理地控制基金会的数量发展。基金会设立财产越为单一，则可达到标准的基金会的数量越少，也就越便于政府相关部门监督管理。

三　企业基金会现行设立财产制度的缺陷

在中国慈善需求居高不下的同时，中国经济的发展已经为社会筹集慈善资源创造了条件，公司企业这一经济体俨然成为社会财富的集中地，企业承担社会责任的理念推动了企业基金会新创的趋势，企业基金会已然成为基金会群体中的中坚力量。就现实意义而言，企业基金会在满足社会公益需求方面所具有的优势及其在中国所拥有的广阔的成长空间，使企业基金会对公益慈善救助整体的影响与日俱增。

在企业基金会创设阶段所创建的规则意在保障企业基金会将来能够正常运行，章程所确定的目的能够真正实现。确立最低原始基金和资产形式的好处在于，这为企业基金会实现其功能、完成慈善事业提供了资金保障，也便于登记机关在审查时的操作。在企业基金会设立上，货币现金仍旧是唯一的法定注册资金形式，实物、有价证券等非货币财产仍被排除在原始注册资金之外。以上以"防弊"为规则设计的设立制度，一定程度上会压缩企业基金会的数量，[②] 有悖于基金会的功能预期。

---

① 胡卫萍等：《中国慈善组织的法律形态及其设立对策》，《重庆大学学报》（社会科学版）2013年第2期。

② 李晓倩、蔡立东：《基金会法律制度转型论纲——从行政管控到法人治理》，《法制与社会发展》2013年第3期。

(一) 设立企业基金会的财产制度要求过于严格

纵观基金会设立的相关规制,法律上只允许现金作为基金会的注册资金,该设立规制限制了基金会整体规模的壮大,企业基金会作为基金会的一类,其发展在客观上受到了抑制。

企业基金会在设立上仍只能通过发起设立,而不能采取募集设立,所以大多数的企业基金会仍是以非公募基金会的形式存在着。不同于大型的公募基金会,企业基金会的设立资金以及后期捐赠来源几乎都依赖于捐赠企业,在其他社会资源的获取上有天然的劣势。由于企业自身性质,企业资本在投入—产出—再投入的链接式运作中流通,将企业基金会的设立资金形式完全固化在现金这一点上,会导致大多数企业无足够的闲置资本设立企业基金会。在讨论基金会成立的资金来源时,我们应考虑到企业和企业家的资金在哪些领域。作为企业或企业家,其资产一般不体现为货币现金,而是放在资本市场上进行运营。"商人本逐利",不论是从公司本身性质还是市场经济发展的要求上,企业的资金都必须用得恰到好处。企业家的资金往往都投资在项目上,在短时期内无法退出。面对《条例》设置的企业基金会的最低限额,企业家无法将资金从正在进行的项目中提出,企业基金会的设立最终只能"胎死腹中"。

(二) 将股权等财产形式排除在注册资金之外

《条例》规定企业基金会只允许用现金设立,原则上将不动产、股权等有价证券排除在立法模式之外,阻隔了其他资产进入企业基金会设立资金的可能。但这却与社会实践需求相悖——企业基金会的公益范围不同,其财产要求也不尽相同,现金资产固然有极强的流通性和转化功能,但毕竟不能完全代替其他资源,类似不动产、知识产权等也可能对企业基金会的业务开展起着至关重要的作用。因现代企业基金会的发展对资产的保值增值要求更甚从前,所以企业基金会的资产结构也不再是单一的货币资产,适当的股权或有价证券投资能够实现基金会财产的保值增值,渐渐成为众多基金会的投资选择之一。许多企业家意图以股权直接设立企业基金会,但该方案在实施中遇到了基金会设立财产制度上的障碍。

以股权设立基金会的股权捐助是基金会制度上的全新尝试,但并非是无根据的设想。早在2009年,玻璃大王曹德旺就欲捐赠出家族持有的70%的福耀玻璃工业集团股份有限公司的股份以成立慈善基金会。但由于制度和政策上的限制,直到2011年5月5日,由曹德旺发起的"河仁慈善基金会"才在北京成立。该基金会先是由现金设立,再进行股权捐赠,不过这是中国第一家以捐赠股票形式支持社会公益慈善事业的基金会,其以股权为主要资产的基金会资产规模逾30亿元,是中国规模巨大的公益基金会之一。2013年,慈航基金会获得盛唐发展(洋浦)有限公司65%的股权,成为海航集团第一大股东。

2014年,阿里巴巴的两位创始人马云和蔡崇信宣称,会以份额接近阿里巴巴集团总股份的2%成立个人公益基金。2014年《中国慈善捐助报告》显示,马云和蔡崇信捐赠的阿里巴巴2%的股权,按其时股价计算,捐赠金额达245亿元,成为史上最大单笔捐赠,位居捐赠榜首。[①] 但至今并没有明确的报道与信息公布显示该承诺捐助是否实现、流向了哪些机构。据浙江马云公益基金会的章程显示,其成立的原始基金为200万现金,且其审计报表并未显示其接受了股权捐赠。时至今日,企业或企业家意图以股权开展公益的实例比比皆是,股权捐赠也愈加受到各企业家与公司的青睐。《条例》规定设立企业基金会的原始资金只能是到账货币资金的情形遇到了现实的挑战,立法者有必要对股权捐助设立基金会的形式进行立法上的考量。

第二节 股权设立企业基金会的理论论证

一 股权捐助对公益事业的意义

对公共利益的追求源于人类社会人的天性。当我们超越温饱,甚至还挣扎于温饱线上时,对公共利益的追寻就会萦绕于心。这对于公民社会责任感日渐增强的中国社会也比较适用。

中国社会发展至今,现实已证明政府难以解决所有涉及公共利益的问题。于是,在政府之外,公民与社会对公益事业的参与程度日渐加深,中国的公益事业勃而兴之。基金会作为当今公益事业的主要参与形式,也越来越受到全社会的关注。

然而,在2016年《慈善法》颁布之前,包括基金会在内的众多慈善组织可接受的捐赠财产以现金为主,形式较为单一。例如,根据《财政部关于加强企业对外捐赠财务管理的通知》的规定,企业可用于对外捐助的财

---

① 孙飞:《2014中国慈善捐助总额破千亿 马云蔡崇信创纪录》,2015年9月,搜狐网,http://www.sohu.com/a132540604_114812。

产仅包括现金、库存商品等,其他诸如股权、债券等财产,皆不得作为捐赠财产。① 姑且不论这种规定是否制约公益慈善事业的发展,其明显不能满足社会各界对于慈善捐赠的需求却是不争的事实。

随着居民财富构成的多元化,原有强制现金捐赠的规定已逐渐落后于时代。先是2009年财政部下发《财政部关于加强企业对外捐赠财务管理的通知》,以规范性法律文件的形式肯定了股权捐赠的合法性。其后,2016年《慈善法》第36条将原本不属于法定捐赠财产的知识产权、有价证券等统一列入其中,以满足社会各界日益多元化的捐赠需求,并最终将股权纳入法定捐赠财产的范畴。

股权捐赠入法时日虽短,但于实践之中却并不鲜见。2005年,牛根生捐赠蒙牛乳业(集团)股份有限公司在香港上市的全部股份,建立"老牛专项基金";2009年,新华都集团董事长陈发树设立"新华都慈善基金会";2011年,玻璃大王曹德旺宣布捐赠家族持有的福耀玻璃工业集团股份有限公司大部分的股份以成立慈善基金会。以上事例都表明,股权捐赠虽然争议重重,却早已运用于慈善捐赠之中。

股权捐赠虽已屡见不鲜,股权捐助却并不常见。根据捐赠行为与捐助行为的不同,有必要将股权捐赠与以股权设立基金会两者概念区别开来。捐赠行为,系双方法律行为,需要有双方主体的意思表示,且达成合意。捐助行为则是单方法律行为,单指财团法人如基金会的设立行为。② 根据2004年颁布的《条例》第8条的规定,基金会的设立,不管公募还是非公募,都需一定数额的货币。而单纯以股权捐助设立企业基金会,至少于现行制度之下是难以实现的。但是,在公益事业蓬勃发展、慈善领域极度缺乏资金的今天,为了缓和企业基金会对外捐赠和内部资金短缺之间的矛盾,突破设立资产形式单一的困境,鼓励更多的社会资源进入其中,以股权捐助的形式设立企业基金会具有了重大的意义。

---

① 《财政部关于加强企业对外捐赠财务管理的通知》第4条第1款规定:企业可以用于对外捐赠的财产包括现金、库存商品和其他物资。企业生产经营需用的主要固定资产、持有的股权和债权、国家特准储备物资、国家财政拨款、受托代管财产、已设置担保物权的财产、权属关系不清的财产,或者变质、残损、过期报废的商品物资,不得用于对外捐赠。

② 罗昆:《我国基金会立法的理论辩正与制度完善——兼评〈基金会管理条例〉及其〈修订征求意见稿〉》,《法学评论》2016年第5期。

（一）拓展了公益事业的财产来源

现阶段，我国公益捐赠与公益需求的差距明显。具体言之，即我国每年的公益捐赠财产并不能完全满足社会中存在的巨大公益需求。

第一，需求基数庞大。随着国内社会转型程度的加深，市场化改革所带来的居民贫富差距的程度也进一步扩大，随之而来的是海量的贫困人口。据笔者查阅2017年由国家统计局发布的2016年经济与社会发展统计数据显示，至2016年年末，全国领取城市居民最低生活保障金的人数达到1479.9万，领取农村居民最低生活保障金的人数达到4576.5万。如果以农村贫困标准，即每人每年2300元计算的话，我国光农村地区贫困人口就达435万人。[①] 此外根据世界卫生组织《中国灾难性卫生支出和因病致贫影响因素分析》，我国发生灾难性卫生支出的比率为13.0%，致贫比率为7.5%，根据这一比率计算我国遭遇灾难性卫生支出的家庭约有5590万个，大约有3000多万个家庭因病致贫[②]。

第二，社会保障制度的不完善，难以满足困难人口的被帮助需求。具体表现在：一是社保覆盖面狭窄，二是保障不足与保障过度同时存在，三是非缴费型的社会救助体系发展缓慢。[③] 事实上，仅仅依靠政府通过转移支付的方式把所有贫困人口和弱势群体都纳入社会保障范围是不现实的，因而通过慈善事业筹集社会资源给予他们帮助与关爱，成为一种必要的现实选择。

以上原因，导致我国公益需求量巨大。然而，与需求量巨大所对应的，却是公益供给量不足。

如果以上述统计局发布的统计数字，即4335万农村贫困人口数为基础，给予每人5000元资助来计算的话，总救助资金就达2150亿元。然而，现状是，根据2015年的统计数字，我国2015年社会捐赠总量共计只有992亿元。以2015年一年的社会捐赠总量尚难满足农村贫困人口的救助需求，遑论其他需要帮助的群体了。以上例证充分表明，我国公益需求量远超公益供给量，公益慈善领域极度缺乏资金支持。

[①] 《2016年国民经济和社会发展统计公报》，http://www.stats.gov.cn/tjsj/zxfb/201702/t20170228_1467424.html。

[②] http://www.who.int/bulletin/volumes/9019/12/12-102178-ab/zh/.

[③] 赵俊男：《中国慈善事业治理研究》，博士学位论文，吉林大学，2013年。

根据《中国慈善发展报告（2017）》的数据显示，在规定捐赠人捐赠的财产应当是其有权处分的合法财产，捐赠财产除货币、实物外，还包括房屋、有价证券、股权、知识产权等有形和无形财产。《慈善法》出台的2016年，社会捐赠总量加上全国志愿服务小时折算价值495.65亿元，合计为1842亿元。① 对比2015年的社会捐赠总量，以上数字增长了将近一倍。虽然如此，与全社会数量巨大的公益慈善需求相比，仍是杯水车薪。

公益需求与公益供给的差距作为制约我国公益事业发展的瓶颈，严重影响着我国公益事业的发展。要想解决这一问题，无外乎"开源"和"节流"。2016年出台的《慈善法》第36条规定，捐赠人捐赠的财产应当是其有权处分的合法财产。捐赠财产包括货币、实物、房屋、有价证券、股权、知识产权等有形和无形财产，这就拓宽了慈善公益事业的财产来源，即践行"开源"理念的行为。然而，笔者认为，仅仅在基金会接受捐赠财产一途之上"开源"并不够，欲使基金会健康发展，并使公益事业供给得以继续增加，还需允许股权捐助；不再拘泥于以现金的方式设立基金会，放开以股权设立企业基金会的限制。如此，才能持续拓展慈善公益事业财产来源。

（二）丰富企业基金会财产的形式

2016年的《慈善法》出台之前，企业基金会得以接受的捐赠财产只限于现金形式，非常单一。而从比较法的维度来看，世界上其他国家的企业基金会可以接受的捐赠财产远不止于此。

以美国为例。根据美国基金会年鉴，美国基金会主要分类为私人基金会和公共基金会。根据西方经济学理论，公民或法人以两种不同的方式履行其纳税义务：第一种即正常纳税，将税收交由政府；第二种是慈善捐赠，将税收直接回馈社会。私人基金会通常由某个人或某个家族的捐赠或遗赠所设立，如卡耐基基金会、福特基金会都是其典型代表。私人基金会与国内的非公募基金会相似，都不得接受不特定第三人的捐赠，而只能向特定对象组织募捐。其主要通过向其他专业慈善组织进行公益捐赠的方式开展活动。②

美国私人基金会从萌芽到发展壮大，经历了一个多世纪的时间，其发

---

① https：//www.chinacharity.cn/xinwen/guonaxinwen/20180506/7348.html.

② 王名、徐宇珊：《基金会论纲》，《中国非营利评论》2008年第1期。

展至今，无论规模或数量，都有了令人惊讶的提升。虽然 2008 年美国经历了巨大的经济危机，无论居民财富还是捐助财产的数额都呈现了一定的下滑趋势，私人基金会财富缩水也较为严重，但其仍控制着价值约 5300 亿美元的总资产。此外据统计，截至 2008 年，美国本土共有约 75000 个私人基金会，总捐赠数额达到 456 亿美元。①

在美国，无论出于避税、宗教信仰、国内文化还是其他原因，私人基金会数量众多。在这当中，以比尔及梅琳达·盖茨基金会的资产规模最为庞大。在 2006 年，该基金会收到了目前为止最大的一份捐赠，而该捐赠并非现金，却是股票。这些股票受赠于盖茨好友巴菲特，是其持有的价值约 370 亿美元的 900 万股伯克希尔·哈撒韦公司的股票。

而且，像盖茨基金会这样的私人基金会的财产主要以非现金的形式如股票、债券等出现，而现金在其中并非主要形式。究其原因，首先从税收上来看，以非现金形式的捐赠如巴菲特的股权捐助可享有较高的税收优惠；其次，慈善公益基金会为了使其能够持续运转，大多会进行投资活动，以达到公益财产保值增值的目的，从而更好地将其运用于公益慈善事业之中。②

上述美国的基金会实践无疑为我国的基金会发展提供了借鉴意义。2016 年出台的《慈善法》就借鉴了诸如美国等国家的做法，确定了股权能够进行捐赠，这在一定程度上丰富了企业基金会的财产形式。

但在设立上，根据《条例》第 8 条的规定，包括企业基金会在内的非公募基金会只能以不低于 200 万元人民币货币资金的形式，才能获得主管部门的批准。而在 2016 年公布的《条例草案意见稿》中，关于基金会设立条件的规定只是在现行规定的基础上作了基金会登记管理权限的细分，对市、县级登记的基金会规定了较低的注册资金标准，其并未取消基金会设立过程中的现金限制条款。换言之，根据《条例草案意见稿》第 8 条的规定，企业基金会的设立依然需要拿出足够的现金，而不能单纯以股权捐助设立企业基金会。该规定一方面是意图壮大企业基金会的规模，但另一方面也将众多中型企业拦于门外。而肯定股权捐助效力，一方面有助于扩大企业及企业家参与慈善公益事业的热情，另一方面也有利于企业基金会丰富财产形式，使企业基金会的资产结构更加科学合理。

---

① 王雯：《美国公益基金会兴盛原因的制度经济学分析》，《美国研究》2009 年第 2 期。
② 孙仁江编：《当代美国税收理论与实践》，中国财政经济出版社 1987 年版，第 40 页。

（三）开创商业支撑慈善的新公益模式

随着现代公司制度的发展，股权交易、转让制度也日趋成熟，公益事业的需求越来越大，允许股权捐助设立企业基金会可以鼓励更多的社会资源流入慈善领域。运作型企业基金会向资助型企业基金会转变是基金会制度进化的一个过程。企业基金会将专门从事公益基金的募集及投资管理，而项目的运作则交给其他民间组织。事实上，基金会等慈善机构利用自身的资金、技术或是其他资源从事商业投资已经非常普遍。比如，1998年美国罗伯特基金会的调查报告就记载了一系列慈善机构通过经营面包店、冰淇淋店等企业的方式，提供大量的就业机会。[1]

非营利组织研究学者借用利益相关者理论来说明企业与非营利组织之间的关系。他们认为，基金会和企业之间普遍有着四种不同的关系类型，不同关系类型在应对两者之间问题时的策略也不同。[2] 企业基金会与企业之间就是最典型的支持型关系，企业的效益能够影响到企业基金会的利益，企业越成功，基金会可获得越多的潜在收益。在以股权设立企业基金会的制度上，该基金会即企业的利益相关者，能够对企业结构和运营施加影响，所持有的股份越多则对企业的影响越大。

在英美国家，有社会企业这一如同基金会一般的慈善法人组织，二者相同的是目的是实现社会目标的最大化，不同的是社会企业通过商业形式来实现社会目标，直接参与经营管理。在美国表现为低收益有限责任公司，[3] 它努力成为一个成功的企业，建立自己的市场份额，实现自己财务上的可持续发展，为社会目标的实现提供永续支持，将公司的资金优势与非营利组织的社会优势结合起来，为社会公益注入新的力量。社会企业在运作上同企业没什么不同，它有营利的目标，因而具备充足的开发产品、开拓市场、促进消费的动力，[4] 减轻了对捐赠资源的过度依赖。英美等国家能进行这类组织的尝试是因为外部法律制度环境的宽松，对基金会的制度形

---

[1] 黄春蕾、郭晓会：《慈善商业化：国际经验的考察及中国的发展路径设计》，《山东大学学报》（哲学社会科学版）2015年第4期。

[2] 王向南：《中国非营利组织发展的制度设计研究》，博士学位论文，东北师范大学，2014年。

[3] 王波：《美国低收益有限责任公司立法介评——兼论中国非公募基金会制度之完善》，《湖南社会科学》2012年第2期。

[4] 舒博：《社会企业的崛起及其在中国的发展》，天津人民出版社2010年版，第53页。

式没有严格的要求,但在我国则要遭遇很大的困境,因为企业基金会不能是企业或公司。

股权捐助设立企业基金会能够在不改变基金会性质的条件下,获取部分公司的资金优势。由企业基金会作为公司的控股股东,确实享受到了企业经营的利润,但并不是企业基金会直接从事营利性活动。企业专注于营利并提供利润,基金会依靠企业运作的股息红利进行公益投资,它可以通过投资实现资产的增值,只要管理人员不参与利润分配机制,则不会改变其非营利性质。

(四) 拓展了企业基金会从事慈善事业的方式与手段

允许以股权设立企业基金会是丰富企业基金会的财产来源、拓宽企业基金会的财产形式的重要手段。形象来说,即丰富企业基金会"挣钱的渠道",可谓"多渠道输血"。而拓展企业基金会从事慈善事业的方式与手段,说的是企业基金会另一个重要命题,即"如何把钱花好"的问题,资助型、运作型,就是指企业基金会花钱的形式,这可以说是企业基金会"花钱的渠道",即"多渠道出血"。拥有不同财产来源和财产形式的企业基金会,则必然会采取不同形式的资金使用形式,形象来说,即企业基金会如何挣钱,必然影响其如何花钱。

按照基金会的资金使用方式来划分,基金会可分为运作型基金会与资助型基金会。运作型基金会主要将资金用于自己运作公益项目,并直接参与到项目当中。而资助型基金会则正好相反,其主要将筹集到的资金用于资助其他公益组织。

在美国,其160多万个公益组织中大部分是基金会;而在基金会当中,大部分又属于资助型。它们大多只是公益慈善资金的提供者,而非自己直接运作公益项目,直接运作此类项目通常由更专业的其他公益组织来完成。

有学者认为,针对包括企业基金会在内的非公募基金会,应鼓励和引导其由运作型向资助型方向发展。[①] 然而,笔者认为,一味向美国看齐,或一味引导企业基金会由运作型向资助型方向转型并不可取。究其原因,第一,在中国,不少基金会都由非政府组织(NGO)转型而来,其本身即具备项目运作能力且擅长于项目运作,要求此类基金会舍弃自身项目运作专

---

① 高功敬:《中国非公募基金会发展现状、困境及政策思路》,《济南大学学报》(社会科学版)2012年第3期。

长而向运作型基金会转型并不可取。第二，社会上现有的 NGO 项目运作能力普遍不强。运作型企业基金会的产生，是建立在拥有强大项目运作能力的受助组织之上，如无合格的受助组织，则资助也就无法谈起了。

综上而言，我们认为，运作型基金会也好，资助型基金会也罢，都是基金会的运作方式，各有优劣利弊，不应只提倡一种而否认另一种，于公益慈善领域而言二者都有存在的必要。而允许以股权捐助方式设立企业基金会，发展更多企业基金会接受财产的形式，就是拓展企业基金会从事慈善事业的方式与手段，应得到法律的支持。

（五）有利于企业基金会获得较为稳定的可持续性财产

企业基金会之一大矛盾在于，一方面，企业基金会不从事生产经营而以公益慈善事业为主业，另一方面，企业基金会不以营利为目的则无法获得持续稳定的收入，要持续从事公益慈善事业就必须有持续稳定的收入。然而，企业基金会大都不具有面向公众募款的资质，资金来源方面比较封闭，基金会的资金来源高度依赖于特定企业的捐赠，一旦面向特定非企业的捐赠渠道受阻，企业基金会便有"断供"之虞，而失去了继续从事慈善公益事业甚至继续以财团法人名义存续的能力。如何使企业基金会获得较为稳定的可持续财产就成了化解以上矛盾的关键。

所谓企业基金会以公益慈善事业为主业，是指企业基金会以公益性为其最根本的属性，公益性是基金会组织的灵魂及价值所在。基金会的公益性具有三重特性：第一，基金会设立宗旨具有公益性，是基金会设立人为回馈社会的慈善理念的具体化；第二，基金会设立财产具有公益性，即基金会所有财产具有公益慈善财产的性质；第三，基金会设立之后的具体行为围绕公益展开，其通过自身组织开展具体慈善公益活动，或资助其他专业组织开展慈善公益活动，并使得需救助的群体广泛受益。[1]

除了公益性之外，企业基金会还具有非营利性，换言之，企业基金会作为非营利性法人，其一切行为并不以营利为目的。最新的《民法总则》将法人分为营利性法人与非营利性法人，根据《民法总则》第 87 条的规定，所谓非营利性法人是指不向设立人、出资人等分配利润，以公益或其他非营利目的而成立的法人。企业基金会的非营利性特征，体现在如下几个方面。第一，企业基金会具有"非分配约束"，即企业基金会不得将受捐

---

[1] 王名、徐宇珊：《基金会论纲》，《中国非营利评论》2008 年第 1 期。

赠而取得的收入分配给设立人、理事会成员、企业基金会工作人员等;第二,企业基金会存在"非牟利控制"机制,这一机制存在于企业基金会的日常管理和运行中,它要求企业基金会在各个环节都具有力图避免高风险高收益决定的控制机制,以改变其非营利性的特点;第三,企业基金会具有所谓的"财产保全限制",这一限制是指,企业基金会除捐赠财产外,不得以其他诸如转让、抛弃等方式改变企业基金会财产的所有权。此外,以非营利为目的的企业基金会终止时,不得向任何人分配其剩余财产,剩余财产只能按照章程或决议分配给同样以公益为目的的他人。①

基金会的公益性与非营利性表明,基金会本身并无很强的营利能力,其重心都放在了公益上,对捐赠财产极度依赖,一旦捐赠财产减少或不能及时到位,基金会则有停止运转之虞。这也是企业基金会在发展中遇到的困难之一,即因资金匮乏带来的巨大的劝募压力。然而,现状是企业基金会大多属于非公募基金会。根据《条例》第 3 条的规定,基金会分为面向公众募捐的基金会即公募基金会,与不得面向公众募捐的基金会即非公募基金会。非公募基金会不得面向社会公众组织捐款,而只得针对特定对象进行劝募。对企业基金会而言,企业基金会由企业或企业家发起设立,大多属于非公募基金会,极度仰仗特定企业的"输血"。更糟糕的是,尽管企业基金会作为《民法总则》第 92 条规定的捐助法人而享有法律上的独立人格,但由于其过度依赖企业资金捐赠的特性,以及众多企业管理层将其作为一个公益项目或是企业社会责任规划部门的情况,企业基金会的独立状况即相应的存续能力非常令人担忧。

我们认为,以股权捐助设立企业基金会是使企业基金会获得较为稳定的可持续财产的解决之法。企业基金会因获得股权捐助而设立,也因此成为相关公司的股东,持有相关公司的股权,并享受公司股东作为出资者按投入公司的资本额享有所有者的资产权益,即分红权。因公司一直处于经营之中,一旦获得收益并产生利润,作为公司股东的企业基金会即享有了对该股利的分配请求权,也因此获得了较为稳定的可持续性财产。

域外公益慈善事业发展实践也为上述论断提供了有力支撑。以美国为例,美国企业以其股权作慈善募捐具有悠久的历史,从洛克菲勒到比尔·盖茨,从卡耐基到沃伦·巴菲特,股权捐赠或股权捐助在他们的公益慈善

---

① 王名、徐宇珊:《基金会论纲》,《中国非营利评论》2008 年第 1 期。

事业中占有极其重要的地位。① 他们这样做的很大一部分原因,正是为了使得各自的基金会具有持续稳定的收入来源,具备长期"造血"能力。唯有具备可持续存在的能力,慈善基金会才具备了存在的价值。

此外,根据《条例》第 28 条的规定,基金会应按照合法、安全、有效的原则实现基金的保值增值,实现基金的保值增值也是企业基金会的重要目标之一。只有实现基金会财产的保值增值,才能使公益支出持续稳定地增长。《条例》第 29 条也作了符合该原则的制度设计,即"非公募基金会每年用于从事章程规定的公益事业支出,不得低于上一年基金余额的 8%"的规定,就是要求以企业基金会为代表的非公募基金会,只需支出上一年收入的 8% 来做公益,其余部分用来保值增值即可。而股权作为具备长期增值潜力的财产即拥有保值增值的功效,这也免去了企业基金会为实现基金保值增值而害怕投资失败的苦恼。

(六) 平衡企业私益与社会公益的需求

传统观念上慈善公益与企业私益仿佛处在不可调和的对立面,在有限的企业资源下,公益部分的支出意味着企业私益收入的减少。私益利己,公益利他,人类的利己主义使得对自身利益的渴望远远超过对公益的追求,但公益事业的发展能为私益的追求创造更好的社会条件,因此,不能将公益与私益完全割裂开来,而应辩证地看待它们之间为博弈。企业是以营利为目的的组织,其资本大多投入市场进行运作,大多数企业没有足够的闲置资本设立基金会,仅靠现金设立企业基金会给企业的资金链带来巨大的负担,甚至影响到企业的经营。从企业捐助成立慈善基金会的实践来看,企业直接支取巨额的现金以成立企业基金会会对企业自身的运作产生不利后果。② 究其原因是因大量的现金支出减少了公司的现金流,阻断了公司资金链的及时供给,对企业的运营情况和支付能力等产生了影响。因为私益是人类天然的本能需求,希望企业从事有损于企业私益的公益活动不具有期待可能性,公益的可持续发展以私人利益的可持续发展为基础。③

---

① 戚枝淬:《论公益信托视阈下的股权慈善捐赠》,《河南财经政法大学学报》2013 年第 6 期。

② 方军雄:《公司捐赠与经济理性——汶川地震后中国上市公司捐赠行为的再检验》,《上海立信会计学院学报》2011 年第 1 期。

③ 马金芳:《通过私益的公益保护——以公益慈善立法中的公益定位为视角》,《政法论坛》2016 年第 3 期。

企业基金会的设立同样如此,在提倡公益行为的同时也要并重公司自身的发展。以股权设立企业基金会既能够让企业积极地参与到公益事业中来,又能达到稳定公司经营的效果。于社会公众而言,企业设立基金会表明该企业有足够的盈余从事经营以外活动,间接说明其经营良好,更利于企业向社会融资。慈善事业的参与还能为企业树立良好的信誉形象,给企业带来无形的利益。

二 股权设立企业基金会带来的挑战

在《慈善法》出台前,我国就股权这种形式的财产是否可以适用于基金会有着很大的争议,2009年"股权捐赠相关政策法律问题研讨会"召开,来自国家机构的政府官员、各高校研究机构的专家学者以及新闻媒体工作者参与了此次讨论,有学者指出股权捐赠设立非公募基金会是公益领域出现的新动向,政府应该调整相关的政策规定给予支持。[①] 但这一制度今日也还未得到法律上的明文支持,究其缘由,股权未能明确成为企业基金会设立的资金形式之一主要受以下几方面的制约。

(一)股权设立加大了监管的难度

传统"限制发展"的基金会立法思想认为,作为一股民间力量的企业基金会对社会有着一定的影响力与号召力,正是担忧企业基金会的社会号召力没有得到正确的引导,成为有心人威胁社会和谐的工具,所以在特殊历史时期法律对基金会以规制为主,采取的是在限制中发展的立法态度,设立关卡严格把关,合理控制基金会的数量发展。正是由于此种担忧,立法对企业基金会以规制为主,将不达标的组织排除在外,合理地控制基金会的数量发展。企业基金会设立财产越为单一,则可达到标准的企业基金会的数量越少,也越便于政府相关部门监督管理。

允许股权捐助设立企业基金会使基金会市场的进入方式更为多样化,可能会造成公益慈善市场的混乱,不利于政府的监督管理。再者,现今并没有法律明确规定可以用股权设立企业基金会,这一制度缺乏立法上的依据,与传统的立法思想相悖。

由于实践中企业基金会类型多样化的需要和理论上《慈善法》与《条

---

① 文青:《以机制建设推动中国公益慈善事业发展——股权捐赠相关政策法律问题研讨会综述》,《社团管理研究》2010年第1期。

例》对设立企业基金会资本形式与资金来源的扩充与推动，有价证券、投资收益、股权等非现金形式的财产形式已经越来越受到企业和企业家们的普遍欢迎。但众所周知，通过股权设立企业基金会必须具备一定的条件，且股权作为企业基金会设立的原始资金存在着实际资金不到位的法律风险，这就在一定程度上加大了监管的难度。

首先，以股权方式设立企业基金会是对现行法律制度体系的挑战，加大了监管的难度。相对于以股权设立公司方面存在《公司法》《中华人民共和国证券法》（以下简称《证券法》）等完善的法律制度而言，股权设立企业基金会方面缺乏强有力的法律法规体系支持。《最高人民法院关于适用〈中华人民共和国公司法〉若干问题的规定（三）》（以下简称《公司法解释（三）》）详细规定了股权设立公司的设立条件、设立程序、未履行出资义务的法律后果等规定，这就在法律层面上树立了监管的依据，使得相应监管部门有法可循。但在以股权设立企业基金会方面，法律规制则未能尽善尽美。2016年通过的《慈善法》虽然明确了股权可以进行捐赠，能够作为企业基金会的财产组成形式，但在设立财产与设立形式上仍然只字未提。在《慈善法》对"设立财产"留有空白的情况下，仍遵循2004年的《条例》的相关规定，但《条例》仍把设立基金会的资本形式限制在单一的现金出资上。根据上述相关规定，以股权设立企业基金会不仅在设立条件、设立程序以及法律后果等方面都缺少系统的法律规定，而且在是否可以用股权出资设立企业基金会这一前提性的问题上都缺乏明确的法律界定。从立法层面而言，这也加大了监管的难度。

其次，以股权方式设立企业基金会是对现行金融监管模式的挑战，加大了监管的难度。传统的金融监管有两种模式：一是以被监管对象的主体身份确立，二是以被监管对象的行为方式及性质确立。虽然，监管对象的主体身份对于确立监管规则、采取监管措施至关重要，但这两种模式各有千秋，按照主体身份确立监管原则并不是唯一的监管方式。例如，《证券法》对于证券监管的授权，既有关于按照监管对象（例如证券公司）制定具体规则的规定，也有授权监管部门对证券发行、承销等具体行为进行监管的规定。[1]而对于以股权方式设立企业基金会来说，究竟是以企业基金会

---

[1] 杨东、刘磊：《论我国股权众筹监管的困局与出路——以〈证券法〉修改为背景》，《中国政法大学学报》2015年第3期。

这个主体身份确立监管对象,还是以股权方式的设立行为的性质作为监管对象,是对金融监管模式提出的有力挑战。就监管规则层面而言,以哪种模式确立监管原则均没有明确的依据,也在一定程度上加大了监管的难度。

最后,以股权方式设立企业基金会对非营利性慈善法人制度规制的挑战,加大了监管的难度。企业基金会是一种非营利性且非政府形式的慈善法人,因为缺乏政府公信力的支持,企业基金会的资金来源并无有力可靠的保障。因此,加大原始资金的投入则是促使企业基金会能够有效运行的保障。但是,若采取以股权方式来设立企业基金会,则监管单位不得不另外考虑以下设立风险:若股权设立尚未评估作价应如何处理;若股权作为设立企业基金会的原始资金出资却导致实际资金不到位的情况又该如何监管与处理,等等。这一系列的问题无疑也考验了监管部门的监管能力。

(二)股权价值的非直观性

从股权性质上看,股权作为企业基金会的原始基金可能会导致实际资金不到位的后果。基金会是财产的集合,基金会的原始基金是企业基金会得以成立的基础,其必须要满足开展公益活动的要求,即该资产可以流通使用,达到法律规定的活动要求。股权属于抽象存在的资产,如果企业基金会设立时的资产全部由股权、股票构成,这会使企业基金会难以正常开展活动。股权价值变动太大、风险过高,基金会全部财产的表示形式都为股权势必会导致基金会的财产处于高度不稳定状态,与基金会财产保值增值、分散风险的要求不相符。

股权是股东基于股东身份和地位所获取的一定的经济利益和参与管理的权利,[1] 即自益权与共益权两方面。股权所对应的财产价值是抽象的,并非有形资产,股权是对一定数量的财产的受益权,而该财产的所有权是公司。股权作为一种物权虽然具有财产价值,但对于该财产价值的利用是受到限制的,它是种受到限制的权能。对企业基金会而言,资金是其得以存在的基础,基金会的支出比重对基金会的发展影响巨大。货币因其本身具有确定的价值衡量标准,流动性强,又便于及时转化成其他各类生产要素,企业基金会账面上所记载的原始现金资金即能够动用并投入慈善市场的基金,稳定可观的基金能够满足企业基金会的项目支出要求。但股权因为权能受限,即使在企业基金会账面上显示出其量化价值,能为基金会可用的

---

[1] 施天涛:《公司法论》,法律出版社2005年版,第293页。

价值却十分有限，既不能及时转化为其他物质，又无法直接用于公益事业，造成企业基金会的注册基金"可看却不可用"，使企业基金会难以开展活动。

许多学者都将企业基金会的年项目支出作为衡量基金会社会贡献的指标之一，法律上也明确规定了企业基金会每年支出需要达到的标准——企业基金会按照其年度净资产总值每年的公益支出必须达到所规定的最低比例，一旦企业基金会的可用资产无法满足应支出的比例，那么则需要动用企业基金会的固定资产。若以股权设立企业基金会则会导致其大部分的固定资产都是投资在公司运营中，而对公司的投资一般为长远投资，短期内难以变现。当投资效益不能达到最低支出以上的预期收益时，必然需要对该投资进行处理，但若非出现法定事由，股权只能转让他人不能退股，而股权的转让也受法律和公司内部决议的限制，这必然会影响企业基金会可变现资金的筹集。若是在企业基金会设立之初就将股权的抽象价值转化为具体的形态，将股权价值转化为现金价值再设立企业基金会就不会陷入此等困境。

（三）股权价格具有不稳定性

相对于现金出资而言，股权的价值变化更加具有不确定性。当企业基金会的注册资本主要是股权出资时，其实际资产数量就会在很大程度上取决于本基金会状况以外的不确定性因素。虽然股权的价格受其价值的影响，但并不能为票面价值所反映，而是受到诸如供求关系、公司经营状况等诸多因素的影响。因此，对股权出资的评估作价也较其他现物出资而更显困难重重。不仅如此，由于股权价格的不稳定性，股权出资设立企业基金会后，企业基金会的资本稳定性会大打折扣。一旦股权价值因某种因素影响而大幅度贬值，接受股权出资的企业基金会将面临难以控制的巨大风险，而这种风险一旦出现，损失的不仅仅是企业基金会的利益，还会对企业基金会社会职能的履行构成极大的威胁。进一步来看，股权出资相当于其他公司对于企业基金会的转投资，而其他公司的经营状况是否良好，是否具有转投资的能力，股权价格的不稳定性是否会导致自身难保的现象等等，这些都值得我们进一步深思。

从《慈善法》和《条例》中体现的企业基金会的价值取向和定位来看，企业基金会应有明确的公益宗旨，不仅要处理好企业运营问题，而且应该注重社会责任的承担。虽然上述两部法律法规对于股权是否可以作为企业基金会的设立财产尚未作出明确的规定，但参照股权设立公司制度，相较于公司这类营利性法人而言，企业基金会作为履行社会公益职能的慈善法人，其股权出资的标准只会"更高更严"。根据《公司法解释（三）》的规定，利用股权设立公司需要满足以下四个条件：（1）出资的股权由出资人合法持有并可以依法转让；（2）出资的股权无权利瑕疵或者权利负担；（3）出资人已履行关于股权转让的法定手续；（4）出资的股权已依法进行了价值评估。因此，在出资领域，之所以规定严苛的股权出资条件，目的就是保证用股权出资设立时具有真正的可以确定的资产，而非负有瑕疵的资产，能够最大限度地将股权价格不稳定性的弊端降到最低。由此可见，股权价格的不稳定性也是股权设立企业基金会的一大挑战。

（四）股权具有身份上的牵连性

股权是股东基于股东身份和地位所获取的一定的经济利益和参与管理的权利，包括财产性权利的自益权和非财产性权利的共益权。[①] 因此，股权是一种综合性的权利，是以直接财产权和身份财产权为主导的集合权利。[②] 具体而言，直接财产权包括红利分配请求权、新股优先认购权、股份转让权等；身份财产权则包括表决权、查阅公司账簿权、对董事及高级管理人员的监督权等公司事务参与权。可是，企业基金会是非营利性的慈善法人，用企业的股权出资则意味着企业基金会在成立后成为公司的股东，从而享有一系列的直接财产权与身份财产权，导致企业基金会与其设立公司因为股权而产生了身份上的牵连性。企业基金会作为出资设立的企业的股东会导致下面一系列的问题。

一是加重了企业基金会的管理负担。一方面，根据信息披露制度的规定，当某公司接受一股东的股权出资时，不仅接受出资的公司要进行登记、公告，而且出资股东所在的原公司也应当承担信息披露义务。[③] 我们认为，在以股权方式设立企业基金会的制度中，更应该履行相应的信息披露义务。这是因为，接受出资的企业基金会的原始资本中有一部分是由该企业的股权组成，股权实际价值的大小主要由该公司的经营状况决定。即便出资当时作价和评估没有问题，由于股权价格具有不稳定性，如果该企业和企业

---

① 施天涛：《公司法论》，法律出版社 2005 年版，第 293 页。
② 漆多俊：《论股权》，《现代法学》1993 年第 4 期。
③ 吕来明：《关于股权出资的几个问题》，《法学杂志》2005 年第 3 期。

基金会不履行相应的信息披露义务，则在履行捐赠等社会职能时可能会产生无钱捐赠的不利后果。所以，为了维护企业基金会社会职能的需要，将企业和企业基金会的必要内部信息通过披露、登记等方式予以外部化，有利于企业基金会社会职能的实现。但是，这无疑加重了企业基金会的管理负担。另一方面，企业基金会作为该企业的股东，需要履行表决权、查阅公司账簿权、对董事及高级管理人员的监督权等公司事务参与权。这就无疑在履行社会职能之外又增加了企业基金会作为股东的管理与参与义务，增加了企业基金会的负担。

二是弱化了企业基金会的独立性。企业基金会是由企业或者企业家出资设立的，有明确的公益宗旨，是公开募款严格受限的非政府的慈善法人。作为非营利性质的慈善法人，除了明确的公益职能外，首先是作为一个法人来独立地行使权利和承担义务。这就意味着，企业基金会需要保持自身的独立性，需要有独立的财产，能够以自有财产独立地承担责任。除了这些最基本的独立性要求之外，作为一类慈善法人，其价值取向与定位中最根本的就是要保证企业基金会能独立行使其社会职能，是要保证企业基金会的公益属性不被外部所左右。但是如果企业通过股权捐赠方式设立企业基金会，从而使得企业基金会拥有企业的一部分股权，成为企业的股东，这就意味着公司的经营状况将直接影响到企业基金会的可支配收益，就会在一定程度上弱化企业基金会的独立性。企业是营利性的商事主体，取得财产性权利是设立公司的目的。而作为股东的企业基金会虽然不可以凭借其股权直接支配公司的具体财产，但能够依据法律法规乃至公司章程来参与公司事务的管理，将自己的意志间接作用于公司的财产，获取出资财产的增值，从而获取经济利益。这就在某种程度上与企业的营利职能产生了千丝万缕的联系，与企业基金会的社会职能相违背，弱化了企业基金会的独立性。

三 股权设立企业基金会挑战的化解

（一）从立法理念层面的化解

公益慈善市场有限竞争的立法指导思想的确立有着鲜明的时代特征。在初期社会组织缺乏相关法律规制、畸形发展过快以至于扰乱正常社会秩序的情况下，纠正违法乱纪行为、稳定社会秩序是法律规制的首要任务。为了整顿清理混乱的慈善市场而制定的《办法》在当时为维护国家安全起了显著的成效，但在社会转型的当下看来，其中许多条款都难以适应时代发展的需要。① 因为法律关系所处的社会环境一直在变，法律的规制也要跟上社会变迁的脚步。

近年来，中国慈善事业发展迅速，更多的企业基金会登记注册参与到公益领域的事业范围内，它们在各类社会救助中展现出极强的号召动员力，并及时提供了各类救助物资。必须看到，企业基金会的社会救济以及缓和社会矛盾功能在我国转型时期的意义。特别是进入 21 世纪以来，我国的社会经济结构发生了一系列深刻变化，涌现出新的社会阶层和利益群体。在关键的社会转型时期许多深层次的矛盾凸显出来，如公共产品供给效率低下、政府机构臃肿，亟须一系列的改革措施转变政府职能。② 将一部分的社会公共职能转移给民间公益组织，权力下放，一来可以加快政府职能的转变，二来可以适当减轻国家财政负担。这些社会生活的转变对基金会这类组织的需求更甚，我国社会需要更多的公益力量参与到慈善中来，虽然近十年企业基金会的发展速度惊人，但是与我们社会实际需求相比还远远不足。

政治体制改革的扎实推进为企业基金会发展拓展了制度空间。2014 年 12 月国务院正式下发的《关于促进慈善事业健康发展的指导意见》强调：我国慈善事业的发展方式应该大胆探索，畅通社会各方面参与慈善和社会救助的渠道，大力优化慈善事业发展环境，使各类慈善资源、社会救助资源充分发挥作用。该《意见》提出要鼓励多元的捐赠渠道和方式，探索捐赠知识产权收益、技术、股权、有价证券等新型的捐赠方式，进一步激发基金会的社会创新能力，表明了国家大力发展慈善事业的态度。如今中国社会处于一个稳定发展时期，经济发展水平有了显著提高，与此相对应的是社会福利水平低、贫富差距大的社会现实。企业基金会在承担社会责任者方面呈现出其独有的优势，基金会市场也逐渐步入有序发展、更加透明的阶段，原有的立法背景已大有改变，限制发展的立法思想已经不再适应时代的需求，不能成为拓宽企业基金会设立渠道的依据。

---

① 侯安琪：《慈善组织准入的法律规制——兼论慈善组织准入制度的价值取向》，《社会主义研究》2010 年第 5 期。

② 王向南：《中国非营利组织发展的制度设计研究》，博士学位论文，东北师范大学，2014 年。

而且从法律规定上看，《条例》虽没有明确股权可以作为企业基金会设立的原始基金，但也没有明文禁止。并且《慈善法》也扩大了基金会接受慈善捐赠的财产形式，其中股权赫然在列，可见股权这一财产形式适用于基金会领域已被法律所认可，这也为股权出资探索设立企业基金会的合法渠道开辟了法律空间。法律总是滞后于社会生活的发展要求的，《条例》的修改应该为股权进入企业基金会的设立制度提供法律上的依据。

（二）从制度创新层面的化解

从制度层面而言，应加速《条例》的修订，增设"以股权作为企业基金会的设立财产"的明确规定。以股权设立企业基金会的相应制度推进举步维艰的根本原因就在于当前的法治环境下缺乏关于股权作为企业基金会设立财产的明确规定。虽然《慈善法》的出台极大地促进了我国公益事业的进步，但是在"企业基金会的设立财产"方面，《慈善法》却体现出了一种模棱两可的态度，这就对以股权设立企业基金会的相应制度建设带来了极大的困难。因此，正在修订中的《条例》则应肩负着《慈善法》尚未完成的历史使命，充分考虑到现实生活中企业基金会出现的各种问题，进一步加强和完善公益慈善事业的法制保障。现阶段，《条例草案意见稿》面向公众征求意见已经结束，初步确定条例中不再区分公募与非公募基金会，但关于股权设立企业基金会的形式仍存在着争议。立法者应该切实考虑到实践中以一定数量的现金出资设立企业基金会所产生的问题，并以发展的眼光审视企业基金会的未来，对企业基金会的设立财产形式重新进行立法考量。

首先，股权的性质并不能成为设立企业基金会的障碍，针对股权设立易导致企业基金会原始资本缩水的观念，笔者认为这并不能成为阻止股权进入公益的理由。股权中的收益权虽然随着公司经营的开展而不断变换价值，但以股权作为注册资金并不必然导致企业基金会原始基金不到位、实际基金份额少于账面基金的后果。因为在以股权来设立企业基金会的过程中，股权价值可依其转让时的市价或是专业评估机构给出的评估价格来确定。而股权的价值和收益会随着公司经营情况变动并不意味着其价值只跌不涨，一般能够作为企业基金会设立资本的股权，其所对应的公司经营效益都是较好的，甚至企业基金会通过持股能够达到资产的增值。注册基金是企业基金会目的事业开展的最初财产，随着每年项目的展开，原始基金也成了一个变量，企业基金会成立之初的注册资金并不能代表该基金会的资金能力。企业基金会的支付能力更多的是建立在基金会每一年度的实有资产之上。即便是以现金基金设立的企业基金会，该原始基金也只能代表基金会最初的偿付能力，也不一定就能保证基金会资金充实。企业基金会每年都需要有公益支出，以现金设立的基金会同样大量存在着项目资金短缺的问题，原始基金并不能解决企业基金会所有的资金问题。

其次，企业基金会在发展初期遵循着"捐赠就是无偿奉献"的"支票簿"形式，即企业基金会价值实现只关注在如何花钱的这一方面，而忽略了企业基金会的长远发展。但现今企业基金会的发展模式已有了变化，开始有目的有计划地进行长远公益投资。影响企业基金会年度支出的主要因素是对基金会的资产管理和每年所接收的捐赠额度。在美国，大部分基金会主要依靠年度捐赠资金和本金投资来维持组织的运营，各州禁止花费个人捐赠的"留本基金"，① 所谓"留本基金"是指只能动用其增值部分投入公益项目的捐赠。大多数基金会原始资金的作用在于资产保值增值，并不用于直接对外捐赠和项目运作。企业基金会的可持续发展需要处理好项目支出与资产收益之间的关系，其本金存留和资产投资是避免基金会净资产变动为负的必要手段。所以在新形势下的企业基金会，其原始资金在日常运营中一般作为留存资金管理，基金会不轻易动用本金。而且大多企业基金会规划的年度支出数额较为稳定，每一年度和上一年相比不会相差太远。如果股权所对应的公司经营稳定、效益良好，所分得的股息红利能够实现企业基金会的年度支出计划，这样一来，股权也能够实现同现金资金一样的价值。因而能为基金会带来资产性收益的股权是能够满足基金会的日常事业支出，并能够维持企业基金会的存续的。

最后，至于主张将股权转化为有形资产后再设立企业基金的想法，要么不符合捐助人的意愿，要么将产生高额的成本。假如某企业要将自己资产的一部分用来设立企业基金会，则需要将该部分资产卖出，然后再用换得的现金设立企业基金会。但现实却是，公司资产的重大变动会导致公司经营情况的变化，不利于资本市场的稳定，甚至会造成公司解散的后果。这种为了公益而完全损害私益的选择并不是慈善发展的流向，也不符合人类的利己主义倾向。主张先将股权转化为有形资产再设立企业基金会实有

---

① 参见［美］乔尔·L. 弗雷施曼《基金会：美国的秘密》，北京师范大学社会发展与公共政策学院社会公益研究中心译，上海财经大学出版社2013年版。

削足适履之嫌。

(三) 从监管功效层面的化解

从监管层面而言，第一，把握监管的大方向，实行有限的行政监管方式。因为企业基金会是一个非营利性质且非政府性质的慈善法人，业务主管机关不应该过多地限制其权利发展，以免监管限制过多而使被监督者产生公益逆反心理。相反，相应的业务主管机关在行使权利时应该保持克制的态度，更好地维护企业基金会的权利而非限制其权利，在实行有限监管的同时，为企业基金会提供更多的自治空间。

第二，重视税务机关在监管中的作用。企业基金会作为典型的财团法人，其与社团法人存在着本质的不同之处：企业基金会中不存在会员，而是以一定财产为基础构成。这就意味着，业务主管机关应该加强对捐助财产的监管。但是业务主管机关由于职能限制，并不具有较强的财务监督能力，而我国财务活动的监管机关——税务机关理应承担监管企业基金会的相应财务职能。审视我国税法方面的法律法规可发现，慈善法人的财务监管并没有形成体系，甚至没有详细的法律法规规范。只在《财政部 国家税务总局关于公益救济性捐赠税前扣除政策及相关管理问题的通知》这个政策文件中进行了相应的规定：主管税务机关应组织对非营利的公益性社会团体和基金会接受公益救济性捐赠使用情况的检查，发现非营利的公益性社会团体和基金会存在违反组织章程的活动，或者接受的捐赠款项用于组织章程规定用途之外的支出，应对其接受捐赠收入和其他各项收入依法征收所得税，并取消其已经确认的捐赠税前扣除资格。位阶较低和条文过于原则化都不利于税务机关发挥相应的机关作用。

第三，应该设立合理的监管模式。在我国现行监管框架下，对于企业基金会究竟是采用主体监管模式还是行为监管模式并没有明确的规则依据。但笔者认为，对企业基金会应采取以行为监督为主、主体监督为辅的监管模式，这是在我国现状下最高效且最理想的监管模式。在股权方式设立企业基金会的制度框架中，主体监管模式意味着以企业基金会这个主体身份确立监管对象，而行为监管模式则是以设立行为性质作为监管对象。不难理解，以股权捐赠方式设立企业基金会与一定数量的货币资金设立企业基金会是两种完全不同性质的行为，在设立条件、设立程序、相应责任规制层面都存在着较大差异。在企业基金会这个主体相同的情况下，以行为模式监管为主可以更有效地区分两种设立行为的差异，加强企业基金会的内部监管,更好地保障企业基金会的运转。同时,从主体层面对企业基金会这个整体进行监管,在宏观上把握企业基金会的发展方向,促使企业基金会承担更多的社会责任。

第四,完善以股权设立企业基金会的信息披露制度。因为股权作为设立财产相比现金出资而言价值变化具有不稳定性,其实际资产数量也就具有不确定性与不可预测性,因此,以股权方式设立企业基金会的风险也较现金出资更大。这就需要参照一般证券发行的信息披露要求来为股权设立的企业基金会建立一套完善的信息披露制度,但是其信息披露程度可较证券发行而相应放宽。由于上市公司发行证券面向不特定的投资者,且本身是以营利为目的,从保护投资者的角度出发,其信息披露制度应该严格而具体。但是企业基金会作为一个非营利性的慈善法人,不存在所谓的投资者,只需保障企业基金会的资金数量,实现承担社会责任的目的即可。

(四) 从社会观念层面的化解

企业基金会自发展以来其独立性便广受诟病,即使是货币资金设立的企业基金会也存在着独立性较弱的问题。企业基金会大多以非公募基金会的形式存在,因其设立资金以及后期捐赠主要来源于捐助公司,其与捐助企业之间存在着极强的资源依赖关系,这种资源依赖性容易导致企业基金会成为公司的附庸,共同为企业私利而损害公益。[①] 实践中企业基金会每年都会接受设立企业的资金捐赠来维持支出,这种资金联系在短期内是无法改变的。以股权设立企业基金会虽然会使基金会成为股东,但基金会是法律拟制的法人,企业基金会如何保持公益性关键在于管理层的运行操作,更在于企业基金会的内部监督与外部监管的加强。

一般认为,营利性与否描述的是社会组织的业务类型,即是否从事生产经营活动,与社会组织的目的没有必然的联系。企业属于营利组织,但是如果将所获得的利润分配给投资人,则为私益性组织。如果在章程中明确规定其所获取的利润全部用于不特定多数人谋福祉的公益事业,或者仅仅获取在法律限定范围内的最低利润,则该企业可被判定为公益性企业。社会组织的非营利性判断标准主要有两项标准:不以营利为目的和禁止利

[①] 李新天、易海辉:《公益慈善中的代理问题及其治理——以企业基金会为视角》,《浙江工商大学学报》2015年第4期。

润分配。① 企业基金会的非营利性要求其不得以营利目的而设立，并且其捐赠人、理事会和管理人不得分得基金会财产运作的利益。非营利性并不是禁止企业基金会涉及任何有关营利的事项，而是重在强调"不分配约束机制"。换言之，判断一个企业或者公司是否具有营利性，关键是看其出资者有没有从其利润中获取利益，与企业本身是否营利无关。

从前述企业基金会的非营利性特征分析中可以得出，非营利性并非指企业基金会不能参与任何有关营利事项，而在于企业基金会获取的利润不得分配给捐赠人与管理者，利润为基金会财产，用于公益事业。现实中，经常有企业基金会通过与企业或是政府合作，提供有偿的服务来获取资金，所以企业基金会的非营利性并不会成为股权捐助的阻碍，换言之，股权捐助不会改变基金会的属性。

从社会层面而言，对于以股权设立的企业基金会应加强非强制性的社会监督。社会监督是由社会公众、自律行业、相应利害关系人等监督主体依靠市场监督和舆论监督等方式来行使监督权利的非强制性监督。相对于行政监督而言，广泛而有效的社会监督方式更适合企业基金会这类慈善法人。因为行政机关主要是通过各种文件、报告来审核企业基金会的运营状况，而各种文件、报告是否真实有效尚存疑虑。如果企业基金会以各种手段来掩盖资金去向，对行政机关而言，相应的调查也是不小的工作量。社会监督则不一样，以股权设立的企业基金会，股权的变化直接或者间接影响着利害关系人、受益人的利益，同时大众媒体、评估机构等能够接触到行政机关无法触及的地方，更能够发现企业基金会运作的真相。

对以股权设立的企业基金会的社会监督主要是通过以下两种方式进行。一是公众监督。企业基金会的主要收入来源为社会公众捐款，是具有一定公共性的组织，理应向社会公众公开相应的信息，社会公众也有权了解企业基金会的运营状况与财产状况。与营利法人不同，慈善法人的收入、支出、管理人员的薪酬等不应当认为是商业秘密。② 二是利害关系人监督。利害关系人包括实际捐赠人、受益人等。《公益事业捐赠法》第 21 条规定：捐助人有权向受赠人查询捐赠财产的使用、管理情况，并提出建议和意见。对于捐赠人的查询，受赠人应当如实答复。还应该明确若违反相应义务应

---

① 税兵：《非营利法人概念疏议》，《安徽大学学报》（哲学社会科学版）2010 年第 2 期。
② 李芳：《慈善性公益法人研究》，博士学位论文，山东大学，2008 年。

赋予利害关系人起诉的权利。

第三节　当前股权设立企业基金会存在的障碍

一　股权捐助对基金会注册资金和慈善支出的冲击

股权捐助设立企业基金会的种种优势被广大企业家或公司企业所接受，我国实践中也有各企业家跃跃欲试，但有关股权捐赠的相关配套法律规定却不完备。

就股权自身性质而言，其价值是随着公司净资产或证券市场的交易价格而变动的，具有不确定性。股权价值的不确定性使企业基金会的原始资产处于变动状态，股权价值受公司价值的影响，而公司的价值与公司持股比例和经营状况相挂钩，公司的增资减资行为以及公司运行效率都会影响公司价值。正是这些因素导致公司价值的起伏，股东所拥有的股权所对应的价值也会有所变动。既然企业基金会的设立出资是以股权为依托，那么其整体财产价值会随每股份额的变动而处于不稳定状态，这种不稳定状态的风险只要体现在企业基金会设立后出现作为出资的股权下跌的情况，企业基金会的财产就会大面积缩水。这会导致其实际价值与设立时所评估的价值相去甚远，资本的间接流失不利于公益事业的正常进行，进而影响到企业基金会的公信力。基金会的财力状况是评估该基金会的一个重要指标，企业基金会原始资本的减少同样会影响到外界对基金会的评估，继而成为影响捐赠者决定是否向该机构捐赠的因素。

因此，所捐助的股权价值的稳定性与企业基金会活动的开展息息相关。注册资金的规模与企业基金会的后期管理运行密切相关，基金会能否持续地进行捐赠和资助活动靠的无非就是资金的支撑，注册资金越雄厚的企业基金会，其发展前景也越长远。股权相较于现金资本，其价值的不确定性可能给基金会的财产带来增值的效果，同样也存在注册资金贬值的风险。根据《条例草案意见稿》中有关基金会年末资产的规定，基金会的年末净资产不得低于本条例规定的注册资金最低标准，企业基金会的注册资金价值即使是遭到贬损也需要达到最低的资金标准。

股权的账面价值不能全为企业基金会所用，基金会项目活动的进行必然要依赖股权所带来的股息红利收益，但每股收益价值是个变量，其是随着公司经营情况发生变化的,如若公司经营恶化,没有股息和分红,那么企业基金会也就没有可用财产开展业务。股利分配是股份持有者获取投资回报的重要渠道,一般包括股息和红利。① 公司的股利分配会受到众多因素的影响,其能否实现不仅取决于公司的经营状况,还与公司的决议有关。首先,企业基金会股利分配权的实现基础是公司有可供分配的盈利存在。这与公司的经营状况密切相关,在业绩好的年份,盈余额高,股东按照持股比例分配的股息就多;反之,公司经营恶化,没有盈余甚至亏损,则股东无可供分配的利润。其次,股东分红权实现的障碍可能发生在具体股东分红权行使过程之中。② 公司的股利分配一般由董事会提交股利分配方案,再由股东大会作出决议,而决议内容可以是公司的盈余利润向股东分配,也可以是将盈余留存作为企业的资本运作资金。股权无法分红的障碍会直接导致企业基金会原始资本无孳息,影响企业基金会社会业务的展开。

二 捐助股权转让与交付上的难题

(一)股权转让一般性程序要求

股权捐助设立企业基金会如同股权出资公司企业一般,本质上还是股权转让,不同的是股权捐助不会获得所对应的股份、现金或是其他实物对价。一般情况下,股权虽得以自由转让,但也有一些法定的或合同限制。比如在股份有限公司中,发起人的股权转让、公司高级管理人员在任职期间的股份转让、有限责任公司股东对外转让股份等都有期限限制。

《财政部关于企业公益性捐赠股权有关财务问题的通知》指出,涉及上市公司股份的,捐赠方与受赠方都应遵照《证券法》及有关证券监管的其他规定,履行相关承诺和信息披露义务。当事人在订立股权捐助合同以转让股权时,除了要遵守《合同法》的相关规定,还要受到《公司法》规定的约束。有限公司的股份更具有人合性,其不公开发行股票,故而其股票不具有流通性,不会涉及公众投资者利益,因而其转让以股东之间的章程规定为主,法律的强制性规定较少。如果捐赠者意欲以所持有的股权捐助设立企业基金会,则其只需要按照股权转让手续经其他股东过半数同意转让即可,除非章程另有规定。

---

① 程显波:《股东分红权保护研究》,博士学位论文,吉林大学,2015 年。
② 同上。

而若是拟捐助股权为股权有限公司的股份，尤其还是上市公司的股份，则其转让要遵循《公司法》与《证券法》的规定进行。为了防止公司高层利用其自身地位及信息优势谋取私利损害公司利息，法律上将董事利益与公司利益捆绑在一起来约束董事行为，这一点在公司董监高的股权转让上得到体现。新《公司法》第141条规定，发起人转让其持有的股权受到限制。① 公司董事、监事、高级管理人员在任职期间和离职后一段时期转让股权也会受到限制，应当向公司申报所持有的本公司的股份及其变动情况。②因为公司董监高获取公司信息最为快捷，为了个人利益，其很可能在公司即将遭遇困境前将所持有的股份全部抛售出，以便获取股权转让所得，减少自身损失。但这一举动明显不利于公司整体利益的维护，因而法律上对股份公司高层转让股权作出限制。捐助人作为原股东，其订立的捐助协议当然不得违反这些规定。

股权捐助的直接目的是设立企业基金会，企业基金会在设立时需向登记机关提交的材料有：基金会设立申请书、基金会的章程核准表、验资证明以及业务主管单位审查意见等。设立企业基金会必须要有验资机构出具的证明资产真实的文件，所以在登记之前有关股份就必须全部转移到设立中的企业基金会银行账户里，股权必须依法转让并交付，才能在民政部门办理登记手续。有限责任公司与小额比例的股权捐助一次性转让股权不存在制度障碍，但依据以上《公司法》对股权转让的要求，如果股权捐助涉及股份公司的股权转让则一次性转让会存在困难。例如，捐助人为公司的董事，拟捐助的股权占据股份有限公司的股份的25%，但受到《公司法》中有关转让的限制规定，每年只能转让12.5%的股份，按照现有制度则仅完成过户就要花费四年的时间。如果捐赠的是上市公司的股票，则拟设立的企业基金会持股5%，且要作出书面报告并作出公告，以后每增持或减持股份比例高达5%后都要作出公告，另外公告期间不得买卖转让该上市公司的股票。股权转让违反限制性规定，将承担法律责任。

以股权设立企业基金会实际上是股权的捐助过程，股权的捐助需要将

---

① 发起人持有的本公司股份，自公司成立之日起一年内不得转让。公司公开发行股份前已发行的股份，自公司股票在证券交易所上市交易之日起一年内不得转让。

② 董事、监事、高级管理人员在任职期间每年转让的股份不得超过其所持有本公司股份总数的25%，离职后半年内，不得转让其所持有的本公司股份。

股权变为企业基金会的财产，因而必然涉及股权的转让问题。股权的转让除了要符合转让各方当事人的意愿之外，还应当遵守《公司法》中有关规定。这样，即使是股权捐助也受到了法律的限制，企业基金会的原始资金需要一次性交付转让并到账，会造成实际捐助额少于预期捐助份额的情况。捐助人本来希望将更多的资源投放到公益领域，却因法律规定而不得不一再缩减股权捐助比例。

（二）证券市场大额股票转让的特别要求

证券市场大额股票转让限制主要包括两方面的制度内容：公开规则与慢走规则。《证券法》中，公开规则是指投资者或其一致行动人持有上市公司的股份达到公司股份总数的5%时，以及在达到该比例后继续持有上市公司已发行股份比例每增减达到或超过5%时，必须及时报告证券监管部门，同时履行相应的报告与披露义务。而慢走规则则是我国独创的证券市场规则，又可以称之为"异化的预警式披露"，是指投资者及其一致行动人首次持有上市公司股份达到5%之日起的3日内，以及每增减5%的报告期限内和作出报告、公告后2日内，在此期限内暂停买卖上市公司股票的规则。这两个规则主要体现在《证券法》的第86条上，规定这两个规则的功能主要在于：首先，对于投资者而言，当公司的股权结构发生重大变化时，投资者能够及时了解相关的信息并作出是否继续投资该上市公司的投资判断，从而更有利于投资者保护自身合法权益；其次，对于目标公司而言，使得目标公司可以及时跟进上市公司的股权变化情况，及时了解可能导致上市公司收购的各种情况，并提前做好相应的防范工作，避免措手不及的情况发生；最后，对于公司整体水平与证券市场整体环境而言，证券市场大额股票转让限制有利于提高公司治理水平与治理结构，促进证券市场资源优化水平的提高，提升证券市场效率。

另一方面，通过捐助股权设立企业基金会时，作为受让方的企业基金会正在设立中，股权存放机构与基金会登记部门产生矛盾。当全部以股权设立企业基金会时，这就意味着股权捐助时，企业基金会还尚未设立成功，需要一个机构或者平台来存放相应的股权。以证券市场的公司为例，一类为上市公司，主要通过证券交易所、新三板代办交易系统等平台建立相应的证券账户来存放；另一类为非上市公司，主要采取在工商部门和产权交易部门等设立账户的形式。但是，企业基金会不同于证券市场上的公司，其非营利性质决定了登记部门为民政部门。那以股权设立企业基金会时股权的存放平台为何处？若存放平台与登记部门产生冲突又该如何协调？这些都是股权转让中亟待解决的问题。

以曹德旺先生通过股权捐赠设立河仁慈善基金会为例。2007年，曹德旺先生准备捐赠出公司60%的股份设立企业基金会，但是这个想法在当时不仅受到《条例》中原始资金必须为到账的货币资金的限制，而且还受到了《证券法》大额股票转让制度和要约收购制度的限制。因此，经过多方协商，将以股权捐赠改为了两千万现金捐赠，并把捐赠股权的数量比例变成了29.5%。后来直到2009年发布《财政部关于企业公益性捐赠股权有关财务问题的通知》，才实现了股权捐赠的政策突破。允许企业以持有的股权进行公益性捐赠，应当以不影响企业债务清偿能力为前提，且受赠对象应当是依法设立的公益性社会团体和公益性非营利的事业单位。现如今政策虽已经突破限制，但是股权过户问题依然存在，股权存放平台与登记部门的冲突问题也仍存在。

（三）股权转让交付引发要约收购上的问题

要约收购限制了企业基金会的持股比例。上市公司要约收购制度是《证券法》中的一项重要制度，该制度约束持股者持股比例在达到一个界限点时要公开向目标公司其他股东发起要约收购，以期保护目标公司其他中小股东利益。《证券法》规定，通过证券交易所的证券交易，投资和持有或通过协议、其他安排与他人共同持有一个上市公司已发行的股份达到30%时，继续进行收购的，应当依法向该上市公司所有股东发出收购上市公司全部股份的要约。企业基金会累计持有30%以上上市公司股份，则要向其余股东作出收购要约邀请，为了不受该要约约束，捐助股权比例只能限制在30%以内。

在河仁基金会成立之初，曹德旺先生拟欲以股权直接设立基金会，后由于制度上的障碍，改设立为捐赠。原先的计划是将其持有的7亿股悉数捐给河仁基金会，但7亿股份超过了福耀公司已经公开发行股份的30%，已经达到了法定的要约比例，为了回避强制要约的困境，曹德旺一度将捐赠股份数额减少至5.9亿股。① 最终，曹德旺先生实际捐赠的股份数额为3亿股。因取得股权的主体为设立中的企业基金会，基金会设立基金即来源于

---

① 费国平：《股权捐赠操作指南 从法律角度解读股权捐赠路径与手段》，《中国企业家》2009年第22期。

捐助，无可继财产收购上市公司的股份。

三 股权行使方面的问题

（一）股权积极行使问题

合格投资者在我国现行的法律体系中可以分为机构投资者与非机构投资者，机构投资者是指具有充足的资金来源与风险防范能力，同时配备有专业的人员与团队，运用专业知识与发行人进行谈判的金融机构。企业基金会作为合格投资者，当然属于机构投资者的范畴。但是，根据筹集资金的方式不同，企业基金会是否要介入所持股权的企业进行经营管理尚存有争议。因为通过股权捐助行为来筹集资金设立企业基金会可以被看作是通过原始取得的方式成为企业的股东，区别于以公开或者非公开方式募集资金，在证券市场上进行股票交易的资金筹集方式，因此在是否积极行使股权方面也有差异。拥有股权的股东虽然对公司财产无直接支配的权利，但是可以通过公司的经营活动以股息、红利的方式来获取收益，因此，不同股东之间积极参与公司经营管理的能力是不同的，在提名董事、表决权的行使方面会产生很大的影响。

一般说来，企业基金会作为慈善组织，不会积极主动去参与股权出资企业的经营管理。这可以从海航集团有限公司创始人团队股权捐赠设立海南省慈航公益基金会中得到体现。在海南省慈航公益基金会成立之后，海航集团有限公司创始人团队才对其进行了股权捐赠。捐股后海南省慈航公益基金会成为海航集团有限公司的大股东，持股22.75%，但是并没有影响海航集团有限公司的实际经营管理。由于企业基金会具有慈善属性，其主要的社会职能是履行捐助义务，承担社会责任。倘若企业基金会积极参与公司的经营管理，就会与其宗旨、目的相违背。尽管企业基金会一般不会积极参与公司的治理，但其作为普通股东，仍有《公司法》所赋予的不可剥夺的作为积极股东的权利。

（二）股权消极行使问题

根据《慈善法》第60条的规定，慈善组织中具有公开募捐资格的基金会开展慈善活动的年度支出，不得低于上一年总收入的70%或者前三年收入平均数额的70%；年度管理费用不得超过当年总支出的10%，特殊情况下，年度管理费用难以符合前述规定的，应当报告其登记的民政部门并向社会公开说明情况。因此，为保障企业基金会慈善公益事业的稳定推进，在需要变现一部分股权补充慈善资金时,特别是当作为大股东减持时,会产生相应的问题。一方面,由于企业基金会独立性的欠缺,过度依赖于企业的发展,导致企业基金会缺乏自身的专业化队伍与管理模式,其能不能自主变现也可能是一个问题。通过股权的联系,企业基金会与公司的利益产生直接或间接的联系,使得企业基金会社会职能的实现会在一定程度上受到企业的影响。这种依存于企业经营利润的模式使得自主变现成为问题。另一方面,由于信息不对称,一般作为控股股东或者大股东,对该公司的经营决策活动拥有高度准确的信息,具有内幕信息优势。当其大范围减持相应的股票份额时,很可能传递着关于公司未来发展的重要前景变化,也会在一定程度上影响公司股价变化及对投资者信息产生影响。而对于企业基金会股东而言,从长远来看,股权减持并不利于企业基金会社会职能的履行。

四 股权捐助导致控制权转移方面的问题

企业家在进行股权捐助时,除了从道德角度出发作为一种回馈社会的形式外,往往也会顾及被持股公司股价稳定、股权转让会对广大投资者对上市公司的信心造成什么影响。考虑到以上因素,企业家在股权捐助时希望对股权的权能作出更灵活的安排。股权捐助中所捐助的到底是股权还是红利这个问题一定要明确,实践中公司股权捐助会出现这样一个问题,即股权的捐助人想捐助股权的财产价值同时保留股权的决策权。

(一) 捐股不放权

股权捐助设立的基金会涉及股权转让,股权份额的让与会致使原有股权格局的变动,股权转让可能导致公司控制权的移转。一方面,企业基金会致力于开展公益事业,对公司的经营管理经验欠缺。另一方面,企业或企业家以股权出资设立基金会是在充分考虑基金会公益性与企业资本稳定性的前提下提出的,目的是达到"获取利润"和"承担社会责任"的双赢局面。因而在股权捐助设立基金会的协议中,捐赠者一般会对作为出资的股权财产的使用加以规定,以期继续掌有控股权。例如基金会对股权的利用只能是收取股息红利,对股权的处分加以限制。2005 年老牛基金会的创始人牛根生先生捐出其所拥有的公司全部股份,但采用了表决权与收益权相分离的捐赠模式,老牛基金会拥有股权中的收益权,股权中的表决权仍由捐赠人指定的主体享有。这种捐助方式在我国法律环境下会产生以下问题。

企业基金会权能受限。股权作为财产权的一类，其转让是各个权能的转让。① 完整的股权转让即包括在登记上将股权过户给受让方，还包括将股东所享有的共益权与自益权实际地转由受让方行使。股权的转移应当是一次性、全部的交付，需要将股权占有转移给受让人（企业基金会）后，原所有人因该转移而彻底地中断与股权的联系。在企业基金会的设立过程中，对作为基金会原始基金会的股权所做的价值鉴定必然是按照股权的整体价值进行的，包含收益性权能价值与身份权能价值。而捐助人意欲保留股权所代表的表决权必然会导致企业基金会对该股权的权能受限。

股权变现困难。若是将股权通过登记转移到企业基金会名下，原则上企业基金会对股权价值的使用除了对股息红利的利用，还包括对股权整体价值的处置。② 该规定要求股权的公益性捐赠也同样需要转移股权的所有权能，捐赠人不得再对股权行使任何权利。

如前所述，股权的价值波动会给企业基金会的原始资产造成影响，由该影响导致的原始资金缩水会给基金会的运作带来障碍，股权所在公司无分红造成企业基金会的可支出资金不能够满足当年的公益事业需求时，对所捐助股权的变现成为不得不走的一步路。基金会的股权性资产无法直接满足支付需要，必须转化为货币性资产后才直接满足支付需要，在现有的情况下，股权的协议转让是股权变现的最主要途径。然而在股权决策权保留在捐助人手中的情况下，股权的变现也会受到限制。

（二）控制基金会间接持股

另外一种控制股权的形式表现为，通过控制基金会达到间接控股的目的。我国台湾地区有学者研究私立医院、大学等非营利组织与企业集团的控股关系发现，企业将股权转给自己设立的非营利组织，由于该非营利组织与家族直接相关，且关系密切，因此会促使医院或大学成为家族企业集团金字塔股权结构中的重要角色。非营利组织是连接家族与核心公司或子公司的纽带，家族直接控制非营利组织，从而透过非营利组织控制核心公司或子公司。在股权设立企业基金会的过程中也可能会出现捐助者通过掌

---

① 宁晨新：《股权出资法律问题研究》，博士学位论文，中国政法大学，2006年。
② 参见《财政部关于企业公益性捐赠股权有关财务问题的通知》第2款规定：企业捐赠后，必须办理股权变更手续，不再对已捐赠股权行使股东权利，并不得要求受赠单位予以经济回报。

控基金会而间接持有股权,虽然股权权属转变了,但实际控制人并未转变的局面。在该状态下,企业基金会只会沦为企业的附庸,成为企业实施股权控制的工具,无独立性可言。

股权捐助设立企业基金会后,捐助人可能通过控制基金会间接继续持有股权。让企业基金会成为企业的控股中心,不但可以享有非营利组织税收优惠,而且让基金会集中控制企业重要子公司可以降低企业分立的风险。若捐助者与股权所在公司存在利益关联,则个人私益性与企业基金会的公益性相冲突,不能保证其为实现基金会之利益而行为。

五 股权收益的实现问题

(一)企业基金会的合格投资者身份问题

合格投资者制度是证券法律制度中的重要内容,2013年起正式实施的《中华人民共和国证券投资基金法》(以下简称《证券投资基金法》)第88条第2款中明确规定了合格投资者的具体含义:合格投资者是指达到规定资产规模或者收入水平,并且具备相应的风险识别能力和风险承担能力、其基金份额认购金额不低于规定限额的单位和个人。可以看出,成为合格投资者需要满足以下三个方面的要求:第一,达到规定资产规模或者收入水平;第二,具备相应的风险识别能力和风险承担能力;第三,基金份额认购金额不低于规定限额。因此,通过设立合格投资者制度来对投资者的资产规模条件、承受风险能力等进行规定,可以提高证券发行效率,便于发行者募集到充足的资本。同时,也可以保护投资者投资,更好地规范投资者的行为。

虽然合格投资者的制度功能较为完善,但是在实践层面上,合格投资者的立法现状却不尽科学合理。法律层面上的《公司法》与《证券法》均未涉及此概念,只是在《证券投资基金法》中对此概念作出了规定,但对具体内容如资产规模水平应为什么标准、风险识别能力如何判断等问题均未作出明确的解答,而是授权证券监督管理机构对具体问题进行规定。根据授权,证监会制定了《私募投资基金监督管理暂行办法》,对合格投资者的资产规模、单笔最低认购金额等进行了规定。同时规定了视为合格投资者的对象:(1)社会保障基金、企业年金等养老基金和慈善基金等社会公益基金;(2)依法设立并在基金业协会备案的投资计划;(3)投资于所管理私募基金的私募基金管理人及其从业人员;(4)中国证监会规定的其他投资者。该法条虽然认定慈善基金等社会公益基金可以作为合格投资者，但是对于慈善基金成为合格投资者需要满足的具体条件、具体操作标准等都尚未予以明确。

(二) 企业基金会所持股权的分红问题

在我国资本市场上，我国总体分红状况体现为：从分红水平与分红意愿上来看，我国上市公司的分红意愿不够强烈，大多数上市公司只是在证监会的强制监管之下象征性地发放一定数量的分红，分红水平较低，且存在着许多不分红的上市公司；从分红的连续性与稳定性来看，很难有上市公司做到持续分红，上市公司分红缺乏稳定性与持续性。究其原因，首先，从上市公司角度考虑，由于股权结构不合理、公司治理水平不够发达、信息披露行为不够规范等，上市公司在经营过程中，筹资渠道窄、资金周转困难的现象频发。其次，对于投资者来说，市场缺乏理性的投资环境与上市公司的现状都在一定程度上导致投资者缺乏理性的投资观念，更多的只是扮演着"投机者"的角色，更关注的是股票转让中的获利情况，而非分红的情况。最后，从政府层面而言，在我国当前的经济体制下，上市公司受地方政府财政预算的约束，存在通过上市公司的派现来补充财政收入的情况。这就导致了上市公司与股东之间的利益分配关系长期处于不均衡的状态，现金分红难、分红水平低是十分普遍的现象，这种分红制度与分红现实影响着企业基金会所持股权的收益权的实现。

以珠海格力电器股份有限公司的分红状况为例。2017年年报中，格力电器发布业绩优异的年报却对投资者格外"一毛不拔"，既不派现又不送红股。格力电器的解释为：根据2018年经营计划和远期产业规划，公司预计未来在产能扩充及多元化拓展方面的资本性支出较大，为谋求公司长远发展及股东长期利益，公司需做好相应的资金储备。[①] 这种大型且具有影响力的上市公司尚且不能做好表率作用，足见分红难是我国实践中的一大难题。究其原因，除了上述案例中企业自身迫切的融资需求以外，在我国股权相对集中的情况下，大股东通过"资本多数决"来行使其话语权，就会产生滥用权力的情形，通过有目的地选择分红的时间、数量等来促使事态向有利于自身的方向发展，从而损害中小股东的利益，降低分红

---

① 金星、甘骏：《格力电器2017年年报点评：年报业绩优异、不分红改变了什么》，http://www.stock.stockstar.com/JC2018042800000459.shtml。

的效用。

(三) 出资企业与企业基金会潜在的利益冲突问题

以股权设立企业基金会可以使企业基金会获得企业的部分股权,并通过企业的股息红利获得额外的运作资金进行公益投资。但是由于双方的经营理念、运作模式、受监管的程度等方面都存在着天壤之别,以股权作为出资设立的企业与企业基金会之间有着天然联系,出资设立企业更希望将现金留在上市公司中而不是作为股利分配给企业基金会,这就会产生潜在的利益冲突。因此,应该处理好企业营利与社会责任承担之间的关系问题,同时国家也应该给予出资企业相应的税收政策优惠以帮助其更好地发展。以曹德旺先生股权捐赠设立河仁慈善基金会为例,2011 年曹德旺捐出家族持有价值 35.49 亿元的 3 亿股公司股份,① 当期应缴的税金为 7.557 亿元。这也就意味着,股权捐赠的额度越大,所应该缴纳的税额也越高。这就会在一定程度上阻碍我国慈善事业的发展,阻碍捐赠热情的实现。

(四) 出资企业与企业基金会之间的关联交易问题

关联交易,即公司与其关联人之间的任何财产、权利或义务的转移。② 但是我国《公司法》中并没有采取"关联交易"的概念,而是将"关联交易"界定为"关联关系"。③ 同时,上海证券交易所与深圳证券交易所的股票上市规则中对关联交易的概念以及类型进行了进一步的明确。例如,2011 年 5 月 1 日起执行的《上海证券交易所上市公司关联交易实施指引》中就明确上市公司的关联交易是指上市公司或者其控股子公司与上市公司关联人之间发生的可能导致转移资源或者义务的具体事项。④ 从上述规则中可以看出,现行证券市场上的关联交易制度不仅是规制营利组织之间的行为,只要是导致公司利益转移的其他关系如捐赠关系等都可以

---

① 刘丰、邱国华:《曹德旺践诺 3 亿股捐给慈善基金会市值达 35 亿元》,http://news.163.com/11/0414/10/71JJFV8100014AED.html。

② 顾功耘主编:《公司法》,北京大学出版社 1999 年版,第 185 页。

③ 《公司法》第 216 条规定:关联关系,是指公司控股股东、实际控制人、董事、监事、高级管理人员与其直接或者间接控制的企业之间的关系,以及可能导致公司利益转移的其他关系。但是,国家控股的企业之间不仅因为同受国家控股而具有关联关系。

④ 这些事项包括:(1) 购买或者出售资产;(2) 对外投资(含委托理财、委托贷款等);(3) 提供财务资助;(4) 提供担保;(5) 租入或者租出资产;(6) 委托或者受托管理资产和业务;(7) 赠与或者受赠资产等等。

被纳入关联关系的范畴中，主要表现在出资企业利用企业基金会从事关联交易规避相关法律和监管，从而使出资企业受益，而将企业基金会置于危险的境地。

六　股权捐赠导致双重征税方面的问题

按照现行税收政策的有关规定，我国的股权公益捐赠行为类同销售转让。① 作为开展慈善事业的形式之一，法律在税收上应当对其有所激励，但我国股权设立的企业基金会税收制度方面还存在不足之处。

从企业基金会所享有的税收减免制度上来看，根据规定，企业基金会接受捐赠所得收入、政府补助以及免除税收收入所产生的银行孳息属于免税收入，其他投资性收益仍按照所得税征收，这就意味着股权产生的投资性收益不在此列。② 另外，企业基金会若想获得免税优惠还需获得免税资格认定。《关于非营利组织免税资格认定管理有关问题的通知》规定，企业基金会需要满足依照法律设立或登记、收入用于公益、受禁止分配机制约束和其他法律规定的合格条件，并同税务机关提出免税资格申请，才可拥有该免税资格。

从捐助人享有的税收优惠来看，就企业捐助者而言，2017年2月修正的《中华人民共和国企业所得税法》（以下简称《企业所得税法》）第9条规定，企业发生的公益性捐赠支出，除了享受当年利润总额的12%内扣除外，超过部分可以在未来三年内在计算所得额时予以扣除。股权捐助所涉财产价值颇大，这一规定在税收上起到了相应的激励作用。而个人捐助者则是在所应申报的应纳税所得额30%以内的部分予以税前扣除。《关于公益性捐赠税前扣除有关问题的通知》规定：捐助人在设立企业基金会后，待该基金会依法取得捐赠税前扣除资格后，再凭借捐助时开具的发票依法退还应在税前扣除的税收。但是国务院主管部门发布的公益性捐赠税前扣除资格名单中所涉及的基金会却很有限。没有获得税前扣除资格的基金会，其捐赠方也无法享有税收优惠，这与税收的鼓励性背道而驰，不利于企业基金会的发展壮大。

---

① 参见《财政部　国家税务总局关于公益股权捐赠企业所得税政策问题的通知》第1款：企业向公益性社会团体实施的股权捐赠，应按规定视同转让股权。

② 参见《财政部　国家税务总局关于非营利组织企业所得税负税收入问题的通知》。

第四节　构建中国股权设立企业基金会的制度建议

一　股权捐助对注册资金和慈善支出冲击方面的制度完善建议

（一）适当提高股权的注册资金规模

为保障基金会有足够的原始本金，以应对资产贬值带来的公众信任危机，相较于现金出资，股权出资的注册资金规模设定应适当高于以现金出资的注册资金规模。适当提高股权设立基金会的门槛是对基金会财产危机的一种防范。

首先，注册资金规模较大的基金会，在股权价值下降的情况下，往往基金会的整体资本价值也能够满足其运作需求。法律设立最低注册基金的限制是为了保证企业基金会在设立后能够顺利开展活动，企业基金会以股权设立会造成基金会总资产与可支出资产之间的巨大差异。

表 3-1　　河仁慈善基金会收益情况　　（万元）

年度＼福耀玻璃	长期股权投资金额	年度股权投资收益
2012	354900	11600
2013	254330	14500
2014	240410	14500
2015	343070	21750

资料来源：福耀玻璃工业集团股份有限公司 2017 年度财务报表及审计报告。

其次，企业基金会的公益项目和内部管理都需要财力的支撑，这些可支出财产要么来源于每年的劝募和捐赠，要么就是出资股权的股息和红利收入。其中股息和红利是来源较为稳定的收入，也是股权价值在基金会中的主要体现，越大的股权出资规模一般意味着越多的可得投资收益，从而成为基金会活动开展的助力。表 3-1 是河仁基金会所持有的福耀玻璃工业集团股份有限公司的股权总价值以及每年的收益，在股本总额较大的情况下，基金会每年从股权投资中所获得的收益也较可观。正因股权不如货币财产拥有强大的支付能力，所以，在出资额度上相应地应比现金出资设立的额度要求要高。这样即使是在股权价值贬值的情况下，也尽量避免净资产价值触碰到最低注册资金额度。①

(二) 合理规定股权注册资金比例

企业基金会的业务总体来说包含收入与资助两大方面。企业基金会的资助需求依靠基金会的流动性资产，企业基金会股权中的股息红利一般按年度分配，这可能意味着企业基金会成立首年无可支出流动性资金。为了实现基金会年度公益宗旨，企业基金会必须保证足够条件的可支出财产。在企业基金会设立上，可以合理划分注册资金形式比例限制。

我国台湾地区的财团法人相关规定指出，以现金以外的动产、不动产或有价证券作为注册资金的，由主管机关依照其业务性质订立现金总额比。目前我们因已经按照注册资金大小划分了基金会的登记，则可按照基金会注册资金规模确定最低比例的现金资金比例。例如，《关于慈善组织开展慈善活动年度支出和管理费用的规定》指出，初设的企业基金会，年度净资产不超过400万元的，每年慈善活动支出不得低于净资产总额的8%；400万元与800万元之间的，年度支出在7%以上；800万元以上的年度支出在6%以上。按照该比例计算，现金资金比例余约占股权资产值9%以上即可满足年度支出要求。

货币资金与股权资产各有其特定使用范围：货币用于年度活动的支出，而股权则在投资领域满足企业基金会保值增值的需求，两种资产互相配合，相得益彰。河仁基金会所有资产中股权所占比例最大，当然因其初设时必须由现金设立，因而其总资产中既有货币资产，也有股权资产。原始货币资金与上一年度的股权收益用于年度项目活动的开展，剩余股权作为长远投资继续承担着保值收益的重任，形成企业基金会支出与收入较为良性的循环模式。

(三) 不得以瑕疵股权捐助

瑕疵股权是指股权存在品质或权利上的缺陷，例如，捐助人所持有的股权未出资或者出资不足，或者股权上设立了权利负担。以瑕疵股权捐助不符合企业基金会的财产要求。

现行《公司法》实行认缴出资制度，在这种情况下可能股东取得了股权，但并未实际履行出资义务。如果以该股权作为企业基金会的原始基金，

---

① 《条例草案意见稿》第49条规定：基金会的年末净资产不得低于规定的注册资金最低标准。

那么企业基金会取代原股东资格的同时还继受了对股权来源企业的出资义务。

股权作为一种重要的财产形式，其担保功能也逐渐被人们重视，存在权利负担的股权也愈加增多。以存在权利负担的股权作为企业基金的注册资金会使企业基金会的财产处于不确定的状态，进而影响到企业基金会宗旨的实现。

基于企业基金会的公益性质，所捐助的股权必须要满足企业基金会的运作要求，有可支出利息产出能力，股份发行公司的经营状况好。这意味着作为股东的企业基金会通过行使股息分配请求权所能获得的直接财产利益就大。① 我国法律对企业基金会的年度支出有法律要求，国务院部门出台的文件②中对基金会的年度慈善活动支出与年度管理费用规定了新的标准：公募基金会每年的总支出要达到上一年度总收入的70%及以上，其中管理费用要控制在总支出的20%以内；而未获得公募资格的基金会其每一年的支出根据上一年净资产规模的大小不同比例有所调整，净资产越高支出比例相对越小，反之净资产越低则年度支出比例越大；最低限度的支出比例不得少于6%，最高限度的支出比例不得少于8%。同样支出比例条件下，企业基金会的净资产越高则支出净值越大，相应地管理成本会降低，企业基金会注册资金的资产产出能力要能够满足企业基金会最低年支出比例要求，因而有必要对股权的类型进行限制。

因为企业基金会的性质为公益性，其无法承受财产利益上的巨大风险。《公益事业捐赠法》规定，公益性社会团体受赠财产及其增值为社会公共财产，受国家法律保护，任何单位和个人不得侵占、挪用和毁损。企业基金会获取有瑕疵的财产可能反而加重基金会的负担，企业基金会成为瑕疵股权的所有者不仅无法对股权价值加以利用，还可能因此而承担更大的财产损失。

不给慈善组织增加额外的义务和负担是股权捐赠的首要原则。③ 企业基金会的财产是实现其慈善公益目的的保障，同时也是其承担民事责任的保

---

① 宁晨新：《股权出资法律问题研究》，博士学位论文，中国政法大学，2006年。
② 参见民政部、财政部、国家税务总局联合制定的《关于慈善组织开展慈善活动年度支出和管理费用的规定》。
③ 葛伟军：《论股权捐赠的法律规制》，《清华法学》2014年第2期。

障。企业基金会的财产产权不同于其他营利性经济体，其财产与增值部分都属于公共财产，其公益产权性质意味着不能为私益财产承担财产型负担。用已经存在权利负担的股权设立基金会，会造成企业基金会财产基础不稳固，危及正常地交易，进而损害慈善事业的公信力。[①] 用权利存在瑕疵的股权作为企业基金会的财产会导致基金会随时可能丧失股权带来的全部或部分利益，甚至可能造成基金会其他的财产损失，致使企业基金会成立的目的落空，与慈善的本意背道而驰。

（四）尽量以优先股为出资标的

考虑到股息对企业基金会可持续发展的优势，作为出资标的物的股权也应具备确保分红的条件。若以无法分红的股权出资设立企业基金会，基金会的资产则为无本之源，企业基金会的宗旨也难以实现。根据《公司法》和《证券法》的有关规定，股权也存在着众多分类，据分类不同其价值也会存在差异。

股东的股份按照股东享有的风险和收益分为普通股和特别股。在分配公司盈余方面享有优先权的股份为优先股，当公司有可分配盈余时，应先配给优先股，本年度可分配盈余不足以支付优先股的，由下年度盈余补足。分配公司盈余的特别股在盈余分配方面的权利优于普通股，且在分配剩余财产和参与公司经营管理方面未受到限制，优先股每年的股息和红利分配较普通股更为稳定，更能满足企业基金会的可支出财产需求。基金会接受优先股有利于基金会的发展，在设立基金会时可通过公司内部决议修改公司章程，在章程上约定如何进行盈余分配；为保障基金会的正常运行，在股息分配上给予基金会股东优先分配权，弱化基金会的风险承担。

二 股权捐助转让方面的制度完善建议

股权捐助中捐助人将股权过户给拟设立的基金会，该行为带有明显的公益性，股权价值受益者为企业基金会，而非转让人，在该情形下股权捐助行为仍受到转让限制性规定就显得不妥。在不损害公司利益的前提下，如能将股权捐助等因公益行为而发生的股权转让作为公司高层转让股权限制的除外规定，将会提高股权捐助的便捷性与积极性。或是在现有的《公司法》规定下，退而求其次，构建其他制度配套实施。

[①] 王雪琴：《慈善法人研究》，博士学位论文，武汉大学，2010年。

（一）股权转让的分期缴纳与回购制度的完善

依《条例》所规定的以货币资金设立基金会必须为实际到账资金来看，企业基金会原始基金必须一次性缴足；以及第9条规定的申请人申请设立基金会应当向登记管理机关提交验资证明，可以推知：申请设立基金会的原始基金不能分期到账。企业基金会设立现金出资法定制有利于基金会资产的稳定与确定，使基金会成立之初就有足够的资金担保业务开展，有利于防止基金会设立中的欺诈行为。但这种规定不利于企业基金会的尽快成立，容易造成资源闲置，使得股权捐赠分期完成的必要遭遇制度设计上的障碍。

对于股权的分期缴纳制度借鉴公司制度中的分期缴纳出资制度。在公司设立制度上，股东所认购的股份并不一定要在设立时全部缴足，可以在公司成立后再履行出资义务。但企业基金会成立的基础是一定量的财产，实行认缴制容易引发道德风险，不过可以设计股权捐助的分期到账机制。可在企业基金会设立的股权捐赠协议上注明捐助股权的比例，在制度设计上设定一个必须到账的原始基金比例，该比例必须能够保证基金会的设立目的和项目运行，剩余的股权比例必须在一定的年限内完成转移，捐赠人若没有依法依约履行转让手续，则要承担类似出资不实股东的法律责任。股权的分期到账制度与股权分期捐赠并不是同一个概念。在股权分期捐赠概念下，以部分股权设立企业基金会后，捐赠人对其持有的剩余股权可以选择继续捐赠，也可以不再捐赠用于其他；但股权的分期到账捐赠人对剩余未转移的股权却是有履行义务的。而分期到账的制度可以缓和《公司法》和《证券法》中有关股权年度转让限制的规定。

将企业基金会的注册资金分期注入，原理上是将设立与缴纳的时间分离，如同公司设立中股东对股本的认足一般，不同的是捐助人不取得股权等对价。股权的首次缴纳必须要满足企业基金会成立的目的事业要求。捐赠者根据捐助协议的约定以及企业基金会章程的规定向企业基金会交付股权，无论是一次性交付注册资金还是分期缴纳，其资金都必须达到法定最低资金额度。为了避免设立过程中的欺诈行为，需要对企业基金会设立事项进行登记，包括捐助股权总额、实际交付总额，均应登记公示；并在设立时就股权分期交付实施方案订立协议，所应转让的全部股权应在《公司法》与《证券法》所规定的转让限制消除的年限内完成全部交付。

在分期缴纳注册股权的条件下，虽然股权没有实际完成交付，但企业基金会有权对剩余未转移股份的收益享有请求给付权。企业基金会对股权的使用主要在于对股息红利的使用，所以在分期缴付的制度中，虽然因为法律上的限制股权未能全部转让，但捐助协议上是将全部股权转让给企业基金会。权属不能变更，但股权之上的权能可以转让。有学者认为：权属变更属于法律上的股权交付，权能转移属于事实上的股权交付。[①] 股权权属与权能能够通过约定的方式呈现分离状态，例如公司制度中的名义股东就是通过代持股协议代替实际出资人行使股东权利。在设立企业基金会过程中同样可以通过协议约定方式将未能履行部分股份中的收益权能转让给企业基金会，即股权产生的红利归属于企业基金会，公司解散清算后股权所对应的财产也归于企业基金会。

在满足了企业基金会的最低注册资金额度的情况下，作为固定资产的股权采取分期交付的方式并不会影响到企业基金会的运行，捐助者与企业基金会之间为名义股东与实际股东的关系。例如公司的董事、监视以及高级管理人员在任职期间每年转让股份不得超过其全部股份的25%，如捐助者受上述限制，其首次交付需在满足企业基金会注册基金最低限额的情况下，与企业基金会签订代持股协议，约定在剩余年限内每年转移的额度和持股的比例与期限；由企业基金会实际享有股权所带来的股息红利等剩余财产价值收益，捐助者不享有尚未转移股份所对应的税收减免优惠。捐助者到期不交付股权则企业基金会可行使催缴权，企业基金会怠于行使催缴权时，可由公益机构提起诉讼代为行使。

企业以自身股权设立企业基金会是可行的。我国公司法之所以严格禁止公司回购自己股份，无非是防止公司对股东、公平证券市场特别是债权人的潜在危害。但公司回购股份后将其用于公益，事实上并没有减少公司的总注册资本。企业的回购目的是将股权交由他人持有，这与企业回购股份激励员工持股有异曲同工之处，同样是基于交由他人持股的动机而回购股份，只不过最终股份持有的主体不同，一个是企业员工，一个是企业基金会。《公司法》应适当放宽公司回购股份的事由，将公益性股权捐助也纳入允许股权回购的事项范围内。

但同时也要看到，在公司股权回购中，管理层可能会出现提前操控股价的自利行为，因此投资者会对股权捐助的回购行为持有怀疑态度。所以

[①] 赵旭东：《公司法实务系列之四：股权转让与实际交付》，《人民法院报》2002年1月25日。

公司在进行股权回购时，应提前做好企业基金会设立的相关准备，以及资金被占用的情况等信息公示，以便于投资者真正了解股权回购的目的，稳定市场。这一方面向投资者传达公司运营良好的积极信号，另一方面便于股权回购捐助目的的实现。

（二）大额股权转让制度的完善

公开规则与慢走规则属于证券市场大额股票转让限制的组成部分，其能有效平衡证券市场上投资者与上市公司、目标公司与上市公司等之间的利益，但是该制度在一定程度上并不能有效适用于以股权设立企业基金会的制度。

一方面，由于企业基金会的职能定位不同，并不适用证券市场大额股票转让限制制度。在证券市场中，由于股票具有高度的流动性，投资者可以通过大量收购该上市公司股票的行为来获得对其的控制权，而大量股权收购行为也产生股票价格大幅波动等一系列的不利影响。因此，《证券法》专门规定了"上市公司的收购"这一章来对以上行为进行了相应的规制，此章通过设立公开规则与慢走规则，从立法层面上来规制上市公司的收购行为，使得投资者能够得到更多的信息并做好充足的心理准备，更好地保护投资者的利益。但是，对于以股权设立的企业基金会来说，上述公开规则与慢走规则则明显不太适宜。毕竟上述规则是针对收购者而言的，而企业基金会作为一类非营利性的慈善组织，其主要职能是履行社会公益任务，并不存在所谓的收购对象。所以建议此种情形并不适用于以股权设立企业基金会的情形。

鉴于企业基金会职能定位不同于公司，建议不采用证券市场大额股票转让限制制度，而是通过场外交易平台进行交易。场外交易平台与证券交易所平台相比，并无固定、集中的交易场所，也不存在公开竞价机制，而是通过协商议价的方式进行一对一交易的证券交易市场。这样，当以大量的股票形式捐助设立企业基金会时，就不会产生在证券交易所平台上的证券交易价格波动，从而引起证券市场不稳定的情况。

另一方面，针对企业基金会处于正在设立的状态，导致股权存放部门与基金登记部门产生矛盾的问题，笔者建议建立特别转让通道，即作出例外规定，如转让给慈善机构的除外。这样就能有效地平衡股权存放机构与登记部门之间的关系，解决企业基金会设立过程中股权存放的难题。

（三）强制要约豁免制度的完善

强制要约制度是以保护中小股东利益为基础存在的，致力于为所有股东提供公平的法律保障。[①] 上市公司股权的转让会导致公司控股权的变化，新控股股东的行为决策可能损害中小股东的利益，因而应该给中小股东一个重新选择的机会。同时，控制权的易手通常使原控制股东取得高溢价，按照股东平等待遇原则，中小股东同样有权获得高溢价。

香港《公司收购及合并守则》中同样在上市公司股份转让中规定了强制要约制度，但也作出了例外规定，即是否需要执行强制要约义务需要执行人员判定。一般而言，执行人员将一组一致行动的人视作单独的投票权持有人。即当取得该等投票权的人是一个公司集团的成员，而该公司集团是由一间公司及其子公司组成，并且投票权是在该集团内部人员间流转；或该组人是由某个个人及与其有利害关系的人（近亲或是信托公司）组成，并且该人是从该组人的其他成员处取得该等投票权。执行人员在考虑是否作出免除要约的义务时，将会顾及的因素包括：该集团的领导或最大个别投票权持有人是否已有所改，及该集团内持有量的均势是否有重大改变；取得投票权所付价格（就投票权付给很高的价格将会倾向意味着正在取得所有持有量的控制权）；及一致行动的人之间的关系及他们采取一致行动的时间有多久。

所以，是否需要进行强制要约判断的主要因素是控制权的变化。国内相关研究认为，符合下列要求中一项即可以申请豁免：（1）义务人证明其未获实际控制权；（2）持股人主观上缺乏成为控股股东的故意。[②]

如前所述，企业基金会是一个公益性的非营利组织，从事公益事业才是企业基金会设立的目的，而其接受股权是为了对股权财产价值加以利用，而非以获取公司控制权为目标。捐助人与基金会之间的股权转让有如下特征：（1）捐助人是拟设企业基金会的发起人，两者可以看作是一致行动人，两者之间股份的转移在公司内部没有改变整体持有量；（2）拟设立企业基金会取得股权并没有付出相应的价格；（3）企业基金会取得股权主观上缺乏成为控股股东的故意。

基于以上三点，公益性的受赠主体在接受股权时应当作为强制要约豁免的一种特殊类型，以便于更多的社会财富及时流入公益领域。豁免制度

[①] 李炳安：《试论强制要约豁免》，《法学论坛》2003年第6期。
[②] 傅玲娜：《法经济学视角下的强制要约收购豁免法律制度研究》，《前沿》2010年第16期。

正是为了更好地提高效率,而对强制要约收购制度所体现的公平进行有效矫正。豁免制度对于整个强制要约收购制度的作用体现了效率对公平的有效矫正。

三 股权行使方面的制度完善建议

一是可以将捐助的股权转化为优先股。首先,优先股股东一般没有选举权和被选举权,对股份公司的重大经营无投票权,只是在涉及与优先股利益有关的事项时可以具有表决权。只有严格限制企业基金会在所捐助股权的公司中的表决权,不积极介入持股公司的经营管理,企业基金会才能更专注于社会职能的履行而非过分关注于企业的经营状况与营利能力,达到企业基金会设立的宗旨与目的。其次,优先股的股息收益率不会根据公司的经营状况而改变,而是一笔事先固定、能够优先分红的确定收益。这样可以确保企业基金会获得稳定的股息收益,为其开展慈善活动奠定良好的基础。反之,若其根据公司的经营状况获得收益,则会过度依赖于公司的经营情况,使得收益状况处于极度不稳定的状态,不利于慈善事业的发展。这样就可以在最大程度上保障企业基金会的利益,将损失降到最低。所以,转化为优先股可以实现对企业基金会的全方面的保障作用。

二是为使企业基金会能可持续发展,一方面,从内部治理与外部环境两个方面增强企业基金会的独立性。从内部治理上看,建立专业化的基金管理人员,提高企业基金会中具有相应证券从业资质的人数比例,不断加强职业能力与专业技能水平的培训,提高职工素质;同时加强企业基金会的治理结构,形成有效的决策、执行与监督的"三权分立与制约"的内部制约体系。从外部环境上来看,需要在社会层面上加强慈善宣传,逐步转变企业"只追求营利,忽视社会责任"的观念,增强企业的社会责任。另一方面,加强企业基金会的信息披露。企业基金会和上市公司都具有广泛的社会影响性,即利益相关者众多,在信息披露义务上应具有相同之处。[1] 可以借鉴《公司法》关于上市公司信息披露的做法,建立企业基金会公益慈善强制性信息披露制度,降低披露的时滞性。[2] 对于股权减持的限度进行

---

[1] 黄震:《我国基金会信息公开制度研究》,《社团管理研究》2010年第6期。

[2] 何红渠等:《公共压力与公益基金会财务信息披露质量关系研究》,《湖南科技大学学报》(社会科学版)2015年第1期。

规定，使得企业基金会能够不受捐助人的制约而自主地在其需要慈善资金时适时变现。

四 解决控制权问题方面的设想

有关股权如何在基金会中运作，理论界有所研究与探讨。有学者认为企业基金会所获得的股权中的共益权并不能为基金会带来更大的利益，反而会由于不妥善的形式而影响到公司的利益。这种问题集中表现在股权的表决权之争上，捐赠者捐助股权后仍希望保有对股权的控制权，以维持公司的运营；而基金会更关注股权所产生的股息和红利，因此建议将股权控制权与股份受益权相分离，采取表决权信托的方式，以实现受益者利益最大化和公司利益无损的双重目的。[①]

（一）采用表决权代理下的权利配置

表决权代理，指有表决权的股东通过代理人在股东会上行使表决权而由该股东承担后果的法律制度。相比表决权信托，表决权代理下的股权所有权独立归属于企业基金会。

股权捐助中的表决权信托是指股东制定的基金会作为受益人保留受益权，控制权则另外委托持有的股权转让的模式。在这种模式下，控制权和受益权分离。[②] 表决权信托的主张认为，应由捐赠人也就是委托人与有资格的信托机构或者个人订立信托合同，由受托人集中行使股权中的表决权，参与公司的决策管理；而股权价值中的受益权则由捐助人指定受赠基金会为资产增值利益、股权红利、股权转让价款或剩余财产的受益人。该受益权是指受益人因信托有效成立而享有的权利。信托受益权有广义和狭义之分。广义上的信托受益权包括受益人有权从信托财产中受益、信托财产在信托终止后的委托权和委托人的监督管理以及信托期限内信托财产的处分权。狭义上的信托受益权仅指受益人享有收取信托财产利益的权利，企业基金会享有的是对信托财产利益的请求给付权，不是对股权的所有权。

《中华人民共和国信托法》还未设置有关表决权信托的规制，但学界对股权表决权信托进行了诸多探讨与认同。但针对表决权信托中向受托人转

[①] 田蓉、秦正：《我国股权捐赠模式之法律探索》，《苏州大学学报》（哲学社会科学版）2012年第6期。

[②] 同上。

移的是股权的所有权而非仅表决权一项，笔者认为，既然表决权信托并未向企业基金会实际转移股权所有权，在企业基金会原始基金的确立上只能按照基金会实际获得的股息红利来确定价值，其他年限的收益只能算作企业基金会的接受捐赠所得。信托股权所得收益必须满足企业基金会运作的要求，基金会得有对信托股权的剩余价值请求权。表决权信托下的股权捐助实际上是慈善信托的一种模式，设立企业基金会的财产不是股权本身，而是股权产生的孳息，股权所有权在受托人名下。为了实现股权财产价值，企业基金会必须获得完整的股权，即经过法定的股权转让手续后，基金会再以代理协议的形式将股权所代表的表决权委托给捐赠人行使。股权所有的收益权是企业基金会开展活动所必需的，毫无疑问，企业基金会保留对股权收益权的行使。在该种模式下，企业基金会是股权的所有者——股权来源公司的股东，基金会与捐赠者之间基于委托代理协议形成代理关系，委托人为企业基金会，受托人为股权捐助者，代理对象为股权所代表的投票权，股权的所有权并未发生转移。股权的财产受益权与身份权的主体仍是企业基金会，即使是将表决权委托给捐助人也不会改变企业基金会对股权处置的决定权。

原则上，将股权表决权委托给捐助人行使，可以平衡企业与基金会之间的利益，企业基金会的资产不会随意变更处置，股权在基金会这种非营利组织资产中原则上权属变动较小。但当股权收益下降无法获取相应利息时，势必会影响到企业基金会事业的开展。在股权捐助协议上应作出规定：当基金会的可用资金状况濒临到一个点时，应允许转让部分或全部股权以套现。若股息红利能够满足企业基金会运作的需求，自然不会妄动基金会原始资金。但如果资金短缺致使企业基金会宗旨难以实现，应以满足公益需要为先。企业基金会的设立是企业承担社会责任的表现，其目的是实现基金会章程设定的宗旨，作为出资形式的股权只是种手段，当手段无法实现目的时，应保全目的替换手段。例如，在企业基金会设立之初，可以在捐赠协议上加上限制转让的除外规定，即当股权在一段时间内连续不分红，则可将部分股权转让变现。每年基金会都会有效率评估，只有满足评估要求的基金会才能享受税收优惠，该规定的时间节点可就影响基金会免税资格的时间跨度为基准设计。

（二）转表决权特别股捐助

为了维持原有的控股权，可以以无投票权优先股为标的进行捐助，捐助人所持有的普通股可以通过转化达到表决权与股息分配请求权或剩余财产分配请求权相对分离的状态：将普通股转化成表决权特别股与分配公司盈余的无表决权股。表决权股是指一股享有多数表决权，德国较早实施了表决权股，该股份的配置一般与持股人的高管身份密不可分，在英国也有与表决权股相似的管理股；无表决权股是指对公司的盈余和剩余财产请求权上优先于其他股份，但是不能参与公司的经营管理。巴菲特向盖茨基金会捐赠股权时就采用了该方式。其所持有的伯克希尔·哈撒韦公司的股票有 A 股（普通股）和 B 股（在美国为无表决权股）之分；伯克希尔公司的 B 股是为了满足散户投资者而发行的，因为 A 股的股价过高，不利于吸引小投资者。A 股与 B 股的兑换比例是 1∶30，其中 A 股拥有对等的投票权；而按照伯克希尔公司的规定，B 股只拥有 A 股 0.5% 的投票权。巴菲特原本拥有的是伯克希尔公司的 A 股股票，为保持自身对该公司的掌控力，将 A 股兑换为 B 股后才将 B 股捐赠给基金会。

捐助优先股意味着以优先股为载体的财产价值可以独立行使与转让，不会影响到捐助人控股权的变化。且优先股在股息红利分配上享有优先请求权正符合基金会对股权的利用。

（三）基金会委托代理治理

针对股权捐助中可能出现的捐助人间接控制企业基金会的现象，原则上代理制度能适当解决该问题，将企业基金会的管理交由第三方管理，与基金会不存在利息牵扯。捐助人对其捐助资金的去向进行监督。曹德旺先生创建河仁基金会后曾宣布，股权捐给基金会后将彻底与曹家剥离，基金会拥有完整股权。现今，河仁慈善基金会理事会成员中的理事长由曹德金担任，其他副理事与理事均由家族企业外的人员担任。曹德旺先生也表示，将会逐渐退出企业治理，将精力转到河仁基金会的运行管理上。将企业基金会与企业利益分别进行管理，才不会陷入企业与基金会利益博弈取舍的困境，才能算真正实现了企业基金会的独立，理清企业基金会内部决策、执行、监督职能，形成有效的内部权力监督制约结构。[①] 代理制度中信息不对称问题需要信息公开实现外部监督，使企业基金会"住在玻璃房子里"，避免沦为"慈善黑箱"。

[①] 李新天、易海辉：《公益慈善中的代理问题及其治理——以企业基金会为视角》，《浙江工商大学学报》2015 年第 4 期。

河仁基金会在信息公开这方面做得比较全面,其成立后创建了官方网站,向社会公开其运行情况,迄今已经公布了其2013年度至2015年度专项信息审核报告以及审计报告及2014年度至2015年度的年度工作报告,以便公众查询监督。在美国,因为私募基金会设立者一般都会亲自运营,且极少向公众提供信息,国会为确保基金会管理者将基金会用于慈善目的而制定了法条,如果基金会没有能够达到该法条规定的要求,则该基金会就可能遭到税收惩罚,并且丧失其免税资格。[1] 不满足法定的信息公开要求的企业基金会当然不能享有税收上的优惠,但不仅仅如此,还应承担其他的责任,因为企业基金会的公信力并不是某一家基金会的公信力,它关系到整个慈善市场的健康运行,关系到社会公众对整体慈善事业的信任。因而,企业基金会作为慈善法人也应承担相应的法律责任。

为避免成为企业集团控股的工具,企业基金会应通过内部约束和外部约束机制,强化企业基金会的独立性;捐助人应逐渐退出基金会的管理,创建更为专业的基金会人才队伍,提升整体运作水平以及公益慈善意识。

五 股权收益权实现路径方面的完善建议

第一,完善相关法律法规,提高关于合格投资者资质的规范性文件的效力等级,具体规定慈善基金成为合格投资者的条件以及操作标准等,真正做到有法可依。同时,由于企业基金会作为一个财团法人,并不存在相应成员,只是存在相应职工对企业基金会的财产进行日常管理。而由于职工水平参差不齐,这就会在一定程度上给基金财产的使用带来相应的隐患。因此建议对接受股权捐助的企业基金会职工的资质、水平进行审查,配备具有证券从业资格的专职人员,从而对企业基金会财产进行专业管理,更好地为社会职能履行服务。

第二,进一步完善分红制度的落实监管,证监会应推出一系列分红政策,鼓励上市公司积极分红。同时,深圳证券交易所与上海证券交易所也应积极落实证监会的指令,规范上市公司分红行为,强化相应的现金分红的信息披露要求,更好地保护投资者的利益。

第三,对于企业基金会来说,应该赋予其特别分红权。毕竟企业基金

---

[1] Neuharth, Gail K., "Estate and Financial Planning: A Primer on Private Foundations," *GP, Solo & Small Firm Lawyer*, Vol. 16, No. 6, September 1999.

会无论是在性质还是职能的履行上都与企业存在着质的差别，企业基金会需要稳定的资金来源去维持运转与履行社会职责，故理应对其进行必要的照顾——给予特别分红权。还应该完善在非优先股股权下的定期分红权，保证企业基金会每年都有足够的资金来源保障运转。

第四，当股东的分红权受到侵害，穷尽公司内部的救济措施仍然不能解决相关问题时，还可以引入分红司法介入程序。所谓"无救济则无权利"，司法之所以作为保护权利的最后一道屏障，就是在于当自力救济无法解决问题时，可以通过公力救济这种司法救济来保护权利的实现。也就是说，在公司自治无法化解控制股东对少数股东基本权利侵犯的场合，法律应承担起维护少数股东权利的职能，保证公司自治的合目的性。[1] 同时，引入分红司法介入程序也应该遵循相应规则：必须穷尽公司内部救济；股东要向司法机关提出请求，以股东的诉求为限进行审查；不能随意干预，应该遵循严格的程序规定，等等。

第五，进一步完善上市公司关联交易的法律监管。由于这并不是一种传统意义上的监管模式，而是营利性企业与非营利性组织之间的碰撞，面对这种"新兴式"的关联交易手段，我国监管部门应该提高监管能力与监管手段。与此同时，以股权设立企业基金会本来就是一个新兴的领域，出资企业通过捐赠股权来进行社会公益活动本就实属不易，因此不应强加过多额外的信息披露标准与准则来增加出资企业的守法成本，应坚持监管适度的原则。为此在制度设计上，应该遵循行为监管与审慎监管理念，面对不同的监管对象，采取不同的模式去应对，实现动态平衡与灵活的监管模式。在进一步完善上市公司关联交易的法律监管的基础之上，降低监管标准，将与企业基金会有关的所有交易一并列入监管对象。

六 股权捐助税收制度方面的完善建议

针对股权设立企业基金会引发的税收问题，可以通过建立有针对性的基金会税收优惠来进一步予以完善。可以进一步扩大基金会免税和税前扣除的主体资格范围。股权捐助者若想得到公益性捐赠的税前扣除，其所设立的基金会必须取得税前扣除的资格，因而取得税收优惠资格对于股权出

---

[1] 张钦润、张江涛：《有限公司股利强制分配剖析》，《郑州航空工业管理学院学报》（社会科学版）2009 年第 5 期。

资设立基金会至关重要。在中国，对非营利组织的税收优惠主要依据政府补贴理论。政府补贴理论认为，基金会能得到税收优待的原因在于为社会提供了公共利益，因此，在税收上给予优惠实质上是对它们志愿工作的鼓励，以补偿政府承担的责任和费用。[①] 该理论并没有揭示出税收机制对慈善事业的激励作用。美国的基金会规制主要靠税收体系，若想享受税收优惠资格，那么就来做慈善事业；但是在我国，税收激励的作用却还得不到体现。

以往对基金会的免税资格的特许模式需要与新的制度适应，应降低免税主体及税前扣除资格的准入门槛，鼓励引导更多的主体参与公益领域。尽量减少对其的限制条件，改"特许制"为"审核制"，降低审核标准，尤其需要降低对其基金会规模上的条件限制。凡是符合一定条件的公益性非营利组织，在向民政部门申请设立登记时，即可获得公益性团体资格，然后凭民政部门批准登记的公益性非营利组织证书向财政部门和税务部门申请免税资格认定。

2017年修正的《企业所得税法》在税收优惠上采取了递延扣除的制度，时间为三年，企业进行股权捐助所享受到的优惠幅度更大了。但个人捐助者的税收优惠还未采取该递延制度，股权捐助的财产额度都较大，在税前扣除比例有限的情况下，个人很难在一个纳税年度内感受到捐助带来的政策优惠。对于个人捐助者也可采用延长时间段的方式使其享受税收减免，在该年限范围内尚未抵扣的捐助额度可以按照规定比例30%享受税前扣除，那么股权捐助的成本将会大大降低，也能激励公益捐赠规模的扩大。

适当利用税收优惠手段吸引更多的社会主体从事公益活动，体现了税收的激励作用，但同时也要防止税收优惠成为他人避税的工具。企业基金会所从事的事业是"在玻璃房子里的事业"，一方面加强对公益慈善的税收政策倾斜力度，一方面也要做好事后监管。对于企业基金会来说，应该建立自己的网站等平台，公布项目信息以及每年度的财务审计报表，做好信息公开事项，便于公众监督，真正使公益活动公开透明。

---

① 许光：《构建和谐社会的公益力量——基金会法律制度研究》，法律出版社2007年版，第272页。

第四章

企业基金会的设立人

第一节 企业基金会设立人的法律属性

一 企业基金会设立人的界定

我们认为,企业基金会是指由企业或者企业家捐助财产发起成立的,项目运作的主要资金来源于企业或者企业家的持续捐赠,日常运营主要依赖于设立企业的基金会。① 根据这一概念,企业基金会的设立人包括企业和企业家两种主体。

我国《条例》及《条例草案意见稿》均没有对企业基金会设立人的范围和概念作出界定。从字面意思来看,设立人当然就是履行企业基金会设立职责的企业或者企业家。与企业基金会设立人这一概念联系比较紧密的是企业基金会发起人,我国《慈善法》《条例》及《条例草案意见稿》对企业基金会的发起人作了相关的规定。比如《慈善法》第51条规定了慈善组织的财产包括发起人资助的创始财产;《条例草案意见稿》第12条规定了发起人应当向登记管理机关提交申请设立企业基金会的相关文件材料,企业基金会的章程应当经全体发起人同意,第22条规定了第一届理事会应当包含主要发起人,等等。从这些法律法规对发起人的规定来看,发起人除了要参与设立事务执行之外,还需要参与资助慈善组织的创始财产这一捐助财产行为。

目前学术界对企业基金会设立人的研究并不多,很少有关于企业基金会设立人的相关理论体系的专题研究,多是在基金会或非营利组织的研究

---

① 褚湛认为,企业基金会是指由企业捐助财产发起成立的、日常运作的主要资金来源于企业的基金会,并且一般认为由民营企业家发起成立的企业基金会也属于企业基金会。褚湛:《论我国企业基金会管理体制的建构》,《现代管理科学》2017年第8期。

中对设立的条件、设立的程序以及设立人的责任有所提及。

我国企业基金会的发展始于 2004 年《条例》的颁布，短短十几年，从 2004 年最初的 16 家发展到 2018 年的 868 家（截至当年 3 月 1 日）[①]，是增速最快的一类非公募基金会，但是相关法律并没有具体规定企业基金会的设立人资格。从具体实践中我们可以发现，目前有国有企业、民营企业、自然人、境外机构参与设立的企业基金会。

关于企业基金会设立人的定义，我们来借鉴一下《公司法》发起人的概念。《公司法解释（三）》第 1 条对发起人概念作了明确界定：公司发起人包括有限责任公司设立时的股东，而且该发起人还承担了具体的设立事务，如为设立公司在公司章程上签字，认购了该公司的出资或者股份，并对公司设立事务履行相应职责。从这一规定中，我们可以把握发起人的几点特征：第一，具有形式外观，即在公司章程上签字；第二，具有实质行为，在公司设立中认购出资、股份，或者承担了公司设立责任的人。

企业基金会作为具有公益性质的慈善组织，需要对设立人概念进行全面界定，而《公司法》发起人概念充分吸收了学术界中的形式标准说和实质标准说，可予以借鉴。故我们认为，企业基金会设立人也应包括具有形式外观及实施实质设立行为的主体。一方面设立人具有形式外观可便于规范企业基金会的设立行为，在设立产生责任的情况下相关权利人可以依照章程找到设立人，要求其承担责任，这也是保护相对人利益的体现。另一方面，将实施设立行为的人纳入企业基金会设立人中，防止不法分子利用企业基金会的性质进行敛财，并将无实际履约能力的人记载在章程中，从而避免其损害相对人利益、逃避承担法律责任。如果让不法分子钻法律空子，利用设立企业基金会的契机而非法聚集社会资金，这损害的不仅是广大人民的资金，更严重的是打压了人们对慈善机构的信任，这将对中国慈善事业形成巨大冲击。

结合上述观点，我们认为，企业基金会设立人应指公益目的设立企业基金会，筹备设立事务，履行捐助财产义务，签订企业基金会章程并履行执行设立事务的企业或者企业家。

---

① 基金会中心网，数据中心，http://www.foundationcenter.org.cn。

二 企业基金会的设立方式及设立行为的法律性质

（一）企业基金会的设立方式

我国法律法规对设立人设立企业基金会的具体方式没有进行规定。从理论上看，企业基金会的设立可以从设立主体和设立行为两个角度进行分类。

一是从设立主体角度可分为单一设立和共同设立。单一设立指单一由一家企业或者一位企业家发起设立。共同设立指由多家企业或者多位企业家共同捐助财产发起设立。

二是从设立行为角度可以分为发起设立和募集设立。发起设立指由设立人企业或者企业家捐助全部原始基金设立企业基金会。募集设立指由设立人企业或者企业家捐助一部分原始基金，其余原始基金向特定人或者不特定人募集而设立企业基金会。

（二）设立行为的法律性质

法律行为按照不同意思表示的特点被分为单方行为、契约行为和共同行为。[1] 企业基金会是财团法人，财团法人设立行为亦称捐助行为，为单独行为的法律行为，是以设立财团法人为目的，出捐一定财产的要式行为，应当以书面记载法人目的及所捐财产。[2] 可见企业基金会设立人的设立行为是一种单方法律行为，设立人意思表示一经作出，设立行为便成立了。设立人在以设立企业基金会为目的、作出捐助行为的意思表示的时候，企业基金会并没有登记成立，只是一个目标实体，不具有法人资格，设立人所为的意思表示的相对人不存在。因此，该设立行为是无相对人的单方法律行为。

至于设立人的这种无相对人的单方法律行为何时生效则存在着不同的观点。有人认为捐助行为在其作出之时，其行为已经成立，但是并没有生效，只有在得到主管机关的许可时，捐助行为才生效，主管机关的许可是捐助行为的特殊生效要件。如《德国民法典》第 81 条规定到财团法人被认许为有权利能力时为止，捐助人有权撤回捐助行为。当该项认许是在有管辖权的机关被申请时，则只能向有管辖权的机关表示撤回。同样《芬兰财

---

[1] 杨与龄编：《民法概要》，中国政法大学出版社 2002 年版，第 50 页。

[2] 史尚宽编：《民法总论》，中国政法大学出版社 2000 年版，第 231 页。

团法》第 3 条也规定了捐助人在捐助章程中关于设立财团的表示，可以在财团登记前予以撤回。也有人认为捐助行为在捐助章程已经制定完毕时，就应该成立并同时生效。

我们认同后者的观点。因为在德国企业基金会的设立是双重管理制度，在企业基金会设立登记之前需要有主管机关许可的前置程序。而我国随着《条例草案意见稿》的出台已经逐步放开了双重管理制度，除非法律规定了需要由业务主管机关进行许可的，否则可以直接向登记管理机关申请设立登记。即我国原则上是直接登记管理，对于大多数企业基金会的设立来说是不存在主管机关许可的。如果按照前种观点，那些没有登记主管机关许可的设立人捐助财产的行为岂不是永远不可能生效？捐助财产人岂不是不会负担捐助财产义务？而且企业基金会登记成立的一个重要前提就是具有到账的原始货币资金。因此我们认为，在我国设立人的捐助财产行为一经作出便生效，设立人就负有捐助财产义务。

在多家企业或者企业家共同捐助财产发起设立企业基金会的情况下，即多数人共同为捐助行为。史尚宽先生认为数人共同为捐助行为是任意的合同行为（共同行为）。[①] 朱庆育先生认为数人共同实施设立财团法人的捐助行为既具有共同行为（内部关系）又具有单方行为（外部关系）的特点，难以简单归类。[②] 学者胡岩认为以设立财团为目的的共同捐助行为，通说解释为单方行为竞合。[③] 共同行为与单独行为竞合的区别主要在于其中一人或者多人的意思表示出现瑕疵，是否会对其他人的行为产生影响，进而影响到整个行为的效力。在单方行为竞合中，一人的行为的效力存在问题，不会影响他人的行为效力。在共同行为中，如果欠缺某些必要的意思表示的要素，则会导致法律行为不成立。如社团的成立一般需要两人以上设立，当两人共同设立社团时，由于其中一人的行为无效，则会导致整个设立行为无效。故史尚宽先生精辟地指出数人共同为捐助行为是任意的共同行为。因此，单独行为竞合与任意的共同行为产生的法律效果是存在同一性的，一方或者数方行为人的行为效力不会对他方的行为产生影响。无论是采用单独行为竞合说还是采用任意的共同行为说，一人或者数位设立人捐助行

---

① 史尚宽：《民法总论》，中国政法大学出版社 2000 年版，第 311 页。
② 朱庆育：《民法总论》，北京大学出版社 2016 年版，第 136—137 页。
③ 胡岩：《财团法人之研究》，中国政法大学出版社 2013 年版，第 113 页。

为的瑕疵，并不会影响整个共同行为的效力。

三 企业基金会设立人的法律地位

数位设立人在企业基金会设立之初一般会签订协议，这种协议是数位设立人共同以捐助财产设立企业基金会为目的的意思表示一致成立的，在设立企业基金会的意思和目的以及设立后果方面，表现为共同行为的特征。其各方意思表示并不失去独立性，其中一人或者数人的意思表示无效或者撤销的，原则上对于其他行为人的效力不产生影响。在契约与共同行为两种场合，各行为人之间都会存在一种约定。各行为人之间貌似是一种合同关系，但是在合同关系之中是不可能出现目标实体的，该目标实体既不是缔约人，也不是利益第三人，各行为人之间彼此并不享有权利负担义务。这种体现设立人之间法律关系的协议究竟是一种什么样的协议？我们可以用现行的契约理论来解释共同行为人之间的关系存在问题。即便是在已经日趋成熟的《公司法》理论中，对公司发起人的协议性质是契约行为[1]还是共同行为[2]亦存在争议，但是共同行为说也没有对发起人之间签订的协议究竟属于什么类型进行界定。除非各共同行为人在缔结共同行为时约定了违约金，那么此时就会存在设立人相互之间互负义务的现象。

在以定向募集方式设立企业基金会的时候，设立人会与捐助财产人之间产生一定的法律关系。史尚宽先生认为：与财团法人设立行为之捐助行为不同，对于将来应成立的法人之捐助，依生前行为为之者，系与设立人为第三人之赠与契约。[3] 即在此时捐助财产人与设立人之间为第三人利益的合同，受约人为捐助财产之人，立约人为设立人，而"第三人"就是设立中的企业基金会这一目标实体。但是这"第三人"不具有法人资格，只是捐助行为所应当承受的一个目标实体。第三人利益合同的基础在于立约人与受约人之间的合同关系和受约人与第三人之间的原因关系，其中受约人与第三人之间的原因关系除了合同关系还可以表现为其他债权关系，如无

---

[1] 赵旭东主编：《公司法学》，高等教育出版社2006年版，第118页。

[2] 韩长印：《共同法律行为理论的初步构建——以公司设立为分析对象》，《中国法学》2009年第3期。

[3] 史尚宽：《民法总论》，中国政法大学出版社2000年版，第232页。

因管理、不当得利和缔约过失等。①也就是说受约的捐助财产人因其捐助财产的单方法律行为，而使目标实体收益可以成为原因关系。因此，我们认为设立人与捐助财产人之间的关系可以参照为第三人利益的合同，设立人与立约人捐助财产人之间是一种合同关系。

设立人作为一个整体，在设立企业基金会的过程中，对外代表设立中的企业基金会一定的法律行为，对内则履行设立企业基金会的义务。将其意志规定在捐助章程之中，让成立后的企业基金会按照其捐助章程的意志来进行运营管理。大部分设立人都会通过其制定捐助章程的相关规定让自己成为成立后的企业基金会理事，我国《条例草案意见稿》规定了第一届理事会应当包含主要发起人。因此，我们认为，设立人作为一个整体应当是设立中企业基金会的机关，该机关类似于企业基金会的理事会，以会议的形式来决定并执行相关的设立事务。而成立后的企业基金会又是由设立中的企业基金会"成长"而来的，成立后的企业基金会必然继承了设立中企业基金会所应当享有的权利和应当承担的义务。

至于企业基金会的独立性之惑，即如果设立人都成为企业基金会的机关了，那还怎么保持企业基金会的独立性呢？我们认为，企业基金会的独立性并不意味着企业基金会成立之后与设立人没有一点联系，由于我国的企业基金会运行还不成熟，其资金来源仍然受限制于设立人企业或者企业家。设立人通过章程将其意志固定下来，企业基金会按照捐助章程的意志来进行运营管理，设立人享有对企业基金会的运行的监督权，设立人通过章程成为企业基金会的理事，只是为了更好地让企业基金会按照其意志来运营管理。企业基金会的独立性应该是要保持企业基金会的财产，人员管理、组织机构的运营等应与设立人企业保持独立，不应出现混同的情况。

四 企业基金会设立人与其他基金会设立人之间的区别

非公募基金会②中资产规模较大的主要是高校成立的基金会和企业基金会。由于设立人类型不同，其所成立的基金会的类型也会有所区别。如表4-1中的中国红十字基金会，虽然其原始基金来源于企业等，但是该基金会与捐助财产人企业在名称、人员以及组织机构方面不存在关联，而是与设

---

① 张婧：《真正第三人利益合同关系的相对性及类型化》，《商业研究》2017年第4期。
② 《条例草案意见稿》已经取消了公募基金与非公募基金会这一区别。

立人中国红十字会总会存在关联,因此其不是企业基金会。

表 4-1　　　　　　　　　其他基金会的相关信息

基金会名称	原始基金	设立人	原始基金来源人
中国红十字基金会	800 万元	中国红十字会总会	企业和个人的捐助
中国青年创业就业基金会	2.4 亿元	共青团	企业和其他组织的捐助
中华见义勇为基金会	4000 万元	公安部、中宣部等部委	社会捐助
中国地质大学(武汉)教育发展基金会	200 万元	中国地质大学	中国地质大学(武汉)捐助
武汉大学教育发展基金会	1000 万元	武汉大学	社会捐助

从表 4-1 中企业基金会设立人与其他基金会设立人的对比(如中国红十字基金会以及大学基金会等)来看,其存在以下几个特点。

第一,从设立人身份上来看,企业基金会的设立人主要是企业或者企业家,其身份主要是以营利为主,是属于商事主体的范畴,追求私利是其天性。而其他基金会的设立人如中国红十字会总会、共青团、大学、医院等作为发起人设立的基金会则一般是社会团体、事业单位等,这些设立人不是以营利为最终目的,具有一定的公益属性。

第二,从基金会的原始基金来看,企业基金会的原始基金捐助财产人往往也是该企业基金会的设立人,原始基金基本上不会来源于社会的捐助。即使在由企业家发起而企业捐助财产设立的企业基金会这种情况下,该企业家往往也是与该企业之间存在关联的,比如为该公司的法定代表人或者企业的负责人。而其他基金会原始基金的来源既有设立人的捐助,也有来自社会的捐助。

第二节　企业基金会设立人的实证考察

一　企业基金会设立总体情况

回顾我国基金会的发展,可以发现从 1981 年第一家基金会出现至今,在短短 30 多年时间里,中国基金会经历了从无到有、快速发展的历程。

企业基金会作为基金会中的一员,其发展路径也与基金会的总体发展趋势相似,深受我国政策的影响。在改革开放大潮中,企业基金会一直处于被忽视的地位。过去的政策并不鼓励设立企业基金会,因而,在过去的几十年中,我国并没有真正意义上的企业基金会。直到2004年《条例》的颁布,企业基金会的发展才进入快车道。

下面具体介绍企业基金会的总体设立相关情况。

(一) 登记设立机构情况

表4-2　　　　　　各级企业基金会分布情况　　　　　　(家)

登记部门＼年份	2011	2012	2013	2014	2015	2016
民政部	29	36	38	41	44	46
省级民政部门	295	345	402	450	487	555
市级民政部门	7	24	40	63	95	135
县级民政部门	0	0	0	6	12	15

资料来源:基金会中心网,数据中心,http://www.foundationcenter.org.cn,截止日期:2016年12月31日。

由表4-2可以得知,截至2016年年底,在民政部登记注册的企业基金会有46家,2011—2016年在民政部登记设立的企业基金会数量增长趋于平缓。在县级民政部门登记设立的企业基金会数量最少,直到2013年登记数量仍然为零,2014—2016年三年间总共也仅有15家。这些县级企业基金会主要来自浙江省(5家)、江苏省(5家)、河南省(2家),以及宁夏回族自治区、江西、安徽各1家。而市级基金会在2011—2016年的时间段中增长速度最快,2012年较2011年的数量增加2倍多,2012—2016年的平均增长率为54.25%,而在这6年间省级民政部门登记的企业基金会的平均增长率仅为13.5%。

上述现象的出现主要源于国家政策的影响。市级基金会的发展是一个从深圳到广东再到全国的扩散过程。深圳作为我国改革开放的先行地,较早地开放了试点试行非公募基金会登记管理权限的下放,将企业基金会的登记权限进一步下放到市县级。根据基金会中心网的数据,2012年及之前注册的24家市级企业基金会有20家在深圳市注册;2013—2014年,江苏、浙江、湖北、福建等省份全面或有限地下放了非公募基金会登记管理权限;2014年新增市级企业基金会23家,非广东省的已有15家;而县级基金会中有一半以上均为江浙地区的企业基金会。根据这一趋势,伴随着更多省份下放此类基金会的登记管理权限,市级企业基金会仍将是企业基金会发展中的重要力量。

（二）设立主体情况

根据基金会中心网 2015 年年底的数据，我国企业基金会的设立企业包括国有企业、民营企业、外资企业、港澳台企业以及合资企业。其中以民企发起的企业基金会最多，为 440 家，占 78.57%；另有国企 83 家，外资 13 家，合资 12 家，此外有港澳台企业 12 家（见图 4-1）。由图 4-1 可知，我国企业基金会设立主体的中坚力量是民营企业和国有企业。

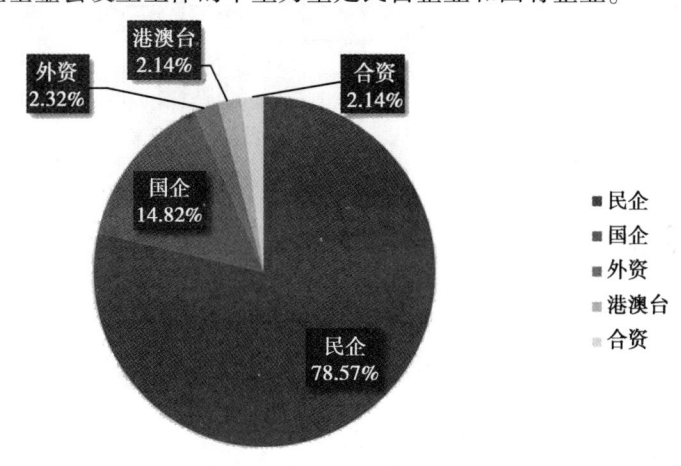

图 4-1　设立企业类型及分布

资料来源：基金会中心网，数据中心，http：//www.foundationcenter.org.cn，截止日期：2015 年 12 月 31 日。

在国企基金会中，成立 5 年以上的有 35 家，更多的则是成立于 2008 年汶川大地震之后，特别最近几年随着企业社会责任的深入以及税收优惠政策的完善，越来越多的国有企业开始成立企业基金会（见图 4-2）。

根据上述数据可以得知，我国企业基金会的发展正处于快车道上，是我国慈善事业的重要推动力量之一。以下我们通过选取企业基金会的两大设立主体——企业以及企业家，根据相关的设立数据，对具体的企业基金会设立人情况进行分析。

二　企业作为设立人的实证考察——以上市公司设立人为例

我们所称的上市公司企业基金会，是指由上市公司参与设立、提供运营资金、参与运营管理的具备独立法人资格的基金会。根据我国基金会中心网数据，截至 2017 年年底我国共有 103 家上市公司设立了企业基金会。

图 4-2 国企基金会数量变化

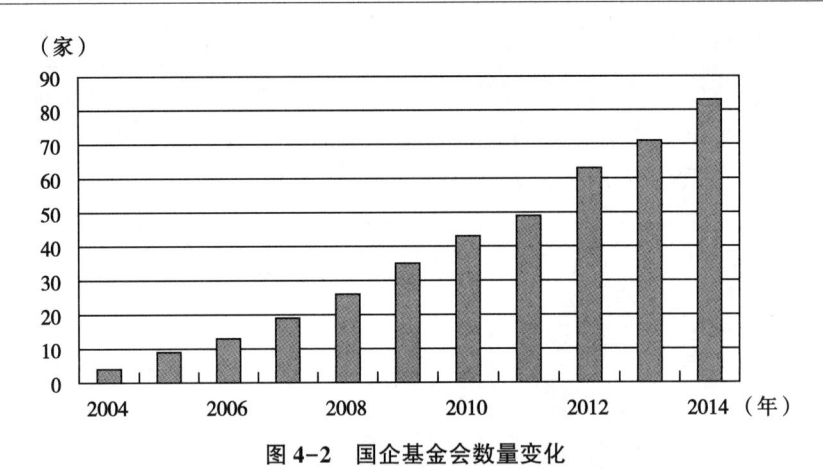

资料来源：基金会中心网，数据中心，http://www.foundationcenter.org.cn，截止日期：2015 年 12 月 31 日。

为了更精细地分析企业基金会相关的设立情况，发现其中设立人存在的问题，我们选取这 103 家上市公司企业基金会作为样本，分析其具体的设立情况，以得出相关的结论。

（一）研究样本

作为公众企业，上市公司涉及更多的利益相关方。衡量一家上市公司价值的标准，不仅包括其利润或股票价格，更应当包括这个公司对社会的回馈。上市公司参与设立基金会，可以系统有效地帮助其履行社会责任，通过独立法人的方式，系统利用上市公司的资源，达到履行社会责任的目的。

本书中 103 家上市公司企业基金会的数据来源于基金会中心网、上海证券交易所、深圳证券交易所、香港证券交易所、巨潮资讯网等。

（二）数据分析

1. 上市公司企业基金会的背景——企业类型分布

表 4-3　　　103 家参与设立企业基金会的上市企业类型分布　　　（家）

企业类型	数量
国有企业	31
民营企业	57
合资企业	6

续表

企业类型	数量
港澳台企业	8
外资企业	1

注：合资企业包括中外合资及中国内地与港澳台合资企业。

根据表4-3可以得出，在103家上市企业中，共有57家民企参与设立企业基金会，占设立主体总数的55.3%；31家国企参与设立，占设立主体总数的30.1%；合资企业、港澳台企业分别有6家、8家参与设立企业基金会，分别占设立主体总数的5.8%和7.8%，仅有1家外资企业参与设立企业基金会。与图4-1企业基金会设立人类型相比，无论是上市企业还是其余企业中，均为民企设立的企业基金会数量最多；国企其次；合资企业等其他类型的数量相对较少。

我们通过整理上述103家企业基金会的章程发现，我国目前并没有不同企业共同设立企业基金会的情况出现。一般均为企业独自设立、企业家和企业共同设立、企业家与企业家共同设立，如爱佑慈善基金会则是由马云等多名企业家共同设立的。

2. 上市公司企业基金会的登记机关分布情况

表4-4　　　　　　上市企业设立企业基金会登记部门分布　　　　　　（家）

	国有企业	民营企业	合资企业	外资企业	港澳台企业
民政部	11	11	0	0	2
省级民政部门	19	40	5	1	5
市级民政部门	1	5	1	0	1
县级民政部门	0	1	0	0	0
总计	31	57	6	1	8

由表4-4可以得知，上述五类上市企业都更倾向于在省级民政部门设立，而选择在民政部设立的企业仅有24家，其中国企和民企各有11家，港澳台企业只有2家。这一情况与上文中企业基金会设立登记部门分布的总体情况相同，都是深受我国政策的引导。据8家在市级以下民政部门登记设立的企业基金会情况来看，其设立的时间均在2012年之后，且有一半数量的企业基金会在深圳市民政部门设立，这与深圳当时出台的下放基金会审批

权的政策密切相关。

对于为何在民政部登记设立的企业基金会数量较少的原因，我们认为是由于设立条件严格。例如我国《条例》第 6 条规定了允许在民政部门登记设立基金会的相关条件，① 以两家在民政部登记设立的企业基金会为例（见表 4-5），可以得知三点：其一，该企业基金会为非公募基金会故不符合第一项条件。其二，《条例》第 20 条规定，企业基金会法定代表人是指理事长。② 根据可知的情况，顶新公益基金会的理事长为中国内地居民，故不符合第二项条件。其三，该企业基金会是由这两家企业直接在中国内地设立的，不是其在境外设立的基金会的代表机构。由此，目前在民政部登记设立的港澳台企业基金会仅符合原始基金超过 2000 万元这一设立条件。

表 4-5　　　　港澳台企业在民政部设立登记的企业基金会情况

基金会名称	原始基金	所在地	上市地点	成立时间	章程公开情况	理事长（国籍）
顶新公益基金会	2000 万元	北京市	港股	2010 年	已公开	滕鸿年（中国）
周大福慈善基金会	5000 万元	深圳市	港股	2015 年	未公开	石开（*）

注：*表明该信息未公开。

而根据在民政部登记设立的 11 家国企的设立情况（见表 4-6）及 11 家民企的设立情况（见表 4-7），可以得知以下几点。其一，国企捐助的

---

① 《条例》第 6 条规定：国务院民政部门和省、自治区、直辖市人民政府民政部门是基金会的登记管理机关。国务院民政部门负责下列基金会、基金会代表机构的登记管理工作：

（一）全国性公募基金会；

（二）拟由非内地居民担任法定代表人的基金会；

（三）原始基金超过 2000 万元，发起人向国务院民政部门提出设立申请的非公募基金会；

（四）境外基金会在中国内地设立的代表机构。

省、自治区、直辖市人民政府民政部门负责本行政区域内地方性公募基金会和不属于前款规定情况的非公募基金会的登记管理工作。

② 《条例》第 20 条规定：理事会设理事长、副理事长和秘书长，从理事中选举产生，理事长是基金会的法定代表人。

原始基金数额普遍比民企的高，甚至有达到 5 亿元的个例。这一方面是因为国企是由国家出资设立的，具有国家财政保障，享有国家政策扶持，经济实力雄厚；另一方面是因为我国基金会的原始基金必须以现金的形式出资，而民企的资金多用于公司的运作和投资，或者其资产多体现于股权、不动产、设备、产品中。如果要用现金方式出资还需要将其转变为现金，到账周期比较长，程序比较烦琐，故相比国企来说，其现金出资能力相对不足。其二，就成立时间来看，国企基金会较民企基金会成立时间早，2005 年就有 3 家国企设立企业基金会，而同年仅有 1 家民企基金会成立。在 2009 年有 2 家国企在民政部登记设立企业基金会，却没有民企在民政部登记设立企业基金会，这很可能是因为民企受到 2008 年国际金融危机的冲击更为严重，更需要资金进行运转，故无法一次出资 2000 万元现金用于缴纳原始基金。

表 4-6　　　　在民政部登记设立企业基金会的上市国有企业情况

基金会名称	原始基金	成立时间	所在地	设立人	上市地点	章程公开情况
南航"十分关爱"基金会	2000 万元	2005 年	广州市	南方航空	A 股	已公开
中远慈善基金会	1 亿元	2005 年	北京市	中国远洋	A 股	已公开
宝钢教育基金会	5000 万元	2005 年	上海市	宝钢股份	A 股	已公开
中国人寿慈善基金会	5000 万元	2007 年	北京市	中国人寿	A 股	已公开
人保慈善基金会	5000 万元	2008 年	北京市	中国人保	港股	已公开
招商局慈善基金会	5000 万元	2009 年	深圳市	招商局集团有限公司	A 股	已公开
中国移动慈善基金会	1 亿元	2009 年	北京市	中国移动	港股	已公开
神华公益基金会	2 亿元	2010 年	北京市	神华集团	A 股	已公开
东风公益基金会	5000 万元	2012 年	武汉市	东风汽车公司	A 股	已公开
中国海油海洋环境与生态保护基金会	5 亿元	2012 年	北京市	中国海洋石油有限公司	A 股	已公开
中兴通讯公益基金会	5000 万元	2012 年	深圳市	中兴通讯	A 股	已公开

表 4-7　　在民政部登记设立企业基金会的上市民营企业情况

基金会名称	原始基金	成立时间	所在地	设立人	上市地点	章程公开情况
王振涛慈善基金会	2000万元	2006年	温州市	奥康国际	A股	已公开
腾讯公益慈善基金会	2000万元	2007年	深圳市	腾讯公司	港股、美股	已公开
万科公益基金会	5000万元	2008年	深圳市	万科集团	A股	未公开
比亚迪慈善基金会	2000万元	2010年	深圳市	比亚迪公司	A股	未公开
泛海公益基金会	2亿元	2010年	北京市	泛海控股	A股	已公开
亨通慈善基金会	5000万元	2011年	苏州市	亨通集团	A股	未公开
亿利公益基金会	2000万元	2011年	北京市	王文彪及亿利资源集团	A股	已公开
德康博爱基金会	5000万元	2011年	苏州市	波司登公司	港股、美股	未公开
阿里巴巴公益基金会	5000万元	2011年	杭州市	阿里巴巴集团	美股	已公开
紫金矿业慈善基金会	2亿元	2012年	龙岩市	紫金矿业	A股	已公开
香江社会救助基金会	2000万元	2005年	广州市	香江集团	A股	已公开

综上所述，选择在民政部登记设立的企业基金会有以下特点。第一，原始基金起始数额高，满足《条例》关于在民政部登记设立的企业基金会所应缴纳的 2000 万元最低原始基金数额要求。第二，该类型企业基金会所在地多集中于北京、上海、深圳、广州等一线城市，一线城市的经济发展水平较高，企业资金也相对雄厚。企业在积累了一定的资金以后，开始寻求自身社会价值的实现，期望通过支持公益事业塑造良好的企业形象，从而打造自己的品牌优势。第三，该类型企业基金会大多有公开基金会章程，基金会设立情况较透明，捐赠者可以更便捷地查询该企业基金会的大致情况。第四，该类型企业基金会的上市地点多为中国沪深两市，多面向国内融资。第五，该类型企业均为大企业，经济实力雄厚，并具有一定的社会知名度。

3. 上市公司企业基金会地域分布

表 4-8　沿海经济发达地区上市公司企业基金会地域分布情况

基金会所在地	北京市	上海市	广东省	浙江省	江苏省
不同背景企业数量分布	国企 8 家	国企 3 家	国企 8 家	国企 1 家	国企 1 家
	民企 6 家	民企 4 家	民企 10 家	民企 12 家	民企 11 家
	合资 2 家	合资 1 家	合资 1 家	无	无
	台资 1 家	无	港资 3 家	台资 1 家	台资 1 家 港资 1 家
登记设立的部门	民政部 9 家	民政部 1 家	民政部 8 家	民政部 2 家	民政部 2 家
	省级民政部门 8 家	省级民政部门 7 家	省级民政部门 8 家	省级民政部门 11 家	省级民政部门 11 家
		市级民政部门 6 家		县级民政部门 1 家	市级民政部门 1 家
原始基金	500 万元以下 7 家	500 万元以下 4 家	500 万元以下 9 家	500 万元以下 8 家	500 万元以下 5 家
	2000 万元以上 10 家	1000 万元以上 4 家	2000 万元以上 11 家	1000 万元以上 6 家	1000 万元以上 8 家
数量总计	17 家	8 家	22 家	14 家	14 家

注：(1) 原始基金数额中"以上""以下"均包含本数；
(2) 广东有 2 家以及江苏有 1 家企业基金会未公布其原始基金数额。

由表 4-8 可以得出，北京、上海、广东、浙江、江苏这几个经济发达地区的企业基金会数量共有 75 家，占样本总数的 72.8%。剩下的 28 家企业基金会零星地分布在中西部省份。这一现象是与我国经济发展的现状相匹配的，我国经济发达地区企业数量多、实力雄厚，上市企业也较多。企业在完成自己的资本积累之后，开始寻求社会价值的实现，于是纷纷把目光投向慈善领域，希望通过承担自身的社会责任，提升自己的品牌力量，实现更高更远的发展。

在沿海经济发达地区设立的企业基金会也有各自的特点。总体来说，在北京和广东这两个地区所设立的企业基金会数量最多。在北京设立企业基金会的多为国有企业，而且多选择在民政部登记设立，原始基金的数额也较其他地区的高，最高的达到 5 亿元。在广东范围内的企业基金会多由民营企业设立，还有 3 家港资企业参与设立，这是广东经济发展模式的体现。其发展除了得益于国家改革开放的政策外，还在于其毗邻港澳的地理优势，在这一优势影响下充分利用了港澳的资金以及先进的技术，吸引了港澳企业在内地投资办厂，开展经济建设。在江浙地区，民营企业成为企业基金会设立的主力军，该地区90%以上的企业基金会均为民营企业设立的，这跟江浙地区民营企业多的经济发展现状相呼应。江浙地区的民营企业多倾向于在本地省级民政部门申请设立企业基金会，一方面是在本省登记设立可便于办理登记设立事宜，另一方面也是因为民营资本设立企业基金会时抱有谨慎态度，不敢轻易投入太多资金进行设立，故原始基金的数额相比北京的大型国企设立的企业基金会的数额来说较低。

4. 上市公司企业基金会章程公布情况

表 4-9　　　　　　上市公司企业基金会章程已公布的情况统计　　　　　　（家）

登记部门	国有企业	民营企业	合资企业	外资企业	港澳台企业
民政部	11	7	0	0	1
省级民政部门	11	11	0	0	1
市级民政部门	1	0	0	0	0
县级民政部门	0	0	0	0	0

结合表4-4及表4-9的数据，我们得知，在民政部登记设立的企业基金会的章程公开情况较好，其中11家在民政部登记设立的国企基金会均有公布章程，11家民企基金会中有7家公布了章程。但是在省级民政部门登记设立的企业基金会的章程公布情况不容乐观，40家民企基金会中仅有11家公布了基金会章程，合资企业以及外资企业均未公布企业基金会章程。总体来说，国企基金会的章程公布情况较民企基金会的情况好，在民政部登记设立的企业基金会比在较低级别民政部门设立的章程公布情况好。

我国《条例》第8条、第9条、第10条对基金会的章程都有相关规定：第8条明确地将章程作为设立基金会必备的文件予以规定；第9条规定了申请设立基金会需要提交的文件，其中包括章程草案；第10条具体规定了章程必须载明的事项。由此可见，章程在企业基金会设立之初是一个必备文件，在其设立中有重要的法律地位和法律意义。但是我们根据基金会中心网数据以及企业基金会相关网站的查询，发现我国上市公司所设立的企业基金会的章程公布情况并不乐观，在103家上市公司企业基金会中仅有43家企业基金会在网站上公布了章程，这不利于捐赠人或者社会公众了解企业基金会的运行情况，从而不能很好地监督企业基金会的运行，并将有违企业设立企业基金会的初衷。

三 企业家作为设立人的实证考察——以胡润富豪榜 TOP 200 的企业家为例

当前，随着中国经济社会的不断发展，中国的富豪人数不断增多，越来越多的企业家开始意识到慈善的重要性，开始为成功和财富寻找意义。近代著名学者王云五先生曾说："个人的生命有始有终，但基金会的功能却与时俱进；个人的理想可能一生不能实现，但是基金会制度可以使理想在未来的岁月中变成事实。不朽是每个人追求的目标，但都十分缥缈，而基金会制度却提供一条通达不朽的可靠途径。"[①]这很好地说明了企业家投入慈善事业中的动力。截至 2015 年年底，已有超过 41 家由企业家本人或其家人名义发起成立的基金会，有超过 480 家民营企业发起成立基金会。

（一）研究样本

为了更好地分析企业家设立企业基金会的情况，我们以基金会中心网中公布的胡润富豪榜 TOP 200 的企业家设立的 47 家企业基金会为样本进行分析，以期发现一些问题，提出一些解决方法。

本部分的数据主要来源于基金会中心网、上海证券交易所、深圳证券交易所、巨潮资讯网、新浪财经网以及相关企业基金会的网站。

（二）数据分析

1. 地域分布情况

表 4-10　47 家由企业家设立的企业基金会地域及登记机关分布情况

地域	数量（家）	登记部门分布情况
北京市	10	民政部 2 家，省级民政部门 8 家
广东省	9	民政部 2 家，省级民政部门 4 家，市级民政部门 1 家，县级 1 家
浙江省	9	民政部 1 家，省级民政部门 8 家

---

① 转引自台湾喜马拉雅研究发展基金会《基金会在台湾：名录与活动》，中华征信所企业股份有限公司 1995 年版，第 105 页。

续表

地域	数量（家）	登记部门分布情况
江苏省	6	民政部1家，省级民政部门4家，市级民政部门1家
上海市	3	民政部1家，省级民政部门2家
福建省	3	省级民政部门3家
河北省	2	省级民政部门2家
山东省	2	省级民政部门2家
江西省	1	省级民政部门1家
湖北省	1	市级民政部门1家
四川省	1	省级民政部门1家

根据表4-10可以得知，在这47家由企业家设立的企业基金会中，基金会集中在经济发达地区，如北京、浙江、广东、江苏、上海，而我国东北部及西北部地区基本没有相关的设立。这与上文中上市企业基金会的地域分布情况相比，地域的范围有所缩小，但是仍然集中在经济发达地区，这说明经济发达地区的企业更倾向于设立企业基金会。而就不同地域中民政部门登记设立的分布情况来看，经济发达地区如北京、上海、广东、浙江、江苏这五个地区均有1—2家选择在民政部登记设立，而其余省份则仅选择在省级民政部门或者市级民政部门登记设立。

究其原因，一方面是企业作为营利组织，以追求效率为主，企业基金会的设立工作前期准备繁杂，在当地省级民政部门就近设立，可减少设立成本，而且也便于设立后在当地办理税收的减免申请等。另一方面，民政部的原始基金数额要求高，而且要求以现金方式出资，在目前我国企业基金会的制度还不完善的背景下，企业出于趋利避害的本能，会对此持谨慎态度，不乐于一次投入太多资金，更何况是大额的现金。在数据分析过程中，我们注意到一点，即样本中所涉及的47家企业中有34家企业已经上市，设立相应企业基金会的企业家多为企业中的董事长，持有该企业一定的股份。那么为了吸引更多企业投入企业基金会的设立中来，我们认为应对我国企业基金会原始基金的出资方式进行改革，考虑采用股权出资的方式。

2. 章程公开情况

表 4-11　在各级别登记部门登记的企业基金会数量以及章程公开情况　　（家）

登记部门	登记数量	已公开章程的企业基金会数量
民政部	8	6
省级民政部门	35	14
市级民政部门	3	0
县级民政部门	1	0

根据表 4-11，在民政部登记设立的企业基金会的章程公开情况最好，8 家企业基金会中，只有 2 家未公布章程。在省级民政部门登记设立的企业基金会有 35 家，然而只有不够一半的企业基金会公布了自己的章程。在市级以及县级民政部门登记设立的企业基金会均未公布章程。结合上市企业基金会的章程公布情况来看，总体来说，目前企业基金会的章程公布情况并不好。慈善组织受诸如"郭美美事件""诈捐门"等事件的影响，在公众心中的信任度有所下降，而企业基金会作为受企业捐资成立的非营利组织，在设立时受企业的影响较大，处于优势地位的企业或企业家有可能为了营利而损害企业基金会的利益。倘若作为企业基金会设立重要文件之一的章程也不透明不公开的话，那么一方面将减损公众对企业基金会的信任，不利于成立之后开展募捐活动；另一方面也不利于约束设立人的行为。设立人的行为一旦不受约束，那么企业基金会有可能成为企业吸纳资金的工具，或者成为不进行实质公益活动仅用于博取眼球的噱头。这是与企业基金会的设立初衷背道而驰的，故我们认为应将章程的公开纳入信息披露的制度中。

3. 原始基金规模

表 4-12　　　　　　　原始基金以及登记设立部门分布情况

登记部门	原始基金数额以及相应企业基金会数量分布				
民政部	2000 万元	5000 万元	2 亿元		
	4 家	3 家	1 家		
省级民政部门	200 万元	300 万—500 万元	1000 万—2000 万元	5000 万元	1 亿元
	13 家	6 家	11 家	2 家	2 家

续表

登记部门	原始基金数额以及相应企业基金会数量分布							
市级民政部门	200万—300万元	未公布原始基金						
	2家	1家						
县级民政部门	未公布原始基金							
	1家							

注：在省级民政部门登记设立的35家企业基金会中有1家未公布原始基金数额。

由表4-12可以得知，样本中有35家企业基金会在省级民政部门登记设立，其中选择出资200万元原始基金的企业家数量最多，有13位；其次有11位企业家选择出资1000万—2000万元原始基金；选择出资5000万元以上原始基金的企业家数量较少，仅有3家。再综合上文的分析，我们认为我国原始基金的制度存在一定不足。一方面原始基金的出资方式过于单一，目前仅允许设立人以现金出资，而不允许用股权出资。实际上，允许作为企业基金会成立基础的原始基金采用多元化出资方式并无不妥，使用以现金之外形式捐赠的财产作为原始基金，可拓宽创办渠道，这符合《慈善法》中鼓励发展慈善组织的宗旨。另一方面，原始基金的最低限额较高，例如若企业想在民政部登记设立企业基金会，则必须一次足额缴纳2000万元的原始基金；且《条例草案意见稿》中拟定以审核基金会登记设立情况的民政部门的不同级别为标准，要求设立人缴纳相应最低限额的原始基金，最高达到8000万元。但从目前样本中的情况来看，一般民营企业更倾向于出资500万元以下作为原始基金。若这一法规得以实施，或许将促进原始基金制度的改革。

4. 行业因素

表4-13　　　　样本中企业基金会行业分布情况

行业	房地产业	制造业	批发零售业	信息技术业	金融保险业	综合类	影视	医药
数量	15家	10家	5家	6家	1家	5家	2家	1家

注：（1）本表中的行业分类是参照《中国企业基金会发展研究报告（2016）》的附录中提供的具体企业的行业；
（2）其中有2家为企业家个人出资设立故而未纳入行业分类中。

表4-13反映了样本中，房地产企业以及制造业企业参与设立的企业基

金会数量最多，分别有 15 家以及 10 家。信息技术企业参与设立的企业基金会数量次之，有 6 家。这与我国经济发展现状也是密切相关的，目前我国发展比较好的行业均在上表有所体现，说明这些企业中的企业家在完成自身财富积累的同时寻求自己社会价值的实现，这种乐于承担社会责任的精神值得鼓励。

从样本中来看，房地产业、制造业、信息技术业的企业参与度比较高。这一比例的得出一方面是受样本本身性质的限制，因为这些样本主要来源于 TOP200 胡润富豪榜中的企业家。从我国目前的经济发展状况来看，这三类行业的发展势头较好、利润空间大，而且样本中的企业多为大型企业，所以这三类企业设立的企业基金会较多是不足为奇的。但是，刨除样本本身的局限性，反观整个企业基金会的发展状况，如何促进行业发展比较缓慢的中小企业参与设立企业基金会是一个值得思考的问题。我们认为可以改革企业基金会的设立模式，借鉴《公司法》中的募集设立制度，建立具有基金会特点的募集设立制度。

5. 企业家因素

表 4-14　　　　企业家担任的职务以及具体参与设立情况

企业家	公司/基金会职务	设立人情况	企业基金会名称
潘石屹	董事长	潘石屹夫妇共同出资	北京市搜候中国城市文化基金会
翟美卿	董事长	香江集团出资（翟美卿倡议）	香江社会救助基金会
王玉锁	董事长	王玉锁与新奥集团共同出资	新奥公益慈善基金会
李书福	董事长/理事长	吉利集团出资（李书福倡议）	浙江省李书福资助教育基金会
马化腾	董事长	腾讯集团出资（马化腾倡议）	腾讯公益慈善基金会
朱孟依	董事局主席	朱孟依捐股权出资	广东省合生珠江教育发展基金会
冯亚丽	董事长	海亮集团出资（冯亚丽倡议）	浙江海亮慈善基金会
周建平	董事长	海澜集团出资（周建平倡议）	江苏海澜教育发展基金会
丁磊	董事长兼 CEO	丁磊和网易公司共同出资	浙江省网易慈善基金会
宗庆后	董事长	娃哈哈集团出资（宗庆后倡议）	浙江省娃哈哈慈善基金会
沈文荣	董事长	沙钢集团与沈文荣等出资	江苏沙钢公益基金会
陈发树	董事长/理事长	陈发树个人出资	福建省发树慈善基金会

续表

企业家	公司/基金会职务	设立人情况	企业基金会名称
王传福	董事长	比亚迪公司出资（王传福倡议）	比亚迪慈善基金会
杨铿	董事长	四川蓝光集团及其子公司出资	四川成都蓝光助学基金会
卢志强	董事长/副理事长	泛海控股出资（卢志强倡议）	泛海公益基金会
李彦宏	董事长兼CEO	百度在线出资（李彦宏倡议）	北京百度公益基金会
崔根良	董事长	崔根良与亨通集团共同出资	亨通慈善基金会
王文彪	董事长	王文彪与亿利资源共同出资	亿利公益基金会
严彬	董事长	严彬与华彬集团共同出资	北京华彬文化基金会
缪汉根	董事长	盛虹集团及其员工共同出资	吴江盛虹爱心基金会
马云	董事长	马云与阿里巴巴共同出资	阿里巴巴公益基金会
陈建华	董事长兼CEO/理事	陈建华及恒力集团共同出资	江苏恒力慈善基金会
陈丽华	董事长	陈丽华个人出资	北京紫檀文化基金会
栾晓华	理事长	栾晓华夫妇共同出资	广东省与人公益基金会
郭广昌	董事长	郭广昌与复星医药共同出资	上海复星公益基金会
宋作文	董事长	宋作文与南山集团共同出资	山东省南山老龄事业发展基金会
陈卓林	董事长	未公布设立人情况	广东省雅居乐公益基金会
何巧女	董事长	何巧女个人出资	北京巧女公益基金会
魏少军	董事长	魏少军与隆基泰和集团共同出资	河北省隆基泰和慈善基金会
欧宗荣	董事局主席	欧宗荣个人出资	福建省正荣公益基金会
赵依芳	CEO	赵依芳与华策公司共同出资	浙江华策影视育才教育基金会
戚金兴	董事长	杭州滨江房产集团出资	浙江省杭州滨江阳光公益基金会
卢志强	董事长/理事	卢志强及泛海控股出资	山东泛海公益基金会
刘永行	董事长	刘永行、刘相宇与东方希望共同出资	上海东方希望公益基金会
何享健	董事长	美的控股出资（何享健倡议）	广东省何享健慈善基金会
梁稳根	董事长	三一物流出资（梁稳根倡议）	北京三一公益基金会
李义海	董事长	未公布设立人情况	江西济民可信医药公益慈善基金会
沈国军	董事长	沈国军出资	北京银泰公益基金会

续表

企业家	公司/基金会职务	设立人情况	企业基金会名称
宗馥莉	CEO/理事长	宗馥莉个人出资	浙江馥莉慈善基金会
欧宗洪	董事局主席	未公布设立人情况	福建省融信公益基金会
刘强东	董事长	京东公司出资（刘强东倡议）	北京京东公益基金会
马云	董事长	马云个人出资	浙江马云公益基金会
史玉柱	董事长/理事长	史玉柱与巨人网络共同出资	巨人慈善基金会
杨惠妍	董事长	未公布设立人情况	佛山市顺德区广东碧桂园学校教育基金会
朱兴良	董事长	朱兴良与金螳螂建筑共同出资	苏州金螳螂公益慈善基金会
蔡东青	董事长	未公布设立人情况	广州市奥飞动漫爱心救助慈善基金会
黄如论	董事长	未公布设立人情况	襄阳市世纪金源教育基金会

根据表 4-14 可以得知，这 47 位企业家中有 45 位在所属企业担任董事长，其中有 7 位同时在企业基金会中兼任理事长、副理事或理事的职务。《条例》明确理事长是基金会的法定代表人，企业家兼任理事长的情形在法律上并没有禁止。但是为防止关联交易的产生，有规定相应的规制条款，如第 23 条对基金会理事、监事及其近亲属的关联交易行为予以限制，并禁止其参与和其利益相关联事项的决策。但这一条款能否阻止关联交易的产生，值得商榷。根据目前情况来看，有必要将关联交易规制纳入设立人的责任中。

从研究企业家的具体设立情况中可以得知，有 6 家企业基金会并没有公布其具体设立人情况。从剩下的 41 家企业基金会的设立情况中分析，基本分为三种设立情形：其一，有 29 家企业基金会是由企业家和企业共同设立的，其中又可具体细分为企业家和企业共同出资设立的以及企业家提出倡议但由企业出资设立的；其二，企业家个人出资设立，有 10 家企业基金会的设立采用此种方式；其三，有 2 家企业基金会是由企业共同出资设立的。

表 4-15　　10 位个人出资设立企业基金会的企业家概况

企业家	所在公司	担任职务	企业上市情况	企业基金会	原始基金
潘石屹 张欣	SOHO 中国	董事长 CEO	香港上市	北京市搜候中国城市文化基金会	200 万元

续表

企业家	所在公司	担任职务	企业上市情况	企业基金会	原始基金
朱孟依	香港合生创展	董事局主席	香港上市	广东省合生珠江教育发展基金会	400万元
陈发树*	新华都集团	董事长	A股上市	福建省发树慈善基金会	1亿元
陈丽华	富华国际集团	董事长	未上市	北京紫檀文化基金会	200万元
栾晓华	未公开	未公开	未公开	广东省与人公益基金会	500万元
何巧女	东方园林集团	董事长	A股上市	北京巧女公益基金会	500万元
欧宗荣	正荣集团	董事局主席	未上市	福建省正荣公益基金会	200万元
沈国军	银泰集团	董事长	A股上市	北京银泰公益基金会	2000万元
宗馥莉*	宏胜饮料集团	CEO	未上市	浙江馥莉慈善基金会	200万元
马云	阿里巴巴集团	董事局主席	美国上市	浙江马云公益基金会	200万元

注：*陈发树、宗馥莉同时兼任所在企业基金会理事长一职。

根据表4-15可分析得出，企业家个人出资设立目前存在三种情形：其一，有2家企业基金会是由企业家共同出资设立；其二，广东省合生珠江教育发展基金会是由香港合生创展集团的董事局主席以捐股权的方式出资设立的；其三，有7家企业基金会是由企业家以个人名义出资设立的。通过这一现状，我们发现两个问题。其一，香港上市企业的董事局主席以捐股权的方式出资并没有遭到禁止，这说明以股权出资设立企业基金会有一定的社会土壤；其二，目前出现了企业家共同出资设立的情形，但法律法规却未对此行为予以规范，故需要完善法律，从而引导企业基金会健康有序发展。

根据表4-15可以得知，这10位企业家中有9位为该所属企业的董事长或首席执行官，其中有2位兼任基金会的理事长。出资设立企业基金会的原始基金多为200万元，最高金额为1亿元。而这10位企业家所属的企业有6家已上市，且该公司的经济实力较强，所涉及的领域比较广。

四 当前企业基金会设立人样本的特征描述

根据上文的相关数据分析可以得知，我国企业基金会设立人的若干现状特征如下。

第一，我国企业基金会的设立深受政策影响，2004年《条例》的公布成为企业基金会发展的关键转折点,自此我国企业基金会的发展进入了快车道,许多企业纷纷设立企业基金会,承担自己的社会责任。除了数量的增加受政策影响外,随着受理登记设立企业基金会的审批权力的下放,在省级民政部门登记设立的企业基金会数量越来越多,市级企业基金会的数量也呈现良好的增长态势。尤其是深圳市的企业基金会,在本书样本中凡涉及深圳市的企业基金会多为在市级民政部门登记设立。2016年《慈善法》颁布后的一段时间,我国企业基金会的规模和数量均明显增多。

第二,我国企业基金会的设立企业类型多样,根据设立人企业的性质,主要分为国有企业、民营企业、合资企业、外资企业以及港澳台企业。其中80%左右的企业基金会是民企或者民营企业家发起设立的,15%左右的企业基金会是由国企发起设立的,剩下5%左右的企业基金会则是由外资企业发起设立的,可见在企业基金会的设立人当中,民企、企业家以及国企占了大多数。具体而言,由国企发起设立的企业基金会主要包括如表4-16所示的几家,由民企发起设立的企业基金会主要包括如表4-17所示的几家。

表4-16　　　　　　　　部分由国企发起设立的企业基金会

基金会名称	原始基金	设立人	原始基金来源人
华润慈善基金会	5000万元	华润(集团)有限公司	华润(集团)有限公司
神华公益基金会	2亿元	神华集团公司	神华集团公司
中远海运慈善基金会	1亿元	中国远洋运输集团有限公司及所属企事业单位	中国远洋运输集团有限公司及所属企事业单位
招商局慈善基金会	5000万元	招商局集团有限公司	招商局集团有限公司

表4-17　　　　　　　　部分由民企发起设立的企业基金会

基金会名称	原始基金	设立人	原始基金来源人
阿里巴巴公益基金会	5000万元	马云和阿里巴巴集团	阿里巴巴集团
腾讯公益慈善基金会	2000万元	腾讯公司	腾讯公司
顺丰公益基金会	2000万元	顺丰速运(集团)有限公司	顺丰速运(集团)有限公司和各个控股公司
比亚迪慈善基金会	5000万元	比亚迪公司	比亚迪公司
金龙鱼慈善公益基金会	3000万元	秦皇岛金海粮油工业有限公司	秦皇岛金海粮油工业有限公司等30家企业

民企发起设立的基金会与国企发起设立的基金会具有一些不同的特点。

首先,从设立人类型来看,民营企业的设立人除了发起人企业外,往往还会存在企业家,即既有民营企业单独或者共同捐助财产设立的企业基金会,也有民营企业与该企业家共同捐助财产设立的企业基金会。如亨通慈善基金会、上海东方希望公益基金会以及北京诚栋公益基金会等就是企业与企业家共同捐助财产设立的。而国企设立的企业基金会其设立人一般是单一国企,并不涉及其他捐助人,尤其是企业家等自然人的捐赠。

其次,企业基金会的设立人民企与国企之间不会存在相互交叉的情况,即在同一企业基金会中,其设立人不会是民企与国企的混合。我们认为出现这种情况大概是由于民企与国企在设立企业基金会的慈善理念和目的方面存在差异。此外,一般通过捐赠设立企业基金会来做慈善的,往往是那些企业规模比较大、盈利较为客观的。因为设立企业基金会的原始资金至少得为200万元这一设立门槛就已经阻挡了一些规模较小、收益较差的企业来设立企业基金会。

最后,设立程序上存在差别。国企捐助财产设立企业基金会除了按照《慈善法》《条例》的规定外,还应当遵守有关国有资产管理的规定,如《中华人民共和国企业国有资产法》(以下简称《企业国有资产法》)等。[①] 此外《慈善法》针对国有企业设立企业基金会方面还规定,国有企业在进行大额捐赠时应当遵守法律法规和企业章程规定,不得损害出资人和债权人的权益。而国有企业中的特殊主体进行大额财产捐赠,还需要法律规定的权利行使主体对此予以确认见表4-18,这实质是对使用国有资产的严格规定,这是国有企业作为企业基金会设立人时应履行的义务。

表 4-18　　　　《企业国有资产法》中关于国有企业进行
大额捐赠的决策主体

企业类型	国有企业能否出资设立企业基金会的权利行使主体
国有独资企业	履行出资人职责的机构及企业负责人集体讨论决定
国有独资公司	履行出资人职责的机构及董事会决定
国有资本控股、参股公司	履行出资人职责的机构及公司股东会、股东大会或董事决定

---

① 《慈善法》第43条规定:国有企业实施慈善捐赠应当遵守有关国有资产管理的规定,履行批准和备案程序。

而民营企业设立企业基金会则主要是按照《条例》以及《慈善法》的相关规定。《公司法》第 5 条也只是具体对民企应承担的社会责任作了原则性规定，但是对于民企应该怎样捐助财产设立企业基金会，则没有进行规定。

第三，在实践中，企业基金会的设立存在以下三种方式。

首先，单一设立人企业或者企业家发起设立企业基金会（见表 4-19）。

表 4-19　部分单一设立人企业或者企业家发起设立的企业基金会

基金会名称	原始基金	原始基金来源人	设立人
老牛基金会	200 万元	牛根生	牛根生
王振滔慈善基金会	2000 万元	王振滔	王振滔
阿里巴巴公益基金会	5000 万元	阿里巴巴集团	马云和阿里巴巴集团
腾讯公益慈善基金会	2000 万元	腾讯公司	腾讯公司
巨人慈善基金会	5000 万元	巨人投资有限公司	巨人投资有限公司
江苏恒力慈善基金会	1000 万元	恒力集团有限公司	恒力集团有限公司
万科公益基金会	5000 万元	上海万丰资产管理有限公司	上海万丰资产管理有限公司
中脉公益基金会	5000 万元	南京中脉科技发展有限公司	南京中脉科技发展有限公司

在这种设立方式下，企业基金会的设立人——企业或者企业家只有一人，该企业基金会的原始基金来源于该设立企业或者企业家。该设立人既需要捐助其合法所有的财产，也要承担执行企业基金会设立的各项事务（如向登记管理机关递交申请书、章程草案，代表设立中的企业基金会对外签订一系列的合同）。这时候，企业基金会的设立人就是企业基金会的发起人。

其次，设立人企业或者企业家共同捐助财产发起设立企业基金会（见表 4-20）。

表 4-20　部分设立人企业或者企业家共同捐助财产发起设立的企业基金会

基金会名称	原始基金	原始基金来源人	设立人	捐助人企业家与企业之间的关系
亨通慈善基金会	5000 万元	崔根良和亨通集团有限公司	崔根良和亨通集团有限公司	崔根良为亨通集团有限公司法定代表人

续表

基金会名称	原始基金	原始基金来源人	设立人	捐助人企业家与企业之间的关系
北京诚栋公益基金会	300万元	赵军勇和北京诚栋国际营地集成房屋股份有限公司	赵军勇和北京诚栋国际营地集成房屋股份有限公司	赵军勇为北京诚栋国际营地集成房屋股份有限公司法定代表
上海东方希望公益基金会	500万元	刘永行先生、刘相宇先生和东方希望集团有限公司	刘永行先生、刘相宇先生和东方希望集团有限公司	刘永行为东方希望集团有限公司法定代表人
阿里巴巴公益基金会	5000万元	阿里巴巴集团旗下4家公司	阿里巴巴集团旗下4家公司	无
上海银科公益基金会	800万元	上海银天下科技有限公司、上海银天下投资管理集团有限公司	上海银天下科技有限公司、上海银天下投资管理集团有限公司	无
山东泛海公益基金会章程	5000万元	泛海集团有限公司、中国泛海控股集团有限公司	泛海集团有限公司、中国泛海控股集团有限公司	无

在这种设立方式下，企业基金会的设立人企业或者企业家存在多人，这些设立人共同捐助财产，共同执行企业基金会的各项设立事务。这时候企业基金会的发起人往往也是企业基金会的设立人。

最后，设立人企业或者企业家定向募集财产设立企业基金会（见表4-21）。

表4-21　设立人企业或者企业家定向募集财产设立企业基金会

基金会名称	原始基金	原始基金来源人	设立人	设立人企业与其他原始基金来源人之间的关系
苏州金螳螂公益慈善基金会	5000万元	金螳螂企业（集团）有限公司及员工捐资3500万元，朱兴良1500万	金螳螂企业（集团）有限公司	朱兴良为金螳螂企业（集团）有限公司的实际控制人
顺丰公益基金会	2000万元	顺丰速运（集团）有限公司以及各个控股公司	顺丰速运（集团）有限公司	控股
浙江省娃哈哈慈善基金会	1000万元	杭州娃哈哈集团有限公司及其下属企业	杭州娃哈哈集团有限公司	控股

续表

基金会名称	原始基金	原始基金来源人	设立人	设立人企业与其他原始基金来源人之间的关系
香江社会救助基金会	1000万元	香江集团有限公司及其下属公司的捐助	香江集团有限公司	控股
江苏沙钢公益基金会	1200万元	沙钢集团公司、公司干部职工和其他组织	沙钢集团公司	控股
金龙鱼慈善公益基金会	3000万元	秦皇岛金海粮油工业有限公司等三十家企业	秦皇岛金海粮油工业有限公司	控股

在这种设立方式下，企业基金会原始基金的来源人并不都会实施设立事务的行为，执行设立事务。一般是发起倡议设立企业基金会的企业或者企业家来承担，这些发起倡议设立企业基金会的企业或者企业家不仅要捐助财产，而且要负责设立事物的执行。那些被定向募集捐助财产的企业往往与发起倡议企业之间存在一定的投资关系，一般前者为后者的子公司或者被后者控股。那么在这种情况下，那些仅仅只捐助了财产，却没有实施设立事务行为的企业或者企业家是否属于设立人呢？胡岩认为，财产捐助与法人的设立并无必然的关联，如果通过街头募捐获得的捐助财产，将成千上万的捐助人视为设立人会存在困难，在这种情况下应该将组织起来进行募捐，并准备实现目的的人视为设立人。[①] 在芬兰也有类似的规定，将财产的捐助与财团的设立予以分离。《芬兰财团法》第3条规定，捐助人自己不参与设立事务的，应当指定负责此事务的人。因此我们认为在这种情况下，那些没有执行设立事务，而仅仅因为发起倡议的企业而捐助财产设立企业基金会的主体，不属于本书所指设立人的范畴，不应赋予这些主体设立人的法律地位，这些主体在本书中可被称为捐助财产人。而那些不仅仅筹备设立企业基金会，而且还捐助了相应的财产的企业或者企业家则可被称为设立人。

经过上述分析，我们认为应当将财产的捐助与企业基金会的设立予以分离，并认定企业基金会的设立人就是发起筹备企业基金会、执行设立事

---

① 胡岩：《财团法人之研究》，中国政法大学出版社2013年版，第119页。

务并进行捐助财产的企业或者企业家。就当前企业基金会设立人的情况来看，我国已然出现了企业家和企业共同设立企业基金会及定向募集设立等情形。但我国法律法规却存在一定的滞后性，并没有对此进行规范。

第四，在企业家设立企业基金会的样本中，企业基金会的原始基金因登记设立的部门而异，多数企业家选择在省级民政部门登记设立，且倾向于出资200万元作为原始基金。少数企业家选择在民政部设立，且其出资多集中在2000万元的最低原始基金限额上。这一方面说明我国原始基金以现金出资的制度存在局限性，应增设不同的出资方式如股权出资；另一方面说明企业家在设立企业基金会时多抱有审慎的心理，需要对其权利义务进一步完善，切实保障设立人的权利，激发其设立的热情。但我国企业基金会处于初步发展期，除了需要国家为设立主体提供一定的政策优惠或者法律制度的保障，大力激发广大企业家甚至企业投身慈善的热情外，还需要对设立人的责任进行明确，使企业基金会的设立处于法律轨道中，维护公众对企业基金会的信任。

第三节　企业基金会设立人基础制度考察

一　当前企业基金会设立人基础制度的现行规范及缺陷

我国企业基金会发展时间短，增长势头好，目前随着《慈善法》的出台，企业基金会的数量继续增加、规模继续扩大。但通过上文的现状分析以及相关法律条文可以得知，我国企业基金会设立人的制度建设不完善，目前存在以下问题。

（一）对共同设立和募集设立的企业基金会缺乏规范

根据上文样本分析可以得知，我国目前已出现了共同设立企业基金会的情况，47家企业基金会中就有29家出现了企业和企业家共同设立的情况，说明共同设立的情况并不罕见。但是相关法律法规却没有对这部分进行相关的规制。

募集设立作为《公司法》中股份有限公司设立的重要方式，对促进公司的成立起到一定的积极作用。《条例草案意见稿》对原始基金的最低限额进行了调整，原本在民政部设立企业基金会只需要一次足额缴纳2000万元，但《条例草案意见稿》将此最低限额提升至8000万元，连在县级民政部门登记都需要达到一次缴足 200 万元原始基金的条件。在这一情形下，如何促进中小企业参与企业基金会的设立，是一个值得探讨的问题。

1. 企业基金会共同设立人地位界定不清

在我们查找企业基金会设立具体情况时，发现大部分企业基金会章程中并没有对共同设立人的地位进行界定，这将导致共同设立中的主体在责任分配时出现混乱。譬如企业家如果提出设立企业基金会的构想但未出资，那么是否要对企业基金会设立不能承担一定的责任？如果法律不对二者的地位进行区分，那么将出现企业与企业家之间的设立责任混同的情形，债权人行使权利时就有可能面临不知道该找哪方的问题，企业和企业家之间可能会出现为了规避责任而互相推诿的情况。企业基金会作为信誉至上的组织，一旦丧失了公众的信任，那么对其来说将是毁灭性的打击，这不利于企业基金会的发展和繁荣。

共同设立人法律地位的明确具有非常重要的法律意义，确立了其法律地位，方可进一步研究设立人的权利义务和责任。结合公司发起人制度的规定，我们认为，企业基金会共同设立人的地位应包括以下两方面。

一方面共同设立人作为一个整体，是设立中企业基金会的决策和执行机关。不仅要负责企业基金会设立的具体事务，而且要对外以设立人的名义承担责任。若设立人在设立过程中导致企业基金会利益受损，则要承担相应的法律责任。企业基金会一经成立，设立人的法律地位便归于消灭，原设立人可能进入理事会，对成立后的企业基金会进行管理，故设立后的企业基金会将吸纳设立人在设立过程中的权利和义务。

另一方面要明确共同设立人之间的关系。若仅将设立人视为设立企业基金会的机关，则无法说明为何设立人要对未成功设立企业基金会承担连带责任。故需要明确共同设立人之间的关系。共同设立人是基于共同的公益目的而结合在一起，为了更好地规范双方的行为，促进企业基金会的成功设立。他们之间一般会订立协议，如果企业基金会无法设立，则共同设立人要对此承担连带的法律后果，以此作为明确各方权利义务责任的依据。

2. 未将募集设立纳入企业基金会的设立方式中

公司的设立方式有两种，发起设立和募集设立。只有股份有限公司可以采取募集设立方式且其采用的是实缴资本制，即无论是发起人还是发起人之外的持有募集股份的股东，都必须在公司成立之前把所认购的股本全部缴足，这才算履行了出资义务。① 因此在实际中，募集设立的股份有限公司设立程序更复杂，涉及面较广。如公开发行股份，要经证监会审批，与合法设立的证券公司签订承销协议，招股后还要召开创立大会；向特定对象募集设立还要求发行对象累计不能超过 200 人，而且不能对注册资本进行分期缴付。虽然募集设立的程序复杂而且成本较高，但其有一定的独特功能，如吸引非机构投资者进行投资，扩宽公众投资渠道，分散风险。若停止募集设立，那么公司设立只能依靠专业的融资公司或投资机构。实际上公司上市之后可能产生的收益便被专业投资者垄断，公众无法参与到公司设立阶段的投资中来并且无法获得收益。或许专业投资者更具有专业性，但他们中的代理问题也是不可忽视的，而且这也不利于一些不被投资者看好的行业的发展。毕竟市场上的投融资需求是各不相同的。

我国基于企业基金会的公益性质，目前采用的设立方式为发起设立。上文上市公司样本中，34 家企业基金会选择在省级民政部门设立，过半数的企业选择出资 200 万元的原始基金；而 10 位企业家个人设立的企业基金会中，就有 5 位企业家选择出资 200 万元原始基金。原始基金超过 1000 万元的企业为数不多。究其原因，是由于目前法规规定原始基金必须为到账的货币资金，样本中的企业虽为上市公司，而且公司有一定规模，但是要支出大额的货币资金还是需要一定成本的。例如需要经过股东大会或者董事会的表决，到账的周期长；公司账面上并没有大额的流动资金。原始基金的筹备时间长导致设立成本增加，这会影响企业或企业家设立企业基金会的热情。但若将募集设立制度纳入企业基金会的设立方式中，除了吸引非机构投资者进行投资，扩宽公众投资渠道，分散风险的优势之外，还有助于满足设立企业基金会最低原始基金标准，从而促成企业基金会的设立。

基于此，我们认为，可考虑将募集设立纳入企业基金会的设立方式中，扩宽企业基金会的设立渠道，吸引更多的企业和企业家参与慈善事业。

（二）企业基金会设立人的权利义务设置不完善

目前，可用于规范我国企业基金会的相关法律制度有《慈善法》《条例》以及 2017 年 3 月出台的《民法总则》。我们结合这几部法律法规的规定，归纳了企业基金会设立人的权利和义务。

---

① 雷兴虎：《商事主体法基本问题研究》，中国检察出版社 2007 年版，第 215 页。

1. 企业基金会设立人的权利

第一，设立人享有税收优惠权。① 企业及企业家设立企业基金会多半源于国家对基金会的设立人给予一定的税收优惠。除此之外，为了鼓励境外设立人参与我国慈善事业的建设，对用于慈善活动的境外捐赠物资给予了减征或免征进口关税和进口环节增值税等税收优惠。以上都是国家激励社会公众从事慈善事业的重要举措，可以起到促进企业基金会发展的作用。

第二，设立人有权拒绝捐赠人的捐赠。捐赠行为是双方行为，需要双方同意捐赠行为才产生法律效力。《慈善法》明确赋予了设立人此项权利，即设立人有权拒绝附加违反法律法规或违反社会公德条件的捐赠财产。②

第三，设立人享有成为理事会成员的权利。《条例》仅对相互间有近亲属关系的基金会理事比例予以限制，说明若企业家以私人财产设立企业基金会，该企业家仍有权进入理事会，拥有对企业基金会事项进行决策的权利。③

第四，设立人有权获得社会荣誉。《慈善法》明确规定国家要建立慈善表彰制度，意在促进企业基金会的发展。设立人作为企业基金会的中坚力量，为慈善事业的发展做了贡献，享有获得县级以上人民政府或有关部门表彰的权利。④

2. 企业基金会设立人的义务

没有无义务的权利也没有无权利的义务。企业基金会设立人作为捐助法人的设立机关，国家在赋予其权利的同时，也要求其承担一定的义务。

第一，设立人负有缴足原始基金的义务。该项义务是设立人一项重要

---

① 《条例》第26条规定：基金会及其捐赠人、受益人依照法律、行政法规的规定享受税收优惠。《慈善法》第80条：自然人、法人和其他组织捐赠财产用于慈善活动的，依法享受税收优惠。企业慈善捐赠支出超过法律规定的准予在计算企业所得税应纳税所得额时当年扣除的部分，允许结转以后三年内在计算应纳税所得额时扣除。

② 《慈善法》第15条规定：慈善组织不得从事、资助危害国家安全和社会公共利益的活动，不得接受附加违反法律法规和违背社会公德条件的捐赠，不得对受益人附加违反法律法规和违背社会公德的条件。

③ 《条例》第20条规定：用私人财产设立的非公募基金会，相互间有近亲属关系的基金会理事，总数不得超过理事总人数的1/3；其他基金会，具有近亲属关系的不得同时在理事会任职。

④ 《慈善法》第91条规定：国家建立慈善表彰制度，对在慈善事业发展中做出突出贡献的自然人、法人和其他组织，由县级以上人民政府或者有关部门予以表彰。

的义务，也是形成企业基金会最初财产的基础。根据《条例》相关规定，设立人在设立企业基金会时必须向主管部门一次缴清足额的原始基金，而且我国限制了原始基金的形式，即只能用到账的货币资金作为原始基金。[①]

企业基金会的设立需要设立人的捐助行为，因此设立人对设立中企业基金会的违约责任主要就是捐助财产方面的法律责任。基金会是财团法人，是财产的集合体，[②] 是先有财产（如捐助行为而设立的财产），然后由专门委任的人去管理或者经营。[③]

第二，设立人负有勤勉和注意义务。设立人除了要缴足原始基金，还负有草拟企业基金会章程的义务，因申请书和章程草案应当经全体设立人同意及业务主管单位审查同意后方可生效，故准确地说，设立人制定基金会章程的行为应称为草拟章程的行为。除此之外，设立人还负有设立组织机构、招募专业工作人员以及确定基金会住所的义务。在企业基金会的设立过程中，其并没有取得法人资格，不具有完全的民事权利能力与行为能力，设立人作为设立中的企业基金会的机关对外对内都得实施一定的法律行为。设立中的企业基金会就像"襁褓中的婴儿"一样，抗压能力较低，十分脆弱。设立人必须小心谨慎，使设立中企业基金会的利益最大化，让其免受损害，以便于其能顺利成立。因此，企业基金会的设立人在设立过程中还承担着诚信交易、忠实勤勉的义务。

第三，设立人的信义义务。设立人不得利用优势地位获取秘密利益，必须对公众披露其在设立过程中获得的利益。如凡涉及与设立人有关的关联交易行为时，设立人不得参与该项决策，而且需要将此情况向公众披露。这是因为信义义务双方当事人处于不对等的地位，需要对设立人这一地位强势的一方予以限制。设立人的信义义务时间应从设立企业基金会时开始，到企业基金会设立完成为止。具体包括：不得虚假出资；不得利用设立人的优势地位侵占企业基金会的财物；不得利用关联交易谋私；公平交易，不得暗箱操作；诚实守信，不得互相欺骗。

[①] 《条例》第 8 条规定：设立基金会，应当具备的第二个条件为，全国性公募基金会的原始基金不低于 800 万元人民币，地方性公募基金会的原始基金不低于 400 万元人民币，非公募基金会的原始基金不低于 200 万元人民币；原始基金必须为到账货币资金。

[②] 徐宇珊：《论基金会：中国基金会转型研究》，中国社会出版社 2010 年版，第 59 页。

[③] 马俊驹：《法人制度通论》，武汉大学出版社 1988 年版，第 58 页。

第四，信息公开义务。以定向募集方式设立企业基金会的过程中，在设立人与捐助财产人之间获取信息的能力是不平等的，设立人因其设立行为拥有较多的信息，处于优势地位，而捐助财产人处于获取设立信息的弱势地位。这种信息不对称很容易被设立人利用，为了保护捐助财产人的利益，应当规定设立人的信息公开义务。设立人对捐助财产人的信息公开义务主要是保证信息真实有效。

第五，设立人负有返还捐赠的义务。《慈善法》规定当捐赠人的资金不按其要求的用途使用时，捐赠人有权要求设立人返还捐赠，[①] 故设立人因自己过错造成企业基金会无法成立时，不仅要将捐赠的资金予以返还而且要对其自身过错造成的损失负赔偿责任。

(三) 企业基金会设立人信息披露不完全

在发起设立企业基金会时，很多国家法律都规定，以捐赠的财产发起设立基金会，都必须订立章程，以明确基金会的目的、所捐财产、组织管理方式和管理办法等。

表 4-22　　　　　　我国《条例》中关于章程的相关规定

条文	主要内容
第 5 条	基金会依照章程从事公益活动，应当遵循公开、透明原则
第 8 条	将章程制定纳入基金会的设立条件中
第 9 条	规定了申请人应当向登记管理机构提交的文件，其中包含有章程草案
第 10 条	规定了基金会章程必须明确基金会的公益性质，不得规定使特定自然人、法人或其他组织受益的内容，还规定了章程中应当载明的事项
第 16 条	规定了基金会的终止条件，其中包括按照章程规定终止，以及无法按照章程规定的宗旨继续从事公益活动
第 42 条	规定了基金会违反章程宗旨所应承担的法律责任

章程是基金会的大宪章，基金会自身没有意思机关，董事会或理事会作为其执行机关须按照章程来从事符合其设立宗旨的行为，以及对自身进

[①] 《慈善法》第 42 条规定：慈善组织违反捐赠协议约定的用途，滥用捐赠财产的，捐赠人有权要求其改正；拒不改正的，捐赠人可以向民政部门投诉、举报或者向人民法院提起诉讼。

行管理。在我国，章程是设立基金会的必备条件之一，并且对章程应载明的事项作了明确规定，基金会决策机构的建立也必须依照章程行事。一旦行为违反章程规定，就要视情况承担一定的法律责任。然而，在我们上文论述的我国上市公司企业基金会以及47家企业家基金会中，在省级民政部门登记设立的企业基金会数量最多，但是只有37家企业基金会在网站上公布了自己的章程。这说明了在我国企业基金会章程披露不完全、不透明。

企业基金会的设立人主要为企业或者企业家，原始基金多来源于企业捐赠，这与企业有着天然的联系，易成为企业追逐私利的附庸。在我国基金会的发展中也出现过不少因为信息不透明而引发的公信力危机，诸如曹德旺"诈捐"事件，李连杰"壹基金"信任危机事件。这些事件的出现也从侧面反映出来企业基金会在章程、具体运行的资金去向等方面的公开是不够的，社会民众无法确切地知道设立人的具体情况，也无法对设立人的出资进行一定的监督。就样本中上市公司情况来说，上市公司出资设立企业基金会，这本质是涉及公司财产的处分，会涉及公司的股东利益，是要依据公司章程的规定来进行表决的。企业基金会公开了章程，也可以便于股东或相关债权人对该设立行为进行监督，防止企业通过设立基金会而规避债务，损害股东及债权人利益，从而更好地还原基金会的公益本质。

二 完善企业基金会设立人基本制度的相关建议

根据上文对企业基金会设立人的现状分析以及目前设立人制度中存在的问题，我们提出的建议如下。

（一）建立募集设立企业基金会的制度

1. 募集设立企业基金会的可行性

一般情况下，企业基金会的设立完整程序是：制定基金会章程—组织理事会—募集原始基金—向民政部门提出申请—到有关机构办理法人登记。① 虽然《民法总则》将基金会纳入捐助法人中，但其成立实质是以财产集合为基础的，具有财团法人的特征。在实务中，原始基金多由企业或企业家出资。故我们认为，股份有限公司的募集设立制度也可适用于企业基

---

① 江明修、陈定铭：《台湾基金会之问题与健全之道》，《台湾行政评论》1999年第3期。

金会的设立，理由如下。

第一，有助于募集资本以满足法律法规对基金会最低原始基金的规定。《条例》以及《条例草案意见稿》均对基金会的原始基金最低限额进行了规定。前者规定的最低原始基金限额为200万元，此限额适用于设立非公募基金会；后者取消了公募基金会和非公募基金会的分类，根据申请登记设立的部门不同而制定了不同的原始基金标准。原始基金数额的提高是为了保障慈善组织的设立及保障设立之后运行公益项目的能力，但此原始基金必须为到账的货币资金，这就阻却了一些小型企业设立的步伐。例如一个公司希望通过进行慈善活动增加自己企业的知名度而选择设立企业基金会，但因为资金流动不灵活或资本不够雄厚，企业基金会的设立迟迟不能实现，打击其从事慈善活动的热情。而募集设立可以为其提供一条途径，该企业只需要作为募集设立人，承担一定比例的原始基金，剩下的向其他有意向从事慈善的企业募集，从而促使企业基金会的成立。

第二，目前采用募集方式设立企业基金会并没有法律上的障碍。《慈善法》中仅对公开募捐及定向募捐方式进行了规定，但募捐是企业基金会成立之后的事情并不适用于企业基金会的设立中。加之国家出台的相关法律均旨在鼓励更多的社会力量参与慈善组织的设立与发展，为了给共同设立企业基金会提供新途径，激发企业基金会设立的活力，采用募集设立是大势所趋。

第三，企业基金会的性质有别于商业银行。根据《公司法》以及《中华人民共和国商业银行法》规定，银行等金融机构不可募集设立，因为银行有最低注册资本规定，例如全国性的商业银行的注册资本必须满足10亿元人民币的最低限额规定而且注册资本必须为实缴资本；如果采取募集设立，则该银行的设立人仅需要出资3.5亿元的资金便可设立全国性商业银行。这一做法相当于规避这一规定，造成的后果就是银行注册资本的数额太低，一旦出现损害债权人利益的情况，银行的资金不足以用于补偿，会造成储户资金不安全，那将给社会经济的发展带来动荡。但企业基金会的性质不同于金融机构，其具有财团法人的性质，是以捐助的财产为基础成立的以公益为目的的非营利组织，不需要对特定的人承担一定的资金保障的责任，而且《慈善法》还规定慈善组织中具有公开募捐资格的基金会必须保证用于公益活动的年度支出的最低限额标准，并规定慈善组织要将投资所得的收益全用于公益事业。① 可见，企业基金会的资金是投入到公益项目中或者捐赠给特定的对象的，其只要原始基金达到规定的最低限额，采用募集设立的方式丝毫不影响日后职能的实现。

2. 募集设立企业基金会的具体制度构建

（1）明确募集设立人的法律地位

根据上文我们的论述，企业基金会的设立人是指为公益目的设立企业基金会并在基金会章程上签字，参与捐助企业基金会原始基金，履行企业基金会设立职责的企业或者企业家。在募集设立的情形下，将有多个主体参与设立企业基金会，那么这些主体的性质地位是否一样？是否应该对其进行区别对待？我们认为，在募集设立中，设立人之间是存在差别的，可以区分为发起设立人与非发起设立人，具体区别如下。

首先，在地位上，发起设立人等同于企业基金会的设立机关。最新出台的《民法总则》将基金会归于捐助法人类型，② 其中规定捐助法人需要设立决策机构——理事会、民主管理组织等，理事长等负责人按照法人章程的规定担任法定代表人。《条例草案意见稿》将主要发起设立人纳入第一届理事会中。③ 由此可见，发起设立人在企业基金会成立以后是要进入其决策机构——理事会的。《条例草案意见稿》的规定对基金会的发起设立人资格作了限制规定，并且明文规定了由发起设立人提交基金会设立的文件，从而完成申请登记工作。可见，基金会的发起设立人实质上对内组织企业基金会的设立事务，对外代表设立中企业基金会进行交往，为企业基金会的设立承担一定责任。至于非发起设立人，我们认为其实质为捐赠人，不需要实质负责具体企业基金会的设立事务，而仅对企业基金会所需的原始基金进行捐赠。

其次，在权利义务上，发起设立人享有权利、义务范围更广。发起设

---

① 《慈善法》第60条规定：慈善组织应当积极开展慈善活动，充分、高效运用慈善财产，并遵循管理费用最必要原则，厉行节约，减少不必要的开支。慈善组织中具有公开募捐资格的基金会开展慈善活动的年度支出，不得低于上一年总收入的百分之七十或者前三年收入平均数额的百分之七十；年度管理费用不得超过当年总支出的百分之十，特殊情况下，年度管理费用难以符合前述规定的，应该报告其登记的民政部门并向社会公开说明情况。

② 《民法总则》第92条规定：具备法人条件，为公益目的以捐助财产设立的基金会、社会服务机构等，经依法登记成立，取得捐助法人资格。

③ 《条例草案意见稿》第22条规定：第一届理事会应当包含主要发起人。

立人作为企业基金会的设立机关，处于职权者地位，并享有一些特殊权利，如对设立事务具有自主决定权，还可以在企业基金会成立后加入理事会。但其要对因自身过错造成企业基金会不能设立的后果承担责任，对非发起设立人有资金使用的告知义务等。非发起设立人仅对自己的出资享有权利承担义务，当然其可以以捐赠协议为依据行使权利，如对捐赠财产的用途行使监督权及否决权，当然其也要依约给付捐赠的财产。

最后，在责任承担上，发起设立人要对企业基金会的设立承担设立人责任，如对瑕疵设立企业基金会的责任、依据设立人协议而对相关设立人承担的责任、对第三人的先合同责任、对捐赠人的责任等。而非发起设立人作为捐赠人，只履行捐赠合同的责任，即按照捐赠协议的约定，履行按约定财产性质、数额、方式进行捐赠的义务并对出资不足或出资不实承担补充资金的责任。

(2) 明确募集设立的最低原始基金比例

《公司法》对募集设立中发起人认购的最低股份限额予以了明确规定，由于股份有限公司是采用募集方式设立的，注册资本为在公司登记机关登记的实收股本总额。[①] 这实质是法定资本最低限额制度的表现。

企业基金会作为非营利性组织，其成立依靠设立人的捐赠。《条例》规定了最低原始基金数额，是为了提供企业基金会设立的严肃性标准和国家管制企业基金会设立的渠道。该要求需要设立人有实质性投入，让政府机关确信其有设立企业基金会的动机。采用募集设立的方式进行企业基金会的设立，也需要与基金会成立的原始基金最低限额的制度挂钩，以确保国家的政策导向的连续性。我们认为，可借鉴《公司法》规定，将募集设立人应缴纳的最低原始基金规定为相应登记部门所需最低原始基金的35%，以此进一步鼓励多方主体共同设立企业基金会，壮大公益事业的力量。

(3) 明确募集设立人的责任

募集设立人责任包括出资违约责任、原始基金充实责任、对其余设立人的违约责任、对第三人的违约及侵权责任等，具体的我们将在下文设立人的民事责任完善中提及。

[①] 《公司法》第84条规定：以募集设立方式设立股份有限公司的，发起人认购的股份不得少于公司股份总数的百分之三十五；但是，法律、行政法规另有规定的，从其规定。

（二）完善企业基金会设立人的权利义务规定

1. 完善企业基金会设立人的权利

为鼓励企业基金会设立人投身慈善事业的积极性，我们认为在对设立人的责任进行完善的同时，还需要适当增加设立人的权利，具体如下。

（1）增设设立人的报酬请求权

设立人的报酬请求权即设立人具有请求设立后企业基金会就设立过程中其付出的劳务给付相应的金钱对价。目前法律中只规定不可将募集到的资金用于设立人之间的分配，在实践中虽有时承认设立人的报酬请求权，但未在立法层面予以确认。公司作为营利法人能在设立之后为设立人带来一定的利益，如通过参与公司的管理与决策、参与分红等，故虽法律未对公司设立人的报酬请求予以确认，但这并不影响设立人设立公司的热情。反观企业基金会的设立，企业基金会作为捐助法人，实质设立人是基于奉献精神设立企业基金会，在目前的制度框架下，设立人也不可以在企业基金会的设立后寻求更多的利益回报。基于权利义务对等原则，若一味强调设立人的责任，则会造成企业基金会设立人权利与义务的失衡，打击设立人的设立热情。故我们认为，应增设设立人的报酬请求权，将其作为章程相对必要的记载事项予以确认。同时因劳务报酬难以有统一的衡量标准，故还应该将确定的数额记载在章程中，并赋予相关人异议权，以防设立人以此为自己牟取不当利益，损及基金会利益。

（2）增设设立人的设立费用返还请求权

《公司法》第97条规定了设立人要对公司不能成立时的债务和费用承担责任，但从中可以推出，如果公司成立了，则设立费用归公司承担。企业基金会设立人的地位实质上与公司发起人地位类似，均为设立中主体的机构，全权负责相关组织的设立。因此，我们认为，可以结合《公司法》规定，增设设立人的设立费用返还请求权，以平衡设立人的权利与义务，鼓励设立人积极设立企业基金会。即在企业基金会成功设立后，设立人可以根据事先在章程中记载的设立费用的具体额度，请求基金会将此部分予以偿还。为了防止设立人滥用权利，不仅要限定设立费用的范围而且要将具体的设立费用额度明确记载在章程中，即设立人只能向企业基金会请求偿还权限范围内所为的设立行为而产生的设立费用。而设立后的企业基金会的理事会可以对设立费用进行审查，也可以委托相关专业机构对设立费用的必要性进行查验。

(3) 增设规范特殊设立主体权利与义务的条文

根据上文论述可以得知，目前我国法律法规仅对国有企业作为企业基金会的设立人予以义务的特别规定，但是作为其中占比也不少的合资企业却无规定。合资企业是我国基于扩大国际经济合作和技术交流的目的，鼓励外国合营者与中国合营者以平等互利原则共同经营的企业类型。其虽然有中国合营者的参与，但若其参与设立企业基金会，仍需要按照不同于一般企业的规定行使权利履行义务。

一方面明确其出资履行的条件。合资企业若以注册资本转让获取的资金参与设立企业基金会，则需要符合一定的出资履行条件，如得到合营他方的认可，并获得审批机构的支持，最后还需要到相应的登记管理机构进行变更登记手续的办理，如此方可履行出资义务。

另一方面明确其税收优惠范围。为鼓励外国合营者设立我国企业基金会，若合营者以经营所分得的净利润用于设立企业基金会，则应该赋予其申请退还已缴纳的部分所得税的权利。若外国合营者以外国物资变卖后价款出资的，则可以对用于出资而变卖的外国物资采取依法减征或免征进口关税和进口环节增值税的鼓励措施。

(三) 完善企业基金会设立人的信息披露制度

因企业基金会对外部资源有高度依赖性，故信息披露是其必须要承担的社会责任。[1] 当前关于信息披露的规定多要求企业基金会对捐赠资金的使用情况、公益项目运作情况、财务情况进行披露。信息披露的程度会影响相关主体的行为，从而对企业基金会的资金募集的难易造成影响。[2] 企业基金会与上市公司在利益相关者众多的方面具有一致性，可以借鉴上市公司信息披露的做法，要求信息披露做到数据准确、公布及时、信息真实、内容规范、具有系统性。[3]

我们认为，企业基金会设立人的信息披露制度应包含如下内容：一是将设立人的出资来源信息、出资金额、拟定的基金会章程草案以及设立期间的财务报告等纳入信息披露的内容中；二是明确规定信息披露的时限、

---

[1] 李新天、易海辉：《公益慈善中的代理问题及其治理——以企业基金会为视角》，《浙江工商大学学报》2015年第4期。

[2] 同上。

[3] 黄震：《我国基金会信息公开制度研究》，《社团管理研究》2010年第6期。

程序、将信息披露的时间提前到设立企业基金会之时,并将信息披露的监督权赋予主管单位部门,作为对企业基金会审查的标准之一;三是规定违反信息披露的设立人相关责任,要求设立人对不及时发布设立信息而对第三人造成的损失负赔偿责任。当然,信息披露有一定的成本,要把握好披露的程度,避免因披露过于严格或披露信息过多减损设立人自愿披露的动力。[1]因此,要赋予企业等设立人一定的披露选择权,如果事关设立人的隐私权,则设立人可以选择对此项内容不予以公开,但要说明情况。

第四节　企业基金会设立人责任制度考察

一　设立人承担法律责任的基础依据

企业基金会设立人的法律责任是指设立人企业或者企业家在设立企业基金会的过程之中,因履行设立职责而违反了法定或者约定的义务而应当依法承担的不利法律后果。

设立人承担法律责任的基础依据如下。

第一,履行设立行为职责是引发设立法律责任的基础行为。设立人的法律责任是由设立人的设立行为引起的,其存续于企业基金会的设立阶段。设立人的法律责任承担的主体为企业基金会的设立人,而设立人这一身份仅仅是存在于企业基金会的设立过程之中,设立人存在的目的就是设立企业基金会。当企业基金会登记成立之后,设立人的目的就实现了,有的设立人会通过企业基金会的章程成为企业及基金会的理事,完成身份的转变,而其他设立人这一身份就会消失。

第二,设立人承担的法律义务是承担设立责任的前提条件。设立人法律责任承担的前提是设立人违反了其义务,而设立人义务产生的根源则是设立人履行设立职责。因此,设立人只有在为一定的设立行为时而产生的法律责任才属于设立人法律责任。当设立人在设立企业基金会的过程之中,为了自己的利益而以自己的名义与他人约定各自的权利和义务而违反这种义务的时候,其承担的法律责任就不是设立人法律责任,因为其在与相对人相互约定的时候其身份并不是设立人,其行为并不是履行设立职责的行为。

---

[1] 祝建兵、陈娟娟:《非营利组织信息披露的政府管制》,《理论与改革》2009年第2期。

第三，设立责任法定是追究设立人法律责任的直接依据。责任法定原则作为受法律指引、评价、预测和预防功能的必然要求，是现代法治的基本理念。[①] 责任法定原则是指法律预先规定一种责任的承担方式，倘若行为人在日后的行为中触犯了这事先规定的条文，则应启动该条文规定的责任追究方式来要求行为人承担责任。[②] 所以设立人法律责任必须依法而定。虽然设立人法律责任是由于设立人违反相应的义务而引起的，但最终对设立人法律责任的认定还必须考虑相关法律法规是否对其承担法律责任作了其他特别规定，比如设立人的抗辩理由等。

将责任法定原则贯彻到企业基金会的设立中，要求"无义务则无责任"，即不能随意增设设立人的设立责任，也不能出现只规定设立的违法行为而未规定法律责任的情形。因此，企业基金会设立人的法律责任的设置需要运用整体性思维，充分考虑设立人的法律责任，将相关行为纳入法律的规范中。如设立人的募集设立问题，不仅要明确募集设立人的法律地位，还要规定其滥用权利应负的法律责任。再如，为了使设立过程更透明可控，可以在信息公开制度中规定信息公开的主体、内容、范围、时间、方式与程度等，还要规定未履行信息公开的义务要承担何种责任，公开了不该公开的信息又要承担何种责任。

二 企业基金会设立人法律责任的类型

（一）设立人对企业基金会的捐助财产责任

1. 设立人违反捐助财产义务的表现

设立人违背捐助财产义务的行为可表现为不履行捐助财产义务以及不适当地履行捐助财产义务两种形式。不履行捐助财产义务是指设立人完全不履行捐助财产义务，主要有设立人拒绝捐助财产、不能捐助财产和虚假捐助财产的行为。设立人拒绝捐助财产，是指设立人与其他设立人约定了各自捐助财产份额或者章程对其捐助财产有规定，但是该设立人却以明示或者默示的方式不进行捐助；不能履行捐助财产是指因外界客观原因导致设立人不能捐助财务，其大多表现为不可抗力因素；虚假捐助财产是指股

[①] 杨思斌:《慈善法对法律责任的合理规范》,《新视野》2016年第4期。

[②] 张骐:《论当代中国法律责任的目的、功能与归责的基本原则》,《中外法学》1999年第6期。

东根本就没有将其所有的财产进行捐助，只是采用欺骗手段获得虚假的捐助财产证明，如伪造捐助财产证明，进行虚假验资等。不适当履行捐助财产义务主要表现在延迟捐助财产、不完全捐助财产、瑕疵捐助财产等。延迟捐助财产是指设立人不按照规定的时间捐助财产；不完全捐助财产是指设立人不按照规定的数额捐助财产；瑕疵捐助财产是设立人捐助的财产存在质量或权利的瑕疵，如捐助的财产并不是存在第三人的合法权益，我国《慈善法》第36条①对瑕疵捐赠作了相关规定。《合同法》对赠与合同的撤销作出了限制性规定。②

2. 设立人违反捐助财产义务法律责任的承担

根据民事责任依据的不同标准，可以把民事责任分为契约责任、债权责任和法定责任。③ 设立人捐助财产的义务来源于其捐助行为这一单方法律行为。对单方法律行为的调整模式存在两种路径，一种是将其作为契约的一种，进而通过债的方式来调整。芮沐老先生认为凡为单独行为之效果，单独行为固可成立，但当事人亦概可以契约为之成立。反之，法律若未准许，则契约之效果，当事人即无从以单独行为促成之。④ 另一种则是将其作为债的法定类型来调整，即将单方允诺作为债的法定类型，与合同并列为意定之债的发生根据。⑤ 契约为双方法律行为，用调整双方法律行为的契约原则来调整单方法律行为引起的法律关系似乎有失偏颇。因此，我们同意后者观点，认为应将单方法律行为作为债的法定类型来进行调整。企业基金会的设立人通过捐助行为让自己负担捐助财产的义务，当设立人违反了捐助财产义务，是否会产生债的强制执行效力？法律必须为那些将道德义务转化为法律义务的捐助行为提供正当性理由，只要是设立人实施捐助行为，就不分具体情况而必须要求设立人履行捐助财产义务，这恐怕有损公平。毕竟设立人的捐助行为只是给自己负担了捐助财产的义务，并不存在

---

① 《慈善法》第36条规定：捐赠人捐赠的财产应当是其有权处分的合法财产。捐赠财产包括货币、实物、房屋、有价证券、股权、知识产权等有形和无形财产。

② 《合同法》第186条规定：赠与人在赠与财产的权利转移之前可以撤销赠与。具有救灾、扶贫等社会公益、道德义务性质的赠与合同或者经过公证的赠与合同，不适用前款规定。

③ 曾世雄：《损害赔偿法原理》，中国政法大学出版社2001年版，第4页。

④ 芮沐：《民法法律行为理论之全部（民总债合编）》，中国政法大学出版社2003年版，第78页。

⑤ 徐涤宇、黄美玲：《单方允诺的效力根据》，《中国社会科学》2013年第4期。

一定程度的对价作为交换而被付出。

行为人对其作出的意思表示负责,这是现代民法保护信赖利益的表现,信赖利益的产生使得"没有交易互惠的(约因)因素",即一些非正式的允诺也可以强制实施。① 我们认为在因信赖利益原则下而要求捐助财产人强制履行其捐助财产义务,除了要考虑捐助人的意思表示真实有效之外,还应当对当时的具体情况进行分析。当企业基金会的设立是单一企业或者企业家发起设立的,在该企业基金会登记成立之前,由于此时不涉及公共利益维护的问题,因此可以让该单一设立人撤销其捐助行为,不再承担捐助财产的责任。如《芬兰财团法》就规定,对于捐助章程中关于设立财团的表示,捐助人可以在财团登记前撤回。在共同发起设立和定向募集设立的情况下,由于此时企业基金会的设立涉及众多设立人,设立事务执行人可以代表设立中的企业基金会请求该捐助人履行捐助财产义务。如果因为该捐助设立人不履行捐助财产义务而导致企业基金会设立失败,给其他设立人造成损害的,则应当承担损害赔偿责任。

(二) 设立人因设立企业基金会产生的合同责任

1. 设立人以自己的名义订立的合同

在企业基金会设立阶段,设立人为了实现设立企业基金会的目的以自己名义签订合同;在企业基金会成立后,企业基金会对该合同有选择的权利,可以将企业基金会成立前合同分为必要合同和非必要合同。必要合同是为了设立企业基金会就一定要签订的合同,如租赁企业基金会场所、购买办公用品等合同。非必要合同是设立人签订的对企业基金会的设立不起作用或用处很少的合同。如果是必要合同那么成立后的企业基金会应当对其承担后果;但是对于非必要合同,设立人以自己名义签订的就应该由自己承担对该合同的责任,对于数个设立人合意签订的,设立人之间也要承担连带责任。不论企业基金会是否成立,设立人作为合同一方的当事人应当对合同承担责任;设立人是数人时,此责任为连带责任。

2. 设立人以设立中企业基金会的名义订立的合同

当设立人以设立企业基金会为目的,以设立中企业基金会的名义对外签订合同时,此时的企业基金会不具有法律人格,自然应当由设立人对发

---

① 许中缘:《论民法中单方法律行为的体系化调整》,《法学》2014年第7期。

生的债务承担连带责任;当企业基金会成立之后,设立人有权就该设立行为产生的合同债务请求成立后的企业基金会予以补偿。比如《爱沙尼亚财团法》第15条规定以尚未登记于财团登记簿的设立中的财团的名义为交易行为的所有当事人,应当对于因该交易而发生的债务承担连带责任;为交易行为的当事人有权为之的,财团登记后前款规定的债务移转于财团。

(三) 设立人因设立企业基金会产生的侵权责任

从法理角度而言,设立人因执行职务的行为致使第三人受到损害,设立人不负直接的责任。但是企业基金会作为慈善组织涉及广大公众的利益,同时设立人在设立过程中掌握着信息的优势。为保护处于弱势地位的第三人的利益,需要对设立人的责任和义务进行强化。

企业基金会设立人的损害赔偿责任主要是设立人在执行设立事务的时候产生的,一般以过错责任原则为其归责原则,包括设立人对设立中企业基金会的损害赔偿责任和设立人对第三人的损害赔偿责任。

1. 对设立中企业基金会的损害赔偿责任

在企业基金会设立阶段,设立人作为设立中企业基金会的事务执行机关应当尽职尽责,以便让企业基金会能顺利登记成立。在这一阶段,设立人对设立中的企业基金会具有很强的控制力度,设立人的行为影响着企业基金会的设立。因此设立人在进行设立行为的过程中应当负有忠实、勤勉尽职的义务。如果设立人不认真履行其设立职责,就会损害设立中企业基金会的利益。如果是由于设立人的过失造成的,则设立人对自己过失而使企业基金会受到损害的事实承担民事赔偿责任。这种损害赔偿责任一般表现为怠于职守的赔偿责任和冒滥行为的赔偿责任。怠于职守的情形主要是指设立人作为企业基金会设立中的机关未尽到管理人的注意义务和勤勉义务,如为企业基金会订立合同时未尽必要的注意致使合同对企业基金会不利等。冒滥行为的损害赔偿是设立人因冒用、滥用报酬、设立、费用、特别利益而对公司造成损失所应承担的赔偿责任。

2. 设立人对第三人的损害赔偿责任

设立人对第三人的损害赔偿是设立人在设立企业基金会的过程之中,因存在过错侵害他人的合法权益时应承担的连带责任。设立人执行设立事务,因其过错对他人造成侵权的,应当承担对第三人的损害赔偿责任。如果设立人没有过失或者因一般过失造成第三人损害的,则应当由成立后的企业基金会来承担;当企业基金会没有成立时,全体设立人承担连带责任,无过错的设立人承担责任之后可以向有过错的设立人进行追偿。

(四) 设立人因设立的企业基金会未成立产生的民事责任

企业基金会未设立时的民事责任是指设立人要对企业基金会未能设立的情形承担一定的民事责任。企业或企业家为了公益目的而设立企业基金会，为何还要他们承担设立不能的责任呢？理由如下：一是为了保护债权人利益和社会公众的信赖利益；二是可以规避设立人为了个人利益的假意设立行为，增加设立违法成本，维护企业基金会的公益性质；三是权责一致原则的要求，因设立人享有其他主体无法比拟的地位优势，为了防止其滥用优势地位，需要对其行为予以一定的规制。总的来说，设立人在企业基金会未设立时承担的是无过错连带责任。

第一，设立费用的承担。设立人负责企业基金会的设立事宜，在企业基金会未设立时，设立费用大多是设立人垫付的。我国《公司法》明确要求股份有限公司的发起人对公司不能成立所产生的费用负连带责任。此条规定亦可用于企业基金会设立人，但应明确划分设立费用的范围，即设立人只需要对设立企业基金会必需的合理费用承担责任，从而将设立人个人所为的关联交易或与第三人恶意串通而引发的设立费用排除在外。

第二，对第三人承担的责任。第三人应包括债权人和捐助人。对一般债权人而言，若设立人以设立后企业基金会的名义与第三人签订合同，第三人明知企业基金会尚未设立而依然与其订立合同，根据公平正义的法律理念，当企业基金会未设立时，第三人也应适当承担责任，而不能均由设立人自行承担。对捐助人而言，其是特殊的第三人，一般基于对企业基金会的信任或者定向募集的原因而进行捐助行为，在企业基金会未设立的情况下，虽然该资金会退还，但其出资的资金会受到利息或者投资利益的损失，这部分利益是否要让设立人承担应区别对待。为了让设立人恪尽职守地完成设立，我们认为，若企业基金会未能设立是因设立人的故意或重大过失而导致的，那设立人应该对捐助人的这笔资金负返还义务，还要对该笔资金的银行同期存款利息负连带责任。

(五) 设立人对捐助财产人的信息公开责任

采取发起方式设立的企业基金会由于其原始基金全部由发起设立人实缴，所以不存在其他捐助财产人。在定向募集设立企业基金会的时候，除了设立人之外，还存在一些捐助财产人。在企业基金会设立过程之中，设立人和这些捐助财产人所占有的信息是不对称的，设立人很有可能利用自己在信息上所占有的优势来欺骗和误导这些捐助财产人,因此设立人对捐助财产人负有信息公开的义务。违反信息公开的主要表现形式有设立人故意采用虚假的材料引诱捐助财产人捐助财产等。当设立人在设立阶段违反了信息公开义务,无论设立人主观上是否存在过错,都应当对此造成的损失承担法律责任。

三 当前企业基金会设立人责任制度的缺陷

（一）发起设立时设立人的法律责任缺失

1. 设立人的捐助财产责任

《条例》第 8 条①规定了基金会的原始基金必须为到账货币资金,《条例草案意见稿》第 8 条②规定了基金会要有一定数额的注册资金,并且必须为到账货币资金,并规定了基金会的最低注册资金为 200 万元。在以发起方式设立企业基金会的过程中,各设立人都负有捐助财产义务。我国台湾学者施启扬认为,设立人的捐助必须是一次缴足,即捐助人支付财产的行为必须是在捐助章程或者遗嘱上写明的确定的财产,并按照财产的数额和性质足额、完全地支付,这就是"捐助财产确定"的原则。③刘召良则认为捐助行为是单独行为,不许附条件及期限,但如仅是对已有效成立的捐助行为附履行期限,例如捐助 100 万元,分 5 年给付,财团因有效成立的捐助行为取得捐助人的请求权,则主管机关不应该直接驳回。这与我国台湾地区的司法实践有关,在台湾财团法人为主管机关所许可并经登记而成立后,应由董事代表财团法人向捐助人主张移转所捐助的财产。在主管机关就财团成立尚未许可或尚未登记前,捐助人可以随时撤回其捐助行为;一旦撤回,捐助人即不再负有移转捐助财产的义务。

我们认为,"捐助财产确定"这一原则太过于严格,因为只要企业基金会的设立人在向登记管理机关申请设立登记的时候,该企业基金会的原始基金达到法律法规以及章程规定的条件即可,那么设立人在申请设立登记之前,完全可以约定分期缴纳一定的资金,只要在申请设立登记之前缴足

---

① 《条例》第 8 条规定:原始基金必须为到账货币资金。

② 《条例草案意见稿》第 8 条规定:设立基金会应当有一定数额的注册资金,并且为到账货币资金。

③ 施启扬:《民法总则》,三民书局 2005 年版,第 166 页。

即可。在现阶段,我国只是对企业基金会的设立人规定了捐助财产的义务,但是却并没有对设立人违反了这种义务应当承担什么样的法律责任以及如何承担法律责任作规定。

2. 设立人的合同责任

设立人作为设立中企业基金会的代表机关或者执行机关必定要对外签订一系列的合同,比如签订租赁办公场地、购买办公器材、聘用办公人员,等等。这些合同可能是以设立中的企业基金会的名义签订的,也可能是以设立人自己的名义签订的。不论设立人是以谁的名义签订的合同,其目的都是设立企业基金会,让企业基金会享受合同的利益。由于登记成立的企业基金会是由设立中的企业基金会"成长"起来的,当企业基金会成立之后,当然应当由企业基金会承担合同的义务。但是当企业基金会设立失败的时候,应该由谁来承担合同责任呢?我国法律法规没有对此进行规定。

3. 设立人的侵权责任

设立企业基金会是企业承担其社会责任的一部分,其筹款组成的基金会主要是用于社会公益事业,其筹款手段应该符合法律规定、诚实信用和社会公益的要求。设立人合伙作为一个整体,是设立中的企业基金会的机关,对外代表企业基金会一定的行为,对内履行各种设立活动。设立中的企业基金会就像"襁褓中的婴儿"一样,抗压能力较低,十分脆弱。因此,在这个过程中,设立人必须小心谨慎,使企业基金会的利益最大化,让其免受损害,以便其能顺利成立。当企业基金会的设立人在履行设立职责的时候,因其过失给设立中的企业基金会造成损害的,当然应当承担对设立中的企业基金会予以赔偿的法律责任。当设立人因履行设立职责对第三人造成损害,是应该由设立人还是设立中的企业基金会承担损害赔偿法律责任;当设立人的过错程度不一,承担的法律责任是否也会有差别;以及在多个设立人共同设立的情况下,其内部之间的法律责任承担又是怎样的,我国法律法规没有对此作出明确规定。

(二)定向募集设立时设立人对捐助财产人的法律责任缺失

在定向募集设立企业基金会的时候,设立人除了承担捐助财产法律责任以及对企业基金会债权人的合同责任之外,还可能会对捐助财产人产生损害赔偿责任以及信息公开的法律责任。

1. 设立人的返还捐助财产法律责任

在定向募集的设立方式下,如果因为设立人执行设立事务存在过错,导致企业基金会设立失败,该设立人是否应当对捐助财产人承当法律责任?如果承担则应当如何承担?对此我国目前还没有规定。

2. 设立人的信息公开法律责任

如前所述,在定向募集的设立方式之下,企业基金会的设立人与捐助财产人所占信息资源是不对称的,设立人可能会利用自己在信息上所占据的优势地位来侵害捐助财产人,因此设立人对捐助财产人负有信息公开的义务。如果设立人违反信息公开义务给捐助财产人造成了损害,那么应当对捐助财产人承担相应的赔偿责任。

(三) 设立人企业捐助程序决策瑕疵时法律责任缺失

企业基金会的设立人企业或者企业家本身就是商事主体,追求其私利是其天职。但与民企不同,国企作为一种特殊的商事企业,天然具有公益性,天然地承担社会责任,如直接追求国家利益或实现国家职能,提供准公共产品,提供公用产品或公用服务等。①国企的基础是国有资本,资产是属于国家的,动用了国家和社会公共资源,其进行营利只能是一种手段,不能仅仅只以利润最大化,而是应当将非营利作为其最终目标。我国《公司法》第5条规定了公司承担社会责任。但是并没有对企业基金会的设立人企业或者企业家进行具体的细化,对其捐助决策权应该怎么决定进行规定。在我国,与基金会等慈善组织相关的法律、法规以及规章主要有如下,见表4-23。

表4-23　　　　　　　企业捐助决策权法律依据

效力层级	名称
法律	《慈善法》《企业所得税法》《公益事业捐赠法》
行政法规	《条例》《社会团体登记管理条例》
行政规章	《关于规范基金会行为的若干规定》《关于加强中央企业对外捐赠管理有关事项的通知》

---

① 史际春:《国企公益性之辨》,《中国社会科学报》2014年4月9日。

其中《慈善法》《企业国有资产法》等均对国有企业作为基金会的设立人的捐赠进行了规定，必须得履行相应的程序，并且规定了国企进行捐赠时候的一些禁止性义务。而对于民营企业无论是有限责任公司还是股份有限公司，我国法律法规均未对究竟是股东（大）会还是董事会对捐赠行为享有决策权作出判断。即对民营企业对外捐赠设立企业基金会的设立程序没有进行规定。此外，现存的这些规定也仅仅是围绕慈善捐赠进行展开，更不用说规定国企、民企应该怎样履行其捐助义务。

1. 国企捐助决策权主体及捐助内容

国有企业是国民经济的主导力量，在我国的经济中占据着举足轻重的地位。他们凭借着其得天独厚的优势成为企业社会责任的主要承担者，在慈善活动中发挥着重要作用。与民营企业不同，国有企业资产是属于国家的，为全民所有，慈善活动中其捐赠的财产实际上是公有的，以公用的财产来进行慈善活动这似乎并不符合"舍己"的意义。还有无论是国企慈善捐赠的法律主体问题还是慈善捐赠的归属权问题，甚至于捐赠的资金、物品占其巨额利润的比例，一直都存在着许多的争议。① 虽然国企的慈善捐赠有时会受到争议，但是国企在慈善捐赠总量方面仍然占据着重要地位。而且由国企发起设立的企业基金会，其原始基金的数额比民企发起设立的企业基金会的数额高得多，可见其捐助力度之大。

《关于加强中央企业对外捐赠管理有关事项的通知》第 4 项②仅仅是对央企对外捐赠作了原则性的规定，但是具体的操作程序却无法适从。我国《慈善法》第 43 条要求国企在捐赠的时候应当遵守有关国有资产管理的规定，履行批准和备案程序。《企业国有资产法》将国有企业分为国有独资企业、国有独资公司以及国有资本控股、参股的公司。该法第 30 条规定了国有企业在进行大额捐赠的时候，不得损害捐助财产人和债权人的权益。也就是说国有企业在进行捐赠的时候不得损害债权人、社会公众以及国家的

---

① 杨团主编：《中国慈善发展报告（2010）》，社会科学文献出版社 2010 年版，第 62 页。
② 《关于加强中央企业对外捐赠管理有关事项的通知》规定，各中央企业应当加强对外捐赠的审批管理，严格内部决策程序，规范审批流程。企业每年安排的对外捐赠预算支出应当经过企业董事会或类似决策机构批准同意。对外捐赠应当由集团总部统一管理，所属各级子企业未经集团总部批准或备案不得擅自对外捐赠。

权益，否则该捐赠无效。该法在第 32 条及第 33 条①对国企捐赠的决策主体进行了规定，具体如表 4-24 所示。

表 4-24　　　　　　　　　国企捐赠决策主体

国企类型	决议内容	决议主体
国有独资企业	大额捐赠	国有资产监督管理机构和企业负责人集体讨论决定
国有独资公司	大额捐赠	国有资产监督管理机构和董事会决定
国有资本控股、参股公司	大额捐赠	股东会、股东大会或者董事会的决定

《企业国有资产法》第 30 条规定了国有企业在进行大额捐赠的时候，不得损害捐助财产人和债权人的利益。可见，当国有企业在进行捐赠的时候，我国相关法律法规对国有企业作为基金会的设立人如何进行捐赠设置了一整套严格的批准程序，必须得履行相应的程序，并且规定了国有企业进行大额捐赠时的禁止性义务即不得损害捐助财产人和债权人的利益。但是这些规定存在以下几个问题。

首先，该法虽然对国企在进行大额捐赠时候的决议主体进行了规定，但是却没有进一步规定该决议主体的内部表决权到底应该达到多少才能通过。就像在国有独资公司中，除了需要由国有资产监督管理机构表决外，还需要董事会的表决，这两个决议机构内部应该如何进行决议？其次，只有在进行大额捐赠的时候才需要上述机构进行决议，该大额捐赠的数量到底是多少？当存在多个国企共同发起设立企业基金会的时候，该企业基金会的原始基金如果平分到每一个国企身上，对于该国企来说其数额较少的时候，则该决策的主体应该是谁呢？最后，该决议程序是对国企捐赠进行的规定，公益捐赠行为是特殊的赠与行为，② 而国企在准备设立企业基金会

---

① 《企业国有资产法》第 32 条规定：国有独资企业、国有独资公司有本法第三十条所列事项的，除依照本法第三十一条和有关法律、行政法规以及企业章程的规定，由履行出资人职责的机构决定的以外，国有独资企业由企业负责人集体讨论决定，国有独资公司由董事会决定。第 33 条规定：国有资本控股公司、国有资本参股公司有本法第三十条所列事项的，依照法律、行政法规以及公司章程的规定，由公司股东会、股东大会或者董事会决定。由股东会、股东大会决定的，履行出资人职责的机构委派的股东代表应当依照本法第十三条的规定行使权利。

② 许光：《建构和谐社会的公益力量——基金会法律制度研究》，法律出版社 2007 年版，第 120 页。

的过程之中，企业基金会并没有成立，捐助财产设立企业基金会的这一行为是捐助行为，是单方法律行为，其与捐赠有着本质上的区别。

2. 民企捐助决策权主体及捐助内容

与带有公益性的国有企业的捐赠进行相应规范的程序性规定不同，我国《公司法》第 5 条仅仅规定了公司承担社会责任。有人认为，这种企业社会责任是劝导型责任，不由法律强制实施。① 民营企业初始设立的目的就是营利，当民营企业要将其所获得的一定利润捐赠出来，设立企业基金会时，虽然从长期来看该行为可能会给企业带来好处，但是在短期内这无疑会损害公司股东的收益权。而《慈善法》《条例》等法律法规均未对民企内部捐助或者捐赠决议程序作出规定。因此，民营企业作出捐助或者捐赠的决议主体应该是谁？股东会还是董事会？其决议效力应该如何认定？如果该决议的效力存在瑕疵，又会对该企业产生什么样的法律责任？

此外，《合同法》第 74 条规定了债权人对债务人无偿转让财产的撤销权。当民营企业决议捐助财产设立企业基金会时，该行为是无偿转让该企业的财产；当该行为对债权人造成损害时，则该企业的债权人对民企捐助财产的行为享有撤销权，也就是说民企的这一行为是可撤销的。这一点与国企不同，因为我国《企业国有资产法》对国企在进行大额捐赠的时候作了禁止性规定，即不得损害其债权人的利益。如果国企在进行大额捐赠的时候损害了债权人的利益，那么该国企的捐赠行为是无效的。当然由于捐助与捐赠存在本质上的差别，不能简单地将对捐赠的规定适用于捐助这一行为上。我们认为，对于设立人企业的债权人来说，捐助与捐赠都是对外无偿转移自己所有的合法财产，都可能会对第三人造成损害。因此，对于第三人来说，其法律后果是差不多的。

3. 设立人捐助决议瑕疵时的法律责任

我国现阶段对决议效力瑕疵采用"三分法"的分野，即决议无效之诉、决议撤销之诉以及决议不成立之诉。并在《最高人民法院关于适用〈中华人民共和国公司法〉若干问题的规定（四）》（以下简称《公司法解释（四）》）中规定了决议无效或者撤销决议后的法律效果，即公司依据该决议对与善意相对人形成的民事法律关系不受其影响。决议无效主要是指设

---

① 游文亭：《企业社会责任视角下公司捐赠的法律困境》，《山西农业大学学报》（社会科学版）2017 年第 4 期。

立人企业的决议内容违反法律法规,比如国企在进行捐助决策时,捐助财产的数额巨大,损害了该企业的出资人和债权人的合法权益,那么该决议就应该是无效的。决议可撤销则主要表现在捐助决策程序违法,比如本来应该由股东(大)会决议的,却由董事会进行了决议,等等。《合同法》第74条规定了债权人的撤销权,公司的债权人认为公司的捐助财产行为有损债权实现的,可以根据这一规定行使撤销权保护其合法权益。这样一来法律上产生的效果就造成了冲突,《合同法》规定合同无效或者被撤销后,当事人对其获得的财产应当归还。而《公司法解释(四)》则规定公司依据该决议与善意相对人形成的民事关系不受到影响,那么这就造成了法律适用上的冲突。

四 完善企业基金会设立人责任制度的相关建议

(一)完善发起设立时设立人的法律责任

1. 设立人的捐助财产责任

在企业基金会的设立阶段,设立人的捐助行为不涉及社会公共利益。在企业基金会登记成立之前,设立人可以撤销捐助行为,撤销之后即不再负担捐助财产义务,企业基金会就会设立失败。在多位企业或者企业家发起设立企业基金会的情况下,这种共同发起设立的行为属于共同行为,其中一人的意思表示效力有瑕疵,并不影响整个共同行为的效力。由于涉及其他设立人的利益,该设立人不能随意撤销其捐助行为,企业基金会也无权免除其捐助财产义务。

由于设立中的企业基金会其权利能力与行为能力受到限制,因此可由设立中企业基金会的机关即执行设立事务的设立人请求该违反捐助财产义务的设立人予以给付,具体来说可以行使以下两种权利。

行使债权请求权。对于捐助财产移转的规定,各国情况存在差异,归结起来有以下两种模式,即捐助财产行为具有负担行为的效力和捐助财产行为具有处分行为的效力。前种模式以德国和我国台湾地区为主,在财团法人成立之时,捐助财产人有将捐助财产移转到财团的义务,财团法人请求权的基础就是债权返还请求权。后种模式则是以日本为主,日本民法规定以生前行为设立财团,自财团成立之时捐助财产因设立许可当然为财团法人的财产,此时移转自法人成立时自动发生,财团法人请求权的基础就为所有权返还请求权。我们认为,根据《中华人民共和国物权法》的相关规定,应认定捐助财产行为为负担行为,捐助财产人有将捐助财产移转到企业基金会的义务。

损害赔偿请求权。设立人违反捐助财产义务时,基于上述的法定责任,设立中的企业基金会有权直接向该设立人主张多种方式的责任,要求继续履行并缴纳迟延利息,甚至必要的时候还可以要求赔偿设立中企业基金会受到的损失。如果设立人不履行捐助财产义务导致企业基金会设立失败,给其他设立人造成了损失,那么该设立人当然应该对其他设立人承担损害赔偿责任。

2. 设立人的损害赔偿责任

履职中设立人的损害赔偿责任构成条件之一是设立人在履行职责时有过错,未能善尽义务,其归责原则是过错责任原则。当设立人因执行设立事务给设立中的企业基金会造成损害的,由于设立中的企业基金会不具备法人资格,其权利能力和行为能力受到限制,因此其不能直接请求该设立人承担损害赔偿责任,其他设立人作为设立中企业基金会的机关可以请求该有过错的设立人对企业基金会承担损害赔偿责任。在企业基金会成立之后,其理事长可以请求该有过错的设立人承担法律责任。

当设立人因执行设立事务给第三人造成损害的,应该由设立中的企业基金会对第三人承担赔偿责任,但是此时企业基金会还没有成立,不具备法人资格,不具有独立承担法律责任的能力。因此,设立人作为一个整体应当对第三人承担连带赔偿责任。在实践中各设立人签订的创立企业基金会的协议往往会对各种应该履行的设立职责进行明确规定;造成第三人受到损害的往往只是部分设立人的设立行为,其他设立人在对第三人承担损害赔偿责任之后,可以对有过错的设立人予以追偿。创设协议约定了责任承担规定的,各设立人追偿的时候按照该协议约定的进行;如果没有约定的,我们认为可以根据设立人捐助财产的比例承担责任。对于已经承担但超出其承担范围的有过错的设立人可以向其他有过错的设立人追偿,如果有过错的设立人的捐助财产出现混同的时候,则平均承担责任。当然,设立人对第三人承担连带赔偿的前提是设立人的行为必须得是履行设立企业基金会的必要行为而导致的损害赔偿。当个别设立人在设立企业基金会的过程中并不是因为履行设立企业基金会的必要行为而造成的损害赔偿责任,而是由设立人个人的侵权行为造成责任时,这种责任与其他设立人没有关系。因此不应由全体设立人承担责任,受害人只能向该侵权人请求承担法律责任。

3. 设立人对企业基金会债权人的合同责任

由于企业基金会的设立需要人、财、物，如《条例》和《条例草案意见稿》就规定了企业基金会的设立需要有固定的住所、组织机构以及专职人员等；因此设立人作为设立中的企业基金会的机关在设立过程中经常要对外进行一定的交易行为，签订相应的合同比如对外签订租用办公场地、购买办公用品、招募工作人员的合同等。而设立中的企业基金会不具备法人资格，不能独立承担全部责任，因此为了维护社会交易行为的稳定性，可以由设立人先予以承担。当企业基金会登记成立、具备法人资格之后，协议中所规定的权利与义务最终将由成立后的企业基金会来享有和承担。当企业基金会因为各种原因导致设立失败的时候，由此给企业基金会债权人造成的损失，与该债权人签订交易协议的设立人整体当然要对该债权人造成的损失承担责任。

（二）完善定向募集时设立人对捐助财产人的法律责任

1. 返还捐助财产责任

在设立企业基金会的过程中，因为某些原因致使企业基金会设立失败，设立人要对捐助财产人承担连带返还捐助财产责任。我们认为在这种情况下认定设立人的法律责任需要根据企业基金会设立失败的原因来考虑。如果企业基金会设立失败是由于客观外在的因素造成的，比如因国家的政策调整等，设立人主观上没有过错，那么设立人只需要返还捐助财产人捐助的财产，而不需要承担其他损害赔偿。如果企业基金会设立失败的原因是由于设立人的过错造成的，那么设立人除了应当返还捐助财产人的捐助财产之外，还应当对捐助财产人承担损害赔偿的连带责任，其他没有过错的设立人承担赔偿责任后可以向有过错的设立人进行追偿。

2. 信息公开责任

我们认为应当在定向募集设立企业基金会的过程之中，规定设立人违反信息公开责任，赋予这些捐助人监督质询的权利。设立人应当保证信息公开的全面、真实和可靠性。当设立人违反信息公开义务时，无论设立人主观上是否存在过错，都应当对捐助财产人所受到的损失承担损害赔偿责任。

（三）完善设立人企业捐助决策程序及法律责任

刘连煜先生对公司的捐赠行为研究主要放在了捐赠数额、对象及租税这三点上。① 赵万一教授对公司捐赠行为的研究主要是从外部与内部这两个方面来进行的。内部方面主要包括决策主体、内部规章制度、捐赠对象以及捐赠的数额合理性；而外部方面则主要是企业的撤销权和股东的代位诉讼。② 李领臣教授是从决策权的主体、捐赠数额的合理性以及股东对损害其权益的捐赠行为如何进行救济来研究的。③ 可见一般对公司的捐赠作出制度安排主要是从捐赠决策主体、捐赠决策目的和对象以及捐赠额数额这三方面来尽心论述的。

虽然企业作出捐助财产设立企业基金会的决策与企业作出捐赠的决策之间是有差别的，毕竟捐助财产设立企业基金会是单方法律行为，而捐赠是双方法律行为。捐助设立企业基金会的时候，企业不仅仅要捐助一部分财产，而且往往还会履行相应的设立职责。因此捐助决策的内容要比捐赠决策的内容更加复杂。但是，无论是进行捐助决策还是进行捐赠决策，其本质上仍然为企业对外无偿转让财产的一种处分行为，都可能会使企业的财产在短期之内减少，损害股东的收益权。因此，我们认为在讨论企业的捐助决策程序的时候，可以借用上述学者对公司捐赠的相关制度安排，即从捐助决策主体、捐助决策目的和对象以及捐助数额这三方面来进行探讨。

1. 完善国企捐助决策权主体及捐助决策内容

（1）明确国企捐助与捐赠的合法与合理性

依据《慈善法》第 36 条的规定，企业捐赠的财产为自己所有的合法财产。④ 与民企不同，国企的资产是属于国家的，其资产带有偏公的属性。但国企本质上还是企业，与民企一样是属于商事主体范畴的，主要从事商事活动。不过国企进行商事活动的最终目的并不仅仅是为了营利，而是为了承担一定的社会责任，从事商事营利活动只是国企的一种手段，国企承担的社会责任比民企大得多。企业的慈善捐赠在本质上也是企业承担社会责任的一个表现，国企进行捐助设立企业基金会或者捐赠有其合法与合理性。

---

① 参见刘连煜《公司治理与公司社会责任》，中国政法大学出版社 2001 年版，第 93—98 页。

② 参见赵万一、吴晓锋《商事思维下的公司法实务研究》，中国法制出版社 2009 年版，第 367—374 页。

③ 李领臣：《公司慈善捐赠的利益平衡》，《法学》2007 年第 4 期。

④ 《慈善法》第 36 条规定：捐赠人捐赠的财产应当是其有权处分的合法财产。捐赠财产包括货币、实物、房屋、有价证券、股权、知识产权等有形和无形财产。

此外，一些省国资委还详细制定了比较严格的捐赠审批备案程序，明确了企业捐赠的决策主体和捐赠决策的程序，比如捐赠的数量达到一定程度后就要经过股东大会的同意等，对国企的捐赠行为进行了严格规范。

(2) 细化国企捐助与捐赠程序的决策内容

2010年山西省国有资产监督管理委员会颁布了《省监管企业对外捐赠管理暂行规定》，该规定明确了如下几点内容：第一，明确了国企对外捐赠规模，国企应当结合自身生产经营状况等特点量力而行，捐赠规模不得超过去年利润的10%，并且在企业生产经营困难的情况下，原则上禁止企业的对外捐赠；第二，明确了捐赠决策权主体，由董事会或者其他相关机构对企业的对外捐赠额度进行批准，各子公司对外捐赠则是由母公司统一管理；第三，建立了严格的审批备案制度，国企在每年的捐赠额度内对外进行捐赠前需要向国资委备案，包括捐赠原因、数额，等等。同一年，天津市国有资产监督管理委员会颁布了《天津市国资委监管企业对外捐赠管理暂行办法》，该办法明确了以下几点：第一，明确了对外捐赠规模，合理确定对外捐赠支出规模和标准，如捐赠数额在100万元以上的需要国资委批准，500万元以上的则最终还需要相应级别的政府批准，生产经营发生困难、对外捐赠会影响企业继续进行生产经营活动的，不能对外捐赠；第二，建立了严格的内部决策程序，对外捐赠的国企应当制定和完善对外捐赠制度，对外捐赠的时候必须经过领导的集体同意。可见在国有企业中，相关国资委对国企的对外捐赠作出了较为详细的规定。

在我国，国企占据了经济实体的绝大多数，国企常常控制着国家的经济命脉；有的国家则禁止国企捐助财产设立基金会，如《俄罗斯慈善活动和慈善组织法》第8条规定，国家权力机关、地方自治机关以及国有企业、地方所有的企业、国有事业单位和地方所有的事业单位不得成为慈善组织的创始人。[①] 可见国企因其地位的特殊性，涉及国家的利益，对国家经济起着举足轻重的作用。参照上述国资委颁布的相关规定，我们认为应从以下几个方面来完善决议程序。

第一，明确捐助决策的主体，在国有独资公司企业中，应当经国有资产监督管理机构和董事会或者企业负责人的批准，该捐助或者捐赠决定才

---

① 王雪琴：《论慈善法人的法律属性——以公、私法人区分为视角》，《武汉大学学报》（哲学社会科学版）2010年第4期。

能通过，并且国有公司的董事会在对该项进行决议的时候，应当经过全体董事过半数或者 2/3 以上的董事同意才能通过。

第二，明确大额捐助或者捐赠的标准，因为对不同规模的国企来说，其大额捐赠的额度是不一样的。因此，我们认为应当细化大额捐助或捐赠的额度，但是该细化并不等于就是采取一个统一的标准。比如，可以规定占该国企收入的某一定比例就属于大额捐赠。

第三，严格区分捐助与捐赠的表决程序，因为捐助与捐赠为两种不同的法律行为，不能混用。

2. 民企捐助决策权主体及捐助决策内容

我国《公司法》没有对公司的捐助或者捐赠决策权作出规定。我国有学者认为董事会有权在章程授权的范围内做出捐赠行为，股东（大）会也有权做出捐赠行为。① 即章程如果赋予了董事会捐赠行为决策权，那么就由董事会在规定的范围内行使。也有学者认为公司的捐赠决策权属于董事会，在没有董事会的有限责任公司，捐赠决策权自然还由股东行使。② 还有人认为纯粹的慈善捐赠由股东会决定，战略性慈善捐赠由董事会决定。③ 这些观点的理由无非是基于以下几点。

第一，董事会的捐赠决策权符合董事会中心主义，企业的成立就是为了营利、追求股东的利益，在当下所有权与控制权相互分离的情况之下，股东大会聘请董事是为了公司更好地营利，创造更多地利润价值，董事会作为公司的常设业务执行机构，享有经营决策权以及负责实际管理活动。而慈善并不仅仅是纯粹的，往往还会给企业带来声誉，赢得社会公众群体的市场。第二，董事会的捐赠决策权具有合法性。《公司法》第 46 条规定董事会享有公司章程规定的其他职权，也就是说董事会享有捐助决策权具有合法性基础。董事会在作出慈善决议的时候，如果是纯粹为了捐助财产，那么这种情况下就应当由董事会上报股东会；而当慈善与捐赠财产结合的时候，则董事会可以作出决议。在具体的公司捐赠决策过程之中，董事会需要向股东会就捐助数额、方式、对象等作出书面说明情况，并接受股东

---

① 罗培新：《论公司捐赠的司法政策——从万科捐赠风波谈起》，《法学》2008 年第 12 期。
② 赵万一、张晓玲：《公司捐赠法律问题研究》，《贵州警官职业学院学报》2007 年第 1 期。
③ 吴飞飞：《社会责任视野下公司捐赠的多维度法律规制》，《西南政法大学学报》2011 年第 6 期。

大会的质询和监督。可以在赋予董事会一般捐赠决策权时,将其一般捐赠决策的数额限定在一定范围之内。第三,董事会的捐赠决策权具有高效性,股东大会是非常设机构,不方便行使权利,就算为无偿慈善捐赠,也要求公司从办事效率的角度出发迅速作出决策。因此应当赋予董事会对慈善捐赠的一般捐赠决策权,在有必要的时候及时召开临时股东(大)会,向股东(大)会报告情况。这样既保证了捐赠决策的效率,又可以防止董事会滥用其捐赠决策权。

企业承担社会责任进行慈善捐赠活动是个常态,但是通过捐助行为设立企业基金会这一行为就不是常态了。当然我国法律法规没有禁止企业设立多个企业基金会,但是从实际来看,一般企业作为发起设立人往往只会设立一个或者两个企业基金会。特别是在民营企业一般都是由企业的创始人提出倡议发起设立企业基金会的。我们认为,企业的捐助决策权应当归属于公司的股东会或者股东大会,而捐赠决策权可在股东(大)会授权董事会行使。其理由如下。

首先,捐助决策权不同于捐赠决策权,一般企业捐助财产设立企业基金会往往只会成立几家,而不像公司的捐赠一样,可以成为一种常态,会持续进行。需要经常性地召开股东(大)会,这样会导致企业的效率不高。其次,企业捐助财产设立企业基金会往往还要负责企业基金会如何设立,不像公司的捐赠只需要决定捐赠具体的数额、对象等等。虽然捐赠需要决定的事项也很多,但是捐赠决策主要还是解决捐赠数量的多少,因为其都是为了公益性的捐赠。而捐助除了需要决定数额大小之外,股东(大)会还需要对企业基金会的设立过程中的各种职责应该如何行使等作出详细安排,董事会只需要负责执行就行了。最后,这也符合股东利益至上的要求。虽然现在的趋势是董事会中心主义,但是毕竟在短期看来公司的捐助行为是一种无回报的资产处分行为,会损害公司股东的利润分配权。虽然从长远来看,该捐助行为可能会给公司带来正面影响,会给公司带来更好的名誉,但是我们不可否认,这种长远带来的利益仅仅是可能。从短期来看,公司的这种行为事实上损害了公司股东的权益,比如万科的"捐赠门"事件[1]就给万科带来了不小的影响。

---

[1] 万科前董事长王石回应:万科股东大会授予董事会2008年的慈善捐款预算为1000万元,万科董事会授权的最大单笔捐赠数额也只有200万元,王石当时作为董事长在董事会授权下进行的职务行为,代表的是万科公司。

因此，我们认为应当严格区分捐助与捐赠两种法律行为，从实际出发，在民企中明确捐助设立企业基金会的这一决策权属于公司的股东（大）会，而公司的捐赠决策权则可以由股东（大）会授权归属于公司的董事会。为了提高公司的捐赠效率，董事会在其授权范围内对捐赠行为自主决策。而捐助财产设立企业基金会这一决策内容不仅涉及捐助财产的金额，还涉及如何设立企业基金会这一复杂程序，由股东（大）会进行决策有其合法和合理性。当然，我国相关法律法规可以对民企捐助设立企业基金会作一些禁止性规定，即当企业生产经营发生困难的时候，原则上不允许企业设立企业基金会。这一规定既可以保护该企业生产经营，也可以防止该生产经营困难的企业无偿转移财产，保护企业债权人的合法利益。

3. 构建捐助决议瑕疵时设立人的法律责任

《企业国有资产法》规定了国企在大额捐赠的时候，不得损害出资人和债权人的利益。虽然未对国企的捐助进行规定，但是我们认为，国企内部在进行捐助财产决议的时候，由于捐助财产和捐赠财产对于国企来说都是无偿向外转移财产，如果其捐助财产的数额较大，那么该决议可以参照大额捐赠的决议，即同样不得损害出资人和债权人的利益。因此，当国企在进行大额捐助的时候，如果损害了出资人或者债权人的利益，那么该决议就是违反了法律（即《企业国有资产法》的规定），该决议就是无效的。对于民企的内部决议捐助财产来说，如果其决议捐助财产的行为对债权人造成了损害，那么该决议依据《合同法》是可撤销的。对于捐助决议存在瑕疵即无效或者被撤销后与相对人之间的法律关系是否稳定，设立人应当承担什么样的法律责任，我们认为应该分企业基金会在设立过程中以及企业基金会登记成立之后这两个阶段来进行讨论。

在企业基金会设立过程中，当设立人为单一的企业的时候，此时企业基金会并没有取得法人资格地位，设立中的企业基金会与设立人企业之间没有完全分离，设立中的企业基金会仍然可以停止设立。因此，当该捐助决策被认定为无效或者被撤销的时候，该企业基金会设立失败。由于设立失败的原因是因该设立人企业造成的，因此设立中企业基金会的债权人可以请求该设立人承担赔偿责任。当设立人为多家企业或者企业家的时候，这里就涉及公司的股东以及债权人与其他设立人企业之间的利益考量问题。在设立过程中，设立人企业的捐助行为不是在《公司法》中调整，而是参照《合同法》中有关捐赠条款进行调整。设立人企业的捐助行为涉及方方面面的利益冲突，在设立阶段设立人企业股东的收益权与设立中基金会的利益存在矛盾。如果该企业继续将其所有的财产捐助出来设立企业基金会，那么就会持续性地给该企业的股东造成损害。因此，此时应当及时制止该企业设立企业基金会的行为，该设立人企业可以不再履行其捐助财产义务。由此给其他设立人造成的损失，应当由该设立人企业承担赔偿责任。

在企业基金会登记成立之后，当设立人企业的捐助决议被认为无效或者被撤销的，则应当以承认瑕疵设立的企业基金会的法人人格为原则。这是因为企业基金会的设立目的就是弥补政府职能部门的短板，促进社会公众的福利。由于登记成立后的企业基金会具有公信力，关系到社会公众的信任。因此如果因为设立人企业决策程序违法就不承认企业基金会的法人地位，对其予以撤销，这关系到社会公共利益，会给社会公众带来损害。当然，当该设立人企业的捐助决策内容已经到了严重损害社会公共利益程度的时候，可以对成立后的企业基金会予以撤销，由此给他人造成损害的，该设立人企业应当承担损害赔偿责任。

第五章

企业基金会的设立监管

第一节 企业基金会设立监管的理论解释

一 志愿失灵理论——基于监管对象

慈善组织志愿失灵,是指慈善组织无法按照既定的目标对慈善资源进行有效配置,使得其所提供的慈善服务在功能和效率方面存在缺陷,进而无法满足社会对慈善的需要。慈善组织的志愿失灵理论最早由萨拉蒙(Salamon)教授提出,萨拉蒙教授认为慈善组织志愿失灵主要包括慈善不足、慈善的特殊主义、慈善的家长式作风和慈善的业余主义等内容。[1] 慈善组织志愿失灵还表现为在开展具体活动过程中,偏离了原有追求社会公益的目标,蜕变为以谋取经济利益为主要目标的组织,并且这种蜕变依靠慈善组织自身内部治理是无法改变的。[2] 尽管慈善事业内容广泛,涵盖文化、教育、医疗、卫生、环保等多个领域,但无一例外都以实现慈善和公益目的为志愿。

然而在慈善事业蓬勃发展、企业基金会不断壮大的过程中,各类慈善组织也频频出现丑闻。例如中华少年儿童慈善救助基金会(以下简称"儿慈会")数十亿捐款去向不明,儿慈会官方解释理由有数字错误也有理财产品的投资,但又不愿意公开争议焦点的对账单,这让儿慈会的解释苍白无力,难以让公众信服。尽管最终结果是出具了看似权威的审计意见认定儿慈会的所有财务活动符合要求,但该报告对于这去向不明的巨款只字未提,我们不得不怀疑这些钱被挪作他用。同样的还有红十字会的"1.3万元

---

[1] [美]莱斯特·M.萨拉蒙:《公共服务中的伙伴——现代福利国家中政府与非营利组织的关系》,田凯译,商务印书馆2008年版,第47页。

[2] 崔冬:《慈善组织行政规制研究》,博士学位论文,吉林大学,2015年。

天价帐篷"事件，这类事件均在一定程度上反映出慈善组织志愿失灵，并未按照其原定的宗旨与目标配置慈善资源的情况。

志愿失灵是所有慈善组织与生俱来的缺陷，也是仅依靠本身难以弥补的缺憾。那么企业基金会作为其中的一员必然也包含有慈善公益志愿失灵的这一天然属性。承认慈善组织志愿失灵这一缺憾，并非否认其存在的必要性，而是要寻求解决方法。针对这一问题，重庆大学法学博士侯安琪在其文章中提出了解决慈善组织志愿失灵的一个方案，她认为准入是对慈善组织的保护和治理的首要环节。[①] 正因为慈善组织志愿失灵是无法依靠内部治理来予以矫正的，准入制度是国家为弥补志愿失灵而对准备进入慈善组织的企业的行政监管。所以可知，志愿失灵是对慈善组织设立监管的原因，而企业基金会不可避免地沾染了慈善组织这一缺憾，故这一缺憾也是企业基金会在设立阶段应被监管的原因之一。

二 社会治理理论——基于监管机构

如果说慈善志愿失灵作为设立监管的出发点是监管对象——企业基金会的固有缺憾，那么社会治理理论则立足于监管主体——政府的天生使命。

詹姆斯·N. 罗西瑙（J. N. Rosenau）教授是社会治理理论的先行者，他认为治理除了政府机制以外，另外还包含非官方、非政府治理方式，治理应当是多方治理主体并存的模式。治理相较于管理更具优越性。社会治理有四个特征：第一，治理既非规则，也非活动，而是一个过程；第二，治理过程的基础不是控制，而是协调；第三，治理涉及公共和私人两个部门；第四，治理是一种持续的互动，而非仅仅是一种制度。[②]社会治理体系所包含的内容是规范社会权力运行与维护公共秩序的体制机制以及相应法律法规的安排。它包括规范政府行为、市场行为以及社会行为的一系列制度和程序。[③] 政府的权力源于人民对自身权利的让渡，所以其存在的意义是通过治理社会而更好地为社会公众提供服务。党的十八届三中全会表决通过的《中共中央关于全面深化改革若干重大问题的决定》（以下简称《全面深改

---

① 侯安琪：《慈善组织准入的法律规制——兼论慈善组织准入制度的价值取向》，《社会主义研究》2010 年第 5 期。

② 代山庆：《论习近平社会治理思想》，《学术探索》2015 年第 3 期。

③ 同上。

决定》）第一次提出社会治理这一概念。《全面深改决定》表明要实现改进社会治理方式必须做到坚持系统治理、依法治理、综合治理、源头治理这四个方面的有机统一。

首先，坚持系统治理，重点是要做到由政府单一治理向多方主体协同治理的转变。在自治主体自治能力有限、无法自治及自治效率低下时，政府才充当治理主体，针对性地进行监督或管理。其次，坚持依法治理，重点是要将行政管理转变为法律规制。再次，坚持综合治理，重点是要做到治理方式、手段更加灵活多样，综合运用各种方式而不囿于行政手段。最后，坚持源头治理，主要是要求在治理环节上要从依赖于事后救济向更加主动的源头治理转移。

理想情况下，社会组织在社会治理中发挥着维护秩序、整合利益、资源供给、信息传递和监督制约作用。① 但如前述慈善组织所存在的志愿失灵的问题，使得企业基金会作为社会组织的作用大打折扣，甚至出现反作用。慈善法人内部治理结构和管理制度的完善是任何组织得以长远发展的基础条件之一。② 企业基金会还处在发展期，并不具备良好治理能力，加之与企业的天然联系，更容易滋生各类腐败问题，为不怀好意的人所利用而偏离慈善初衷。基于社会治理理论的体系治理，企业基金会作为慈善法人在内部治理不健全时容易发生内部腐败或其他不利于企业基金会慈善目的实现的情况，那么政府此时需要充当社会治理的角色对企业基金会加以监督和管理。根据社会治理的源头治理，在设立阶段对企业设立基金会治理是十分有必要的，从而控制企业基金会的质量。尽量从源头对企业基金会的成立进行监管，如纱窗一般既保护具有慈善意图的企业基金会的成立，又防止打着慈善旗号的恶意分子的进入，在一定程度上弥补企业基金会自治能力不足的缺憾。

三 制度可能性边界理论——基于监管限度

志愿失灵理论分析了企业基金会作为慈善组织这一特殊的社会组织所存在的问题，为对其进行监管提供了必要性的理论依据。社会治理理论阐述了政府作为监管主体为什么能够对企业基金会进行监管的理论依据，那

---

① 武小川：《论公众参与社会治理的法治化》，博士学位论文，武汉大学，2014年。
② 李芳：《慈善性公益法人研究》，博士学位论文，山东大学，2008年。

么制度可能性边界理论则是监管主体对企业基金会设立的监管必须在一定限度内的理论支撑。这三大理论构成了设立监管企业基金会的理论体系。

基于无限制的自由与专制会损害社会整体利益,制度可能性边界理论认为制度存在的意义在于如下两个方面:其一是限制无序,因为社会的无序所造成的社会混乱;其二是限制专制,尽管专制可以降低因社会混乱所造成的损失,但是过度或不合理的专制本身也会因为不当的社会管理而侵占私法领域,导致社会弱小、活力不足。最为合理的制度就是在专制与无序中寻找到平衡点,使两者对社会造成的损害降到最低。①

据此理论,企业基金会准入制度则有两项功能。第一,限制企业基金会的野蛮生长。企业基金会具备了合法地位以后,其具体的慈善行为才能够得到各方主体承认与支持。作为体系"入口",准入制度在很大程度上影响着企业基金会的数量与质量。第二,准入制度的规范性条文在对企业基金会成立的硬性条件进行规定时,同时也明确政府对企业基金会在设立过程中所能监管的边界,以从法律的角度限制政府的过度侵占的可能性。企业基金会的监管制度兼具限制企业基金会自由发展与限制公权力无限制进入慈善私领域的作用。基于我国对基金会设立严格把控的现状,企业基金会设立监管的法律制度需要政府明确自身的监管范围、把握好监管的限度,防止因为严苛的监管制度而把企业基金会管得过死而失去活力。

第二节 企业基金会设立监管的范围

设立监管,从主体角度而言,是指监管部门对企业基金会设立行为的监管;从对象角度而言,是指监管部门监管企业基金会的设立行为,即对设立要件和设立程序的监管。设立阶段的流程见下图 5-1 所示。

对企业基金会设立阶段的监管包含以下两个方面的内容:一是企业基金会作为监管的对象,在设立阶段所必须具备的条件;二是政府作为监管主体,依据双重管理制度对设立中的企业基金会的监管。故下面分别对设立监管的对象与设立阶段中的监管机构及制度两方面进行介绍。

---

① 刘啸、罗章:《中美基金会管理体制比较研究——基于制度可能性边界的理论》,《行政论坛》2012 年第 3 期。

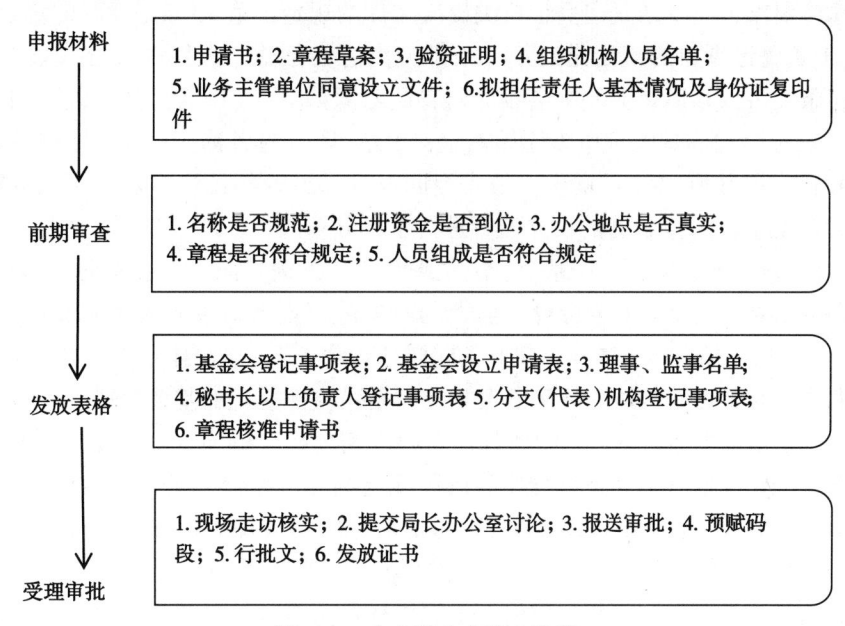

```
申报材料  →  1. 申请书；2. 章程草案；3. 验资证明；4. 组织机构人员名单；
              5. 业务主管单位同意设立文件；6. 拟担任责任人基本情况及身份证复印件

前期审查  →  1. 名称是否规范；2. 注册资金是否到位；3. 办公地点是否真实；
              4. 章程是否符合规定；5. 人员组成是否符合规定

发放表格  →  1. 基金会登记事项表；2. 基金会设立申请表；3. 理事、监事名单；
              4. 秘书长以上负责人登记事项表 5. 分支（代表）机构登记事项表；
              6. 章程核准申请书

受理审批  →  1. 现场走访核实；2. 提交局长办公室讨论；3. 报送审批；4. 预赋码段；
              5. 行批文；6. 发放证书
```

图 5-1　企业基金会设立流程

资料来源：黄群慧等：《中国企业社会责任研究报告（2013）》，社会科学文献出版社 2013 年版。

一　企业基金会设立监管的主要内容

《慈善法》已出台，《条例草案意见稿》也已公开征求意见，都在原有《条例》的基础上进行了改变。但就目前而言，企业基金会设立监管的直接依据依然是《条例》，那么，以下将综合分析《慈善法》《条例》与《条例草案意见稿》得出企业基金会设立监管的具体对象。

《慈善法》第 9、11、12、16 条对设立慈善组织进行了规定。第 9 条是对慈善组织成立条件的规定，第 11 条是对成立条件之一的章程应载明事项的规定，第 12 条是对慈善组织内部治理及应当遵守会计制度并接受监管的规定，第 16 条是对慈善组织负责人任职资格的限制性规定。综合《慈善法》可以知道慈善组织设立监管的对象如下：（1）以开展公益慈善活动为宗旨；（2）有必要的财产；（3）符合条件的组织机构；（4）有章程；（5）符合条件的负责人。

《条例》对基金会设立的条文为第 8—11 条，其中第 8 条是对设立条件的总体要求,第 9 条是向登记机关提交文件的规定,第 10 条是章程的规定,第 11 条登记事项的规定是对第 8 条部分内容的细化。故根据现行《条例》上述条文可以知道企业基金会设立监管的对象如下:(1)特定的公益目的;(2)一定金额的到账货币为原始基金;(3)规范的名称;(4)组织机构;(5)固定的住所;(6)章程;(7)专职人员。2016 年民政部公布的《条例草案意见稿》对基金会的设立监管进行了部分修改。

《条例草案意见稿》中基金会成立条件和《条例》同位于第 8 条。《条例草案意见稿》对企业基金会设立监管的对象进行规定的条文依次是第 8、9、10、11、12、13、15、16 条。第 8 条同样是对设立条件的总体介绍,即设立监管的主要对象规定。其他条文依次规定的是民政部登记的基金会所需满足的条件、基金会名称、发起人的条件、发起人需要提交的文件、章程、法人登记表。主要也是对第 8 条部分内容的补充与细化。综合《条例草案意见稿》的上述条文可以总结出基金会设立监管的对象应当具备下列条件:(1)以开展公益慈善活动为宗旨;(2)一定数额的到账货币资金作为注册资金;(3)有自己的名称、章程、住所、组织机构和负责人,以及与其业务活动相适应的专职工作人员;(4)符合规定的发起人。综合《慈善法》《条例》与《条例草案意见稿》可得出,在设立企业基金会时需要具备以下条件:(1)公益慈善宗旨;(2)注册资金;(3)基金会名称;(4)章程;(5)规范的组织机构;(6)企业基金会相关人员;(7)固定住所。

(一)以公益慈善为宗旨

《条例》第 2 条表明了基金的目的是从事公益事业,这既是对设立欲达目的的规定,也是企业基金会设立监管的对象。《公益事业捐赠法》规定了慈善的范围。① 《慈善法》的第 3 条也对慈善的范围进行了限定。② 以上条文

---

① 《公益事业捐赠法》第 3 条规定:本法所称公益事业是指非营利的下列事项:(一)救助灾害、救济贫困、扶助残疾人等困难的社会群体和个人的活动;(二)教育、科学、文化、卫生、体育事业;(三)环境保护、社会公共设施建设;(四)促进社会发展和进步的其他社会公共和福利事业。

② 《慈善法》第 3 条规定:本法所称慈善活动,是指自然人、法人和其他组织以捐赠财产或者提供服务等方式,自愿开展的下列公益活动:(一)扶贫、济困;(二)扶老、救孤、恤病、助残、优抚;(三)救助自然灾害、事故灾难和公共卫生事件等突发事件造成的损害;(四)促进教育、科学、文化、卫生、体育等事业的发展;(五)防治污染和其他公害,保护和改善生态环境;(六)符合本法规定的其他公益活动。

使得对于设立企业基金会的慈善内容有法可依，是对基金会设立的公益目的的监管。

《条例草案意见稿》中将"为特定的公益目的而设立"这一成立条件修改成"以开展公益慈善活动为宗旨"，对于基金会设立时所要实现的公益目的的规定更加灵活自由，没有了"特定的公益目的"的局限。这体现了《条例》与《慈善法》的衔接。因为《慈善法》在第3条对公益活动的范围进行了扩充，譬如"符合本法规定的其他公益活动"对慈善活动的范围进行了兜底，只要满足为"自然人、法人和其他组织以捐赠财产或者提供服务等方式"即可。这一改变使得公益目的或者慈善宗旨不再成为志愿加入慈善行业但定位不清、涉及新型慈善领域等企业基金会设立的阻碍。

"特定的"作为公益目的限定词是为了促进企业基金会的专门化发展，防止无目的地进行公益活动导致浪费慈善资源，同时便于后续对基金会公益目的实现情况的监管。如今《条例草案意见稿》的改变体现了放宽准入监管、鼓励企业基金会发展的趋势。

（二）注册资金

《条例》第8条第2款中对于原始基金作出了最低限额要求，并且只能是到账的货币资金。从该法条中可以看到要求全国性、地方性公募基金会的原始基金的数额分别应当不少于800万元与400万元人民币且必须为到账资金。对非公募基金会则适用的是另一个单独的标准——不低于200万元且为到账资金，那么《条例》下企业基金会的注册基金应当不低于200万元。

《条例草案意见稿》中第8条第3款和第5款共同构成基金会成立的资金要求。对基金会不再进行公募与非公募的区分，注册资金的金额按照类似于行政层级的划分从县级到省级进行了标准化的统一规定。在县级、地市级、省级人民政府民政部门登记的基金会注册资金分别不少于200万元、400万元和800万元。立法者摒弃了对基金会明确的分类，以注册资金的多寡来进行不同行政层级的准入登记管理，对所有类型基金会一视同仁，给企业基金会的成长提供了更加自由、更加平等的环境。对于企业基金会设立时的资金实际内含两个要求：一个是数额要求，一个是基金性质要求。

无论是原始基金抑或是注册资金的门槛设置均考虑如下：第一，为了保证企业基金会在成立后确有能力进行章程所承诺的慈善目的；第二，以一定规模的资金作为其承担民事责任的担保。① 规定注册资金的性质为到账货币则是为了防止设立人以借款等其他方式获得资金暂时满足基金会设立的资金门槛，而实际上并没有运营基金会的资金能力。

(三) 基金会名称

同人的姓名一样，企业基金会的名称起到外界对其识别的作用，是该企业基金会区别于其他企业基金会乃至其他社会组织的重要名片。企业设立企业基金会之初除了负载慈善目的之外，或多或少存在着提升企业影响力与树立企业良好形象的目的，因此企业基金会的名称上附着着很多无形的内容。

基金会名称的相关法律法规有二：一是《条例》对基金会的成立要求有规范的名称提出了总体性的要求，二是2004年6月民政部颁布实施的《基金会名称管理规定》（以下简称《名称规定》）对基金会名称构成方式、反映的内容及禁止性要求等规范进行了规定。

《名称规定》第3、5条对基金会的名称组成进行了规范性要求。② 第4条则按照基金会的性质对基金会中地域部分作出了规定，基金会在名称中不得使用"中国""中华""全国""国家"等字样，那么企业基金会的名称中必然是不得带有上述字样的。③ 《名称规定》第7条则对于非公募基金会在以自然人姓名、法人或其他组织的名称或者字号作为名称组成部分时的要求进行了规定。④

---

① 陶传进、刘忠祥编：《基金会导论》，中国社会出版社2011年版，第60页。

② 《名称规定》第3条规定：基金会名称应当反映公益活动的业务范围。基金会的名称应当依次包括字号、公益活动的业务范围，并以"基金会"字样结束。第5条规定：基金会的字号应当由2个以上的字组成。基金会不得使用姓氏、县或县以上行政区划名称作为字号。

③ 《名称规定》第4条规定：全国性公募基金会应当在名称中使用"中国""中华""全国""国家"等字样。非公募基金会不得使用上述字样。地方性公募基金会和省、自治区、直辖市人民政府民政部门登记的非公募基金会应冠以所在地的县级或县级以上行政区划名称。冠以省级以下行政区划名称的，可以同时冠以所在省、自治区、直辖市的名称。冠以市辖区名称的，应当同时冠以市的名称。

④ 《名称规定》第7条规定：非公募基金会的字号可以使用自然人姓名、法人或其他组织的名称或者字号，但应当符合以下规定：（一）使用自然人姓名、法人或者其他组织的名称或者字号，需经该自然人、法人或其他组织同意；（二）不得使用曾因犯罪被判处剥夺政治权利的自然人的姓名；（三）一般不使用党和国家领导人、老一辈革命家的姓名。

《条例草案意见稿》中将《条例》所规定的"规范的名称"改为"有自己的名称"。这一改变也体现了立法者对基金会名称的限制降低的趋势。但是这一趋势能否落实依赖于配套法规是否进行相应的改变或直接废除《名称规定》。

(四) 章程

同公司章程一样，基金会章程也是其意思自治最高最全面的体现，是基金会的宪章和行动指南。作为企业基金会成立条件之一，章程同样是设立阶段所监管的重要内容。《条例》的第8、9、10条共同对基金会的章程进行了相关的规定。条例第8、9条要求基金会的成立以规范的章程为必要条件。《条例》第10条则规定了规范章程的内容包括框架、程序修改、组织机构情况、财产使用权限、处罚机制，等等。① 《条例》规定了民政部负责基金会章程示范文本的制定。民政部于《条例》公布不久后的2004年5月发布了章程示范文本，其结构包括总则、基金会业务范围、组织机构、负责人、财产的管理和使用、终止和剩余财产处理、章程修改、附则，共有8个部分。

《条例草案意见稿》如《条例》一样特别说明基金会的章程不允许规定使特定主体受益的内容，必须明确表明基金会所具有的慈善性质。在这一方面法定地限定了基金会的受益对象，是对章程意思自治的监管。《条例草案意见稿》将"规范的章程"改为"有自己的章程"，看似对章程的监管有所放松，但是同样又在第13条对基金会章程具体包含的内容进行了规定。但相较于《条例》，其内容进行了部分修改和逻辑优化，主要增加了财产来源及构成、项目管理制度这两项章程应载的内容，理顺并简化了其他规定。

(五) 规范的组织机构

组织机构是基金会形成基金会法人共同意志和执行法人事务的机构，是整个基金会的运作的核心。常见的慈善组织机构为理事或理事会、监事或监事会，特殊的组织机构有评议员会、执行长、会员大会等。《条例》第

---

① 《条例》第10条规定：基金会章程应当载明下列事项：(一) 名称及住所；(二) 设立宗旨和公益活动的业务范围；(三) 原始基金数额；(四) 理事会的组成、职权和议事规则，理事的资格、产生程序和任期；(五) 法定代表人的职责；(六) 监事的职责、资格、产生程序和任期；(七) 财务会计报告的编制、审定制度；(八) 财产的管理、使用制度；(九) 基金会的终止条件、程序和终止后财产的处理。

20、21、22条共同构成了对基金会组织机构的规定。[①]

立法者要求企业基金会在设立时就具备规范的组织机构是希望企业基金会能够进行有效的内部治理，提高基金会决策的合理性、运作的效率。但是《条例》对如何设立、设立人数、规模较大的基金会是否设立监事会等细节问题没有明确规定。对于企业基金会而言，本身就很大程度上存在着企业与基金会之间的利益勾稽关系。如果弱化了监管机构在设立时的法律上的规制，将会影响企业基金会慈善目的的实现，甚至使得企业基金会成为为公司谋取利益、逃避税负的工具。《条例草案意见稿》针对组织机构进行了以下优化。

首先，《条例草案意见稿》对监事会的人员配置进行了更为明确、细致的规定。[②] 这一规定明确了监事会设立的具体条件以及监事成员的数量范围，改变了《条例》对基金会内部监管忽视的现象，强化了基金会内部监管部门的权利地位，譬如对"监事会的监事为3人到7人"以及什么条件下可以设立监事会进行了规定，改变了《条例》对监事规定的空缺，这一变化有利于实现加强对基金会的内部治理引导的目的。

[①] 《条例》第20条规定：基金会设理事会，理事为5人至25人，理事任期由章程规定，但每届任期不得超过5年。理事任期届满，连选可以连任。用私人财产设立的非公募基金会，相互间有近亲属关系的基金会理事，总数不得超过理事总人数的1/3；其他基金会，具有近亲属关系的不得同时在理事会任职。在基金会领取报酬的理事不得超过理事总人数的1/3。理事会设理事长、副理事长和秘书长，从理事中选举产生，理事长是基金会的法定代表人。

第21条规定：理事会是基金会的决策机构，依法行使章程规定的职权。理事会每年至少召开2次会议。理事会会议须有2/3以上理事出席方能召开；理事会决议须经出席理事过半数通过方为有效。下列重要事项的决议，须经出席理事表决，2/3以上通过方为有效：（一）章程的修改；（二）选举或者罢免理事长、副理事长、秘书长；（三）章程规定的重大募捐、投资活动；（四）基金会的分立、合并。理事会会议应当制作会议记录，并由出席理事审阅、签名。

第22条规定：基金会设监事。监事任期与理事任期相同。理事、理事的近亲属和基金会财会人员不得兼任监事。监事依照章程规定的程序检查基金会财务和会计资料，监督理事会遵守法律和章程的情况。监事列席理事会会议，有权向理事会提出质询和建议，并应当向登记管理机关、业务主管单位以及税务、会计主管部门反映情况。

[②] 《条例草案意见稿》第32条规定：基金会设立监事或者监事会。在省级以上人民政府民政部门登记、具有公开募捐资格的基金会应当设监事会。监事会的监事为3人至7人，具体数额由章程规定。监事会设监事长1人。前款规定以外的基金会至少设1名监事；资产规模较大的，可以设监事会。有3名以上监事的，应当设监事会。

同时,《条例草案意见稿》细化了基金会理事会的权责,明确指出了理事会的具体职权,确定了理事会的权力范围。[①] 这一变化是立法者强化理事会作为核心机构的权利能力的体现,反映出立法者对理事会作为治理机构地位的重视。

(六) 基金会相关人员

基金会中被纳入设立监管对象的相关人员有发起人、法定代表人、负责人以及专职人员。

1. 发起人

《条例草案意见稿》第 11 条从消极方面来规定了发起人的条件。其限制主要包括四个方面:(1) 民事行为能力不完全者不得作为发起人;(2) 由于故意犯罪被判处刑罚且自刑罚执行完毕之日起未逾五年的,不得作为发起人;(3) 在被吊销登记证书、被取缔的组织担任负责人,自所在组织被吊销登记证书、被取缔之日起未逾五年的,不得作为发起人;(4) 国家机关不得发起设立基金会。这一规定从发起人的行为能力和道德水平对基金会的发起人进行了评价,《条例草案意见稿》认为出现上述情况的发起人存在着行为能力不足与设立动机不良的可能性,对此进行规定在一定程度上降低了设立动机不纯、发起人能力不足的可能性。这同时是社会治理理论中源头治理的体现。另外,《条例草案意见稿》第 12 条明确了发起人的法律责任,对发起人在设立阶段需要提交的文件进行了规定,同时禁止在基金会筹备期间向发起人以外的任何主体发布募捐信息。

2. 法定代表人

《条例》第 6 条规定对于法定代表人非内地居民的基金会统一由民政部担任监督管理的部门,同时根据《条例》第 20 条可以知道法定代表人就是基金会的理事长。故对于理事长的相关限制即是对法定代表人的限制。《条例》第 33 条要求限制国家工作人员不得兼任理事长,基金会的法定代表人不得同时担任其他组织的法定代表人。由于理事会是基金会的决策机构,

---

① 《条例草案意见稿》第 26 条规定:基金会理事会依法行使下列职权:(一) 修改章程;(二) 设定和管理内部组织机构,制定管理制度;(三) 选举或者罢免理事长、副理事长、理事;决定聘任或者解聘秘书长;(四) 章程规定的重大募捐活动、投资活动、关联交易等;(五) 决定基金会的分立、合并或者终止;(六) 审议年度工作计划、年度工作报告、收支预算和决算;(七) 制定资金筹集、管理和使用方案;(八) 决定理事和秘书长报酬事项;(九) 章程规定的其他事项。

对于基金会的运作至关重要,而理事长又是理事会的代表者,对基金会中重大决策也会产生重大影响。基金会的法定代表人代表着基金会,如果还同时担任其他组织的法定代表人会出现代表行为混淆的可能,不利于基金会形象的塑造;如果担任营利组织的法定代表人则更为不妥,既可能出现道德风险,也可能降低社会对基金会的信任感。故对理事长亦即法定代表人的相应限制是有必要的。

3. 负责人

《慈善法》要求慈善组织有符合条件的负责人,并在第16条规定了慈善组织负责人的禁止性条件。其规定与《条例草案意见稿》对发起人的规定的前3款一致。同样从负责人的行为能力和道德水平对基金会的发起人进行了评价。

4. 专职人员

专职人员涉及人力资源管理这一重要问题,关乎每个企业基金会的正常运转和长远发展。由于企业基金会设立主体的特殊性,企业基金会的人员大多由企业的工作人员兼任,致使其独立性弱。因此对于企业基金会设立时的专职人员进行规制是十分必要的,这关乎着企业基金会的公信力和健康发展。

《条例》第8条第3款要求,基金会的设立要有"与其开展活动相适应的专职工作人员"。对于"专职人员"虽然作出了如上的规定,但该规定仍然模糊。第一,一般来说,各类专职人员需要通过相关职业资格考试进入相关职业,如律师、会计师、审计师等。而基金会成立的必要条件——专职人员并没有与之相关的职业资格考试。故专职之"专"无从谈起。第二,对于专职工作人员的任职条件也未说明。第三,对专职人员的解释是"依基金会不同需求、规模、经费、财产情况来配备不同数量的专职工作人员",但是对不同需求、规模、经费、财产状况的范围以及相应专职工作人员的具体数量范围并没有作出统一规范。那么配备的专职人员的数量就很大可能全凭经验或推测,出现过少、过多,人员数量、质量与企业基金会规模不匹配的现象,导致人员冗余、效率低下或者人员不够、运作困难的局面。

(七)固定的住所

《条例》对于基金会的设立有固定的住所的要求,"住所"是民法中的概念,法人必须有固定的住所,也就是其主要办事场所,企业基金会作为法人同样需要满足这一要求。有固定的住所这一规定其实是为了便于对其进行运作管理监督，还便于民事法上的通知、送达、执行等措施的进行。但对于固定住所是否需要拥有产权，场所使用多久才能称之为"固定"等细节问题没有在《条例》中予以细节化的补充规定。我们认为，固定的住所未来是进一步细化规定还是继续不作细节规定，体现的是国家对于基金会采取紧缩或者放松的态度。

《条例草案意见稿》把《条例》第 8 条第 4 款进行了改变，将《条例》中"有固定的住所"这一独立条件与名称、章程、组织机构和负责人合并成一项。既优化、精简了条款的内容；又将其与名称、章程、组织机构以及专职工作人员并列要求，不再单独成条体现了对固定住所这一条件的重视程度降低的趋势。

二　企业基金会设立监管的机构及管理体制

（一）企业基金会的设立规则

由于各国经济发展水平、慈善事业发展水平存在差异，各国对于基金会设立的监管体制也不尽相同。综合下来有以下三种不同的模式：许可主义、准则主义、自由主义。

第一，许可主义是一种相较于其他主义更为严格的准入模式，代表制度为日韩两国的审批许可制以及新加坡与我国台湾地区的审批登记许可制。前者相对而言更加宽松，无须登记，只要主管部门批准即告成立。后者则需先经主管部门审核，然后在登记机关登记才能成立。许可主义均需要主管部门审批，那么在一国中，国家就可以根据自己的意志来对社会组织进行塑造，使得慈善组织直接沦为国家权力的延伸。

第二，准则主义。准则主义使得慈善法人在设立环节脱离了行政机关的管控。以基金会数量最多的美国为例，其申请设立基金会的主体只需符合法律预先规定的要求即可成立基金会。

第三，自由设立主义，又被称为放任主义。实行自由设立主义的欧洲国家对企业基金会等慈善组织并没有进行一些相应的法律规制。只要基金会完成设立行为，该基金会就可以要求登记机关登记。除了瑞士对非营利法人的设立采取这种原则，目前已经很少有国家采取自由主义这一原则了。

慈善法人的设立原则大致经历了由自由设立到特许设立再到许可设立的过程。当前域外主要国家或地区对慈善法人的设立原则大都采用许可设立主义。

（二）我国现行的设立规则、监管机构及管理体制

根据《条例》第 9、11 条可以知道，我国对于企业基金会的设立采取的是最为严苛的审批登记许可制。[①] 那么我国对企业基金会设立进行监管的机构是双主体：登记管理部门和业务主管部门。

依据《条例》，登记部门负责各级对应基金会相关的登记管理工作，登记部门均为人民政府民政部门。原始基金超过 2000 万元，并且捐赠企业向国务院民政部提出了设立申请的企业基金会，其登记部门为民政部。省级人民政府民政部门则是本辖区范围内除民政部管辖以外的企业基金会的登记管理部门。表 5-1 是设立阶段企业基金会所需要上交给登记部门的材料。业务主管部门由国务院有关部门或者国务院授权组织、省级人民政府有关部门或省级人民政府授权的组织担任。业务主管部门不仅仅管理企业基金会的设立申请，还负责变更、注销的登记等程序以及企业基金会成立后公益活动项目的指导及监督，同时还需要协助登记管理机关查处基金会的违法行为。

表 5-1　　　　企业基金会设立时需上交登记部门的材料表

上交登记部门的材料	相关要求
设立登记申请书	设立基金会的理由，申请人的基本情况及其近年来参与、支持公益事业的情况；基金会的基本情况，包括名称、宗旨、业务范围、原始基金及其捐赠人、理事长等情况
业务主管单位同意设立登记的文件（由业务主管单位出具）	写明同意该基金会设立并同意担任其业务主管单位、承担相应的业务指导和监督管理职责，加盖国徽章
章程草案及其电子版	依照中国社会组织网上章程示范文本自拟
住所使用权证明（自拟）	须由提供住所的单位或个人出具使用证明，并提供房屋产权证复印件，若为租赁的，还须提供租赁合同复印件
原始基金捐赠承诺书（自拟）	写明拟捐赠金额、作为拟设立基金会的原始基金，承诺该资金为捐赠者的合法财产，捐赠人签字或者捐赠单位印章
基金会理事、监事备案表	包括拟任理事长、副理事长、秘书长、理事、监事，每人一表

---

① 《条例》第 9 条规定：申请设立基金会，申请人应当向登记管理机关提交下列文件：（一）申请书；（二）章程草案；（三）验资证明和住所证明；（四）理事名单、身份证明以及拟任理事长、副理事长、秘书长简历；（五）业务主管单位同意设立的文件。

续表

上交登记部门的材料	相关要求
秘书长专职承诺书（自拟）	承诺在基金会成立后专职从事秘书长工作，并本人签字，加盖本人所在单位人事部门印章
基金会法人登记申请表	按表格内容填基金会名称、原始基金、法人代表等相关信息
基金会法定代表人登记表	按表格规定填写法定代表人的基本信息
基金会章程核准表	上附业务主管单位审查意见，登记机关审批

设立企业基金会时，首先得获得业务主管部门的批准，完成第一步以后才可以向登记管理部门申请注册登记。完成这两步以后才是合法的慈善组织才能被纳入国家的监管体系，在从事慈善事业、进行慈善活动时获得税收减免的资格。目前我国对于企业基金会设立阶段的监管采取的是双重管理体制。这一制度常被诟病为阻碍慈善组织壮大慈善事业发展的最直接、最重要的原因。

我国法律对基金会准入制度在注册管理方面进行过调整，经历了从1988年出台的《办法》的"三重管理体制"[1]到2004年出台的《条例》的"双重管理体制"的变化。相较于《条例》的注册管理制度，1988年所颁布的《办法》还需要中国人民银行审查批准。这两部法律规范的目的和法律条文表述虽存在区别，但是浓厚的行政管控色彩却是两者之间最明显的共同之处。[2] 带有浓厚行政监管色彩的注册登记制度的目的是确保基金会的质量和正确的发展方向，抑或是为了防止基金会损害公共利益。对于性质是官办的公募基金会登记注册不存在制度上的难题，但对于民间力量捐赠成立的企业基金会的准入则产生了很大的阻碍。

---

[1] 《办法》第11条规定：建立基金会，由其归口管理的部门报经人民银行审查批准，民政部门登记注册发给许可证，具有法人资格后，方可进行业务活动。全国性的基金会，报中国人民银行审查批准，向民政部申请登记注册，并向国务院备案。地方性的基金会，报中国人民银行的省、自治区、直辖市分行审查批准，向省、自治区、直辖市人民政府的民政部门申请登记注册，并向省、自治区、直辖市人民政府备案。

[2] 李晓倩、蔡立东：《基金会法律制度转型论纲——从行政管控到法人治理》，《法制与社会发展》2013年第3期。

第三节 企业基金会设立监管的实证分析

根据基金会中心网的数据及资料可以知道，自 1981 年成立第一家基金会——浙江省妇女儿童基金会开始，我国基金会这一慈善形式逐步成长、发展。截至 2018 年 3 月 1 日，我国基金会数量已经达到了 6447 家，注册资金为 323.47 亿元，公益支出为 313.06 亿元，捐赠收入为 379.96 亿元。其中企业基金会有 868 家，占总数的 13.46%。[①] 上述数据表明基金会数量随着时间的推移不断增加，逐步成为慈善事业的重要社会组织。而企业基金会作为基金会重要组成部分，其对于慈善事业的贡献同样不容小觑（下文中实证分析的数据均源自基金会中心网）。

一 我国企业基金会历年新设立的情况

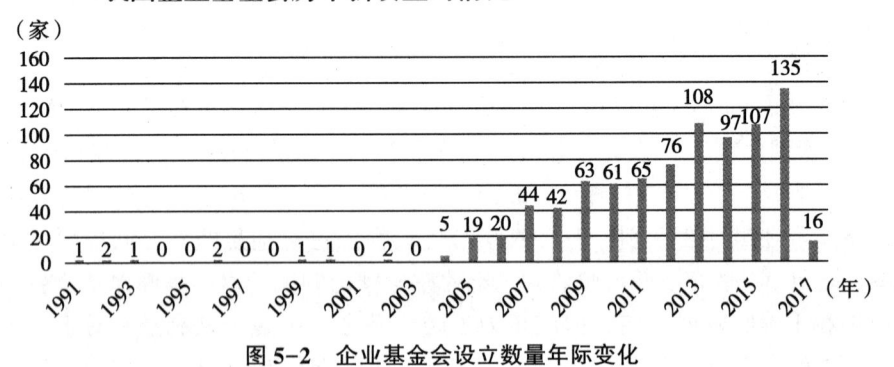

图 5-2 企业基金会设立数量年际变化

资料来源：基金会中心网，数据中心，http://www.foundationcenter.org.cn，截止日期：2018 年 3 月 1 日。

（一）历年设立数量增长情况

由图 5-2 可知，我国企业基金会的发展总体呈现出由少到多的变化，但在整体的变化中又存在着阶段性的差异和新设增量明显的年份。这样的阶段有 1991—2003 年、2004—2016 年，新设增量明显的是 2013 年、2016 年。企业基金会的新设呈现出的阶段性增量变化和增量突出年份的现象与法律法规和相关政策对企业基金会的规制存在着一定的关联。以上的阶段

---

① 基金会中心网，数据中心，http://data.foundationcenter.org.cn/findex.html。

性变化十分清晰地体现出了法律、政策规制对企业基金会成长发展的重要影响，具体详见表 5-2 及分析。

表 5-2　　　　　　　　企业基金会相关法律、法规、政策表

发布时间	名称	相关主要内容
1988 年	《基金会管理办法》	首次出台相关法规对基金会设立进行规范
1995 年	《中国人民银行关于进一步加强基金会管理的通知》（已失效）	加强了对基金会设立的监管，增加了 200 万元活动基金的条件
2004 年	《基金会管理条例》	进行了公募和非公募基金会的划分，采取有分别的监管
2013 年	《中共中央关于全面深化改革若干重大问题的决定》	提出"创新社会治理"，放宽慈善组织设立渠道，规定公益慈善等四类社会组织年底直接登记
2013 年	《国务院机构改革和职能转变方案》	明确提出对公益慈善等四类组织实施直接登记制。此后，直接登记制在全国各地方全面展开
2016 年	《中华人民共和国慈善法》	较系统、明确地规范慈善组织的行为
2016 年 8 月	中共中央办公厅及国务院办公厅共同印发《关于改革社会组织管理制度促进社会组织健康有序发展的意见》	出台一系列措施大力培育发展社区社会组织以及完善扶持社会组织发展，进一步加强社会组织建设，激发社会组织活力，从而改革社会组织管理制度、促进社会组织健康有序发展

注：2016 年 5 月为加强与《慈善法》的衔接，《条例草案意见稿》发布、面向公众征求意见，以求通过相关条文的修订来降低基金会准入门槛，鼓励基金会在基层的发展。

结合图 5-2 与表 5-2 的情况可以分析得出，我国基金会的发展深受政策影响，其中企业基金会的发展更为明显。1988 年《办法》出台，是改革开放后第一部专门规范中国民间组织登记管理的行政法规。其主要规定了基金会的定义、设立条件、审批体制、资金筹集规制、资金使用保值规则、资助协议和行政费用的规范以及监督规范等。这迈出了我国基金会发展的新一步。1989 年基金会的增长达到一个新高度，较 1988 年增加了 42 家基金会，增长率为 42.9%。而 1995 年出台的《关于进一步加强基金会管理的通知》为规范之前基金会的发展乱象而对基金会的设立作出较大的限制，如要求基金会设立时必须满足 10 万元最低注册资金限额以及 200 万元活动基金的条件；限制宗旨相同或相近的基金会在同一区域内设立等，这使基金会的发展出现起伏波动的发展态势。1996 年新增加基金会 42 家，增长率仅为 8.8%，较上年同期的增长率低了 8.3%。由图 5-2 的数量增长趋势可以看出，自 1981 年到 2004 年《条例》出台前这 20 多年间，基金会的数量增长趋于平缓，全国基金会的数量不到 800 家。

2004年《条例》区分了公募基金会和非公募基金会，大力促进了非公募基金会的发展，这激发了社会组织及个人创办基金会的热情，基金会数量飞速增长，年增长率曾经达到21%。2013年党的十八大以后，国务院颁布了一系列通知，加快社会体制改革，创新社会治理体制。北京、上海、广州等20多个省市开放公益慈善等四类组织直接登记，取消不必要的行政审批。将审查基金会登记成立的审批权从省级民政部门下放到县级以上民政部门，进一步降低了注册门槛，大大加快了市县级基金会的发展。2016年3月16日，《慈善法》颁布，这标志着中国慈善行业迈入法治化轨道。《慈善法》的出台还促使相关配套法规及政策的制订，这进一步完善了我国慈善组织制度，促进了基金会发展，并使其规模和数量都明显增多。

表5-3　　　　　　　1991—2003年企业基金会新设数量　　　　　　（家）

年份	基金会名称	设立数量
1991	福建大丰文化基金会	1
1992	北京节能与电力开发基金会 江西省江铃科技奖励基金会	2
1993	上海工商界爱国建设特种基金会	1
1994	无	0
1995	无	0
1996	上海汽车工业科技发展基金会 山西省晋驹科教基金会	2
1997	无	0
1998	无	0
1999	福建宏利基金会	1
2000	广东省优秀科技专著出版基金会	1
2001	无	0
2002	上海市应昌期围棋教育基金会 尚德教育基金会	2
2003	无	0
2004年1月1日—2004年3月8日	无	0

如表5-3所示，在第一阶段1991—2003年（含2004年年初至2004年3月8日《条例》发布时的阶段），具体发展情形如下。1991年大丰集团捐赠设立了我国第一家企业基金会——"大丰文化基金会"（原名"荔丰协丰

文化基金会"），在这之后至 2003 年，我国每年企业基金会的新设呈现出数量少且波动性设立的情况。1994 年、1995 年、1997 年、1998 年、2001 年、2003 年都没有新企业基金会设立。结合表 5-2 可以窥探出法律法规及政策与这种现象的内在联系。1988 年颁布的《办法》是我国首部专门规范基金会的行政法规，该《办法》主要规定了基金会的定义、设立条件、审批部门、人员任职限制、资金保值要求、监督规范等。在《办法》出台后的 1991 年，第一家企业基金会成立，企业基金会的发展至此开始，但由于改革开放初期经济发展水平并不高，所以企业基金会的发展还处于波动的状态。1995 年出台的《关于进一步加强基金会管理的通知》（以下简称《通知》）对设立基金会作出如下限制：200 万元活动基金是设立基金会必须满足的条件；限制宗旨相同或者相似的基金会在同一区域内成立，等等。这也解释了 1995 年新设数量为 0 的原因。1988 年的《办法》和 1995 年的《通知》对 1991—2003 年企业基金会设立的少量且波动的状态产生了十分明显的影响。在经济发展水平仍然较低的年代，这两项政策的出台对于企业基金会的设立产生雪上加霜的影响。

表 5-4　　　　2004—2017 年企业基金会数量变化表　　　　（家）

年份	总量	新设数量
2004	15	5（2004 年 3 月 8 日后）
2005	34	19
2006	54	20
2007	98	44
2008	140	42
2009	203	63
2010	264	61
2011	329	65
2012	405	76
2013	513	108
2014	610	97
2015	717	107
2016	852	135
2017	868	16

如表 5-4 所示，2004 年 3 月《条例》颁布后至 2017 年，这一阶段新设企业基金会数量大，且存在增量相对较大的年份即 2013 年、2016 年。结合表 5-2 分析可得，《条例》对基金会进行有分别的监管，进行了公募与非公募基金会两大类别的划分，一定程度上促进了企业基金会的发展。在《条例》公布的 2004 年即有 5 家企业基金会设立，这和之前时有时无的波动状态是有明显不同的。2013 年新设的企业基金会有 108 家，较上一年度新设增幅达 42.11%。2013 年党的十八大以后分别公布的《中共中央关于全面深化改革若干重大问题的决定》与《国务院机构改革和职能转变方案》均提出了直接登记制，将审查基金会登记成立的审批权限由省级民政部门下放到了县级和市级民政部门。为积极响应上级推行的慈善组织直接登记制度这一政策，广东省民政厅、北京市、深圳市分别公布了相应的规定和条例，全国部分地区开始实行直接登记制，取消了不必要的前置审查，县级和市级民政部门更多地加入企业基金会的登记审查行列中来了，分散了较高级别的民政部分的监管压力，促进了规模较小的企业基金会的发展。2016 年新设企业基金会数量 135 家，较上一年度增幅达 26.19%。2016 年《慈善法》颁布，自此中国慈善行业迈入法治化轨道，我国慈善组织制度进一步完善，促进了企业基金会体量增长。

（二）地域分布情况

表 5-5 　　　　　　　　企业基金会地域分布　　　　　　　　（家）

省市	数量	省市	数量	省市	数量
广东	187	吉林	18	云南	11
北京	139	河南	18	黑龙江/陕西	9
江苏	79	山东	18	贵州	8
浙江	75	山西	17	天津	7
上海	59	广西	15	海南	4
福建	38	内蒙古	14	辽宁	4
河北	25	宁夏	12	重庆	4
湖南	20	江西	11	新疆	3
安徽	20	甘肃	11	青海	2
湖北	19	四川	11	西藏	1

根据表 5-5，当前企业基金会数量排名前六的省市依次为广东、北京、江苏、浙江、上海以及福建。这六个省市均属于我国四大经济分区中经济发展最好的地区。企业基金会数量次之的为中部地区和东北地区，最少的则为西部地区，其中新疆、青海和西藏分别只有三家、两家和一家。从上述分析明显可以看出企业基金会的数量与地区的经济发展水平呈正相关的关系。但是现有的法律规定并没有对企业基金会的设立条件进行区域化的划分。

（三）原始基金规模分布情况

表 5-6　　　　　　　　企业基金会原始基金规模分布

原始基金（万元）	数量（家）	占比（%）
100	1	0.12
200≤X<400	591	68.09
400≤X<800	90	10.37
800≤X<2000	63	7.26
2000≤X<8000	70	8.06
X≥8000	17	1.96
未公布	36	4.15

根据表 5-6，原始基金在 200 万元以上但不足 400 万元的范围内的企业基金会数量是最多的，占比超过一半，高达 68.09%。注册资金金额越高的企业基金会反而数量越少、占比越低。这种现象可能有以下两种原因：第一，我国企业在设立企业基金会时更趋向于更低的原始基金；第二，小型企业捐赠设立基金会的数量更多。据此可以有这样的推测：降低设立企业基金会的注册资金可以促进更多中小企业进入慈善市场。

表 5-7　　　　　　　以 2000 万元为分界的原始基金分布规模

原始基金范围	数量（家）	占比（%）	原始基金总额（元）	占比（%）
不足 2000 万元	745	89.54	2357171112	32.92
2000 万元以上	87	10.46	4803295600	67.08

根据《条例》可知,注册资金达2000万元的基金会发起人可以向民政部申请设立非公募基金会,2000万元可以被看作是最高层级非公募基金会的金额标准,故表5-7以2000万元为标准来窥探大规模企业基金会和相对较小的企业基金会设立数量占比与原始基金总额占比的关系。原始基金不足2000万元的企业基金会与原始基金2000万元以上的企业基金会的数量占比分别为89.54%和10.46%,前者的数量远高于后者,然而前者原始基金总额却比后者的原始基金总额低了34.16%。我国企业基金会中数量占比更多的是原始基金数额相对较低的企业基金会,但是注册资金数额占比更高的却是原始基金数额较多的大型企业基金会。规模相对较小的企业基金会原始基金总额比数量仅为其1/7的大规模企业基金会的原始基金还少了近25亿元。这种数量与资金规模的差异值得我们深思:虽然小规模的企业基金会数量多,但其进行慈善目的资金规模却远不如大规模的企业基金会。

(四)登记部门规模分布情况

表5-8　　　　　2010—2017年各登记部门新设登记情况　　　　　(家)

年份	县级民政部门	市级民政部门	省级民政部门	民政部
2010	0	3	52	6
2011	0	2	58	5
2012	0	17	52	7
2013	1	22	71	3
2014	8	31	64	5
2016	6	34	64	3
2017	3	39	91	2

从表5-8中我们可以发现:第一,企业基金会登记最多的部门还是省级和市级民政部门,省民政厅最多,市民政局次之;第二,2013年之前没有企业基金会在县级民政部门登记注册,2013年才开始有企业基金会在县级民政部门登记;第三,在市民政局登记的企业基金会的数量在2011年以后增幅明显。

如表5-9,2010年、2011年、2012年在市级民政部门登记的企业基金会均来自于深圳市。2013年以后,为贯彻落实国务院关于改革社会组织管理制度的精神,各个省份开始将登记管理权限下放到部分设区的市。这也就出现了以深圳为起点,各个地区逐步出现在市级民政部门登记企业基金会的现象。

表 5-9　　　　　地市级民政部门登记企业基金会的年度变化

	2010 年	2011 年	2012 年	2013 年	2014 年	2015 年	2016 年
广东	3 家	2 家	15 家	15 家	11 家	18 家	22 家
其他	无	无	广西 1 家	福建 5 家 甘肃 1 家 湖北 1 家	江苏 4 家 浙江 4 家 安徽 4 家 福建 2 家 广西 2 家 河南 1 家 辽宁 1 家	江苏 6 家 河北 2 家 山东 2 家 广西、湖北、湖南、安徽、福建、云南各 1 家	江苏 7 家 福建 2 家 辽宁、湖南、四川、山东、广西各 1 家

根据上述所有的表格数据及分析可以明显发现,法律政策的规制对企业基金会的发展产生着重要的影响,影响着企业基金会的数量、质量、登记部门的选择以及地域分布。

二　对上市公司设立的 103 家企业基金会的实证分析

至 2017 年 12 月,基金会中心网所列明的企业基金会共有 868 家。由于企业基金会体量较大,同时由于很多规模较小的企业基金会透明度指数 FTI(Foundation Transparency Index)较低,数据收集难度较大,故我们选取了上市公司捐赠设立的企业基金会进行分析。

基金会中心网统计的上市公司设立的企业基金会共 103 家,数量适中,占整个企业基金会总数量的 11.87%。上市公司均为规模较大的公司,注重信息的公开透明,资料收集的难度相对较低。故本书通过上市公司企业基金会的设立情况来反映法律对企业基金会设立监管的规制情况和存在的问题。

(一)设立监管内容的分析

1. 公益宗旨与目的实现情况分析

表 5-10　　　　上市公司企业基金会公益宗旨与目的实现状况

宗旨中公益目的表述	实际项目涉及领域	数量(家)	占比(%)
1. 概括性公益目的	1.1 实际项目仅涉及一个领域	8	7.77
	1.2 实际项目涉及两个及以上领域	22	21.36

续表

宗旨中公益目的表述	实际项目涉及领域	数量（家）	占比（%）
2. 概括性+一个及以上具体公益目的	2.1 实际项目涉及具体方向部分或所有领域	17	16.5
	2.2 实际项目达到的公益目的超出具体公益目的且涉及领域与具体公益目的具有明显相关性	5	4.85
	2.3 实际项目达到的公益目的超出宗旨表述的具体公益目的且涉及领域与具体公益目的没有明显相关性	9	8.74
3. 一个及以上具体公益目的	3.1 实际项目达到的公益目的涉及宗旨描述中具体方向部分或所有领域	17	16.5
	3.2 部分实际项目达到的公益目的超出宗旨表述的具体公益目的且涉及领域与具体公益目的没有明显相关性	6	5.83
基金会中心网中未标明宗旨或关注领域		19	18.45
共计		103	100

根据《基金会登记事项表》可以知道，企业基金会的宗旨是对企业基金会特定公益目的的纲领性表述与大致范围的确定。基于对103家上市企业的企业基金会的宗旨表述方式与各企业基金会实际公益项目涉及领域的分析进行的分类统计，形成了表5-10中三大类、共七小类的模式。

模式1.1：宗旨表述方式为概括性公益目的，但实际项目仅涉及一个领域，该模式共8家，占比7.77%；模式1.2：宗旨表述为概括性公益目的，实际项目涉及两个及以上领域，该模式共22家，占比21.36%。

模式2.1：宗旨表述为概括性与一个及以上具体公益目的，实际项目涉及具体目的部分或所有领域，该模式共17家，占比16.5%；模式2.2：宗旨表述方式为概括性与一个及以上具体公益目的，实际项目达到的公益目的超出具体公益目的且涉及领域与具体公益目的具有明显相关性，该模式共有5家，占比4.85%；模式2.3：宗旨表述方式为概括性与一个及以上具体公益目的，实际项目达到的公益目的超出宗旨表述的具体公益目的且涉及领域与具体公益目的没有明显相关性。

模式3.1：宗旨表述方式为一个及以上具体公益目的，实际项目达到的公益目的涉及宗旨描述中具体目的部分或所有领域，该模式共17家，占比

16.5%；模式3.2：宗旨表述方式为一个及以上具体公益方向，部分实际项目达到的公益目的超出宗旨表述的具体公益目的且涉及领域与具体公益目的没有明显相关性，该模式的企业基金会共6家，占比5.83%。另外有19家企业基金会在基金会中心网中没有被统计宗旨或关注领域，占比18.45%。

我们将上述分类进行了详细的统计，并举例进行分析。由于《慈善法》与《条例草案意见稿》的规定是"以开展公益慈善活动为宗旨"，上述模式均符合，故本章的实证分析以《条例》所规定的"特定公益目的"为主进行分析。

表5-11　　　　　　　　　　　模式1.1情况

企业基金会名称	宗旨	实际项目涉及一个领域
中远海运慈善基金会	弘扬民族精神，奉献中远爱心，支持公益事业，促进社会和谐与发展	扶贫助困
南京金鹰国际慈济基金会	发展民间公益慈善事业，支持与推动社会公益和全社会的文明进步与发展	扶贫助困
中国人寿慈善基金会	支持公益慈善事业，促进社会和谐与发展	扶贫助困
深圳市佳兆业公益基金会	资助优秀公益项目，促进社会平等和谐	教育
江苏中南慈善基金会	以人为本、关爱民生、回报社会、构建和谐	教育
宁夏金宇爱心慈善基金会	以奉献爱心，扶危济困，和谐共生为宗旨	心理健康
陕西省世联慈善基金会	弘扬党和政府的拥军优属光荣传统，传递社会正能量，共铸军民鱼水情	公共安全
杭州市余杭区老板电器公益基金会	做一个让社会尊敬的基金会	扶贫助困

表5-12　　　　　　　　　　　模式1.2情况

企业基金会名称	宗旨	实际项目涉及领域
江苏新潮仁爱基金会	服务社会，奉献爱心	教育、公共服务、医疗救助、扶贫助困
浙江省康恩贝慈善救助基金会	以人为本，关爱生命，慈善为怀，体现和谐	卫生保健、医疗救助、教育、环境
中国人保公益慈善基金会	彰显保险真谛，奉献人保爱心，致力造福于民，服务和谐社会	卫生保健、体育、扶贫助困、环境
上海浦发公益基金会	奉献浦发爱心，弘扬社会美德，支持公益事业，促进社会和谐与发展	扶贫助困、教育

企业基金会名称	宗旨	实际项目涉及领域
江苏兴达爱心基金会	帮助人在尊严中发展，激发人在发展中奉献	扶贫助困、医疗救助
万科公益基金会	倡导公益与志愿精神，推动中国公益事业发展	教育、体育、医疗救助、心理健康、卫生保健
深圳市腾邦慈善基金会	关注慈善，回报社会，担当责任，促进和谐	公共服务、"三农"、教育
湖北省树海公益慈善基金会	支持公益慈善事业，促进社会和谐发展	教育、扶贫助困、公共服务

表 5-11 是宗旨表述为概括性公益目的，但实际项目仅涉及一个领域的模式。表 5-12 是宗旨表述为概括性公益目的，实际项目涉及两个及以上领域的模式。在这两种情况下，由于宗旨表述具有概括性，公益目的则只能由基金会章程或基金会登记事项表中的业务范围来表明。表 5-12 的模式在所有模式中占比最高，为 36%。

表 5-13 模式 2.1 情况

企业基金会名称	宗旨	实际项目涉及具体公益方向部分或全部领域
四川美丰教育基金会	强化社会责任，倡导回报社会，帮助品学兼优的农村贫困家庭学生顺利完成学业	教育
广西国海扶贫助学基金会	弘扬民族精神，奉献国海爱心，资助贫困学生，培育广西人才，促进社会和谐与进步	教育
王振滔慈善基金会	扶贫济困救难、奉献个人爱心、推动慈善事业发展	扶贫助困
浙江海亮慈善基金会	发扬国人传统，发展慈善事业，救助生活困难群体	扶贫助困
湖北省长江证券公益慈善基金会	扶危济困、回报社会。	扶贫助困、公益行业发展
江苏海澜教育发展基金会	致力公益慈善事业，关爱青少年成长，倡导企业公民责任，推动社会和谐进步	教育
浙江永强慈善基金会	弘扬扶贫济困的传统美德，关爱民生，扶贫助学，为回报社会，大力开展慈善公益事业	扶贫助困
江苏沙钢公益基金会	在安老、慈孤、扶残、济困、震灾及兴建、改造慈善、公益设施等方面发挥积极作用，以人为本，关爱民生，为构建和谐社会做贡献	扶贫助困

表 5-13 是宗旨表述为概括性内容且含一个及以上具体公益目的，同时实际项目涉及具体目的部分或所有领域的模式。具体的公益目的可以表明企业基金会的"特定公益目的"，概括性部分的宗旨表述又为之后拓展公益领域提供了章程中的依据。这种模式体现出现实情况下企业基金会对《条例》"特定公益目的"的遵守。我们认为这种情况是企业基金会比较保守地遵循现行规定的设立条件的表现，并将"特定"贯彻到实际项目中。

表 5-14　　　　　　　　　　模式 2.2 情况

企业基金会名称	宗旨	实际项目涉及领域
香江社会救助基金会	发扬人道主义精神，扶贫济困，发展社会公益事业	教育、扶贫助困
浙江慈溪兴业夕阳红基金会	传承美德、回馈社会、尊老济困、共建和谐	医疗救助、公共服务、扶贫助困
腾讯公益慈善基金会	致力公益慈善事业，关爱青少年成长，倡导企业公民责任，推动社会和谐进步	教育、心理健康、医疗救助、公共服务、公益行业发展、"三农"
北京百度公益基金会	以信息技术打造公益平台，弥合信息鸿沟，促进知识共享，构建和谐社会	医疗救助、卫生保健、心理健康、公益行业发展、环境
湖南省步步高福光慈善基金会	遵守宪法、法律、法规和国家政策，遵守社会道德风尚，发扬扶贫帮困、乐善好施的中华民族传统美德，发扬人道主义精神，帮助社会弱势群体，造福社会和民众，促进社会慈善事业的蓬勃发展	扶贫助困、教育

表 5-14 是宗旨表述为概括性内容且含一个及以上具体公益目的，但实际项目达到的公益目的超出具体公益目的且涉及领域与具体公益目的具有明显相关性的模式。如香江社会救助基金会，其具体公益目的为"扶贫济困"，实际公益项目涉及领域不仅有扶贫助困，还有教育领域。对其具体项目内容"资助困难家庭杨志国、杨志君、杨志杰、杨智慧学杂费共计75727.83 元"分析可以知道：该公益项目涉及的领域与其具体公益目的实际上具有明显的关联性。从《条例》对公益目的规定的角度来看，这是现实情况下企业基金会对"特定公益目的"内容相关性的延展，不属于超越特定公益目的这一《条例》规制的范畴。我们认为这种情况是企业基金会自身充分发挥主观能动性进行慈善活动的表现。从《慈善法》与《条例草

案意见稿》来看,这种模式完全符合以开展公益慈善活动为宗旨的要求。

表 5-15　　　　　　　　　　模式 2.3 情况

企业基金会名称	宗旨	实际项目涉及领域
招商局慈善基金会	关注民生,扶贫济困,热心公益,奉献社会	扶贫助困、公益行业发展、教育
福建省发树慈善基金会	帮扶救困;关注弱势群体;开展多种形式的救助工作;协助政府发展慈善公益事业,促进社会文明进步	扶贫助困、教育、公益行业发展
比亚迪慈善基金会	致力公益慈善事业,开展扶贫济困、助学兴教等各种社会公益慈善活动。弘扬中华民族扶贫济困的传统美德,倡导企业公民责任,为建设和谐社会尽一份心力	扶贫助困、医疗救助、教育
广东省保利地产和谐文化基金会	倡导和实践根植中国传统文化,致力于华夏文明的传承,关注青少年文化艺术素质的培育提升为宗旨	环境、教育、公共安全
亿利公益基金会	以构建富强、文明、和谐社会为宗旨,坚持"绿色循环"的发展理念,致力于环境保护及荒漠化防治事业,积极履行社会责任,促进社会公益事业发展	教育、扶贫助困、科学研究
阿里巴巴公益基金会	营造公益氛围,发展公益事业,促进人与社会、人与自然的可持续发展	教育、扶贫助困、医疗救助
上海国泰君安社会公益基金会	服务上海国际金融中心建设事业,推动和谐社会发展	教育、扶贫助困
中国海油海洋环境与生态基金会	海洋环境与生态保护,推动海洋环境生态科学研究与技术开发项目,支持海洋领域的国际交流与合作活动以及其他慈善公益事业	"三农"、环境、公共服务、扶贫助困
紫金矿业慈善基金会	致力公益慈善事业,履行企业公民责任,推动社会和谐进步,促进环境生态平衡	"三农"、文化、公共服务

表 5-15 是宗旨表述为概括性内容且含一个及以上具体公益目的,但实际项目达到的公益目的超出宗旨表述的具体公益目的且涉及领域与具体公益目的没有明显相关性的模式。如招商局慈善基金会,其宗旨表述中的具体公益目的为"扶贫济困",但在具体公益项目中涉及教育的项目是以"针对教育系统人员,为提升梦想教师专业能力"为目的的项目,其与扶贫济困则没有了实质上的关联性。我们认为这种模式是对"特定公益目的"之"特定"的突破,在宗旨表述中还有概括性公益目的进行兜底,但事实上是对《条例》关于设立基金会的有关宗旨条件法律规制的突破。但是就《慈善法》与《条例草案意见稿》而言,该模式完全符合以开展公益慈善活动

为宗旨的要求。

表 5-16　　模式 3.1 情况

企业基金会名称	宗旨	实际项目涉及具体方向部分或所有领域
宝钢教育基金会	奖掖优秀人才，力行尊师重教，推动产业合作，支持教育发展	教育
山西省潞安扶贫助学基金会	为贫困职工家庭子女上学提供资助	扶贫助困、教育
北京歌华文化创意产业发展基金会	扶持文化创意产业发展，为北京文化创意产业的发展服务	文化
湖北省兴发之星教师奖励基金会	接受社会各界的支持和帮助。激励广大教师扎根兴山，奉献教育，培养更多的优秀人才。更好地调动教师的积极性，稳定现有骨干教师、优秀人才队伍，培养和造就一大批名师，促进学校的可持续发展	教育
漳州市李瑞河茶文化教育基金会	振兴教育、培养茶文化专业人才、弘扬茶文化	教育
山东省南山老龄事业发展基金会	弘扬尊老敬老传统美德，大力发展老龄事业	扶贫助困、公共服务
深圳市华会所生态环保基金会	倡导生态文明理念，推动生态建设和环境保护	环境
浙江华策影视育才教育基金会	支持国家影视人才教育事业，致力为影视文化产业培养国际化人才，特别是影视文化产业复合型人才、专业人才、经营管理人才，推动中华影视文化走出去，以文化辐射力来提升国家影响力	艺术
南航"十分"关爱基金会	为扶贫济困、救孤助残、赈灾救援、抗击疫情、助学兴教等社会公益活动提供资助或奖励，弘扬社会美德，彰显企业责任，引导社会风尚	安全救灾、教育
广西李宁基金会	救助贫困、无能力、年老病残人士，提供救助特殊灾害中的受害者及救助病者	教育、医疗救助
顶新公益基金会	教育工程；两岸文化；扶贫赈灾	教育、文化、扶贫助困
深圳市 TCL 公益基金会	为弱势群体创造教育和成长机会，谋求社区福祉及环境可持续发展	教育、医疗救助、扶贫助困、公益行业发展
甘肃亚太慈善基金会	秉持"安老、扶幼、助学、济贫"积极依托企业经济发展，全心投入公益慈善事业	扶贫助困
江苏中超慈善基金会	以人为本、尊老爱幼、扶贫济困、树人育人、奉献爱心	创业、文化、心理将康、医疗救助、扶贫助困、公共服务

企业基金会名称	宗旨	实际项目涉及具体方向部分或所有领域
北京三一公益基金会	赋贫者以机会，助志者至卓越，促产业之进步，倡发展可持续	教育、志愿服务
北京市搜候中国城市文化基金会	通过筹集资金，推动中国当代建筑发展和城市文化建设	教育、公益行业发展
浙江省李书福资助教育基金会	企业参与社会帮贫助学公益事业，关心高校贫困家庭学生完成学业，激励他们努力学习、奋发进取，为国家、社会培养优秀人才	教育、扶贫助困、体育

表 5-16 是宗旨表述为一个及以上具体公益目的，实际项目达到的公益目的涉及宗旨描述中具体目的部分或所有领域的模式。如山西省潞安扶贫助学基金会，其宗旨是为贫困职工家庭子女上学提供资助，而其关注的教育与扶贫济困的领域正好就是宗旨中表述的资助方向。这种模式从宗旨表述到实际项目均贯彻了"特定"这一词，是对这一设立条件完美的遵守，故必然符合《慈善法》与《条例草案意见稿》"以开展公益慈善活动为宗旨"的要求。

表 5-17　　　　　　　　　　模式 3.2 情况

企业基金会名称	宗旨	实际项目涉及领域
山东省胜利油田地学开拓基金会	创新石油地质理论与技术，培养青年地学人才	科学研究、医疗救助
广东省易方达教育基金会	关心支持教育，促进教育事业的发展	科学研究、卫生保健
河南省羚锐老区扶贫帮困基金会	根据发起人意愿，组织开展老区扶贫帮困活动	教育、扶贫助困
江苏捷安特自行车文体基金会	关注环境保护与节能减排，倡导自行车休闲运动健身与短程代步。发展旅游、改善交通，资助自行车文体公益活动。促进自行车发展，使自行车成为一种新的生活方式	扶贫助困、体育、环境
北京探路者公益基金会	支持极地科研发展，保护户外生态环境	环境、动物保护、科学研究、安全救灾

表 5-17 是宗旨表述为一个及以上具体公益目的，但部分实际项目达到的公益目的超出宗旨表述的具体公益目的且涉及领域与具体公益目的没有明显相关性的模式。尽管上表中的企业基金会在宗旨中就明确了"特定的

公益目的",但是在实际项目中涉及的领域与特定的公益目的不具有相关性。如广东省易方达教育基金会,其具体公益目的为教育,实际项目涉及的科学研究在事实上与之存在关联,但是涉及卫生保健领域的项目却并非有关卫生保健领域的教育,在事实上与具体公益目的没有相关性。这种模式虽然在设立宗旨之初遵循了"特定"这一条件,但部分实际公益项目的目的却超出了该基金会具体的公益目的。该模式是在实践中对"特定的公益目的"的突破。

2. 原始基金规模分析

表 5-18　　　　　　　　原始基金规模分布

原始基金（万元）	数量（家）	占比（%）	总额（万元）	占比（%）
200≤X<400	38	36.89	8158	2.85
400≤X<800	18	17.48	8360	2.92
800≤X<2000	10	9.71	11100	3.88
2000≤X<8000	25	24.27	88300	29.88
X≥8000	10	9.71	170000	50.46
未公布	2	1.94	未知	无

综合《条例》以及《条例草案意见稿》对企业基金会原始基金的规定,设置表 5-18 与图 5-3 中的分段统计标准。根据图表可以发现,原始基金在 200 万元以上但不足 400 万元之间的企业基金会数量最多,有 38 家;2000 万元以上但不足 8000 万元的企业基金会次之,有 25 家;但是后者的原始基金总额却是前者的十倍,数量与规模呈反比。仅就基金会数量而言,由于样本分析选择的是上市公司企业基金会,综合起来其资金能力比一般企业要强,大于 2000 万元的企业基金会的捐赠企业都是在我国十分出名、规模很大的企业,而小型企业的数量远远多于这种有能力设立大型企业基金会的企业的。所以在 200 万元以上但不足 400 万元之间的企业基金会的数量会更多,2000 万元以上但不足 8000 万元的企业基金会数量应当会相应减少。或者可以推测,就所有企业基金会而言,原始基金的数额与数量总体上应当是负相关的关系。

另外,还可以通过表 5-18、图 5-3 与表 5-19 分析企业基金会选择原始基金数额与登记部门的趋势。

图 5-3 原始基金规模分布

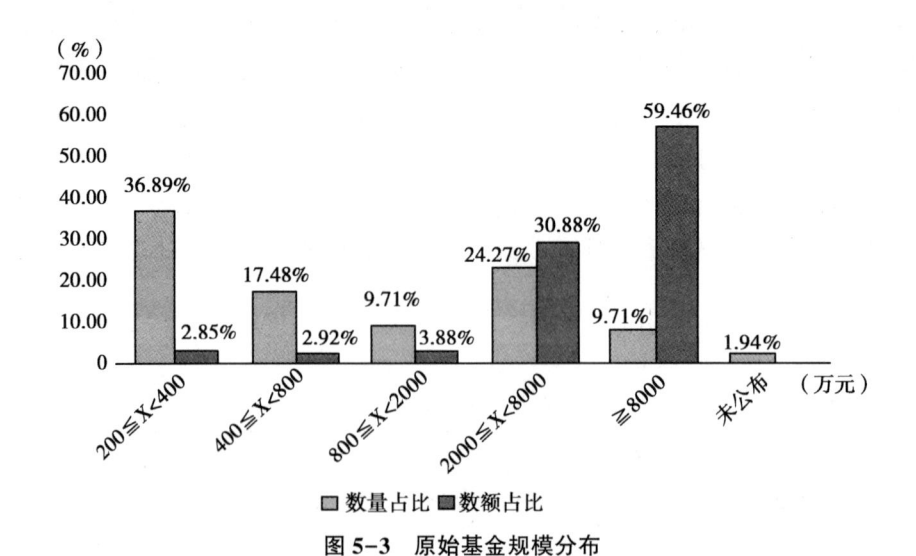

按照《条例草案意见稿》,从注册资金来看,成立地市级的企业基金会成本不变,而成立县级企业基金会成本增加 200 万元,省级企业基金会的设立成本则增加 400 万元,成立国家级企业基金会的成本增加了 6000 万元。原始基金大于等于 200 万元不到 400 万元的企业基金会只能在县级人民政府民政部门登记,3 家在市级人民政府民政部门登记的企业基金会和 34 家在省级人民政府民政部门登记的企业基金会不符合《条例草案意见稿》的规定,占比高达 97.37%。按《条例草案意见稿》只能在市级及以下人民政府民政部门登记的 18 家企业基金会,在上表中有 15 家在省级民政部门登记,占比达 83.33%。按《条例草案意见稿》只能在省级及以下人民政府民政部门登记的 25 家企业基金,在上表中有 18 家在民政部登记,占比达 72%。

表 5-19　　　　　　　　不同注册基金在不同登记部门的分布

原始基金(万元)	数量(家)	占比(%)	县级(家)	设区的市(家)	省级(家)	国家级(家)
200≤X<400	38	36.89	1	3	34	—
400≤X<800	18	17.48	—	3	15	—
800≤X<2000	10	9.71	—	2	8	—
2000≤X<8000	25	24.27	—	1	6	17
X≥8000	10	9.71	—	—	3	7

续表

原始基金（万元）	数量（家）	占比（%）	县级（家）	设区的市（家）	省级（家）	国家级（家）
未公布	2	1.94	—	2	—	—
共计	103	100	1	11	66	25
共计占比（%）			0.97	10.68	64.08	24.27

根据表5-19可以知道，在县级、市级、省级、国家级民政部门登记的企业基金会分别为1家、11家、66家、25家。而按照上述行政级别分类符合《条例草案意见稿》等级标准的分别为1家、6家（忽略未公布原始基金数额的2家）、17家、7家。在103家由上市公司捐赠设立的企业基金会中有64.08%选择在省级注册。如果当前修订稿通过，注册一家在省级民政部门登记的基金会的注册资金则从原来的400万元或200万元，提高到800万元。企业基金会原始基金的变化可能出现两个方面的问题。第一，除了在县级民政部门登记的企业基金会的原始基金降低了以外，在其他民政部门登记的企业基金会的准入资金都提高了。而目前103家上市公司企业基金会的数据分析中仅有1家在县级民政部门登记，尽管加上非上市公司的企业基金会后在县级民政部门登记的企业基金会数量占比会提高，但是按整体规模分布，企业基金会在省级民政部门登记的比例还是最高的。故在一定程度上打击了中小企业设立企业基金会的热情。第二，如果为了降低或按照之前的准入基金预期设立企业基金会的话，大部分企业基金会将只能在县级或市级民政部门登记，这将对较低层级民政部门监管企业基金会的能力提出挑战。

《条例草案意见稿》的修改一部分确实降低了在县级民政部门登记的企业基金会的注册基金的门槛，但是实际上提高了在省级民政厅和民政部登记的企业基金会的注册基金的门槛。这释放出立法者倾向于将企业基金会向低层级民政部门进行引导的信号。不同级别的民政部门除了注册基金的差别，其基本行使着相同登记管理职责，那么仅以行政级别的高低来规定不同的准入门槛的这种划分方式过于传统，仅仅是将非公募基金会按行政级别进行了更细致的分类，并没有实际释放企业捐赠设立企业基金会的热情与活力。那么我们认为立法者可以尝试灵活化规定企业基金会的注册基金要求，将其他的因素纳入注册基金多寡的划分依据中。

3. 基金会名称情况分析

表 5-20　　　　　　　　　　　基金会名称规范情况

	基金会名称模式	数量（家）	占比（%）
地名	+企业名称+关注领域+"基金会"（例：四川美丰教育基金会）	19	18.45
	+企业名称+非关注领域前缀+"基金会"（例：北京远洋之帆公益基金会）	48	46.6
	+企业家名+关注领域+"基金会"（例：浙江省李书福资助教育基金会）	4	3.88
	+企业家名+非关注领域前缀+"基金会"（福建省发树慈善基金会）	1	0.97
	+企业家名+"基金会"（例：广西李宁基金会）	1	0.97
企业名称	+关注领域+"基金会"（例：宝钢教育基金会）	2	1.94
	+非关注领域前缀+"基金会"（例：新奥公益慈善基金会）	24	23.3
企业家名	+非关注领域前缀+"基金会"（王振涛慈善基金会）	1	0.97
特殊名称模式	地名+企业名称+暗含关注领域词+"基金会"（浙江+慈溪实业+夕阳红+基金会）	1	0.97
	地名+企业名称+企业家名+"慈善基金会"（常德市+大湖股份+祖亮+慈善基金会）	1	0.97
	企业名称+公益项目+"基金会"（南航"十分"关爱基金会）	1	0.97

根据表 5-20 统计可知，企业基金会的名称中常见要素包括地名、企业名称、企业家名、关注领域、非关注领域前缀。其中以地名+企业名称+非关注领域前缀+"基金会"为模式命名的企业基金会共 48 家，占比最高，达 46.6%。在具有明显命名模式倾向性的情况下，仍存在数量较少的以特殊方式命名的企业基金会，如南航"十分"关爱基金会，其模式为企业名称+公益项目+"基金会"。在这 11 种企业基金会命名方式下，103 个上市企业设立的企业基金会中只有 1—2 个企业以之为命名的方式就有 7 种。由此可见"规范的名称"作为设立条件在实践中并没有一个统一的规范，但又存在着比较受欢迎的命名方式。虽然"规范的名称"是成立条件之一，

第五章 企业基金会的设立监管

但在设立企业基金会的过程中，对其并未像原始基金一样进行严格的要求与限制。

4. 上市公司企业基金会章程公布情况

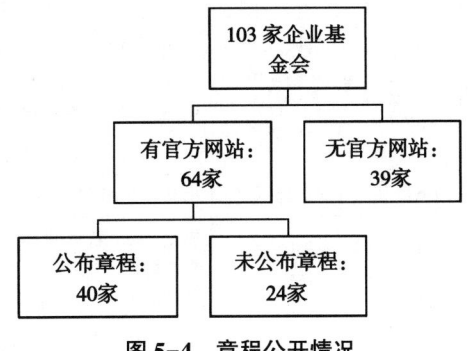

```
       103家企业基金会
         /        \
   有官方网站：   无官方网站：
     64家          39家
    /    \
公布章程： 未公布章程：
 40家      24家
```

图 5-4　章程公开情况

在基金会中心网和各企业基金会官方网站中统计的 103 家上市公司设立的企业基金会中，共有 40 家企业基金会公布了章程。所有的章程均有六章、一附则，其章节的设置完全一致。第一章：总则；第二章：业务范围；第三章：组织机构、负责人；第四章：财产的管理和使用；第五章：终止和剩余财产的使用；第六章：章程修改；附则。同时，所有章程均涵盖《条例》第 10 条所要求章程必须明确的九大事项。①

5. 上市公司企业基金会组织机构情况

表 5-21　　　　　　　部分企业基金会组织结构

基金会名称	原始基金（元）	登记部门	理事或理事会设立情况	监事或监事会设立情况
江苏捷安特自行车文体基金会	200 万	省级民政部门	由 13 名理事组成理事会	设监事 3 名

---

① 《条例》第 10 条规定：基金会章程必须明确基金会的公益性质，不得规定使特定自然人、法人或者其他组织受益的内容。基金会章程应当载明下列事项：（一）名称及住所；（二）设立宗旨和公益活动的业务范围；（三）原始基金数额；（四）理事会的组成、职权和议事规则，理事的资格、产生程序和任期；（五）法定代表人的职责；（六）监事的职责、资格、产生程序和任期；（七）财务会计报告的编制、审定制度；（八）财产的管理、使用制度；（九）基金会的终止条件、程序和终止后财产的处理。

续表

基金会名称	原始基金（元）	登记部门	理事或理事会设立情况	监事或监事会设立情况
四川美丰教育基金会	200万	省级民政部门	由9名理事组成理事会	设监事3名
上海国泰君安社会公益基金会	450万	省级民政部门	由10名理事组成理事会	设监事2名
福建兴业慈善基金会	500万	省级民政部门	由5—25名理事组成理事会	设监事会。设监事3名，监事长1名
上海浦发公益基金会	1900万	省级民政部门	由7名理事组成理事会	设监事1—3名
腾讯公益慈善基金会	2000万	民政部	由10—25名理事组成理事会	设监事2名
中兴通讯公益基金会	5000万	民政部	由7名理事组成理事会	设监事1名
阿里巴巴公益基金会	5000万	民政部	由5—25名理事组成理事会	设监事1—3名
招商局慈善基金会	1亿	民政部	由15—18名理事组成理事会	设监事1—3名
中国移动慈善基金会	1亿	民政部	由5—25名理事组成理事会	设监事2名

表5-21在103家上市企业设立的企业基金会中收集了10家公开了组织机构构成的企业基金会信息整理成表。《条例草案意见稿》对理事数量的要求同《条例》一样，要求理事的数量是5—25名，具体情况根据章程规定来确定。上述十家企业基金会的理事数量均符合要求。由于对理事数量有范围的规定，企业基金会对此有根据实际情况决定的权利。有部分企业基金会直接在章程中规定了5—25名的理事数量，也有具体指定董事数量的。福建兴业慈善基金会实际的理事数量为7名，可以看出在5—25名理事的数量范围内处于偏低的位置。由于其他在章程中只规定了理事范围的企业基金会的实际理事数量在官网上均没有找到，故对于实际的理事数量分布不便下结论，主要以章程的规定来进行分析。

《条例》仅对监事职责进行要求，对于监事数量并没有细化的规定。上表反映出监事数量大致为1—3名左右，仅有一家原始基金为500万元的福建兴业慈善基金会设立监事会。企业基金会监事的数量显得单薄，虽然符合企业基金会理事规定的5—25名，但监事的数量却基本没有多于3名的。企业基金会的监事数量是企业基金会自我监督的重要保障，基金会所具有的公益性质和对社会的负外部性等特殊处理要求应增加监事数量，进而达到对企业基金会的决策与执行机构——理事会进行监督的效果。

《条例草案意见稿》对监事与监事会的设立提出了要求：在省级以上人民政府民政部门登记、具有公开募捐资格的基金会应当设监事会。监事会的监事为3—7人，具体数额由章程规定。监事会设监事长1人。前款规定以外的基金会至少设1名监事；资产规模较大的，可以设监事会。有3名以上监事的，应当设监事会。上表中的企业基金会均为在省级民政部门登记的企业基金会，故应当设立监事会。上表中仅有福建兴业慈善基金会设立了监事会，且监事数量符合《条例草案意见稿》的最低要求。《条例草案意见稿》对于企业基金会设立之初的治理结构进行了新的规定，表明了法律规制将对于设立企业基金会的监管的注意力放在了引导优化其内部治理上。

（二）设立监管机构的分析

1. 登记部门情况

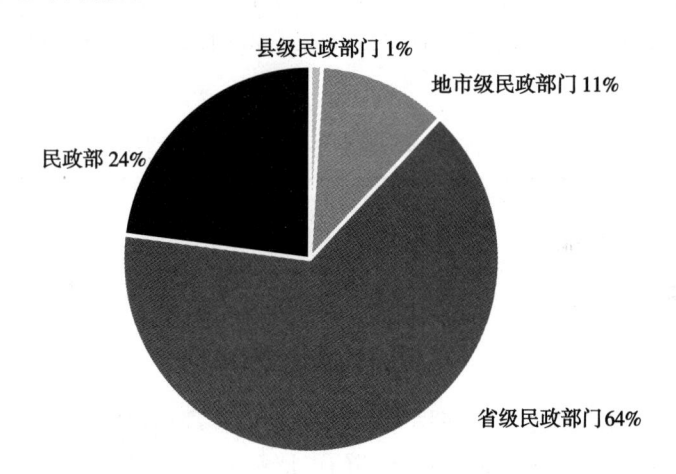

图 5-5　不同级别民政部门企业基金会登记数量

一般来说，上市公司属于资金实力雄厚的大型企业，从图 5-5 中可以发现上市公司企业基金会多在省级民政部登记，有24%的上市公司企业基金会在民政部登记，而本书研究的是整个企业基金会的情况。而其他的企业资金实力一般来说是不及上市公司的，可以推出能在民政部登记的非上市公司捐赠设立的企业基金会数量更少。所以以省民政厅为登记部门的企业基金会数量最多，市民政局次之。如果《条例草案意见稿》实行，从注册资金来看，成立国家级企业基金会的成本增加了 6000 万元，这也就可以预估，在《条例草案意见稿》实行后更多的企业基金会可能会倾向于选择更低级别的民政部门作为主管部门。更低级别的民政部门将承担更多数量的企业基金会的登记管理任务，这将要求较低级别的民政部门提高自身管理能力。

2. 业务主管单位总体情况

在到各级民政部门申请登记之前，企业基金会必须首先从业务主管单位拿到同意筹备成立的相关文件，并由该业务主管部门书面写明同意成为该基金会的业务主管单位的声明，同时自愿承担对应的职责。业务主管单位审查意见表中所包含的内容有：名称、住所类型、宗旨、业务范围。需要提交的文件有：基金会设立申请书，基金会登记事项表，章程，住所证明，监事、理事名单，拟任理事长、副理事长、基金会理事会成员名单表以及秘书长简历等。由此可以看出业务主管部门前置审查内容就是监管企业基金会的成立要件。

表 5-22　　　　上市公司企业基金会业务主管单位总体情况

	数量（家）	占比（%）
民政部门	57	55.34
其他部门	40	38.83
无	6	5.83

对于申请设立基金会，我国采用的是双重管理体制，程序上首先要找到合适的业务主管单位才能去民政部门申请登记。《条例》中第 7 条规定了关于业务主管单位的要求，并说明了申请设立基金会应当提交业务主管单位同意设立的文件。根据样本统计，如表 5-22 所示，103 家中有 57 家选择了民政部门（包括民政部以及地方民政部门）作为其业务主管单位，占比 55.34%，达到一半以上。有 40 家基金会选择了其他部门作为业务主管单位，此种类型占比 38.83%。另有 6 家企业基金会没有相关业务主管单位的信息，占比 5.83%。

选择在民政部登记设立的企业基金会有以下特点。第一，原始基金起始数额高，均满足《条例》关于在民政部登记设立的企业基金会所应缴纳的 2000 万元最低原始基金数额要求。第二，该类型企业基金会所在地多集中于北京、上海、深圳、广州等一线城市，一线城市的经济发展水平较高，企业资金也相对雄厚。企业在积累了一定的资金以后，开始寻求自身社会价值的实现，期望通过支持公益事业塑造良好的企业形象，从而打造自己的品牌优势。第三，该类型企业基金会中大多数有公开基金会章程，基金会设立情况较公开透明，可以让捐赠者更好地查询该企业基金会的大致情况。第四，该类型企业基金会的上市地点多为中国沪深两市，多面向国内融资。第五，该类型企业均为大企业，经济实力雄厚，并具有一定的社会知名度。

3. 业务主管部门与企业基金会业务匹配情况

业务主管部门还承担着指导基金会依据法律条文及章程的规定来开展公益活动的职责。然而，对于什么样类型的部门对应什么样的企业基金会却没有明确的说明，造成实际上企业基金会寻求业务主管部门困难且管理混乱的现象。以下根据企业基金会及业务主管部门的不同联系进行分类并分析。

表 5-23　　关注领域与业务主管部门具有密切联系的企业基金会

企业基金会名称	业务主管部门	关注领域
宝钢教育基金会	教育部	教育
四川美丰教育基金会	德阳市教育局	教育
浙江省李书福资助教育基金会	浙江省教育厅	教育、残疾、少数民族
黑龙江飞鹤乳业有限公司助学基金会	黑龙江省教育厅	教育
江苏海澜教育发展基金会江苏省	江苏省教育厅	教育
湖北省兴发之星教师奖励	湖北省教育厅	教育
浙江中信金通教育基金会	浙江省教育厅	教育
青海省天佑德教育基金会	青海省教育厅	教育
漳州市李瑞河茶文化教育基金会	漳州市教育局	教育
中国人保公益慈善基金会	河南省扶贫办	扶贫助困

从表 5-23 中可以看出，企业基金会关注领域与业务主管部门具有紧密的联系，如宝钢教育基金会关注的领域为教育，而其业务主管部门为教育部。教育部对全国教育事业的发展十分了解，可以为宝钢教育基金会开展

公益项目进行有建设性的指导。

表 5-24　民政部门作为业务主管部门的企业基金会列表

企业基金会名称	业务主管部门	登记部门	关注领域
中远海运慈善基金会	民政部	民政部	扶贫助困
中兴通讯公益基金会	民政部	民政部	安全救灾，扶贫助困，环境
神华公益基金会	民政部	民政部	安全救灾，扶贫助困，环境，教育，科学研究，社区发展
江苏沙钢公益基金会	江苏省民政厅	省级民政部门	残疾，扶贫助困，教育
浙江永强慈善基金会	浙江省民政厅	省级民政部门	扶贫助困，教育
浙江省亚德客慈善基金会	浙江省民政厅	省级民政部门	安全救灾，扶贫助困，公共服务，教育
浙江海亮慈善基金会	浙江省民政厅	省级民政部门	扶贫助困
比亚迪慈善基金会	民政部	民政部	安全救灾，扶贫助困，教育
杭州市余杭区老板电器公益基金会	余杭区民政局	县级民政部门	扶贫助困

表 5-24 中的企业基金会业务主管部门实际就是其登记部门，那么审查与登记分离而实现有效设立监督的初衷其实就被瓦解，实际上变成了审查与登记归口于一个部门的情况。

表 5-25　业务主管部门与捐赠企业具有密切联系的企业基金会列表

发起人	基金会名称	业务主管部门	关注领域
中国南方航空股份有限公司	南航"十分"关爱基金会	中国民用航空总局	安全救灾，教育
山西潞安矿业（集团）有限责任公司	山西省潞安扶贫助学基金会	山西省煤炭工业局	扶贫助困，教育
北京歌华文化发展集团	北京歌华文化创意产业发展基金会	北京市广播电影电视局	文化
中石化胜利油田总地质师	山东省胜利油田地学开拓基金会	中国石化集团胜利石油管理局	科学研究
浙江华策影视集团	浙江华策影视育才教育基金会	浙江省广电局	文化，艺术
国泰君安证券股份有限公司	上海国泰君安社会公益基	上海市金融服务办公室	教育，科学研究

表 5-25 中基金会业务主管部门与基金会的关注领域没有明显关系，反而与企业基金会发起人具有更为紧密的关系，如南航"十分"关爱基金会的发起人为中国南方航空股份有限公司，该基金会的业务主管部门为中国民用航空总局，其两者的关系不言而喻。业务主管部门的职责之一在于引导基金会进行慈善项目，那么其更应该了解的是基金会的关注领域，否则如何进行有效的指导，提升慈善项目带给社会的效用呢？毕竟业务指导部门不是指导发起人的公司业务。

表 5-26　以相关职能部门作为业务主管部门的企业基金会列表

企业基金会名称	业务主管部门	关注领域
深圳市佳兆业公益基金会	深圳市人民政府相关职能部门	教育
广东省棕榈公益基金会	广东省人民政府相关职能部门	扶贫助困，环境，教育
深圳市华强公益基金会	深圳市人民政府相关职能部门	扶贫助困，环境，教育
深圳市 TCL 公益基金会	深圳市人民政府相关职能部门	环境，教育，青少年
深圳市花样年公益基金会	深圳市人民政府相关职能部门及单位	教育，老年人，艺术
深圳市万科教育发展基金会	广州市人民政府相关职能部门	扶贫助困
深圳市莱蒙慈善基金会	深圳市人民政府相关职能部门及单位	教育

表 5-26 中的业务主管部门是政府的相关职能部门，而上述基金会基本来自深圳地区，这说明深圳地区在基金会设立的准入程序上有着管理相对宽松的环境，这也解释了前述为什么市级基金会数量不断增多且呈现出从深圳向周边扩散的原因。另外，这也证明了宽松的设立程序的确会使企业基金会的成立更加容易。但是，"相关"一词也违背了双重管理制的初衷，放松了对企业基金会的前置审查。

表 5-27　以特殊部门作为业务主管部门的企业基金会列表

企业基金会名称	业务主管部门	关注领域
南京金鹰国际慈济基金会	江苏省侨办	残疾，儿童，扶贫助困，教育，青少年
广西李宁基金会	政协广西壮族自治区委员会办公厅	教育，体育

续表

企业基金会名称	业务主管部门	关注领域
北京市搜候中国城市文化基金会	北京市文学艺术界联合会	教育
泛海公益基金会	中央统战部	安全救灾，扶贫助困，环境，教育
亿利公益基金会	中央统战部	环境，"三农"
顶新公益基金会	国务院台湾事务办公室	安全救灾，扶贫助困，教育
广西国海扶贫助学基金会	共青团广西区委	扶贫助困，教育
上海嘉宝公益基金会	中共上海市社会工作委员会	见义勇为，教育，社区发展

表5-27中企业基金会的业务主管部门既与关注领域无关，又与企业基金会的设立人没有明显的关系，似乎就是为了方便成立企业基金会而寻找业务主管部门。根据上述各表可以发现我国企业基金会与业务主管部门呈现这样几种联系：（1）业务主管部门与企业基金会的关注领域存在密切相关性；（2）业务主管部门与企业基金会的设立主体存在密切的联系；（3）企业基金会的业务主管部门同时作为该企业基金会的登记部门；（4）企业基金会的关注领域与设立主体以及业务主管部门都不存在任何相关性。企业基金会的业务主管部门比较混乱，除了上述的第一种情况对企业基金会设立后的具体公益项目具有指导作用外，其他的业务主管部门仅仅就是执行审查基金会成立条件的部门而已。第三种业务主管部门同登记部门合一的情况实际上违背了双重管理制加强设立监管的初衷。

总体来说，业务主管部门的选择呈现出混乱且矛盾的状态，同时业务主管部门的作用似乎仅仅是为了前置审查，并没有给基金会的项目运营带来有效的指导，其存在对于基金会的设立监管如同鸡肋，另一方面反而对企业基金会在数量的增长产生了副作用。

（三）小结

根据上述图表对全国868家企业基金会总体设立情况的分析和对数量为103家的上市公司企业基金会样本数据的分析，可以知道对企业基金会设立监管的法律制度现状以及企业基金会对设立条件的落实情况。

第一，企业基金会的宗旨是对其预备进入的慈善领域的概括性描述，亦是对公益目的的描述。根据实证分析，我们发现宗旨表述模式有七种，宗旨表述所涉及的公益领域与实际中涉及的领域并非完全重合。部分企业基金会实际中的公益项目所涉及的公益领域并没有完全遵循企业基金会宗旨所描述的公益领域，或不完全实现，或突破了宗旨。

第二，企业基金会数量与规模出现"二八"现象。103家上市公司企业基金会中数量占比89.54%的资金规模为2000万元以下的企业基金会的原始基金规模占比远低于数量占比10.46%的原始基金为2000万元以上的大型企业基金会。较高的原始基金和难以找到业务主管部门的情况使得有志加入慈善行列的企业望而却步，中小企业基金会的总体实力难以与大型企业基金会抗衡。

第三，企业基金会原始基金地域分布明显同地区的经济情况正相关，经济水平高的地区及沿海城市的企业基金会原始基金数额与规模都高于中西部等经济欠发达地区。

第四，企业基金会的名称中常见要素包括地名、企业名称、企业家名、关注领域、非关注领域前缀，其按这些要素组合成不同的命名模式。根据样本调查发现，在现实生活中企业基金会名称确定得比较随意，甚至有些并没有按照《名称规定》的要求进行。

第五，由于《条例》对企业基金会的理事人数有一个范围限定，而没有限定监事人数的范围。根据10家样本企业基金会的数据分析可以发现监事数量普遍偏低，数量显得单薄。

第六，企业基金会对于章程的公布情况并不好，但从收集到的章程中可以看到章程的章节和民政部给定的范本一样。企业基金会主要是对个性化的问题进行填充，个性展示不足，章程作为企业基金会的最高意志体现并不完全。

第七，业务主管部门的选择呈现出比较混乱的现象。由于没有明确的依据可寻，业务主管部门的选择并没有明显的规律，譬如业务主管部门与设立企业或者与关注领域都没有关系的情况。前置审查的工作仅仅是对企业基金会成立条件的审查，并没有专业性。同时，103家企业基金会的实证分析中还出现了业务主管部门与登记部门合一的情况，这更证明业务主管部门存在的必要性有待商榷。

三 企业基金会设立监管中存在的突出问题

（一）企业基金会设立监管制度总体上的问题

1. 企业基金会的设立主体具有特殊性

企业基金会同其他类型基金会相比最显著的特色在于设立主体为企业

或者企业家，根据实证分析，其中大部分企业基金会是由企业捐赠设立的。那么，企业基金会同企业存在千丝万缕的关联是难以避免的。首先，从资金来源的角度来看，企业基金会成立之时的注册资金和成立之后进行持续运营的资金几乎都是由企业捐赠的，因此很可能形成企业基金会对出资设立企业的依赖，无法"断奶"自力更生。其次是工作人员，基金会的理事与工作人员直接来源于捐赠企业的现象十分常见，出现"一套人马、两块牌子"的现象。最后是项目上存在利益关联，很多企业视企业基金会为自家公司的公益部门而非独立法人，直接利用企业基金会项目提高知名度、扩大自身影响力，将每一次慈善项目视为一种广告宣传，实现公益与营销双赢。但企业与企业基金会联合举办项目，增加了关联交易、利益输送的机会，存在借公益之名逃避税赋等自利的可能性。有新闻报道称，由著名企业家瞿建国先生捐赠1000万元人民币设立的上海市建国社会公益基金会与上海开能环保设备股份有限公司之间存在利益输送的嫌疑。那么，应当重视企业基金会成立后的项目运作的监管，但是这不代表企业基金会设立时的监管不重要，而是要明确法律对企业基金会设立监管的重点。

2. 现行法律滞后，执行细则缺失

《慈善法》虽然已经在2016年颁布，但是对于基金会设立问题进行直接规定的依旧是2004年出台的《条例》，距今已有14年之久。然而随着经济发展、慈善领域的拓宽，《条例》出现了明显的滞后性与空白。对103家上市企业的实证分析及企业基金会设立的现实情况反映如下。

第一，直接登记制已在部分地区开始实行，以期逐步破除双重管理体制，最新的相关法律却付之阙如。《中共中央关于全面深化改革若干重大问题的决定》《国务院机构改革和职能转变方案》公布后，北京、广州、深圳等地区积极响应，采取直接登记制，取消了不必要的前置审查。《慈善法》第9条第7款要求慈善组织的成立条件需要符合"法律、行政法规规定的其他条件"，第20条规定由国务院对慈善组织登记管理的具体办法进行制定。结合上述两条规定可以发现，若要改变双重管理体制的现状，要么由国务院制定配套的专门行政法规，要么对《条例》进行修订。然而《条例草案意见稿》仍然存在关于基金会业务主管部门的相关规定。综上可以发现，《慈善法》对双重管理体制的态度付之阙如，《条例草案意见稿》仍然规定了业务主管部门。由此可见，现实对直接登记制的迫切需求仍然没有得到法律的确认。

第二，执行细则缺失导致设立监管缺乏可操作性，执行细则不合理影响慈善目的的实现。针对企业基金会设立时监管的七大要件，除了《名称规定》对名称进行了规定，《条例》对原始基金、民政部发布的章程示范文本作出了规范以外，《条例》抑或是《条例草案意见稿》都没有对另外四个监管要件的执行细则进行规定。设立监管的执行细则的缺失导致实证分析中监管机构对宗旨、专职人员没有明确的设立监管标准而出现混乱的状况。

(二) 设立监管具体内容方面存在的问题

1. 企业基金会宗旨

从对103家上市公司捐赠设立的企业基金会的宗旨和实际公益项目涉及领域的分析中可以看出，概括性的宗旨描述可以囊括所有项目涉及的领域，若所有的企业基金会在宗旨描述上全部采用概括性的描述将规避业务主管部门对其业务的监管。譬如中远海运慈善基金会的宗旨为"弘扬民族精神，奉献中远爱心，支持公益事业，促进社会和谐与发展"，这种概括性的宗旨描述没有表明企业基金会具体的慈善目的，而企业基金会具体的慈善业务范围是受宗旨与目的所指引的。我们认为只依概括性模式来规定慈善宗旨的企业基金会的确可以迎合法律的规定，甚至可以在今后灵活地变动慈善项目的范围，但这样会使得企业基金会的具体项目经营没有一个具体的目标与明确的方向。另外，企业基金会应该借助企业自身的优势与专长来设定宗旨，譬如江苏捷安特自行车文体基金会的宗旨中规定有"关注环境保护与节能减排，倡导自行车休闲运动健身与短程代步"，由于其捐助设立的公司本身就是自行车生产行销的企业，其自然更能对自行车及节能减排相关的公益项目发挥自身的优势。故我们认为，企业基金会的宗旨模式采取"概括性+具体公益目的"的模式有利于基金会有针对性地进行慈善项目。另外，具体的公益目的如果能够与企业基金会的捐赠设立企业的业务范围相结合，更能够发挥捐赠企业的特长。

2. 原始基金

(1) 原始基金数额门槛欠缺灵活性

根据实证分析，企业基金会的地域分布与经济发展水平的地域分布具有极高的相似性，那么设定全国统一的原始基金标准着实不公，也无法满足经济欠发达地区对于慈善服务的需求。同时，企业基金会的数量与资金规模呈现出"二八"现象，大型企业设立的企业基金会原始基金数目庞大，数量占比高的小型企业基金会原始基金规模却远不如数量少的大型企业基金会。这个现象的主要原因在于其与企业本身的强弱呈正相关的联系，所以对于资本规模不一样的企业设立相同的原始基金要求限制了企业基金会的发展。而且实证分析的对象是103家上市公司捐赠设立的企业基金会，那么对于没有上市的企业而言，目前的原始基金要求更加成为阻碍其进入慈善领域的绊脚石。故我们认为原始基金数额的设定着实缺乏灵活性。

（2）原始基金出资形式限制

企业基金会原始基金的出资形式为到账的货币资金，在前述中可以知道，立法者是出于安全性的考虑，其一是确定企业有能力进行慈善活动，其二是将其作为违法成本。然而，对于企业来说，资金即生命，大部分资金用于自身的生产经营而难以剥离。企业的资产还包括知识产权、股权、固定资产等。企业基金会可以不仅仅只局限于货币资金这种单一的形式，还包括能够用货币估价并可以依法转让的非货币财产作价出资。所以对于出资形式的限制无疑禁锢了企业设立企业基金会的脚步，毕竟企业保证资金的流动性才能提高资产周转率进而提高收益。

3. 组织机构合理性欠缺

根据实证分析可以发现，企业基金会组织机构存在以下问题。第一，由于企业基金会的设立人是企业，理事会成员大部分都来自于企业，导致企业基金会独立性欠缺。第二，监事数量不足以保障监督职能的实现。第三，理事会成员任职资格仅规定了禁止性条件，导致理事专业度不够。第四，无法履行理事职责，其职责被秘书长代而行使，致使理事会与秘书长的职权不分。例如中远慈善基金会，2012年的19位理事均为志愿者身份，理事职责并未得到充分发挥，这些董事并未参与企业基金会的日常工作，仅仅就是参加了2012年的两次理事会议。然而依据美国基金会中心关于基金会的治理调研结果显示：有效的基金会治理，理事会需要每年召开5—6次会议，理事会成员的投入时间为每年50—74个小时。[①] 现实中基金会的日常运作主要为执行机构所掌握，这样就衍生出了第五个问题——决策机构被架空，执行机关直接掌控着基金会的日常运营管理。

4. 专职人员的质量与数量规制不明确

专业的专职人员是企业基金会项目运作的人力保障，《条例》对于企业基金会的专职人员既未提出质量要求，也未提出数量要求。企业基金会项

[①] 参见陶传进、刘忠祥编《基金会导论》，中国社会出版社2011年版，第70—80页。

目的运作人员包含两个部分，一部分是全职人员，另一部分则是志愿者。样本 103 家上市公司企业基金会中基本上所有的全职人数都低于兼职人数。如南航"十分"关爱基金会，全职人数为 8，志愿者人数为 98；更有甚者如香江社会救助基金会的全职人数为 3，志愿者人数为 20000。这可能与其业务范围广泛相关，但是数量如此少的全职工作人员如何调配合理运用如此丰富的志愿者呢？这其中必然会导致人力资源的不合理使用。另外，对于不同规模的企业基金会，不同关注领域的企业基金会所配备的专职人员的数量也应当有所区别。数量上的匹配对于法律规制着实是一个棘手的问题。

基金会中心网对于人员的称呼为"全职"而非"专职"，这其中也反映出企业基金会全职人员专业性不足的现象。作为参与调配社会慈善资源的工作人员，其应当具备相应的知识储备以及道德素质要求。故我们认为对于企业基金会的专职人员设立时的规制重点在于专职人员的质量与数量。

5. 规范的名称、固定的住所

对 103 家上市公司企业基金会分析可以知道，尽管存在一种占比较高的命名模式，企业基金会的名称实际上还是比较混乱，部分企业基金会的名称甚至没有遵循《名称规定》的要求。譬如浙江慈溪实业夕阳红基金会、常德市太湖股份祖亮慈善基金会、南航"十分"关爱基金会违反了《名称规定》第 3 条规定的应当在名称中表明"公益活动业务范围"的要求。在企业基金会发展还不充分并不为大众所熟知的情况下，规范且能够反映其业务关注范围的名称是有利于企业基金会慈善活动开展的，同时有利于企业基金会逐步为大众所认知。故我们认为企业基金会名称作为设立监管的对象是需要进行监管的，其实现有赖于《名称规定》的进一步细化与规范。

固定住所的设立是为了便于对其进行运作管理监督，还便于民事法上的通知、送达、执行等措施的进行。事实上所有企业基金会为了进行慈善活动，都有自己固定的住所。但随着网络的发展，企业基金会也有可能实现"互联网+"，企业基金会流动性增强、再以"主要办事机构所在地"作为住所有其局限性。"固定的住所"这一监管对象是否能够适应未来"互联网+"的慈善模式有待商榷。故我们认为，对于"互联网+"慈善模式的基金会，由于其活动范围广泛但人员稳定性强的特性，其住所要求应为主要组织者所在地，才能更好地适应其发展。

(三) 设立监管机构设置及监管体制方面存在的问题

2004 年出台的《条例》仍然采用双重管理制度。有学者提出，由于设计双重管理制度进行了分工，作为登记管理机关的民政部门的责任也就减轻了。① 登记管理机关和业务主管单位的明确分工和密切配合才能使双重管理体制得以有效进行，但是，在实际运行中这种体制却出现了诸多问题。

1. 我国双重管理体制的行政干预色彩浓烈

1988 年的《办法》的规定，使基金会受到归口管理部门、② 中国人民银行和民政部门等三个部门的审批和监管。这一时期，基金会的管理机制为三重部门管理体制。③ 根据《办法》及《社会团体登记管理条例》的规定，中国人民银行于 1999 年 9 月将基金会的审批和监管职责全部移交民政部门。这样，基金会的行政监管就分为两个部分——归口业务管理部门以及民政部门。其中，基金会的归口管理部门的确定办法等同于一般社会团体的业务主管单位。④ 同时，各级民政部门除了承担登记义务之外，还继受了中国人民银行的审批和监管职责。这一时期为旧的双重管理模式。

国务院于 2004 年 3 月颁布了《条例》，将原法规里的归口管理部门修改为业务主管单位。《条例》规定基金会的监管机关是业务主管单位和登记管理机关，并重新划分了两个部门对基金会的监管职权。《条例》将民政部门从中国人民银行那里继受来的审批权再次转交给业务主管单位，形成了由业务主管单位审批在先，登记管理机关登记在后的新式双重管理模式。⑤ 该种模式一直延续至今。

从双重管理体制的演变过程中不难看出，其具有很强的行政化色彩。基金会设立时受到较强的行政干预，这也是我国基金会管理制度中的中国特色。为鼓励公益慈善事业的发展，在企业基金会的设立环节去行政化则

---

① 吴玉章：《从结社权利角度看社团管理问题》，"非营利组织法律模式研讨会"论文，北京，2005 年 3 月。

② 归口管理部门指与基金会资助领域相对应的各级政府职能部门或党的工作部门，例如一个资助教育事业的全国性基金会，其归口管理部门应当是教育部。

③ 许光：《构建和谐社会的公益力量——基金会法律制度研究》，法律出版社 2007 年版，第 190 页。

④ 苏力等：《规制与发展——第三部门的法律环境》，浙江人民出版社 1999 年版，第 84 页。

⑤ 许光：《构建和谐社会的公益力量——基金会法律制度研究》，法律出版社 2007 年版，第 191 页。

成为一大挑战。

2. 业务主管单位与登记管理部门职能分工模糊不清

按照《条例》的规定，业务主管单位的监管首先是审查设立目的是否符合公益目的。登记管理机关履行下列监督管理职责：（1）依法登记；（2）年度检查；（3）日常监督管理；（4）行政处罚。其中日常监管其实主要是年度检查制度。①

从《条例》对业务主管单位以及登记管理机关的职能划分中可以看出其界限是非常模糊的。首先，业务主管单位对基金会仅仅处于指导地位，除了进行资格审查并无其他实质性作用。其次，日常监督、年度检查以及形成处罚的主体均为登记管理机关，业务主管单位的指导协助作用难以实现且操作困难。

《条例草案意见稿》进一步明确了登记管理机关应当履行的监督管理职责以及可以采取的有关措施，再次细化规定了业务主管单位和登记管理部门应当履行的监督管理职责。② 我们认为，《条例草案意见稿》虽然更加明确了业务主管单位与登记管理部门的分工，却并不能从根本上解决这一制度带来的问题。但不可否认的是，这将改善当前基金会的设立状况，为进一步调整打下基础。

---

① 《条例》第36条规定：基金会、境外基金会代表机构应当于每年3月31日前向登记管理机关报送上一年度工作报告，接受年度检查。年度工作报告在报送登记管理机关前应当经业务主管单位审查同意。年度工作报告应当包括：财务会计报告、注册会计师审计报告，开展募捐、接受捐赠、提供资助等活动的情况以及人员和机构的变动情况等。

② 《条例草案意见稿》第66条规定：业务主管单位对基金会履行下列监督管理职责：（一）负责基金会成立、变更、注销登记以及章程核准前的审查；（二）负责基金会的思想政治工作、党的建设、财务和人事管理、研讨活动、对外交往、接受境外捐赠资助；（三）监督、指导基金会遵守宪法、法律、法规、规章和国家有关政策，并依据其章程开展活动；（四）监督、指导基金会制定年度工作报告、履行信息公开义务；（五）协助登记管理机关和其他有关部门查处基金会的违法行为；（六）会同有关部门指导基金会的清算事宜；（七）法律法规规定的其他职责。

第63条规定：登记管理机关履行下列监督管理职责：（一）负责对基金会的成立、变更、注销登记以及章程核准；（二）对基金会依照本条例及其章程开展活动的情况进行监督管理；（三）对基金会开展活动、内部治理、财务收支和管理、年度工作报告、信息公开等情况开展抽查，并实施财务审计；（四）调查处理有关单位和个人对基金会的举报；（五）对基金会违反本条例的行为给予行政处罚；（六）法律法规规定的其他职责。

3. 企业难以为基金会找到对口的业务主管单位而无法设立登记

企业基金会目前处于快速增长阶段，从样本统计中可以看到，很大一部分企业基金会找不到对口的业务主管单位。在 103 家上市公司设立的基金会中有 5 家基金会显示"无"业务主管单位以及有 1 家显示"直接登记"的状态。事实上虽然这 6 家企业未找到业务主管单位但是也顺利进行了登记，可见有些地区已经开始试行直接登记。

实践中并不是所有关注领域都能有合适的业务主管单位与之对应，这也对企业基金会选取关注领域和确定宗旨造成一定影响，企业为方便设立也许会选取更容易找到业务主管单位的领域作为资助方向，这样间接阻碍了其他领域的发展。在现实生活中，对于一些业务新颖、涉及范围十分广泛以及定位不清晰的企业来说，业务主管单位是限制其设立企业基金会的又一道门槛。随着慈善领域的扩大、慈善项目的多元化，企业基金会并不都能找到对应的业务主管部门。同时由于业务主管部门需要对企业基金会的过错承担责任，大部分部门本着多一事不如少一事的想法并不愿意担任企业基金会的业务主管部门。以上两个原因造成企业基金会难以找到匹配的业务主管部门，甚至难以找到愿意担任其业务主管部门的单位。实证分析中出现业务主管部门混乱，甚至出现政府相关部门充当企业基金会的业务主管部门的情况可以印证上述问题。

有的学者还发现，原因也在于业务主管单位缺乏积极管理基金会的激励和动力。首先，业务主管单位怠于进行管理，主要原因在于这并不是其主要行政业务，一般不列入工作绩效。其次，管理基金会具有极大的政治责任和风险。最后，积极管理基金会会增加编制和资金，业务主管单位并不愿意把有限的编制和资金用在一个"不可能出彩"的领域中，更不愿意积极从事这个没有什么收益却具有很高政治风险的工作。①

目前解决这一问题呼声最高的方法便是使民政部门一身两职，既做其业务主管单位又做其登记管理部门。登记管理部门"当爹又当妈"的现象越来越普遍。根据样本数据显示，业务主管单位和登记管理部门合二为一的现象已经不在少数，103 家上市公司企业基金会中有 55.34% 的基金会的业务主管单位是民政部门，已经超出了一半。从总体情况看来，业务主管

---

① 吴玉章：《从结社权利角度看社团管理问题》，"非营利组织法律模式研讨会"论文，北京，2005 年 3 月。

单位这一设置似乎已经跟不上企业基金会设立的脚步了。

在《条例草案意见稿》中,对于双重管理体制的部分亦作出了改动。① 但是意见稿中并未直接说明哪些基金会可以直接登记,哪些基金会仍然需要找到对口的业务主管单位,似乎暗示着将该权利下放到各级民政部门,由各地根据现实情况酌情规定。尽管这一改动也带来了以上问题,但是不得不称赞的是,这是对基金会法人设立的激励和设立门槛的放低,充分体现了与《慈善法》的衔接,是已不能适应现代慈善力量发展的双重管理体制向直接登记体制过渡的关键一步,同时也是使得《条例》匹配现实设立状况的体现,有利于鼓励基金会这类慈善法人的发展壮大。

4. 业务主管单位未能发挥其实质作用

设置业务主管部门的初衷是将基金会成立的审查与登记分离,进而达到更加有效地对企业基金会的设立进行监管的目标。但在实践中,这一功能并未得到发挥。实证分析中存在业务主管单位与登记部门合一的情况,例如中兴通讯公益基金会的业务主管部门和登记机关均为民政部。根据基金会中心网统计的资料可以发现,深圳地区部分企业基金会的业务主管部门为"人民政府相关职能部门",如深圳市佳兆业公益基金会的业务主管部门是深圳市人民政府相关职能部门。这些现象已经打破了业务主管部门设立的初衷,也是实践倒逼制度改革的信号。另外,法律并没有对业务主管部门的审查权限予以规定,即使规定,这类审查任务也并非具有不可替代性。

有的关注领域比较容易找到对口的业务主管单位,例如教育领域自然可以找到辖区内对应的教育部门,但是绝大多数企业基金会很难找到非常契合的业务主管单位。比如深圳市佳兆业公益基金会,它的宗旨是"资助优秀公益项目,促进社会平等和谐",登记时业务主管单位却是"深圳市人民政府相关职能部门"。根据上述样本分析发现,这样的情况不在少数。业务主管单位用如此模糊的表达一带而过,更令我们想象的出在实际监督管理中业务主管单位尴尬的位置。

在我国行政序列当中,负责登记管理的民政部门相对比较弱势,很难

---

① 《条例草案意见稿》关于双重管理体制的改动有两点。一是成立基金会一般直接向民政部门申请登记;按照有关规定属于直接登记范围之外的还要经业务主管单位审查同意,在设立后接受业务主管单位的管理。二是将基金会的登记管理权限由部、省两级拓展为部、省、市、县四级。

与某些作为业务主管单位的强势部门进行平等有效的协调，致使双方协作效果不佳。另一方面，假设企业基金会都能找到业务主管单位，那么该业务主管单位能否发挥实质作用就成为我们关注的重点。现实中往往业务主管单位的审查过于表面、流于形式，无法达到理想中的分工效果，反而增加了设立程序的负责程度，简单的事情复杂化，更打击了企业基金会设立的积极性。

在样本统计中发现，有 8 家"政府相关职能部门"作为基金会业务主管单位，从地域方面可以看出其集中在深圳市和广州市。"相关"是一个模棱两可的用词，在双重管理制度下，如果没有确切的业务主管单位作为审批组织，那么该种制度存在的意义就也随之消散。现实的发展趋势也足以印证盲目寻找业务主管单位应付双重管理的模式是毫无意义的。

第四节 完善企业基金会设立监管法律规制的建议

一 完善设立监管内容方面的建议

综合《慈善法》《条例》《条例草案意见稿》对于设立条件的法律规制可以知道，目前设立企业基金会必须满足有慈善公益目的、注册资金、基金会名称、规范的组织机构、固定的住所、章程、基金会相关人员的条件。在这些必要条件中，何者为重，重中之重又为何，是需要区别对待的。明确执行细则是对企业基金会设立的一种引导，也能体现立法与现实状况的对接。

（一）健全企业基金会组织机构

尽管《条例》对企业基金会的独立法人地位予以明确，然而事实上并没有配套的制度设计对企业基金会这一特性予以保障。由于受设立资金与运营资金的牵制，企业基金会对捐赠设立的企业必然存在着一定的依附关系，十分不利于企业基金会独立人格的塑造；同时不利于企业基金会的自由发展。在设立阶段减少企业基金会对企业的依附，则必须将引导企业基金会内部治理作为重中之重。

对于设立企业基金会的"组织机构"这一必要条件的法律规制应明确以下内容：两大机构人数下限或范围，机构之间的职责分工，明确规定决策、执行和监督的权限以及三者之间的界限。引导企业基金会在设立阶段就着手于自我内部治理框架的搭建与规范，进而达到内部治理能力提升的目的。《条例》规定了监事与理事的职责和禁止性规则以及理事的人数范围和议事规则。相较于《条例》，《条例草案意见稿》对监事会的人员配置进行了更为明确、细致的规定，譬如何时设立监事会，不同情况下监事数量的不同；另外细化了基金会理事会的权能和责任，明确指出理事会的具体职权，确定了理事会的权力范围。但是我们认为"资产规模较大的，可以设监事会"这一规定不够合理，在资产规模较大的情况下，风险更高，监管难度更大，那么对基金会内部监管的要求也必然更高。为了能够更有效地对企业基金会的运作进行监管，设立监事会应当是强制性要求，而非企业基金会选择的权利，故将"可以"改为"应当"更为恰当。

1. 开出理事任职资格的正面清单

同中国一样，其他国家的立法大都也是根据各国不同情况从消极方面来规定理事的任职条件。其限制主要包括：受过刑事处罚的人；理事同监事两者之间存在利害关系的情况；部分国家规定在本国无居所者不得担任理事。这些限制主要是为了保证理事能够依据忠实勤勉义务来行使自己的职权，更好地为企业基金会的发展作出贡献。由《条例》第22、23、24条可以知道，我国对企业基金会理事的任职资格主要从消极方面来进行规定。对于企业基金会而言，理事会是其至关重要的部分，因而强化基金会内部人员的规制显得十分重要。因此，我们认为，法律规制不能仅从负面确定什么样的人可能会给企业基金会带来负面影响而进行限制，更应该明确具备带动企业基金会走向更好发展的人才的任职资格。从积极的角度而言，理事需要具备能够胜任对应工作的专业知识、基本工作能力，正确的价值观、良好的品德也是其内在品质的要求。故开出理事任职资格的正面清单，根据企业基金会宗旨和公益领域不同由基金会章程来加以规定，更有实际价值。

2. 增加监事人数，将受助群体纳入监事来源

《条例草案意见稿》第26、32条分别对监事的职权进行了强化，对监事数量进行了规定。由于基金会的理事既是意思形成机关也是具体事务的执行者，那么监事对于理事的内部监管的强度理应更强。故我们认为，首先，应对监事数量、任职资格以及职责需要作出明确且细致的规定。其次，扩大监事来源的范围。监事会成员的来源不应当局限于股东、职工，还应

该增加监事的范围,譬如将受助群体纳入监事来源。由于受助者是企业基金会慈善项目指向的对象、是受益方,如此一来,为了保障自身的可得利益,受助者的主观能动性会得到充分发挥,这势必会增强对企业基金会的监督工作的有效性。

(二) 按地区差异、公司资产规模等标准划分原始基金的层级

根据 103 家上市公司企业基金会的地域分布明显发现,经济发达地区及沿海地区设立企业基金会的数量高于中西部地区的数量,原始基金的体量分布也呈现这样的现象。这种现象和各地区的经济发展水平趋同,那么企业基金会的注册资金采取统一化的标准对于经济欠发达地区的企业来说是困难的,毕竟不同地域的经济发展水平、经济活力、收入水平等差异较大。故我们认为,可以依照地区经济发展水平的不同确立原始基金的不同层级。

另外,例如中国移动通信集团、阿里巴巴集团设立的企业基金会的原始基金分别为 1 亿元人民币、5000 万元人民币,对于这些资产规模大的知名企业,设立企业基金会的原始基金完全不会成为其成立企业基金会的门槛。根据之前对上市公司设立企业基金会的实证分析,40%左右的企业基金会选择大于等于 200 万元不足 400 万元的范围作为企业基金会原始基金的标准,由此可以看出不少企业达到门槛并非很轻松。上述数据来自上市公司企业基金会,那么如果对非上市公司作调查,这样的问题可能会暴露得更明显。故我们认为,原始基金的划分层级还可以以企业的资产规模来确定。

综合上述两点我们认为,对于在民政部登记的大型企业基金会的注册资金的标准由国家根据全国整体经济发展水平制定一个统一的标准。由于各省对本省的经济发展水平以及企业发展情况更加了解,可授权给各省依据自身情况来制定具体的标准,并报民政部备案,突破经济发展不均衡而限制经济水平较弱地区企业基金会发展的困境。

(三) 建立专职人员资格认证体系,提高专职人员薪酬水平

企业基金会的专职人员关乎企业基金会运作的水平,影响着其慈善目的实现的水平。而我国企业基金会的工作人员往往来自企业或者仅仅兼职基金会的工作,由此造成独立性差、专业性弱的现状。同时,《条例》还对基金会工作人员的薪资作出了限制性规定——"在基金会领取报酬的理事不得超过理事总人数的 1/3;监事和未在基金会担任专职工作的理事不得从基金会获得报酬"。《条例草案意见稿》对薪酬的限制主要在于人数,其规定监事和非专职理事不得领取薪酬,领取薪酬的理事不得超过理事总数的

1/3。尽管企业基金会的设立是为了慈善，但不能因此道德绑架工作人员，要求他们不计报酬地为慈善事业服务。这样的薪酬体系难以激励优秀管理人才主动进入基金会。这些问题必然会制约企业基金会发展。

故我们认为，企业基金会人才队伍建设至少要先做到如下两点。第一，借鉴目前比较成熟的会计从业资格考试、银行从业考试、证券从业资格考试等准入资格考试模式来制定基金会从业资格考试规则。基于基金会人员专业性和基金会慈善性的要求，应当将专业知识考核与道德规范考核作为重点。第二，针对吸引优秀管理人才这一要求，应对其工资福利、晋升、社会保险政策等职业发展方面的制度作出系统化规定，对于有丰富经历和优良专业素质的人员要提高薪资水准。

二 完善设立监管理念方面的建议

受过去计划经济体制的影响，我国政府仍旧十分注重对慈善组织的管控。虽然我国早已由计划经济体制转变为市场经济体制，但是政府管控型思维惯性依然影响着行政机关的行为。在管控型理念指导下，慈善组织很难有完全自由发展的空间，缺乏活力和创造力。《社会团体登记管理条例》《民办非企业单位登记管理条例》和《条例》共同确定的双重登记管理模式就是管控型理念在企业基金会设立监管过程中的重要体现。双重管理体制不仅把企业基金会，同时还把所有的慈善组织牢牢地掌控在政府手中，使慈善组织沦为政府的附庸。慈善组织是对政府社会慈善职能的补充，对于企业基金会设立的严格监管实际上将这种自发补充政府职能的组织拒之门外了。抛弃严苛设立监管的理念可谓是法律规制的智慧，既促进了企业涌入慈善事业，也减轻政府承担社会责任的巨大压力。

三 完善准入监管制度方面的建议

探索由登记许可制向登记备案制转变。尽管登记许可制筛选出条件更符合《条例》的公司去设立企业基金会，但是事前的准入规制在一定程度上也遏制了企业基金会的发展，应当逐步改为登记备案制，这也与当下政府简政放权的改革方向一致。有学者提出，企业基金会的成立无须行政机关许可，成立后需向行政机关申请登记备案，行政机关的职权是登记备案。未经登记备案的企业基金会只要其所实施的具体行为不违背法律的禁止性规定，也应当被视为合法组织。但是未在行政机关登记备案的，不能享受国家给予慈善组织的优惠政策。① 也就是说，登记备案不是判断慈善组织合法与否的标准，而是获得税收优惠支持的条件。登记注册是事先的许可行为，登记备案则是事后的报备活动。取消登记注册解除了对慈善组织的源头限制，而登记备案则是加强事后监督的重要基础。

四 完善监管体制方面的建议

积极探索实行混合管理体制。目前，我国对慈善组织设立均实行双重管理体制。从双重管理体制的演变发展过程可以看到，立法者的初衷是想进行分工管理，但现实中粗略的规定难以达到预期的效果，反而增添了企业基金会设立的障碍。一方面，企业基金会更愿意选择民政部门一身兼两职的管理事实；另一方面，业务主管单位的审批权流于形式，更无法保证与企业基金会的公益项目的有机统一。现在是社会公益力量日渐发展壮大的阶段，仍然沿用多年以来的双重管理体制必然会遏制社会公益事业的发展，程序方面亟须调整。故这一制度不仅仅影响着企业基金会还影响着整个慈善组织的准入。第一，根据实证分析可以发现业务主管部门与登记部门职能混杂，如表5-24中所列的企业基金会的业务主管部门和登记部门都是民政部门。业务主管部门的职能并非无可取代，部分业务主管部门和登记部门混同可以证明这一点。第二，业务主管部门除了在企业基金会设立时对其进行审查以外，其在企业基金会日常业务活动中的指导作用实际上被登记部门日常监督、年度检查以及处罚吸收了。第三，实践中由于业务主管部门需要对企业基金会的违法行为承担后果，可以说是个出力不讨好的工作，所以企业基金会一般都难以找到愿意担任其业务主管部门的单位。由以上三点可以看出，业务主管部门设立之初想要通过审查与登记分离的功能实现对企业基金会准入的把控目的，在现实中并没有达到，反而削弱了企业捐赠设立企业基金会的热情。

从多个角度看来，目前两个部门的协作不仅未能达到"1+1>2"的效果，反而增添了许多困难。但是如果完全取消业务主管单位的审批程序和指导监督也是不具有现实性的。一方面将大量的慈善法人登记管理监督工作均交由民政部门管理，势必会加大民政部门的工作压力，我国基金会目前处于快速升温的阶段，将来的工作量只会越来越大。另一方面，除了民

---

① 崔冬：《慈善组织行政规制研究》，博士学位论文，吉林大学，2015年。

政部门以外的很多部门对公益慈善活动的指导具有先天优势，应当充分发挥出来，为民政部门分担责任。那么哪些部门适合作为企业基金会的业务主管单位成为进一步思考的问题。《慈善法》第3条对慈善活动领域作出了具体规定并作为直接约束基金会设立的规范，即以企业基金会关注的慈善活动领域为导向寻找区域内直管的部门，如果没有直管部门则统一由相应级别的民政部门进行监督管理。

根据我国管理体制由"三重"向"双重"转变发展的经历，我们认为，"混合管理体制"是设立监管的一种不错的选择。对于部分企业基金会保留业务主管部门，继续实行双重管理体制；对于部分企业基金会则取消业务主管部门的设置。如对表5-23中的企业基金会，可以保留业务主管部门，因为列表中的企业基金会关注的领域与业务主管部门具有紧密联系。如宝钢教育基金会的关注领域为教育，其业务主管部门为教育部，而教育部了解国家教育的整体情况、了解教育资源的分布情况，对宝钢教育基金会所关注的教育领域可以提供更好、更有效的指导。对于表5-24的企业基金会可以取消业务主管部门，将设立过程中的审查与登记归口于民政部门。因为列表中反映出的企业基金会的业务主管部门和登记部门都是民政部门，业务主管部门存在的必要性并不明显。表5-25的业务主管部门与捐赠企业存在十分密切的关系，如中国民用航空总局是中国南方航空集团股份有限公司捐赠设立的南航"十分"关爱基金会的业务主管部门。我们认为若企业基金会的关注领域与捐赠公司的业务具有关联性，由与发起企业具有密切联系的政府部门或授权机关担任业务主管部门对基金会的发展也具有实实在在的指导意义。表5-27中企业基金会的业务主管部门与捐赠设立的企业和关注领域都没有相关性，表5-26中企业基金会的业务主管部门并不清晰，那么这些企业基金会仅仅是为了满足成立条件而寻找到一个业务主管部门的可能性极大。

对于下面两种企业基金会保留业务主管部门，继续实行双重管理体制。第一，能够寻求到与自身关注领域具有密切关联的主管部门的企业基金会。如关注领域是教育且有教育部这样一个能够指导基金会在教育领域更好地进行慈善活动的部门，又如关注领域为扶贫助困，其可以寻求到扶贫办这样一个部门。第二，关注领域与设立企业的业务具有关联性且存在与企业密切关联的政府部门或授权机构。在实证分析中并没有出现这种情况，我们认为这种规定可以引导企业基金会向更加细化和更加专业的慈善领域转变。对于因主管部门不愿接受、关注领域新颖等各种原因而难以找到业务主管部门的企业基金会，可取消其业务主管部门。

因此，我们建议建立以《慈善法》规定的慈善活动领域对应的相关部门同各级民政部门相结合的业务主管单位分配机制，由双重管理体制向混合管理体制转变，避免单纯地将基金会监管职责完全移交至民政部门。同时加强基金会的信息披露机制和行业自律机制，将企业基金会监管难题从设立程序的源头上进行制止，促进企业基金会的良性发展。

参考文献

一 中文著作类

［英］阿米·古特曼等：《结社：理论与实践》，吴玉章等译，生活·读书·新知三联书店 2006 年版。

［美］安德鲁·卡内基：《财富的福音》，杨会军译，京华出版社 2006 年版。

安树彬等：《慈善法前沿问题研究》，厦门大学出版社 2016 年版。

［美］彼得·德鲁克：《非营利组织的管理》，吴振阳等译，机械工业出版社 2007 年版。

［意］彼得罗·彭梵得：《罗马法教科书》，黄风译，中国政法大学出版社 2005 年版。

蔡磊：《非营利组织基本法律制度研究》，厦门大学出版社 2005 年版。

陈甦主编：《民法总则评注》（上册），法律出版社 2017 年版。

陈卫佐译：《德国民法典》，法律出版社 2010 年版。

陈旭清主编：《公益模式创新与挑战：非公募基金会社会参与》，中国社会出版社 2009 年版。

褚蓥：《美国公共慈善组织法律规则》，知识产权出版社 2015 年版。

褚蓥：《美国私有慈善基金会法律制度》，知识产权出版社 2012 年版。

［德］迪特尔·梅迪库斯：《德国民法总论》，邵建东译，法律出版社 2000 年版。

［英］弗里德里希·奥古斯特·冯·哈耶克：《通往奴役之路》，王明毅等译，中国社会科学出版社 2013 年版。

［英］弗里德利希·冯·哈耶克：《法律、立法与自由》，邓正来等译，中国大百科全书出版社 2000 年版。

高鉴国等：《中国慈善捐赠机制研究》，社会科学文献出版社 2015

年版。

葛道顺、商玉生、杨团、马昕：《中国基金会发展解析》，社会科学文献出版社 2009 年版。

葛伟军译：《英国信托法：成文法汇编》，法律出版社 2012 年版。

郭剑平：《社团组织与法律秩序研究》，法律出版社 2010 年版。

韩丽欣：《中国慈善组织治理法治化研究》，法律出版社 2015 年版。

胡岩：《财团法人之研究》，中国政法大学出版社 2013 年版。

黄晓勇主编：《中国民间组织报告（2014）》，社会科学文献出版社 2014 年版。

基金会中心网等主编：《中国企业基金会发展研究报告（2016）》，北京联合出版公司 2016 年版。

基金会中心网编：《德国大型基金会》，社会科学文献出版社 2015 年版。

基金会中心网编：《美国家族基金会》，社会科学文献出版社 2013 年版。

基金会中心网编：《美国企业基金会》，社会科学文献出版社 2013 年版。

基金会中心网编：《美国社区基金会》，社会科学文献出版社 2013 年版。

基金会中心网编：《中国基金会发展独立研究报告（2013）》，社会科学文献出版社 2013 年版。

基金会中心网主编：《美国独立基金会》，北京联合出版公司 2016 年版。

江平、米健：《罗马法基础》，中国政法大学出版社 2004 年版。

江平主编：《法人制度论》，中国政法大学出版社 1994 年版。

蒋军洲：《慈善捐赠的世界图景——以罗马法、英美法、伊斯兰法为中心》，法律出版社 2016 年版。

金锦萍：《非营利法人治理结构研究》，北京大学出版社 2005 年版。

金锦萍：《中国非营利组织法前沿问题》，社会科学文献出版社 2014 年版。

金锦萍、葛云松主编：《外国非营利组织法译汇》，北京大学出版社 2006 年版。

金锦萍等译：《外国非营利组织法译汇（二）》，社会科学文献出版社2010年版。

［德］卡尔·拉伦茨：《德国民法通论》（上册），王晓晔等译，法律出版社2003年版。

康晓光、冯利主编：《2016中国第三部门观察报告》，社会科学文献出版社2016年版。

［美］莱斯特·M.萨拉蒙：《公共服务中的伙伴——现代福利国家中政府与非营利组织的关系》，田凯译，商务印书馆2008年版。

雷兴虎：《商事主体法基本问题研究》，中国检察出版社2007年版。

李莉：《中国公益基金会治理研究——基于国家与社会关系视角》，中国社会科学出版社2010年版。

李宜琛：《日耳曼法概说》，中国政法大学出版社2003年版。

李政辉：《非公募基金会的基本矛盾与规制研究》，法律出版社2015年版。

梁慧星：《中国民法典草案建议稿附理由》，法律出版社2013年版。

廖鸿、石国亮等编：《澳大利亚非营利组织》，中国社会出版社2011年版。

廖鸿主编：《社会组织建设的新视野》，时事出版社2010年版。

林诚二：《民法问题与实例解析》，法律出版社2008年版。

刘春湘：《非营利组织治理结构研究》，中南大学出版社2007年版。

刘太刚：《非营利组织及其法律规制》，中国法制出版社2009年版。

卢玮静、赵小平、陶传进、朱照南：《基金会评估：理论体系与实践》，社会科学文献出版社2014年版。

卢宪英、韩恒主编：《非营利组织前沿问题研究》，郑州大学出版社2010年版。

罗昆：《财团法人制度研究》，武汉大学出版社2009年版。

罗昆：《非营利法人的私法规制》，中国社会科学出版社2017年版。

［德］马克斯·韦伯：《新教伦理与资本主义精神》，马奇炎、陈婧译，北京大学出版社2012年版。

马俊驹：《法人制度通论》，武汉大学出版社1988年版。

马俊驹、余延满：《民法原论》，法律出版社2005年版。

茅院生：《设立中公司本体论》，人民出版社2007年版。

民政部政策法规司编：《中国慈善立法课题研究报告选编》，中国社会出版社 2009 年版。

［美］乔尔·L. 弗雷施曼：《基金会：美国的秘密》，北京师范大学社会发展与公共政策学院社会公益研究中心译，上海财经大学出版社 2013 年版。

芮沐：《民法法律行为理论之全部（民总债合编）》，中国政法大学出版社 2003 年版。

施启杨：《民法总则》，三民书局 2005 年版。

施天涛：《公司法论》，法律出版社 2014 年版。

史尚宽：《民法总论》，中国政法大学出版社 2000 年版。

舒博：《社会企业的崛起及其在中国的发展》，天津人民出版社 2010 年版。

宋胜菊、胡波、刘学华：《中国公益基金会信息披露问题研究》，社会科学文献出版社 2016 年版。

孙光焰：《公司治理的理论分析框架与法律制度配置》，中国社会科学出版社 2012 年版。

孙光焰：《公司治理模式趋同化研究》，中国社会科学出版社 2007 年版。

孙光焰等：《公司上市、证券市场法律约束与公司治理研究》，中国社会科学出版社 2017 年版。

孙光焰等：《公司治理的非正式制度依赖与变迁研究》，中国社会科学出版社 2017 年版。

孙光焰等：《金融企业与企业集团公司治理法律结构实证研究》，中国社会科学出版社 2016 年版。

陶传进、刘忠祥编：《基金会导论》，中国社会出版社 2011 年版。

王保树、崔勤之：《中国公司法原理》，社会科学文献出版社 1998 年版。

王保树主编：《商事法论集》，法律出版社 2007 年版。

王名：《社会组织论纲》，社会科学文献出版社 2013 年版。

王名、李勇、黄浩明编：《美国非营利组织》，社会科学文献出版社 2012 年版。

王名、李勇、黄浩明编：《英国非营利组织》，社会科学文献出版社

2009 年版。

王泽鉴：《民法总则》，新学林出版股份有限公司 2014 年版。

王振耀主编：《以法促善：中国慈善立法现状、挑战及路径选择》，社会科学文献出版社 2014 年版。

韦祎：《中国慈善基金会法人制度研究》，中国政法大学出版社 2010 年版。

［德］维尔纳·弗卢梅：《法律行为论》，迟颖译，法律出版社 2013 年版。

魏振瀛主编：《民法》，北京大学出版社、高等教育出版社 2013 年版。

文军、王世军：《非营利组织与中国社会发展》，贵州人民出版社 2004 年版。

吴玉章：《民间组织的法理思考》，社会科学文献出版社 2010 年版。

吴玉章主编：《社会团体的法律问题》，社会科学文献出版社 2004 年版。

徐宇珊：《论基金会：中国基金会转型研究》，中国社会出版社 2010 年版。

许光：《构建和谐社会的公益力量——基金会法律制度研究》，法律出版社 2007 年版。

薛宁兰、邓丽主编：《中国慈善法研究与立法建议稿》，中国社会科学出版社 2014 年版。

杨道波：《公益性社会组织约束机制研究》，中国社会科学出版社 2011 年版。

杨道波等译：《国外慈善法译汇》，中国政法大学出版社 2011 年版。

杨团主编：《中国慈善发展报告（2010）》，社会科学文献出版社 2010 年版。

杨与龄编：《民法概要》，中国政法大学出版社 2002 年版。

曾世雄：《损害赔偿法原理》，中国政法大学出版社 2001 年版。

翟继光编译：《美国税法典（精选本）》，经济管理出版社 2011 年版。

张守文：《财税法疏议》，北京大学出版社 2005 年版。

张文显：《法哲学范畴研究》，中国政法大学出版社 2003 年版。

张亚维、魏清：《慈善的逻辑》，中国商业出版社 2014 年版。

赵万一、吴晓锋：《商事思维下的公司法实务研究》，中国法制出版社

2009 年版。

赵旭东主编：《公司法学》，高等教育出版社 2006 年版。

郑功成等：《当代中国慈善事业》，人民出版社 2010 年版。

郑功成主编：《慈善事业立法研究》，人民出版社 2015 年版。

郑玉波：《民法总则》，中国政法大学出版社 2003 年版。

中国基金会发展报告课题组编：《中国基金会发展报告（2015—2016）》，社会科学文献出版社 2016 年版。

钟宏武：《慈善捐赠与企业绩效》，经济管理出版社 2007 年版。

周枏：《罗马法原论》（上册），商务印书馆 1994 年版。

朱庆育：《民法总论》，北京大学出版社 2016 年版。

朱照南、陶传进、刘程程、叶珍珍编：《基金会分析：以案例为载体》，中国经济出版社 2015 年版。

资中筠：《财富的归宿：美国现代公益基金会述评》，生活·读书·新知三联书店 2011 年版。

邹世允：《中国慈善事业法律制度完善研究》，法律出版社 2013 年版。

二 中文论文类

蔡立东：《论法人行为能力制度的更生》，《中外法学》2014 年第 6 期。

曹顺明：《设立中公司法律问题研究》，《政法论坛》2001 年第 5 期。

陈钢、李维安：《企业基金会及其治理：研究进展和未来展望》，《外国经济与管理》2016 年第 6 期。

陈惠馨：《德国财团法人制度的发展——以德国〈民法典〉及柏林邦财团法为中心》，《中国非营利评论》2011 年第 1 期。

陈凌、陈华丽：《家族企业主的政治联系、制度环境与慈善捐赠——基于全国私营企业调查的实证研究》，《华东经济管理》2014 年第 1 期。

陈旭清、曲纵翔：《中国富人慈善事业的现状与对策——基于社会交换理论的分析》，《经济社会体制比较》2012 年第 1 期。

陈瑜：《试论美国慈善组织监管机制》，《兰州学刊》2012 年第 11 期。

程显波：《股东分红权保护研究》，博士学位论文，吉林大学，2015 年。

迟爱敏、张东玲：《企业捐赠：社会文明发展的必然》，《企业经济》2010 年第 11 期。

褚蓥：《慈善组织间接商业行为之法律规制——对〈慈善法〉之回应》，

《山东警察学院学报》2016年第4期。

崔冬：《慈善组织行政规制研究》，博士学位论文，吉林大学，2015年。

戴长征、黄金铮：《比较视野下中美慈善组织治理研究》，《中国行政管理》2015年第2期。

邓天行：《关于我国非公募基金会基金管理的一点思考》，《中国社会组织》2011年第6期。

范世乾：《论股份有限公司成立后发起人的法律责任》，《北京航空航天大学学报》（社会科学版）2011年第6期。

房绍坤、王洪平：《公司瑕疵设立的法人格规制》，《中国法学》2005年第2期。

冯果、窦鹏娟：《公益慈善组织投资风险的法律控制》，《政治与法律》2013年第10期。

冯辉：《从"基金会事件"看我国基金会法律监管机制重构》，《东方法学》2011年第6期。

冯辉：《我国基金会的法律监管机制研究》，《政治与法律》2013年第10期。

高勇强、何晓斌、李路路：《民营企业家社会身份、经济条件与企业慈善捐赠》，《经济研究》2011年第12期。

葛道顺：《中国社会组织发展：从社会主体到国家意识——公民社会组织发展及其对意识形态构建的影响》，《江苏社会科学》2011年第3期。

郭剑花：《中国企业的捐赠：自愿抑或摊派？——基于中国上市公司的经验证据》，《财经研究》2012年第8期。

韩长印：《共同法律行为理论的初步构建——以公司设立为分析对象》，《中国法学》2009年第3期。

韩丽欣：《我国慈善组织治理法治化研究》，博士学位论文，吉林大学，2014年。

何华兵：《〈慈善法〉背景下慈善组织信息公开的立法现状及其问题研究》，《中国行政管理》2017年第1期。

何思睿：《从一个基金会实践者的视角看慈善法律制度》，中国慈善立法国际研讨会论文，北京，2007年10月。

胡岩：《比较视野下财团法人概念辨析》，《比较法研究》2011年第5期。

黄洌：《私法自治与适度监管：公私法视野下的基金会制度重构》，《政治与法律》2013 年第 10 期。

黄元龙：《现代慈善事业的发展及其政策推进》，《浙江社会科学》2011 年第 5 期。

纪哲：《首届中国非公募基金会发展论坛 2009 年年会在京召开》，《中国行政管理》2009 年第 8 期。

贾西津：《中国社团发展问题与展望》，《探索与争鸣》2008 年第 6 期。

江明修、陈定铭：《台湾基金会之问题与健全之道》，《台湾行政评论》1999 年第 3 期。

蒋超：《福利机构的设立与慈善事业的发展——香港和内地的比较》，《甘肃社会科学》2007 年第 2 期。

蒋大兴：《徒增的商事成本——法律及管制如何影响企业设立（行为）？》，《法学家》2016 年第 1 期。

金锦萍：《〈慈善法〉实施后网络募捐的法律规制》，《复旦学报》（社会科学版）2017 年第 4 期。

金锦萍：《科学慈善运动与慈善的转型》，《科学对社会的影响》2009 年第 2 期。

金自宁：《风险规制与行政法治》，《法制与社会发展》2012 年第 4 期。

［日］堀内生太郎：《日本基金会的历史与发展》，何培忠摘，《国外社会科学》2007 年第 4 期。

兰花：《论我国政府与慈善组织的互动关系》，《理论与现代化》2007 年第 6 期。

李长春：《论中国慈善组织的监管》，《暨南学报》2013 年第 6 期。

李德健：《公共利益与法人自治的平衡——中国慈善法人制度变革的进路选择》，《法学论坛》2016 年第 1 期。

李东民：《中国公益基金会治理法律制度研究》，博士学位论文，中央民族大学，2013 年。

李芳：《慈善性公益法人研究》，博士学位论文，山东大学，2008 年。

李芳：《直接登记制后我国民间公益组织的行政监管问题》，《齐鲁学刊》2014 年第 5 期。

李领臣：《公司慈善捐赠的利益平衡》，《法学》2007 年第 4 期。

李韬：《慈善基金会缘何兴盛于美国》，《美国研究》2005 年第 3 期。

李维安：《破解企业基金会发展难题：重在治理转型》，《南开管理评论》2015年第5期。

李喜燕：《慈善信托近似原则在美国立法中的发展及其启示》，《比较法研究》2016年第3期。

李响：《论我国慈善激励机制的立法缺失及其完善》，《上海财经大学学报》2016年第3期。

李晓玲、侯啸天、葛长付：《慈善捐赠是真善还是伪善：基于企业违规的视角》，《上海财经大学学报》（哲学社会科学版）2017年第4期。

李晓倩：《论捐赠者知情权的司法救济》，《晋阳学刊》2014年第3期。

李晓倩、蔡立东：《基金会法律制度转型论纲——从行政管控到法人治理》，《法制与社会发展》2013年第3期。

李筱婧、万军：《利用公益创投促进公益组织发展》，《理论与现代化》2010年第3期。

李政辉：《论非公募基金会的基本矛盾、成因与应对》，《法治研究》2014年第12期。

梁慧星：《民法总则立法的若干理论问题》，《暨南学报》（哲学社会科学版）2016年第1期。

刘乃梁：《公益法人制度的理论逻辑与现实发展》，《理论月刊》2014年第9期。

刘啸、罗章：《中美基金会管理体制比较研究——基于制度可能性边界的理论》，《行政论坛》2012年第3期。

刘迎霜：《我国公益信托法律移植及其本土化——一种正本清源与直面当下的思考》，《中外法学》2015年第1期。

刘志明：《非营利组织在线问责实践会影响组织的捐赠收入吗？》，《中南财经政法大学学报》2015年第2期。

鲁篱、罗颖姝：《公益性非营利组织法律责任研究——以基金会为中心》，《上海财经大学学报》2014年第1期。

罗昆：《财团法人的设立原则探析》，《武汉大学学报》（哲学社会科学版）2008年第5期。

罗昆：《捐助法人组织架构的制度缺陷及完善进路》，《法学》2017年第10期。

罗昆：《我国基金会立法的理论辩正与制度完善——兼评〈基金会管理

条例〉及其〈修订征求意见稿〉》,《法学评论》2016 年第 5 期。

罗昆:《我国民法典法人基本类型模式选择》,《法学研究》2016 年第 4 期。

罗培新:《论公司捐赠的司法政策——从万科捐赠风波谈起》,《法学》2008 年第 12 期。

罗文恩、周延风:《中国慈善组织市场化研究——背景、模式与路径》,《管理世界》2010 年第 12 期。

马金芳:《多元慈善合作及其法律规制》,《江西社会科学》2013 年第 9 期。

马金芳:《通过私益的公益保护——以公益慈善立法中的公益定位为视角》,《政法论坛》2016 年第 3 期。

马骏驹:《法人制度的基本理论和立法问题之探讨》(上),《法学评论》2004 年第 4 期。

马骏驹:《法人制度的基本理论和立法问题之探讨》(下),《法学评论》2004 年第 6 期。

马骏驹:《法人制度的基本理论和立法问题之探讨》(中),《法学评论》2004 年第 5 期。

茅院生:《论设立中公司的独立性》,《中国法学》2006 年第 3 期。

倪受彬:《现代慈善信托的组织法特征及其功能优势——与慈善基金会法人的比较》,《学术月刊》2014 年第 7 期。

宁晨新:《股权出资法律问题研究》,博士学位论文,中国政法大学,2006 年。

彭岳:《共享经济的法律规制问题——以互联网专车为例》,《行政法学研究》2016 年第 1 期。

戚小村:《公益伦理略论》,博士学位论文,湖南师范大学,2006 年。

石冠彬、江海:《论公司发起人的出资补缴责任——兼评〈公司法解释三〉第 13 条》,《法商研究》2014 年第 2 期。

石国亮:《慈善文化进企业:理论基础与战略思考》,《长白学刊》2016 年第 5 期。

石佳友:《我国慈善捐赠立法问题研究》,《社会科学战线》2008 年第 9 期。

史际春:《国企公益性之辩》,《中国社会科学报》2014 年 4 月 9 日。

税兵：《非营利法人概念疏议》，《安徽大学学报》（哲学社会科学版）2010年第2期。

税兵：《非营利法人解释》，《法学研究》2007年第5期。

税兵：《非营利组织商业化及其规制》，《社会科学》2007年12期。

税兵：《基金会治理的法律道路——〈基金会管理条例〉为何遭遇"零适用"？》，《法律科学》2010年第6期。

孙光焰：《董事会独立性之惑与董事分类选举制度的构建》，《北京社会科学》2017年第11期。

孙光焰：《董事证券虚假陈述职务侵权责任制度的重构——以公司治理为视角》，《法商研究》2010年第4期。

孙光焰：《公司治理模式形成原因比较研究》，《中南民族大学学报》（人文社会科学版）2008年第3期。

孙光焰：《公司治理模式演进趋势之争的方法论检视》，《法商研究》2008年第3期。

孙光焰：《公司治理演进趋势主要争论点述评》，《湖北大学学报》（哲学社会科学版）2009年第1期。

孙光焰：《股权分置改革对价的改革观》，《华东政法学院学报》2007年第1期。

孙光焰：《股权设立企业基金会实在法上的障碍及其消解制度创设》，《政法论丛》2017年第6期。

孙光焰：《国企董事薪酬激励控制权的公司治理配置进路》，《中南民族大学学报》（人文社会科学版）2014年第4期。

孙光焰：《经济全球化背景下公司治理模式的趋同趋势》，《河南师范大学学报》（哲学社会科学版）2009年第1期。

孙光焰：《论国有企业法的重要地位——以国有企业混合所有制改革为中心》，《江汉论坛》2017年第11期。

孙光焰：《论提名股东对提名董事利益输送的补充责任》，《广西民族大学学报》（哲学社会科学版）2017年第5期。

孙光焰：《我国应如何引入独立董事制度》，《法学》2001年第7期。

孙光焰：《我国证券监管理念的市场化》，《中南民族大学学报》（人文社会科学版）2007年第2期。

孙光焰：《也论公司、股东与董事之法律关系》，《法学评论》1999年第 6 期。

孙光焰：《以股权设立企业基金会：质疑与辩护》，《中南民族大学学报》（人文社科会学版）2017 年第 5 期。

孙光焰：《中日股东代表诉讼激励与约束制度安排立法比较》，《中南民族大学学报》（人文社会科学版）2009 年第 4 期。

谭启平、黄家镇：《民法总则中的法人分类》，《法学家》2016 年第 5 期。

田丽：《非营利组织资金运营管理研究》，博士学位论文，东北财经大学，2012 年。

田利华、陈晓东：《企业策略性捐赠行为研究：慈善投入的视角》，《中央财经大学学报》2007 年第 2 期。

汪大海、唐德龙：《互惠型慈善事业的内在逻辑与模式建构》，《国家行政学院学报》2011 年第 1 期。

王名：《非营利组织的社会功能及其分类》，《学术月刊》2006 年第 9 期。

王名、徐宇珊：《基金会论纲》，《中国非营利评论》2008 年第 1 期。

王群、姚嫣然：《中国基金会发展十年回顾》，载龚维斌主编《中国社会体制改革报告：No.4（2016）》，社会科学文献出版社 2016 年版。

王向南：《中国非营利组织发展的制度设计研究》，博士学位论文，东北师范大学，2014 年。

王雪琴：《慈善法人研究》，博士学位论文，武汉大学，2010 年。

王雪琴：《论慈善法人的法律属性——以公、私法人区分为视角》，《武汉大学学报》（哲学社会科学版）2010 年第 4 期。

王雪琴：《论我国慈善组织法人治理机制的重构》，《法商研究》2015 年第 2 期。

韦祎：《论基金会法人财产运用中的"近似原则"及其适用》，《法商研究》2009 年第 3 期。

伍治良：《我国非营利组织内涵及分类之民法定位》，《法学评论》2014 年第 6 期。

武小川：《论公众参与社会治理的法治化》，博士学位论文，武汉大学，2014 年。

夏旭阳：《非法人组织的法律地位及其立法模式》，《法学杂志》2005

年第 4 期。

肖海军：《非法人组织在民法典中的主体定位及其实现》，《法商研究》2016 年第 2 期。

肖海军：《民法典编纂中非法人组织主体定位的技术进路》，《法学》2016 年第 5 期。

谢鸿飞：《论民法典法人性质的定位——法律历史社会学与法教义学的分析》，《中外法学》2015 年第 6 期。

徐涤宇、黄美玲：《单方允诺的效力根据》，《中国社会科学》2013 年第 4 期。

许冰：《民间慈善公益组织的社会行动对福利多元化格局的形塑》，博士学位论文，南开大学，2013 年。

许中缘：《论民法中单方法律行为的体系化调整》，《法学》2014 年第 7 期。

薛爽、肯星：《捐赠：民营企业强化政治关联的手段?》，《财经研究》2011 年第 11 期。

杨道波：《公益募捐法律规制论纲》，《法学论坛》2009 年第 4 期。

杨道波：《公益性社会组织营利活动的法律规制》，《政法论坛》2011 年第 4 期。

杨道波：《我国慈善募捐规制立法的发展、评估与改革》，《广西社会科学》2011 年第 10 期。

杨道波：《新中国慈善立法的回顾、评估与展望》，《河北法学》2013 年第 5 期。

杨道波：《英国慈善目的事业立法及借鉴意义》，《北京行政学院学报》2015 年第 4 期。

杨道波、郭焕云：《公益法人受益人监督权利研究》，《山东社会科学》2011 年第 11 期。

杨道波、王旭芳：《公益性社会组织的法律定位思考》，《理论探索》2009 年第 3 期。

杨方方：《谈慈善事业发展的规律和关系》，《理论与改革》2004 年第 3 期。

杨思斌：《我国慈善事业发展的法治困境及路径选择》，《法学杂志》2012 年第 3 期。

杨思斌、吴春晖：《慈善公信力：内涵、功能及重构》，《理论月刊》2012年第12期。

姚海放：《公益基金会投资行为治理研究》，《政治与法律》2013年第10期。

叶林：《私法权利的转型——一个团体法视角的观察》，《法学家》2010年第4期。

殷龙、王先甲、蒋勤峰：《考虑消费者感知伪善的企业慈善捐赠策略研究》，《中南财经政法大学学报》2016年第1期。

游文亭：《企业社会责任视角下公司捐赠的法律困境》，《山西农业大学学报》（社会科学版）2017年第4期。

于忠翔、刘佳音：《试论公益法人的监督》，《山东社会科学》2006年第8期。

俞祖成：《日本NPO法人制度的最新改革及启示》，《国家行政学院学报》2013年第6期。

张国平：《论我国公益组织与财团法人制度的契合》，《江苏社会科学》2012年第1期。

张婧：《真正第三人利益合同关系的相对性及类型化》，《商业研究》2017年第4期。

张立民、李晗：《我国基金会内部治理机制有效吗？》，《审计与经济研究》2013年第2期。

张民安：《公司瑕疵设立效力研究》，《比较法研究》2004年第4期。

张学军：《非公募基金会"原始基金"研究》，《政法论坛》2014年第3期。

赵俊男：《中国慈善事业治理研究》，博士学位论文，吉林大学，2013年。

赵旭东：《公司法实务系列之四：股权转让与实际交付》，《人民法院报》2002年1月25日。

周秋光、林延光：《传承与再造：中国慈善发展转型的历史和现实》，《齐鲁学刊》2014年第2期。

周江洪：《日本非营利法人制度改革及其对我国的启示》，《浙江学刊》2008年第6期。

周贤日：《慈善信托：英美法例与中国探索》，《华南师范大学学报》

(社会科学版) 2017 年第 2 期。

朱力、龙永红:《我国现代慈善资源的动员机制》,《南京社会科学》2012 年第 1 期。

朱苏力:《当代中国慈善立法的三个具有战略意义的问题》,中国慈善立法国际研讨会论文,北京,2007 年 10 月。

三 外文文献类

Anheier, Helmut K., "Foundations in Europe: A Comparative Perspective," Centre for Civil Society, London School of Economics and Political Science, 2001.

Lev, Baruch, Petrovits, Christine, and Radhakrishnan, Suresh, "Is Doing Good Good For You? How Corporate Charitable Contributions Enhance Revenue Growth," *Strategic Management*, Vol. 31, No. 2, February 2010.

Minciullo, Marco and Pedrini, Matteo, "Knowledge Transfer Between For-Profit Corporations and Their Corporate Foundations," *Nonprofit Management & Leadership*, Vol. 25, Iss. 3, Spring 2005.

Mindlin, Sérgio Ephim, "A Study of Governance Practices in Corporate Foundations," *Revista de Administração*, Vol. 47, Iss. 3, July-September 2012.

Nelson, James D., "The Freedom of Business Association," *Columbia Law Review*, Vol. 115, No. 2, March 2015.

Neuharth, Gail K., "Estate and Financial Planning: A Primer on Private Foundations," *GP, Solo & Small Firm Lawyer*, Vol. 16, No. 6, September 1999.

Renzl, Mandlerc, and Treiber (1998), Foundation Giving Yearbook of Facts and Fugures on Private, Corporate and Community Foundations, New York Foundation Center, 45.

Reuter, Dieter, "Basic Issues of A Reform of the German Law Relating to Foundations," *European Business Organization Law Review*, Vol. 2, Iss. 3-4, September 2001.

Salamon, Lester M. and Anheier, Helmut K., "In Search of the Non-Profit Sector. I: The Question of Definitions," *Voluntas: International Journal of Voluntary and Nonprofit Organizations*, Vol. 3, No. 2, November 1992.

Smith, James Allen, *The Evolving American Foundation, Philanthropy and the Nonprofit Sector Changing America*, Bloomington: Indiana University Press, 1999.

Su, Yingcai and Peterson, Dane K., "Relationship Between Corporate Foundation Giving and the Economic Cycle for Consumer-and Industrial-Oriented Firms," *Business & Society*, Vol. 56, No. 8, October 2015.

Westhues, Martina and Einwiller, Sabine, "Corporate Foundations: Their Role for Corporate Social Responsibility," *Corporate Reputation Review*, Vol. 9, Iss. 2, June 2006.

后　记

本书是我主持的国家社科基金项目"企业基金会设立法律问题研究"（批准号13BFX099）的最终成果。自2007年9月我开始指导经济法学专业和法律硕士（非法学）的研究生以来，国家研究生的培养发生了一些重大改革。2010年9月全国开始招录法学本科教育背景的法律硕士研究生即法律硕士（法学）专业学位研究生。

如何培养研究生的思维能力和动手能力一直是我在指导研究生学位论文写作中首要思考的问题。从我开始指导研究生的第一天起，就一直坚持认为，学位论文的写作主要是要教会学生一些思维和写作的方法和技巧，以及获取知识的手段和渠道，而不是知识本身。基于此种理念，我始终要求我的研究生通过实证的方法去认识事物本身并努力去发现其内在规律性，从而尽可能地做到理论与实践的有机结合。在这一思想的指导下，我每年都围绕某个主题给学生指定一些选题，并教会他们一些收集资料的方法以及一些写作上的技巧。并且每当他们在写作的过程中遇到一些瓶颈问题时，我都将他们组织起来开展讨论，共同探讨解决之道，启发他们去通过寻找参照物的思路来进行比较研究和模拟研究以开阔视野，同时也可以让同学们借此机会相互共享一些收集资料的途径和方法，交流一些写作的心得和技巧。

在本课题的写作过程中，我积极鼓励我的研究生参与研究，并将其中的一些主题作为他们学位论文的选题。在我的指导下，各位同学开始了紧张的研究。为了确保他们能够顺利通过学位论文的答辩，我先提出了写作的思路、结构框架和总体设想。在他们的研究遇到瓶颈时，我进行了有针对性的指导，并提出了核心观点，然后要求他们去质疑和检验，以养成他们大胆质疑、小心求证的学术品格。特别是在当有些主题还很少有人涉猎，学生们认为没有多少参考资料可资酌阅，又不知从何处着手开展研究而茫然不知所措时，这时就需要循循善诱他们去寻找别人已经进行过的研究中的最相类似和最为接近的主题，领会别人的研究思路，揣摩别人的研究视角，进行对比去寻找可以模拟借鉴的研究思路和研究视角，进行模仿研究，从而做到举一反三、触类旁通。通过这几年的摸索，我给他们总结出来了一套模仿研究的方法，我称之为"110论文写作法"。

具体为，在动笔之前一定要先找至少100篇与所写论文主题最相关的在CSSCI期刊上发表的论文，对这100篇论文进行认真研读，然后进行分类整理。具体按以下方法分为四个层次：第一个层次是"主题直接相关论文"；第二个层次是"主题间接相关论文"；第三个层次是"参照物相关论文"；第四个层次是"方法论相关论文"。所谓主题直接相关的论文就是指论文的标题和关键词中直接含有完全相同的主题词。主题间接相关的论文就是指论文的标题和关键词中虽没直接含有完全相同的主题词但却含有主题词的上位概念或下位概念的词。参照物相关论文主要是与所研究的对象或主题最相近似或最相类似的参照对象或参照主题。如写"股权设立企业基金会"，相关研究文献很少，但股权设立公司的论文则较多，就可以将这方面的论文找来进行研读。重点去模仿别人的写作思路、框架结构、论证套路、写作方法等。方法论相关论文，主要是学习别人运用相同的研究方法如何研究不同的对象的。如研究如何进行法律规制，你不知道如何去规制你要研究的对象，但此前已有大量的论文讨论规制他们所研究的对象，你就可以学习别人是怎么在进行论文的构思和构建论文的结构的。你可以参照一些权威期刊上发表的论文来进行模仿研究。再如如何展开实证研究，就可以参照已经发表的多如牛毛的关于实证研究的论文，可以是法学的，也可以是经济学、管理学、政治学等其他学科的。最后，还要从100篇论文中挑选出对自己所写主题最有价值最有帮助的10篇来进行反复研读，并附上挑选理由。

参与这个课题进行学位论文写作的学生有经济法学专业14级的研究生陈思怡、杜若，15级的孙晓明；法律硕士（法学）15级的吴妤婷，16级的杨懿、马臻俊；法律硕士（非法学）14级的赵金铭，15级的谢自立等共8位同学。其中学术型的研究生各撰写了2.5万字、专业学位的研究生各撰写了1.5万字。非常值得肯定的是，本成果顺利通过了国家社科规划办的结项鉴定，并获得"良好"等次。本书的出版既是对参与这个课题写作的学生的一个肯定和鼓励，对我指导的正在进行论文写作的学生来说也是一个鞭策和参照，还是我十二年来指导研究生教学和培养的又一个中继站。感谢我的全体研究生一直以来对我甚至是有些过分的严格要求的理解、包容与认同！对他们平时对我的无私帮助表示衷心地感谢！对他们在学位论文写作过程中付出的辛勤汗水致以崇高的敬意！

感谢中南民族大学党委边境书记和李金林校长给我们营造的自然宽和的学术环境，感谢白江源副书记、段超副校长、赵晓珊副校长、杨胜才副校长、李俊杰副校长、杜冬云副校长、乔俊杰总会计师等校领导的关心与支持！

感谢中南民族大学学报编辑部何海涛主任、彭建军编审长期以来给我的大力支持！

感谢法学院班子成员对我分管的科研工作的大力支持。感谢经济法教研室和法学院全体同仁在教学和科研上传授给我宝贵的经验和大力的帮助！

终生难忘的是我的恩师漆多俊教授对我的关心和爱护。恩师的励志故事一直激励着我辈砥砺奋进。祝我最亲爱的导师福如东海寿比南山！

特别需要说明的是，作为学术研究成果，本书没有对书中涉及的真实人物和事件进行任何技术性处理，希望能得到各方的谅解。由于时间仓促和获取资料的渠道有限，有些细节难免存在差错，还请读者不吝指出。

本书的部分内容涉及到上市公司的特殊持股主体及上市公司设立的企业基金会对上市公司治理的一些影响等，所以可以看作是公司治理研究的延伸领域，特别是海南省慈航基金会和河仁基金会分别成为"海航系"旗下7家上市公司（不包括海南航空，虽然海航集团名义上不再是海南航空的控股股东，但实际经营上却形成了对海南航空的控制）和福耀玻璃集团的控股股东。企业基金会如何在上市公司的治理中发挥独特的作用是公司治理研究的一个新领域，希望以后对此作进一步深入的研究。故我也将本书作为我公司治理系列研究著作中的一部。希望本书的出版能对推动我国企业基金会和公司治理的理论研究和实践探索有所助益。

孙光焰

2018年10月8日于中南民大寓所